唐亮　著

企业社会责任推进机制研究
——基于规则视角的理论分析与实证检验

Research

on the Advance

Mechanism

of

Corporate Social Responsibility

西南财经大学出版社

中国·成都

图书在版编目(CIP)数据

企业社会责任推进机制研究:基于规则视角的理论分析与实证检验/唐亮著.—成都:西南财经大学出版社,2018.12

ISBN 978-7-5504-2948-2

Ⅰ.①企… Ⅱ.①唐… Ⅲ.①企业责任—社会责任—研究—中国 Ⅳ.①F279.2

中国版本图书馆 CIP 数据核字(2017)第 076040 号

企业社会责任推进机制研究——基于规则视角的理论分析与实证检验

Qiye Shehui Zeren Tuijin Jizhi Yanjiu——Jiyu Guize Shijiao de Lilun Fenxi yu Shizheng Jianyan

唐亮　著

责任编辑:何春梅
助理编辑:雷静　王青清
责任校对:田园
封面设计:墨创文化
责任印制:朱曼丽

出版发行	西南财经大学出版社(四川省成都市光华村街 55 号)
网　　址	http://www.bookcj.com
电子邮件	bookcj@foxmail.com
邮政编码	610074
电　　话	028-87352211　87352368
照　　排	四川胜翔数码印务设计有限公司
印　　刷	四川五洲彩印有限责任公司
成品尺寸	185mm×260mm
印　　张	18.5
字　　数	319 千字
版　　次	2018 年 12 月第 1 版
印　　次	2018 年 12 月第 1 次印刷
书　　号	ISBN 978-7-5504-2948-2
定　　价	98.00 元

前 言

20世纪80年代以来，随着经济社会的不断发展和全球一体化的不断加深，企业的社会责任也在不断增强。企业社会责任逐步成为一种被大众普遍接受的理念，其内涵和外延也在不断扩展。企业社会责任运动呈现出"政府鼓励引导、行业推进实施、企业主动实践、社会积极参与、国际广泛合作"的新局面。

企业履行社会责任的本质是追求企业与社会和谐发展，维护社会公众利益，促进社会和企业可持续发展。我国近年来出台了一系列的法律法规和相关政策来促进企业履行社会责任。例如，《中华人民共和国公司法》中对职工参与企业经营做了详细的规定，不仅保障了职工的合法权益，也增强了企业经营管理的民主性和科学性。《中华人民共和国税法》中对公益性投入和慈善救济捐助相应抵扣所得税制度的规定，一定程度上对企业支出的成本进行了弥补，提高了企业慈善捐赠的积极性。《中华人民共和国消费者权益保护法》中详细规定了企业和消费者在市场交易行为中的各种权利和义务，不仅能使消费者的合法权益得到保障，也有助于维护和稳定社会主义市场经济秩序，进而保持中国经济长期持续健康发展。特别是，2014年党的十八届四中全会明确提出了将"加强企业社会责任立法"作为"加强重点领域立法"的内容之一，以期用法律为企业履行社会责任设立基本的底线。一方面，政府通过政策积极引导和鼓励企业自觉履行社会责任，强化企业社会责任建设，创新企业价值理念；另一方面，政府不仅要为企业营造良好的市场环境，提供各种公共服务，促进企业积极承担社会责任，更要加强对企业的监管，强化对企业承担社会责任的外部推动力。

2015年6月，国家质检总局和国家标准委员会批准公布了国家标准公告2015年第19号。公告中明确规定了《社会责任指南》《社会责任报告编写指南》和《社会责任绩效分类指引》三项国家标准。这些标准自2016年1月1号开始实施，表明中国企业社会责任又向前迈出了坚实的一步。上述三项国家标准的出台不仅为进行社会责任绩效评价提供规范化的指引，也为企业进一步开发适合自身需要的社会责任绩效指标提供了重要的依据。因此在未来很长的一段时间内，中国处于不同行业中的企业都需要以加强社会责任履行为切入点，寻求与自身实际相符合、与自身资源相匹配、与自身优势相对应的着力点将成为企业推进社会责任工作的重点。在当前中国企业履行社会责任的总体意识不强的客观背景下，企业社会责任的推进机制建设应该如何加强呢？基于此，探索企业社会责任的推进机制，对于提升中国企业社会责任发展水平，无疑具有十分重要的理论意义和实践价值。

本书通过重新界定企业社会责任的概念，将企业社会责任从一个对象性的概念转化为一个功能性的概念，从强调责任"是什么"转为"怎么处理"责任，有利于企业正确认识企业社会责任。本书通过具体的实际调研案例，结合国内企业履行社会责任的情况，从总体上分析和把握当前社会责任的履行现状，提炼出造成此现状的成因，构建了中国企业社会责任推进动力机制的分析框架，进一步运用博弈模型分析了关键利益相关者在推进企业社会责任履行中的行为选择，进而明确了关键利益相关者在其中的内在作用机理。这不仅有利于丰富和拓展企业社会责任的理论研究范围，也有助于转型经济环境下的企业就如何推进社会责任更好地履行进行有益的探索，丰富了企业社会责任推进机制的理论研究内容。另外，以往的研究更多的是对某一或特定的某些公司治理变量进行检验，缺乏对其表面影响因素背后的影响路径与作用机制的深入探讨，并且由于指标选择单一以及缺乏对同一指标多个维度的探讨，导致相关研究仍未取得较为一致的结论。本书则是在考察正式制度与非正式制度对企业社会责任履行状况影响的基础上，重点考察了正式制度与非正式制度的联合作用对企业社会责任履行状况的影响。一方面，这有助于更好地理解宏观制度环境影响微观企业社会责任行为的作用路径；另一方面，这也进一步丰富和拓展了中国转型经济环境下内部控制和公司治理对企业社会责任履行的影响的研究内容。因此，本书的研究结论不仅能为企业推进社会责任履行工作提供有效指导，也能为政府及监管部门在推进企业社会责任履行中的政策制定提供理论支撑，有利于经济和社会的协调平衡发展，尽早预防或避免不和谐的事件发生。

摘 要

企业如何通过更好地履行社会责任来获得持续的竞争优势，一直是经济学、社会学、法学、管理学等诸多学科研究的热点问题之一。特别是在当前经济全球化的背景下，企业更积极地履行社会责任已是大势所趋。然而，近年来中国的一些企业在社会责任履行方面出现外热内冷、虚假繁荣、实践困局等不容忽视的问题。解决这些问题的关键在于要建立健全企业社会责任推进机制，毫无疑问这离不开企业内外部利益相关者的推动和参与。为此，本书将以利益相关者为分析主线，通过解决企业社会责任推进机制如何实现的三个基本问题，对企业社会责任推进机制进行深入研究，以期通过构建企业社会责任推进动力机制的分析框架，进而挖掘影响中国企业社会责任履行状况的关键因素及其作用机理，同时通过总结和分析其中的问题与成因，在实践上帮助企业改善履行社会责任的成效，进而提升企业的持续竞争力。

首先，本书通过重新界定企业社会责任的概念，定位企业社会责任推动机制并认识其本质。本书首先阐述了哲学、经济学、管理学、社会学等学科关于企业社会责任的思考，并以系统论思想为基础，对企业社会责任的概念进行了重新界定，在此基础上进一步界定了企业社会责任推进机制，然后通过回顾和梳理利益相关者理论、契约理论、资源依赖理论和新制度主义理论等理论基础，分析不同的利益相关者在推动企业社会责任过程中所起到的作用，找到企业社会责任推进机制与利益相关者之间的内在逻辑联系和必然性，以期回答为什么要将利益相关者作为分析企业社会责任推进机制的主线这个问题。

其次，通过分析企业社会责任履行现状，挖掘其推进过程中的问题和深层动因，构建企业社会责任推进动力机制的分析框架。在对安德公司的社会责任履行现状、问题及潜在原因进行案例分析的基础上，再从总体上初步分析了当前国内企业履行社会责任的现状及潜在问题，两方面结合以期对国内企业社会责任履行的总体状况有一个粗略的把握，进一步从社会、政府和企业三个角度对企业社会责任推进过程中的现状和成因进行分析，总结出当前推进机制中存在的内部和外部两个方面的问题，在此基础上，通过借鉴演化经济学的基本思想，构建了中国企业社会责任推进动力机制的分析框架。

然后，在界定利益相关者并对其分析的基础上，通过聚类分析识别和找出影响企业社会责任的关键利益相关者，提出关键利益相关者在企业社会责任推进动力机制中的内在作用机理；进一步从合同关系存续视角和所有权的视角对利益相关者进行分析，然后通过聚类分析识别关键利益相关者的利益诉求，在此基础上借鉴Hayek 的"社会秩序二元观"思想，运用演化博弈探讨了在"外部规则"的约束下，非强制性外部相关者和股东利益一致相关者在社会责任推进机制中的行为选择，同时运用动态博弈模型探讨了在"内部规则"的约束下，政府和企业在社会责任推进机制中的行为选择，通过均衡稳定分析找到了企业社会责任推进机制的实现路径。

最后，依据企业社会责任推进动力机制的分析框架，分别从外部规则和内部规则的视角对企业社会责任的履行状况进行了实证检验。本书立足于中国当前转型经济环境中独特的制度背景，一方面以法制环境（对应正式制度）以及信任程度和媒体报道（对应非正式制度）两个方面为外部规则，另一方面以内部控制、股权集中度和董事会效率为内部规则，通过实证研究分析和检验了关键的外部制度环境因素和内部公司治理机制因素对上市公司社会责任履行情况的影响，以期挖掘出影响中国企业社会责任履行状况的关键因素及其作用机理，并通过分析和总结实证研究发现的结果，找到符合中国情景的企业社会责任推进机制的有效实现路径。

综上所述，本书以利益相关者为分析主线，通过深入剖析利益相关者在企业社会责任演进历程中的角色，以及其在推动企业履行社会责任过程中的作用，然后通过聚类分析识别出影响企业社会责任的关键利益相关者，构建了中国企业社会责任推进动力机制的分析框架，进一步运用博弈模型分析了关键利益相关者在推进企业社会责任中的行为选择，进而明确了关键利益相关者在其中的内在作用机理，并且立足于中国当前转型经济环境中独特的制度背景，分别从外部规则和内部规则的视角对企业社会责任的履行状况进行了实证分析，最后根据分析评价的结果提出了符合中国情景的企业社会责任推进机制的实现路径，以期提升中国企业社会责任发展水平。

关键词：企业社会责任；利益相关者；推进机制；演化博弈；实现路径

Abstract

Companies how to better fulfill their social responsibilities to achieve sustainable competitive advantage has been one of the hot issues of economics, sociology, law, management and many other disciplines study. Especially in the context of the current economic globalization, enterprises more actively fulfill their social responsibility is the trend of the times. However, the problems of CSR of double sides, false prosperity, practical dilemma and other issues can not be ignored. Therefore, we need to practical improve the effect of corporations fulfilling social responsibilities, and the key is to establish and improve the promotion mechanism of CSR. There is no doubt that this is inseparable from promoting and participation of internal and external stakeholders of enterprises. Therefore, this thesis will take stakeholders as main analysis line, through resolving the three fundamental questions of how to realize the promotion mechanism of CSR, to promote the in-depth study of the promotion mechanism of CSR. The author hope to through the analysis framework of the dynamic mechanism of CSR establishing, to find out the key factors affecting the performing state of Chinese CSR and its mechanism of action. While through summarizing and analyzing the problems and causes in enterprises' implementation of social responsibilities, to help enterprises improve and enhance the effects of fulfilling social responsibilities, and then to enhance the sustainable competitiveness of enterprises.

Firstly, by redefining the concept of CSR to position the promotion mechanism of CSR and understand its nature. This thesis first describes the thinking of CSR from philosophy, economics, management, sociology and other disciplines, based on the Systems Theory to redefine the concept of CSR. On this basis, the thesis will further define the promotion mechanism for CSR, and then through reviewing and sorting the theories of the stakeholder theory, contract theory, resource dependence theory and the new institutionalism theory, to analyze different stakeholders' roles in the process of promoting CSR, to find the inner logical connection and inevitability between CSR Promotion mechanism with stakeholders and logical connection between the promotion mechanism for CSR and stakeholder, hoping to answer why does stakeholder being taken as the main line to analyze the promotion mechanism for CSR.

Secondly, through the analysis of performing status quo of CSR, to find out the deep reasons of existing problems of the promotion mechanism of CSR, to build the analytical framework for the promotion mechanism of CSR. First, on the basis of case analysis of Ande company's the status quo of social responsibility performance, encountered problems and possible causes to overall preliminarily analyze the status quo of social responsibility performance and the potential problems of current domestic enterprises. Then, connecting the two aspects to roughly grasp the status quo of social responsibility performance of domestic enterprises, to further analyze the current state and causes in the process of CSR promoting from three angles of society, government and business, summing up the existing problems in both internal and external of current promotion mechanism. On this basis, by drawing on the basic idea of evolutionary economics, this thesis will build the analysis framework for China CSR promotion mechanism.

Then, on the basis of defining and analysis of stakeholders, this thesis will identify and find out the key stakeholders impacting on CSR through cluster analysis, putting forward stakeholders' mechanism of action in promotion mechanism in CSR. On the basis of defining the different interests demands of enterprises' internal and external stakeholders, the thesis will analyze the stakeholders from the perspective of contractual relations subsisting and perspective of ownership, and then, through cluster analysis to explore the interest demands of key stakeholders. On this basis, the thesis will use Hayek' ' social order dualism', connecting with evolution and game theory to discuss within the constraints of 'outside rules', the behavior choice of the non-mandatory external stakeholders and relevant person accordance with shareholders' benefit in the promotion mechanism of CSR; at the same time, the thesis will use dynamic game model to discuss within the constraints of the 'internal rules', the governments and corporations' behavior selection in the promotion mechanism of CSR, to find realization path for the promotion mechanism of CSR by balancing stability analysis.

Finally, according to the analytical framework ofthe dynamic promotion mechanism of CSR, the thesis will respectively carry out empirical test for the performing situation of CSR from the perspective of external rules and internal rules. This thesis based on the unique system context of current Chinese transition economy environment, on the one hand, taking the legal environment (corresponding to the formal system) as well as the two aspects of the level of trust and media coverage (corresponding to the informal system) as external rules, on the other hand, taking the internal control, ownership concentration and board efficiency as internal rules, through empirical study, analyzes and tests the influences of the key external institutional environment factors and internal corporate governance mechanism factors on the CSR performance situation of listed companies, in order to find out the key factors and their mechanism of action impacting on CSR performance of Chinese companies. By analyzing and summarizing the results of empirical research findings, the thesis will find effective realization path for CSR promoting mechanism conforming to Chinese scenario.

In summary, thisthesis taking stakeholders as the main analysis line, through in-depth analysis of the role that stakeholders play in evolution process of CSR, as well as its functions in the promoting process of CSR, then build a analysis framework for CSR promoting mechanism of China's enterprises through cluster analysis to identify the key stakeholders impacting on CSR. And it further uses the game model to analyze the key stakeholders' behavior choice in promoting CSR, and then clear the key stakeholders' internal mechanism of action. This thesis based on the unique system context of current Chinese transition economy environment, respectively carry out empirical test for the performing situation of CSR from the perspective of external rules and internal rules. Finally, according to the results of analysis and evaluation, this thesis promotes the implementation path for CSR promoting mechanisms in line with China to enhance the development level of CSR in China.

Key Words: CSR, stakeholder, promotion mechanism, evolution and game theory, realization path

目 录

第一章 绪论

1.1 研究背景

1.1.1 现实背景

企业作为一个社会组织，同时具有经济性质和社会性质。企业的经济性质决定了企业的经济责任，即为企业的投资者带来收益；企业的社会性质要求企业除了承担经济责任之外，还必须承担一定的社会责任，包括遵守商业道德、生产安全、保护员工合法权益及保护环境和节约资源等内容。从历史的视角来看，企业是人类社会发展到一定阶段的产物，因此，企业社会责任是在历史演进中形成的。

伴随着经济全球化进程的加深，企业管理不断发展成为质量管理、环境管理及社会责任管理，市场竞争的内容也随着经济的发展而发生转变。在此基础上，由于企业自身的发展阶段、管理水平和以技术为核心的经济社会发展程度及社会各界对企业在社会中的角色期望的变化，企业的社会责任受到社会各方面越来越广泛的重视和关注。

随着可持续发展理论和利益相关者理论的提出，社会各界日益关注企业在尊重员工福利、保护环境资源、满足消费者需求、参与社会公益等社会责任方面所做的努力和取得的成果。这使得企业在实现自身利益最大化的同时，必须兼顾员工、环境、消费者、社区、政府等利益相关者的利益，由"经济人"角色转变为"企业公民"角色，从最初强调的一元社会责任即经济责任逐步转变为多元社会责任即全球化下的企业社会责任。

西方国家针对企业社会责任（Corporate Social Responsibility，CSR）很早就进行了探索，主要是随着第一次工业革命的兴起和发展、生态环境的持续恶化和社会公民意识的觉醒，要求企业不断转变生产经营方式以关注员工身体健康、维护消费者合法权益、保护生态环境等方面的呼声日益强烈，这都要求企业不断地探索履行社会责任的新方式，进而推进了企业社会责任的内涵和外延随之不断发展，包括职工福利、消费者权益、生态环境等内容。正是在这种背景下，理论界很早就开始关注企业社会责任的实践活动，并总结和提出了社会责任的相关思想。经过持续不断地沟通和对话，国际社会逐渐在要求企业履行社会责任方面取得了较为广泛的认同。

尤其是在 20 世纪的下半叶，大量的西方发达国家开始实施市场化和新自由主义经济政策，一方面推动了西方发达国家经济的快速增长，另一方面企业过度追求资本化造成严重的市场失灵。如经济全球化缔造出的很多巨型跨国企业在全球各地市场获取超额利润的同时，也引发全球性的资源过度消耗、环境污染、劳资矛盾、贫富悬殊等一系列社会问题。较为典型的案例是美国牛仔裤品牌商 Levi's 在 1999 年被曝光在"血汗工厂"生产产品，为挽回负面影响而被迫制定"生产守则"。这件事导致了全球很多消费者组织、工会组织、学生组织和人权组织等针对跨国生产中的劳工状况问题开展监督和批评，许多社会公众确信跨国企业需要承担更多的社会责任，进而直接导致如 Nike、Adidas、Reebok 及 Wal-Mark 等跨国公司分别制定了本公司的"生产守则"。更为重要的是，这场全球性的企业社会责任运动在一定程度上丰富和拓展了人们对企业社会责任的认识，要求企业履行更多的社会责任已成为各类组织的广泛共识。全球各类经济贸易协会、多边组织、国际机构纷纷制定出台了一系列的与社会责任相关的标准、准则、规范等。例如 2001 年，联合国成立了全球契约组织，旨在推进企业履行社会责任和可持续发展工作，号召全球企业在战略和运营中自愿地履行涵盖人权、劳工权利、环境保护和反腐败四大领域的十项原则的全球契约；2010 年，国际标准化组织（ISO）发布了 ISO26000：2010《社会责任指南标准》，随着这一标准在全球的广泛应用，人们认识到企业社会责任履行标准化的问题变得越来越重要。

随着改革开放的逐步深入及加入 WTO，中国融入经济全球化的速度日益加快，企业履行社会责任的理念也逐渐得到广泛认同。虽然我国目前没有一部专门的企业社会责任法律，但在《中华人民共和国公司法》《中华人民共和国消费者权益保护法》《中华人民共和国产品质量法》《中华人民共和国环境保护法》《中华人民共和国社会保障法》《中华人民共和国公益事业捐赠法》及其他一些规范企业经营行为的法律法规中都要求企业更积极主动地履行社会责任。特别是近年来中国政府及监管部门陆续出台了一系列的措施，以期推进企业承担和履行社会责任。如 2006 年 9 月深圳证券交易所出台《深圳证券交易所上市公司社会责任指引》，要求上市公司积极承担社会责任；2007 年 12 月中国银行业监督管理委员会制定了《关于加强大型商业银行社会责任的意见》，要求各银行业金融机构要结合自身实际，采取适当方式发布社会责任报告；2007 年 12 月国务院国有资产管理委员会出台《关于中央企业履行社会责任的指导意见》，要求中央企业在社会责任履行中发挥表率作用，推动和谐社会的建设；2008 年 12 月上海证券交易所发布了《上市公司社会责任披露相关指引》，强制要求三类公司披露社会责任报告，同时鼓励其他有条件的上市公司进行自愿披露；2015 年 6 月国家质检总局和国家标准委员会批准公布了国家标准公告 2015 年第 19 号，公告中明确规定了《社会责任指南》《社会责任报告编写指南》和《社会责任绩效分类指引》三项国家标准，并且于 2016 年 1 月 1 号开始实施。这些国家标准的公布实施是中国企业社会责任领域的一个里程碑，标志着中国企业社会责任进入了新的阶段。2013 年党的十八届三中全会第一次以党的文件的形式明确国有企业要把承担社会责任作为六项改革任务之一，标志着企业社会责任已经上升到国家战略层面；2014 年党的十八届四中全会正式通过了依法治国的决定，企业社会责任被写入重点领域立法，表明切实加强企业社会责任的履行，已到重要的时间窗口。

1.1.1.1 推进中国梦的实现必然要求企业关注和维护利益相关者的利益

实现中华民族伟大复兴，是中华民族近代以来最伟大的梦想，是新一届党和国家领导集体提出的重大战略思想，是全党全国各族人民共同奋斗的宏伟目标，是团结凝聚海内外中华儿女的一面精神旗帜。实现中华民族伟大复兴，不仅要将中国的昨天、今天、明天联系起来，将国家、民族、人民联系起来，而且要将中国与世界和全人类联系起来，这是时代的召唤，是人民的期盼，是历史的必然。中国梦顺应了当今中国的发展大势和世界发展进步的潮流，昭示了党和国家走向未来的宏伟图景，顺应了全国各族人民创造美好未来的热切期盼，反映了全体中华儿女梦寐以求的共同心愿，展示了中国为人类文明做出更大贡献的意愿。

强大的经济实力是中国梦的基础也是核心，而经济实力的增强要靠企业不断增强竞争优势。因此，坚持科学发展，努力把企业办成百强企业、百年企业，为"企业梦"增辉，为"中国梦"添彩。在这种状态下，企业要以实际行动共筑"中国梦"，以壮大企业实力、建设和谐环境为己任，担当起回馈社会、造福民生的责任，致力于发展经济、提升产品或服务的质量、吸纳就业、关爱员工、诚信经营、依法纳税、保护环境，关注和维护投资人、员工、消费者、合作伙伴等利益相关者的利益和责任。培育和谐企业文化，协调和平衡不同的利益相关者之间的潜在利益冲突，促成和维护企业和社会的和谐稳定，为建设中国特色社会主义事业做出更大的贡献。

1.1.1.2 推进企业积极履行社会责任是实现中国梦的坚实社会基础

在当今时代，企业早已不再只单纯地追求经济利益，而是需要考虑其对整个社会、政治、经济、环境、文化等多方面造成的影响。在一定程度上，企业是社会的基础和经济的细胞，除了在保护消费者、股东、企业员工等利益相关者方面要下更大功夫，还应当在解决气候变暖、环境污染、能源保障、粮食安全、消除贫困、重大灾害救援等全球性社会问题及构建和谐社会方面积极履行更多的责任。因为国家进步、社会繁荣和企业效益是内在统一的，企业天然负有服务国家和社会的重任，而国家的认可和社会的赞许为企业发展营造出更广的发展空间。建设美丽中国，实现中华民族伟大复兴的中国梦，推进企业履行社会责任无疑是其非常重要的社会基础之一。

但近年来，中国一些企业因片面追求利润最大化而引发了一系列危害社会的行为，如"瘦肉精""假奶粉""毒生姜""镉大米""塑化剂""地沟油""皮革奶"等食品安全问题时有发生，"商业欺诈""虚假广告""偷税漏税"等现象也在一定程度上存在。"紫金矿业水污染事故""中石油爆炸案""太湖蓝藻危机""天津港爆炸事故"等企业违规事件和环境污染问题暴露企业缺乏社会责任意识，特别是近年来备受关注的雾霾问题说明环境污染的不断恶化使得整个社会都在为此付出沉重的代价。现实中一些企业在履行社会责任的过程中，出现了许多"伪慈善"的行为。在实践中出现了一些企业通过伪造数据、蒙骗消费者、散布虚假信息等以期获得具有责任感企业形象的行为，事实上这些企业并没有真正承担应肩负的社会责任[1]，甚至还有一些企业为了分散转移公众视线和缓解社会压力，在公开场合高调做慈善，背地里却从事污染环境、压榨员工及其他不正当的工作。如高勇强等（2012）发现中国的一些民营企业确实存在利用慈善捐赠来转移外界对员工薪酬福利水平低、污染环境等不履行社会责任行为的视线。这种利用慈善捐赠作为"工具性"遮羞布的行为并非个案，而是较为广泛地存在于中国社会现实中[2]。与此相反的是，中国也存在很多优秀的企业家一直非常重视承担和履行社会责任，在救助失学儿童、抗击非典、救援汶川大地震等事件中慷慨解囊，不仅展现出慈心为民、善举济世的慈善精神和人道主义精神，也树立了关爱社会、勇于承担社会责任的良好企业形象。

根据中国社会科学院《慈善蓝皮书：中国慈善发展报告（2015）》的统计结果，2014 年全国社会捐赠总量达到 1 046 亿元。其中，基金会系统接受的捐赠总额为 420 亿元，慈善会系统的捐赠款物为 426 亿元，民政系统接受的社会捐赠款物为 82. 26 亿元，红十字会系统 26. 43 亿元，其他机构 91. 7 亿元。慈善系统获得的捐赠较 2013 年有较大增长，加上全国志愿服务小时折算价值 535. 9 亿元和彩票公益金社会公益使用量 399 亿元，全核算社会捐赠总价值达到 1 981 亿元，较 2013 年增长 17%。另外，作为企业积极承担社会责任的一个典范，以非公有制经济人士和民营企业家发起并参与的"光彩事业"长期致力于"老、少、边、穷"地区和中西部地区共求发展的开发式扶贫事业，至今已有二十多年的历史。从 2001 年起，"光彩事业"先后在三峡库区、井冈山、大别山、太行山、延安、新疆、西藏、宁夏、青海等地组织开展"光彩行"活动，为推动当地扶贫开发事业和经济社会发展作出积极贡献，并且在救灾赈灾、捐助公益事业方面同样有突出表现。据不完全统计，截至 2014 年年底，光彩事业项目累计实施 59 528 个，到位资金 9 371. 84 亿元，培训人员 986. 94 万人，安排就业 1 246. 86 万人，带动 2 160. 48 万人脱贫，公益捐赠 1 893. 91 亿元。虽然企业社会责任的履行给企业带来了成本上的压力，并且短期内无法为企业增加收益，但仍然有很多企业选择通过改善员工关系、慈善捐赠、加大环境保护投入等行为，履行相应的社会责任。现实中的巨大反差表明，在中国当前的转型经济背景下，必然暗含着企业履行社会责任的推进机制。在这样的背景下，深入系统地分析企业社会责任的推进机制，提出促进符合中国国情的企业履行社会责任的有效路径，不仅有助于解决当前中国企业的社会责任行为履行不足的问题，满足当今社会和时代的迫切需求，而且有助于提升企业履行社会责任的实践活动水平，切实履行和落实如"科学发展观""构建和谐社会"和"中国梦"等国家宏观战略。

1. 1. 2　理论背景

自现代企业制度建立以来，企业的经营目标一直是追求股东利益的最大化，因此相关的研究都是围绕着股东和管理者之间的代理问题及大股东和中小股东之间的代理问题展开的。随着企业经营环境的变化，以股东为代表的物质资本在企业生产经营过程中的重要性越来越弱，以人力资本、环境资本为代表的其他资本的重要性日渐凸显。因此，在企业中投入要素资源的其他利益相关者的合法利益应该而且必须受到保护。如果企业仍然固执地单纯追求股东利益最大化，就会导致企业忽视社会责任，损害其他利益相关者的合法利益和社会公共环境。在这样的背景下，学术界开始对"股东至上"的企业运营逻辑进行反思，并运用利益相关者理论来解决企业经营过程中的企业社会责任问题，取得了一定的研究成果。虽然从总体上看，基于利益相关者理论对企业社会责任的研究目前仍未得出科学的答案，更未形成完整的理论体系，仍需进一步深入探索，但在过去的十几年中，已经有越来越多的国内外学者和倡议组织开始转向如何促进企业承担社会责任的重点上来，希望能找到推进企业更积极主动履行社会责任的机制。

目前，针对企业社会责任的研究已经取得了大量的理论成果，为我们进一步理解企业社会责任的推进机制提供了丰富的依据。然而就目前的研究现状来看，企业社会责任研究仍具有一定的局限性：首先，许多研究从不同角度界定了企业社会责任的概念，但极少从历史的角度出发，用动态发展的眼光全面分析企业社会责任所包括的基本内容，造成对企业社会责任概念与本质理解的模糊性；其次，虽然已有研究从经济、法律和道德等角度探讨应如何推进企业更好地履行社会责任的问题，但有针对性地将各影响因素整合纳入统一理论框架中展开探索的非常少见，并且更多的是简单地关注和检验相关因素对企业社会责任行为的影响，导致还没有一个明确且统一的研究结论和理论基础，因此缺乏一个清晰和完整的理论框架来解释企业社会责任的推进机制及其作用机理；最后，在现有的针对企业社会责任推进机制实现路径的研究中，大多主要是借鉴西方国家的社会责任运动、市场化竞争及非政府组织的压力等理论来检验和解释中国企业履行社会责任的现状及潜在问题。但在中国当前的转型经济背景下，政府行为对资源配置有重要影响，股权集中度相对较高，并且对投资者的法律保护水平较低，消费者和非营利组织对企业行为的约束力较弱。这表明中国企业的社会责任推进机制与西方发达国家是显著不同的作用路径，但目前的研究对中国企业的社会责任推进机制的分析尚不够全面和深入，并且没有结合中国当前转型经济环境中独特的制度背景和特定的公司治理机制来揭示企业社会责任推进机制的作用路径，因此无法提出符合中国国情的企业社会责任的有效实现路径。

上述分析表明，在经济全球化的背景下，越来越多的有识之士都意识到企业不能仅仅通过提供服务或商品来谋取经济利益，还需要在生态保护、慈善事业等方面有所贡献，以及在环境保护、形成多元化道德标准等方面作出更大的努力。虽然中国已有一些企业家长期从事慈善事业，在赈灾、扶贫、助学、助弱等众多方面都发挥了十分重要的作用，但与此同时如食品安全、员工权益、环境污染等漠视社会责任的现象并不少见。这使我们产生了如下疑问：中国企业履行社会责任的现状到底如何？既然现阶段不同的企业在履行社会责任方面存在巨大差异，一些企业在积极地承担着社会责任，而另外一些企业存在漠视履行社会责任的现象，那么中国企业的社会责任推进机制存在哪些问题？值得进一步追问的是，中国企业的社会责任推进机制背后的动力机制是什么？哪些因素会促进或阻碍企业履行社会责任？其背后的作用机理又是什么？这些问题都需要进一步深入研究和检验，同时也是当前中国经济发展和企业转型发展面临的重大现实问题，回答这些问题正是本书研究的主要目的。

因此，为了弥补现有研究的局限及挖掘企业社会责任推进机制及其作用机理，本书希望借鉴现有的理论基础，首先通过对企业社会责任的概念进行辨析，重新界定其基本定义，确定其合理边界，在此基础上探讨中国企业履行社会责任的个体现状和总体现状，进一步厘清现行企业社会责任推进机制中存在的问题及其深层动因；其次通过构建企业社会责任推进机制的分析框架，挖掘其作用机理；最后结合中国当前转型经济环境和特定的文化背景，通过理论分析和实证检验来揭示企业社会责任推进机制的作用路径，提出符合中国国情的企业社会责任的有效实现路径，以期优化中国企业履行社会责任的效果，从而促进企业的健康发展。

1.2 研究目的与研究意义

1.2.1 研究目的

企业社会责任的履行是中国落实可持续发展战略、实现生态文明、推进生产方式向集约型转变的重要推动力。尽管中国早在 20 世纪 80 年代后期就已经开始引入企业社会责任的概念，然而，真正意义上去传播和推广企业社会义务，则是进入 21 世纪以后的事了。越来越多的企业意识到履行企业社会责任不仅是企业对社会应承担的责任，同时也有助于提升企业的社会公信力和公众形象，有利于企业的生存和发展，使得企业履行社会责任的积极主动性在逐年提高，并且越来越多的企业意识到通过及时公布社会责任信息能向投资者传递更多的有利信息，因此企业对外披露企业社会责任报告的行为也在逐年增加。在这样的背景下，中国政府通过相关政策的制定和落实，在一定程度上推动了企业社会责任工作的开展。从目前的情况来看，政府及其监管部门在企业社会责任有关政策的制定过程中，主要是通过借鉴国外经验，依托于国家长远规划，通过公共政策的制定，为企业社会责任营造了较好的制度环境，进而帮助和指导企业更好地承担和履行社会责任。

然而，考虑到中国正处于经济转型及全面深化改革的关键期，中国企业社会责任具有自身的特色，这要求中国政府及监管机构在制定和落实有关政策时不能完全照搬国外的经验，第一，必须从中国当前的制度环境及企业社会责任履行的现状出发，进行科学系统的分析，总结和归纳出企业社会责任推进机制的框架体系，进而挖掘其背后运行的作用机制；第二，要落实符合当前中国国情及实际的企业社会责任推进策略，必须在分析中国企业身处的制度环境及其公司治理机制的基础上，对企业社会责任推进机制的作用路径选择问题进行分析和检验，总结出实现企业社会责任推进机制的有效路径，进而在理论上提出符合中国国情的企业社会责任推进机制。

基于此，本书通过解决企业社会责任推进机制如何实现的三个基本问题，进而提出有效的企业社会责任推进机制。

第一，如何认识和理解企业社会责任？这是本书研究的出发点。目前不同学科背景的研究从不同的角度已经提出了多个与企业社会责任相关的概念，这一系列基于单一价值维度、具体项目或活动及从单个利益相关者角度得出的概念已经使得现有研究陷入一种碎片化的状态，而且多个相关概念之间的区别和联系导致人们的认识出现明显的模糊性。这些结论提出了太多的问题而没有给出答案，不可避免地致使中国企业在履行社会责任方面陷入一种难以应付的情境中。因此，为了避免单一维度研究导致的诸多问题，本书认为应采用多维度的综合分析视角，给出一个明确的企业社会责任定义，而这需要重新定位企业社会责任并认识其本质。这不仅是本书研究的逻辑起点，也是帮助人们认识和履行社会责任的现实起点。

第二，在明确了企业社会责任的定义之后，接下来就需要解决中国企业社会责任推进机制的框架构建问题。首先，需要厘清中国企业社会责任的推进机制是什么？这是一个根本问题。只有在明确界定和准确厘清这一根本问题后，才能全面认识企业社会责任推进机制的本质，才能切实有效地推动企业社会责任理论和实践不断向前发展，进而彻底解决当前一些企业存在的"伪社会责任行为"的问题。基于此，本书通过个案和总体分析中国企业社会责任履行的现状和问题，进一步从社会、政府和企业三个角度对企业社会责任推进的现状和成因进行分析和总结，在此基础上借鉴演化经济学的基本思想，通过构建企业社会责任推进动力机制的分析框架，回答了这一根本问题。其次，推进中国企业履行社会责任机制的驱动力是哪些？这是本书研究的一个核心问题，直接关系到企业如何正确认识社会责任的有效落实和实践方式。因此，本书将利益相关者作为分析企业社会责任推进机制的主线，基于合同关系存续和所有权等不同的角度对利益相关者进行分析，通过聚类分析识别出关键利益相关者的利益诉求。在此基础上，本书根据 Hayek 提出的"社会秩序二元观"，运用演化博弈论探讨在"外部规则"的约束下，非强制性外部利益相关者、股东利益一致相关者在社会责任推进机制中的路径选择行为，同时运用动态博弈模型探讨在"内部规则"的约束下，政府和企业在社会责任推进机制中的路径选择行为，以期在进行均衡稳定分析的基础上找到企业社会责任推进机制的实现路径。

第三，在构建了企业社会责任推进动力机制的分析框架后，如何才能提出符合中国国情的推进企业社会责任落实的有效路径？这是本书研究的另一个核心问题，直接关系到在中国当前转型经济环境下，在推进企业社会责任履行的具体实践工作中如何有针对性地开展相关工作。基于此，本书通过实证研究来分析和检验关键的外部制度环境因素和内部的公司治理机制因素对企业社会责任履行状况的影响机理，然后根据分析评价的结果提出符合中国国情的企业社会责任推进机制的实现路径。

1.2.2 研究意义

本书通过研究企业社会责任的推进机制，不仅有利于丰富和拓展企业社会责任的理论研究范围，具有较强的理论意义；同时也有利于为企业推进社会责任履行工作提供有效指导，为政府及其监管部门在推进企业社会责任履行中的政策制定提供理论支撑，具有重要的实践指导意义。

（1）重新界定企业社会责任内涵与本质，有利于企业正确认识企业社会责任。

随着经济和社会的发展，企业社会责任的内涵与外延也不断深化与扩展。目前，企业社会责任已经成为与企业生存与发展息息相关且被广泛接受的重要管理理论之一。现有的研究中关于企业社会责任的定义仍主要是在 Carrol（1991）提出的企业社会责任"金字塔"模型的基础上总结提炼得出的，总体上并没有超出经济责任、法律责任、伦理责任和慈善责任的框架范畴。因此，本书在结合哲学、经济学、管理学和社会学等视角下的企业社会责任概念的基础上，从系统论的视角出发，重新界定企业社会责任的概念，将企业社会责任从一个对象性的概念转化为一个功能性的概念，从强调责任"是什么"转向为"怎么处理"责任。这不仅有助于增强基本概念的解释力和辩护力，也为企业指出了履行社会责任的方向和途径，从而有助于企业更好地认识和履行社会责任。

（2）深入探索企业社会责任推进机制，有助于拓展和完善企业社会责任的理论研究内容。

当前大量的研究文献主要是关注企业规模、行业、盈利能力等企业个体层面的因素对企业履行社会责任的影响，但由于不同的研究采用社会责任的评价指标不统一或数据的不一致而常常得出不一致的结论。由于缺乏有力的理论框架支撑和足够的实证检验，很多企业社会责任研究往往从应然出发去研究现实问题，较少关注企业是如何在他们的组织与社会环境及其所在的具体约束中来履行社会责任的，进而导致理论研究结果无法有效解释企业履行社会责任的实践行为。因此，本书试图从安德公司履行社会责任的现状分析入手，结合国内企业履行社会责任的情况，从总体上分析和把握当前社会责任的总体履行现状。在此基础上，从社会、政府和企业三个角度对企业社会责任推进过程中的现状和成因进行分析，总结出当前推进机制中存在的内部和外部两个方面的问题，进一步通过借鉴演化经济学的基本思想，构建中国企业社会责任推进动力机制的分析框架，以期对企业社会责任推进机制理论研究做出有益的探索，进而为提出符合中国国情的企业社会责任的作用路径提供理论认识，丰富企业社会责任推进机制的理论研究内容。

（3）结合中国独特的制度背景对企业社会责任的影响进行实证研究，为理解转型经济环境下的制度环境和公司如何影响企业社会责任提供增量信息。

国内目前考察影响企业社会责任履行情况的原因的文献主要包括两个方面：一是主要基于企业特征，如企业规模、财务绩效、成长性、行业特征、成立年限及政治关联等，从宏观制度环境的角度展开的实证分析还不多见，仅有的少量证据立足于正式制度（如市场化进程、政府干预程度、要素市场发育程度、法制环境等）与非正式制度（如媒体治理）对企业社会责任履行状况的影响，对正式制度与非正式制度两方面的联合作用如何影响企业社会责任履行的研究鲜有涉及；二是尽管国内已有一些文献关注企业公司治理机制如何影响企业社会责任的履行，但由于更多的是对某一或特定的某些公司治理变量进行检验，缺乏对表面影响因素背后的影响路径与作用机制的深入探讨，并且指标选择单一及缺乏对同一指标多个维度的探讨，导致相关研究仍未取得较为一致的结论。本书则是在考察正式制度与非正式制度对企业社会责任履行状况的影响的基础上，重点考察了正式制度与非正式制度的联合作用对企业社会责任履行状况的影响。内部控制是实现公司治理的基础，因而进一步考察了内部控制对企业社会责任履行状况的影响，在此基础上重点考察了股权集中度和董事会效率分别与内部控制的联合作用对企业社会责任履行状况的影响。因此本书的研究结论一方面有助于人们更好地理解宏观制度环境影响微观企业社会责任行为的作用路径，另一方面进一步丰富和拓展了中国转型经济环境下内部控制和公司治理如何影响企业社会责任履行情况的研究内容。

（4）为政府制定政策和企业决策提供理论支持和科学依据。

目前，中国企业社会责任在理论和实践中正受到前所未有的关注，已成为社会普遍认可的价值观，已经被政府纳入国家长期发展的战略规划体系之中。但是在经济社会高速发展的模式下，仍有一些"伪社会责任"事件发生，其根源还在于企业无视利益相关者的要求，片面追求经济效益。从政策制定的角度来看，如果没有真正厘清中国企业社会责任推进机制的内在作用机理，就无法制定出可行的政策措施来促进形成企业社会责任水平不断提高的制度环境。企业的各种行为将直接作用于其赖以生存和发展的社会。企业在生产经营过程中，必须关注其利益相关者的切身利益，提高一系列决策行为的科学性和合理性。同时，作为社会的管理者和经济的调控者，政府的一言一行都关系到企业的生存和发展。因此，本书通过实际走访和调研，探寻企业在履行社会责任过程中面临的困难和疑惑，从实践中总结和提炼企业在履行社会责任时的问题和成因，以期提高企业决策和政府政策制定的科学性和合理性，有利于经济社会的协调均衡发展，尽早预防、避免"伪社会责任"事件的发生。

1.3　研究内容与研究方法

1.3.1　研究内容

本书通过解决企业社会责任推进机制如何实现的三个基本问题，对企业社会责任推进机制进行深入研究，为有效开展中国企业社会责任工作提供支撑。具体而言，本书分为八个章节。

第一章为绪论部分，针对本书的研究背景和研究问题、研究目的和研究意义、研究内容和研究方法、研究思路及研究创新点等进行了分析。

第二章为企业社会责任推进机制的理论基础和文献回顾。本章首先对社会责任的起源及演进历程进行了回顾，在此基础上借鉴哲学、经济学、管理学、社会学等多门学科知识，以系统论思想为基本依据，对企业社会责任进行界定，并进一步界定了企业社会责任推进机制；然后通过回顾利益相关者理论、契约理论、资源依赖理论和新制度主义理论等基础理论，分析不同的利益相关者在推动企业社会责任发展时起到的作用；最后系统梳理和综述了当前企业社会责任及其推进机制的研究现状，通过评述现有研究的不足从而为未来的研究指明了方向。

第三章为中国企业社会责任推进机制的现状、成因与框架建构。本章首先以安德公司为例，对其履行企业社会责任的现状进行了描述，在此基础上分析了其潜在的问题及成因；其次，初步从总体上分析了当前国内企业履行社会责任的现状及潜在问题，试图通过对这两方面的结合分析以期对国内企业社会责任履行的总体状况有一个粗略的把握；然后，在此基础上进一步从社会、政府和企业三个角度对企业社会责任推进过程中的现状和成因进行分析，总结出当前推进机制中存在的内部和外部的问题；最后，通过借鉴演化经济学的基本思想，构建了中国企业社会责任推进动力机制的分析框架。

第四章是对中国企业社会责任推进动力机制的博弈分析。在界定企业内外部不同利益相关者的不同利益诉求的基础上，从合同关系存续视角和所有权的视角对利益相关者进行分析，然后通过聚类分析识别关键利益相关者的利益诉求。在此基础上借鉴Hayek 的"社会秩序二元观"思想，一方面基于正式制度和非正式制度互动视角，运用演化博弈和动态博弈模型，重点探讨了在"外部规则"的约束下，非强制性外部相关者、股东利益一致相关者在社会责任推进机制中的行为选择，以及在"内部规则"的约束下，政府和企业在社会责任推进机制中的行为选择，通过均衡稳定分析找到了企业社会责任推进机制的实现路径，从全局角度详细阐明其运行机理。

第五章是对基于外部规则视角的企业社会责任推进机制的研究。从中国当前的转型经济环境出发，以法制环境（对应正式制度）及社会信任程度和媒体报道（对应非正式制度）两个方面为外部规则，首先分别检验了地区法制环境、地区信任程度和媒体报道对上市公司社会责任履行情况的影响，其次考察了地区法制环境和地区信任程度分别与媒体报道的联合作用对上市公司社会责任履行情况的影响，最后考虑到社会责任敏感性在不同的行业中存在较大的差异，进一步考察了上述外部规则对不同行业上市公司社会责任履行情况的影响。

第六章是对基于内部规则视角下的企业社会责任推进机制的研究。从中国经济转型背景下的特殊的公司治理机制入手，以内部控制和股权集中度及董事会效率为内部规则，首先以内部控制为重点，分析和检验了内部控制质量对上市公司社会责任履行情况的影响，其次考察了公司治理机制（主要是基于股权集中度和董事会效率）与内部控制的联合作用对上市公司社会责任履行情况的影响，最后考虑到企业最终控制人的特征差异，进一步考察了上述内部规则对最终控制人不同特征的上市公司社会责任履行情况的影响。

第七章为企业社会责任推进机制的实现路径。本章对之前的结果进行分析和总结，从外部制度环境和企业公司治理机制两个方面提出符合中国国情的企业社会责任的有效实现路径，以提升中国企业社会责任发展水平。

第八章为研究结论、研究局限与展望。本章对全书研究进行了总结，进一步阐述了研究的局限所在，并对未来的研究方向进行了展望。

1.3.2 研究方法

为确保企业社会责任推进机制研究工作开展的有效性，本书总体上综合运用了文献阅读法、规范研究法、案例分析法、实证研究法等研究方法。

（1）文献阅读法。

通过阅读经济学、管理学、社会学等相关文献，了解不同学科领域内与企业社会责任有关的研究视角和研究进展，在此基础上，确定了本书探讨企业社会责任推进机制的研究视角、研究方法和研究思路。

（2）规范研究法。

借鉴利益相关者理论、博弈理论、资源依赖理论和新制度主义理论等相关基础理论，通过规范的演绎推理和分析，分析了不同的利益相关者在推动企业履行社会责任过程中起到的作用，找到了企业社会责任推进机制与利益相关者之间的内在逻辑联系和必然性，构建了企业社会责任推进机制的框架体系。

（3）案例分析法。

在对中国企业社会责任推进机制的现状问题进行分析时，将理论研究中的"为什么"和企业实践活动的"怎么做"及"做得怎么样"结合起来，针对具体企业进行走访和调研，分析案例企业履行社会责任的现状，以及在实践活动遇到的问题，并对问题的成因进行剖析、归纳和总结，希望以此"由小见大"，得出更为普遍适用的结论。

（4）实证研究法。

实证研究主要是在当前中国转型经济环境下，分别从外部规则和内部规则的视角对企业社会责任的履行情况进行实证检验。本书采用中国2009—2013年的A股上市公司作为研究样本，运用Tobit回归模型和Oligit回归模型，以法制环境（对应正式制度）及信任程度和媒体报道（对应非正式制度）两个方面为外部规则，以内部控制和股权集中度及董事会效率为内部规则，分别从外部规则和内部规则的角度对企业社会责任的履行情况进行实证研究，探究了关键的宏观制度因素和微观公司治理因素对企业社会责任履行状况的影响路径，进而为提出符合中国国情的企业社会责任的实现路径提供理论依据。

1.4　研究思路

遵循提出问题—分析问题—解决问题的思路，根据本书的研究内容与结构安排，确定本书的技术路线，如图 1-1 所示。

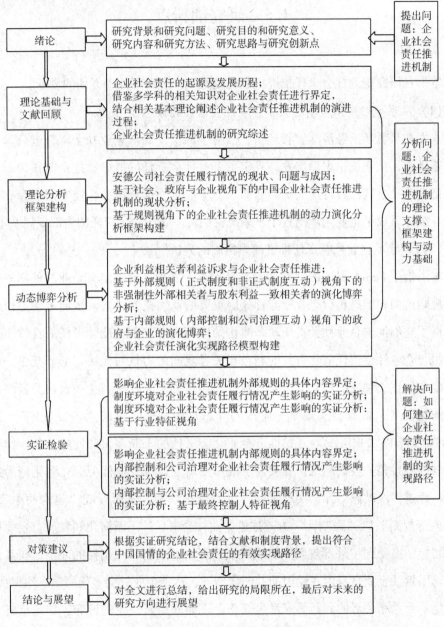

图 1-1　本书研究的技术路线图

1.5　研究创新点

本书在研究企业社会责任推进机制的过程中，有以下几个方面的创新。

（1）从系统的视角重新定义了企业社会责任的概念。

本书在从哲学、经济学、管理学、社会学四个方面对企业社会责任进行深入思考的基础上，从系统论思想出发，界定了企业社会责任的概念。把企业作为一个系统，把企业社会责任履行所受到的外部压力看成是外部环境，企业内部所存在的不同利益载体看成是企业内部的各个子系统，剖析了企业社会责任的内部规律及本质。

（2）构建了企业社会责任推进动力机制的分析框架。

本书借鉴 Hayek 提出的"社会秩序二元观"思想，通过定义企业的外部规则和内部规则这两种推进履行企业社会责任的重要的动力机制，进一步通过动态博弈模式分析了它们推进企业社会责任动态演化的作用机理。企业社会责任的具体演化路径是由与企业社会责任演化有关的利益相关者之间的力量对比决定的。其中，在正式制度和非正式制度的约束下，非强制性外部相关者与股东利益一致相关者经过不断的演化博弈，最终会实现某一阶段的动态均衡，进而形成"自发秩序"，这种"外部规则"以"自组织"方式推进企业社会责任的不断演化和发展；政府作为强制性外部利益相关者，从维护社会公众的角度出发，对企业社会责任演化行为进行规制，经过多次动态博弈，实现某一阶段的动态均衡，进而形成"建构秩序"，这种"内部规则"以"强制性"方式推进企业社会责任的不断演化和发展。企业社会责任初始状态受到"外部规则"自组织式及"内部规则"强制性的冲击，在其他外部推动因素及企业自身内在动因的共同作用下，达到企业社会责任的动态均衡状态。后来随着利益相关者的利益诉求发生变化，进而开始新一轮的博弈。如此反复，从而推进企业社会责任的不断演化和发展。

（3）结合中国的制度背景实证检验了企业社会责任推进机制的影响因素。

尽管当前已有研究从外部制度环境对公司履行社会责任的影响的角度进行检验，但更多是基于正式制度（如市场化进程、政府干预程度、要素市场发育程度、法制环境等）的视角。虽然也有极少数文献关注了非正式制度（如媒体治理）对企业社会责任履行状况的影响，但对正式制度与非正式制度两方面对企业社会责任的联合作用的影响仍缺乏足够关注，而且这些研究也没有考虑中国特有的公司内部治理结构对企业社会责任履行状况的影响。因此本书从中国当前的转型经济环境出发，以法制环境（对应正式制度）及信任程度和媒体报道（对应非正式制度）两个方面为外部规则，并且以内部控制和股权集中度及董事会效率为内部规则，首先在分别考察了正式制度与非正式制度对企业社会责任履行状况的影响的基础上，重点考察了正式制度与非正式制度的联合作用对企业社会责任履行状况的影响；结合企业的行业特征，分别考察了正式制度与非正式制度对不同行业特征中企业社会责任履行状况的影响。其次在了解了企业正式制度和非正式制度影响后，在考察了内部控制对企业社会责任履行状况影响的基础上，进一步重点考察了股权集中度和董事会效率分别与内部控制的联合作用对企业社会责任履行状况的影响；结合企业的最终控制人特征，考察了内部控制及其与股权集中度和董事会效率的联合作用对不同最终控制人企业社会责任履行状况的影响。研究表明要进一步推进和改善中国企业社会责任履行状况，必须结合中国转型经济背景下的鲜明的制度约束因素和特殊的公司治理机制，在完善相关制度环境的基础上，进一步完善企业的公司治理机制，为企业社会责任的履行提供完善的激励与约束机制，并且制度环境的优化和公司治理机制的改善要考虑企业的行业特征和产权特征。因此本书的研究结论一方面为理解宏观制度层面如何影响企业开展和履行社会责任的微观作用路径提供经验证据，另一方面也进一步丰富和拓展了在转型经济环境下，内部控制和公司治理如何影响企业社会责任履行的研究内容，进而可以为企业根据不同的内外部条件制定相应的社会责任策略提供经验依据。

第二章 企业社会责任推进机制的
理论基础与文献回顾

2.1 企业社会责任的起源、发展与演进

2.1.1 企业社会责任的思想起源及发展

企业社会责任已经成为了当前管理学界和社会关注的热点。虽然真正从理论上对企业社会责任的研究，管理学界是从 20 世纪 20 年代才开始的，但是作为一项与社会有着较大关联的内容，企业社会责任思想在西方第一次工业革命时期就已经出现[3]。在英国完成了第一次工业革命后，人们对于工人待遇、就业及失业问题等的重视程度不断提升，这时开始出现了企业社会责任的萌芽。其中，古典经济学在 18 世纪中后期开始逐步形成了企业社会责任观，主要观点是"商人不应当为个人私利而损害社会利益"，这被看成是企业社会责任理论研究最初的萌芽。后来，随着经济社会的不断发展，在 18 世纪末期开始表现为企业主对社会的慈善行为，如捐资助学、捐建教堂等[4]。进入 19 世纪后，一些企业受传统经济理论的影响，在履行社会责任方面持消极的态度，同时"适者生存"的理念也被一些人所接受，这种思想意识不鼓励企业考虑和关注非经济的利益追求。

而从 19 世界末和 20 世纪初开始，随着现代工业文明的逐步建立，以及现代管理理论的不断创立，人们对于现代工业对环境、社会等造成的负面影响的认识不断深入，使得人们对于企业社会责任问题逐步重视，现代企业社会责任观念出现并获得了较好发展。20 世纪 20 年代，来自大型石油、能源企业、通信企业、汽车制造企业的高层管理者，最早倡导了现代意义上的企业社会责任[5]。对于企业社会责任

的理论研究而言，管理学界一般认为，是由英国的 Oliver Sheldon 于 1923 年在其著作 *The Philosophy of Management* 中最早提出"企业社会责任"的概念，认为企业社会责任定位于满足其生产经营的相关方的利益诉求，从而将企业社会责任与利益相关者的需求联系在一起。尽管 Sheldon 提出了企业社会责任的概念，但是当时在理论界并没有得到足够的重视。一直到 1953 年 Howard R. Bowen 的著作《商人的社会责任》一书出版后，关于企业社会责任的概念才得以确立。在该著作中，Bowen 提出企业社会责任的概念包括三个方面的内容，即企业社会责任的主体主要应当是现代大公司，企业社会责任的实施者是企业的管理者，企业社会责任的履行原则是自愿。该研究获得了管理学界的高度评价，被认为开创了现代企业社会责任的研究领域，因此 Bowen 被称为"企业社会责任之父"。20 世纪 60 年代前后，很多学者加入到企业社会责任的研究中，尤其是从不同的视角推动了企业社会责任概念的发展。

总体而言，现代意义上的企业社会责任的研究可以分为三个阶段：第一个阶段是 20 世纪 20 年代到 60 年代的企业社会责任提出和确立阶段，第二个阶段是 20 世纪 70 年代到 90 年代的广泛关注阶段，第三个阶段是 21 世纪初至今的全球发展阶段。[6]

之所以企业社会责任会在 20 世纪 70 年代以后得到广泛关注，是由于 70 年代以后西方国家在经受第二次世界大战挫伤后，经过二十余年的恢复，经济重新步入了快速发展轨道，而与之相伴的是对劳动者和消费者权益侵犯问题的不断增加，加之环境污染问题、诚信问题，使得企业社会责任问题的严重程度愈加提升。在这样的背景下，西方国家对于企业社会责任的研究也愈加重视，且出现了很多关于企业社会责任的概念界定和理论学说，包括"金字塔"模型、"三个同心圆"理论、"三重底线"理论等。并且，对于企业社会责任的研究，不再拘泥于过去"该不该履行"的问题，而是朝着"如何履行"的方向展开研究。其中比较典型的有：1971 年美国经济开发委员会发表的《工商企业的社会责任》中所提出的企业社会责任的"三个同心圆"理论，包括经济责任、社会责任和无形责任三类，其中经济责任是企业最基本的责任；Carrol 于 1979 年提出著名的社会责任"金字塔"模型，指出企业社会责任包括经济责任、法律责任、伦理责任、慈善责任四个方面；Elkington 于 1997 年提出的"三重底线"理论，认为企业行为应当遵循经济底线、社会底线、环境底线。

　　另外一些国际组织也开始对企业社会责任的研究进行分析，其中最有代表性的是"SA8000 标准"（Social Accountability 8000 International standard）。该标准指出企业社会责任应包括从劳动保障、人权保障和管理体系三个方面[7]。

　　和国外不同的是，虽然中国针对企业社会责任的研究是在 20 世纪 90 年代后才逐步开展的，但是事实上，在古代就已经出现与企业社会责任相关的思想。例如，孔子在《论语·理仁篇》中提出，"君子喻于义，小人喻于利"，孟子在《孟子·尽心章句上》中提出，"穷则独善其身，达则兼济天下"……这些都可以看成是对社会责任履行的最初表达。中国真正意义上针对企业社会责任进行研究是 20 世纪 90 年代以后，中国政府试图通过出台一系列政策文件的发布，推进企业社会责任工作[8]。

2.1.2　企业社会责任的概念界定：基于多学科视角的思考

　　国内外对于企业社会责任已经有较多的概念界定，尤其是在 2000 年之前，ISO26000 社会责任指引未正式发布之前，企业社会责任还没有一个被普遍接受的定义，包括欧盟、联合国全球契约组织、中国可持续发展工商理事会等，分别针对企业社会责任给出了自己的界定。而 ISO26000 社会责任指引的发布，为社会责任提供了一个在国际上可以被最大范围接受的概念。ISO26000 社会责任指引认为，"社会责任"是"组织通过透明的、合乎道德的行为，为其决策和活动对社会和环境的影响而承担的责任"[9]。

　　从目前的情况来看，对于企业社会责任的界定，主要是在前人研究的基础上，尤其是在 Carrol（1979）年提出的企业社会责任的"金字塔"模型的基础上[10]，所进行的分析总结，总体上并没有超出金字塔模型的框架范畴。考虑到企业社会责任本身涵盖哲学、经济学、管理学、社会学的内容，因此本书将在总结前人对企业社会责任概念界定的基础上，从哲学、经济学、管理学、社会学等视角，分别对企业社会责任进行分析。在此基础上，从系统论的视角出发，界定企业社会责任的概念。

2.1.2.1　企业社会责任的哲学视角思考

　　企业社会责任虽然被提出的时间并不长，但是其本质上是对古老哲学在继承基础上的重新演绎。根据目前国际上较为通行的界定，企业社会责任的理解即企业在创造价值的过程中，不仅应当履行经济方面的责任，同时还应当遵守法律法规、商业道德、劳动者权益保护等方面的要求。只有这样，企业才能够可持续性发展。根据这样的分析，企业社会责任与哲学中相关的思想相吻合。具体而言，从哲学层面诠释，企业社会责任具有的特性如下。

（1）企业社会责任是动态发展的概念。

马克思主义哲学认为，"运动是绝对的，静止是相对的"。企业社会责任本身也是一个动态发展的概念，其随着外部环境的变化及企业的发展变化而出现新的发展态势。从过去企业社会责任单纯考虑人类需要，发展成为目前综合考虑人类需要、环境、可持续发展等与所有利益相关者相关的综合体系[11]。并且，随着社会的不断发展，企业社会责任的概念也必将处于不断发展的过程中。

（2）企业社会责任体现的是人与环境的和谐统一。

当前，和谐社会建设、可持续发展已经成为中国经济社会发展的重要立足点。和谐社会建设及可持续发展的一个重要内容，就是要实现人与环境的和谐统一。其中，环境不仅包括了人类所赖以生存和发展的外部环境，同时也涵盖了经济环境、社会环境等方面。企业作为经济社会中的重要组成部分，应当为和谐社会建设、可持续发展提供有利载体[12]。对于企业而言，履行社会责任的重要表征，是要注重人与外部环境的平衡，注重对生态环境和社会环境的改善，提升外部环境尤其是自然环境的利用效率，进而确保外部环境系统与企业自身系统的协调发展。

（3）企业社会责任是企业"义利一体"的重要表征。

在我国传统文化中，"义利一体"有如下的表征：义务与利益要结合、兼顾、并举。这反映到企业生产经营中，直接的体现便是企业"经济人"与"社会人"角色的统一[13]。作为社会经济活动中的重要主体，企业一方面要履行经济责任，努力实现自身经营效益的最大化；另一方面，企业作为社会人，需要履行相关的社会责任，进而实现企业的"义利一体"[14]。

2.1.2.2　企业社会责任的经济学视角思考

从上述研究结论可以看出，企业应当在履行利润获取、经济价值创造等职责的基础上，履行与利益相关者有关的诸如环境保护、法律维护、社会救助等方面的义务。从制度经济学的视角分析，企业社会责任本质上是一种制度安排[15]。由于企业的利益相关者是指"在企业中进行了一定的专用性投资且承担风险的个体和群体"，因此企业本身是由各利益相关者的利益诉求所构成的契约集合体[16]。不同的利益相关者的利益诉求不同，使得企业的日常行为必然会受到一定的束缚，各利益相关者之间通过相互利益的争取，最终实现"相对平衡"。而作为企业诸多利益相关者中的"社会公众""顾客""民间组织"等，对于企业有履行社会责任的要求，通过与其他利益相关者的制衡，最终促成企业履行社会责任[17]。

因此，从制度经济学的视角分析，企业行为是由利益相关者的利益诉求所形成的一种契约行为[18]。而在该模式下，企业的行为受到制度的约束，正是各方利益诉求不同而引发的"利益碰撞"，使得最终企业行为受到制度的约束。企业社会责任正是在这样的背景下产生，并且作为一种制度安排的，其履行情况受到制度实施机制的约束[19]。

2.1.2.3 企业社会责任的管理学视角思考

管理学分析的基础是对人性的假设。从目前的情况来看，管理学理论对于人性假设问题，经历了由"经济人"到"社会人"的发展历程，在不同的人性假设下，企业的管理内容及管理重点存在一定的差异[20]。具体而言，在"经济人"假设中，企业的重点在盈利上，认为这是企业应当关注的重点，也是最早对企业社会责任的内涵的理解，即企业应当以利益最大化作为企业发展的主要目标，这也是企业实现其社会责任的主要方式；在"社会人"假设中，企业除了被赋予盈利的要求外，同时还应当履行其作为社会中的一个组成部分而必须承担的相关社会责任，例如慈善、环境保护等[21]。

从企业社会责任履行的角度而言，其本身是属于企业管理工作的范畴。而作为一项与企业生产经营相关的活动，企业管理涉及企业在信息获取、决策、计划、组织、指挥、协调、控制等职能的发挥[22]。这些管理职能发挥的效果的好坏，在很大程度上决定了企业发展的成效，也是企业社会责任能否顺利履行的重要支撑。

2.1.2.4 企业社会责任的社会学视角思考

经济社会学认为，企业是"嵌入"社会结构之中的理性行动者[23]。作为理性行动者，企业在决策过程中，必然会考虑社会可能带来的不确定性因素及限制条件。与此同时，企业"嵌入"社会结构表明企业是经济性与非经济性的统一，也意味着企业自身的行动分为经济行为和非经济行为。其中企业的经济行为在一定程度上会受制于非经济行为，非经济行为更多与法律法规、社会文化、社会风俗、道德等层面有关。基于此，企业要确保经济行为开展的有效性，必须对企业非经济行为的影响因素进行分析，并加以处理。并且，企业非经济行为所涉及的利益相关者较多，基本上所有的利益相关者都会对企业非经济行为产生影响，进而对企业经济行为产生影响。这就要求企业在决策时，不能仅仅简单地考虑自身的经济利益最大化，同时还需要考虑社会利益，即应履行社会责任[24]。

与此同时，对于企业而言，有计划地进行资本积累是企业获得长远发展的重要支撑。在这样的背景下，企业必须利用自身的关系资源以获得有助于企业发展的社会资本。对企业内部而言，企业首先要确保企业经营管理决策合理及生产运作流程的高效，保证规范企业管理层的行为受到规范和约束，同时也要为员工塑造安全的工作环境，确保身心健康，保障其合法权益不受侵害；对企业外部而言，企业必须努力处理好与政府、社区和其他企业的关系，以创造良好的外部环境。企业通过上述手段可以获取强大内部社会资本和外部社会资本，不仅有助于增强企业内部成员之间合作关系，也有利于加强企业与政府、社区以及其他企业之间的信任关系，进一步树立良好的企业形象，提高企业的持续竞争优势[25]。基于此，企业履行社会责任对于获得更多的社会资本，从而增强企业与利益相关者的信任关系，具有十分重要的意义。

综上可知，企业会为了自身发展的需要而履行社会责任，企业履行社会责任在企业获得社会资本等方面发挥着重要作用。

2.1.2.5　基于系统论思想的企业社会责任概念界定

根据上述分析可以看到，企业社会责任是企业应当履行的职责，是作为"社会人"在享受了社会给予的发展机遇及公共资源后，应当回报社会的责任。企业社会责任的产生，是基于企业的"社会人"属性及企业与利益相关者之间的问题所决定的，即企业社会责任的产生及发展在一定程度上是企业外部环境决定的。与此同时，企业作为自主经营的组织，自身内部在经营理念、发展规模等方面，必然在不同的管理者甚至普通员工中会有一定的分歧，而分歧的存在，有可能会对企业的各项决策产生影响，其中包括企业利益的分配，而企业利益的分配又很大程度上决定了企业社会责任的履行情况。考虑到企业自身及企业所处的环境本身就属于系统的范畴，基于此，可以从系统论视角出发来界定企业社会责任的内涵。

在系统论的视角下，企业作为一个系统，外部要求企业积极履行社会责任的压力是企业生存所依赖的外部环境，企业内部所存在的不同利益载体可以看成是企业内部的各个子系统[26]。而企业社会责任可以做出如下的诠释：企业作为整个社会系统的一个组成部分，一方面其受惠于来自外部环境的资源，进而获得发展机遇；另一方面企业在发展过程中，也会对外部环境产生影响，尤其是会产生负面影响，负面影响最终由外部环境承担。这意味着，企业与外部环境权利和义务的不均衡性的存在。正是这种不均衡性的存在，使得企业发展面临着外部压力，加之企业内部本身不同子系统之间对于这种不均衡性的存在有分歧，而子系统之间的制衡最终以制度形式明确企业应当履行对社会的责任。正是在企业内部制度和外部环境压力的共同作用下，企业最终以一定的方式（如捐款、慈善、环境保护等）向社会履行责任，进而实现企业与外部环境和企业内部之间的相对稳定。

假设整个社会系统中存在着 n 个企业，每个企业均为一个系统，记为 A_i（$i=1$, 2, $\cdots$, n），考虑到各企业内部均存在着因利益取向相一致而组成的内部组织，即子系统，假设各企业分别包含 m_j（$j=1$, 2, $\cdots$, i）个内部组织，这意味着系统 A_i 中包括子系统 A_{i1}, A_{i2}, $\cdots$, A_{im_j}。同时，各系统 A_i 分别存在与其相关联的外部环境 E_i。系统 A_i 与其关联的外部环境 E_i 之间存在着一定的关联性，并且关联性是多方面的：一方面，系统 A_i 从与其关联的外部环境 E_i 中获得相应的资源，以满足系统 A_i 发展的需要，这种作用机制记为 D_i；另一方面，系统 A_i 又对与其关联的外部环境 E_i 产生一定的负面影响，导致外部环境 E_i 出现负面反应，这种作用机制记为 P_i；且这种负面反应对系统 A_i 的发展带来影响，要求系统 A_i 必须对外部环境 E_i 进行补偿，这种作用机制记为 Q_i。另外，系统 A_i 内部各子系统 A_{i1}, A_{i2}, $\cdots$, A_{im_j} 之间存在的作用机制，记为 R_i。因此企业社会责任是指，由于系统 A_i 自身发展的需要，从其外部环境中通过 D_i 机制获得相应的资源，同时对外部环境 E_i 通过 P_i 机制产生负面影响。如果 P_i 机制无限放大，则不仅会对外部环境 E_i 产生负面影响，而且也会对系统 A_i 发展产生负面影响。系统 A_i 内部通过 R_i 机制的协调作用，以及外部环境 E_i 通过 Q_i 机制，要求系统 A_i 对外部环境进行补偿，即系统 A_i 履行社会责任。

根据上述分析，企业社会责任的系统论界定思路见图2-1。

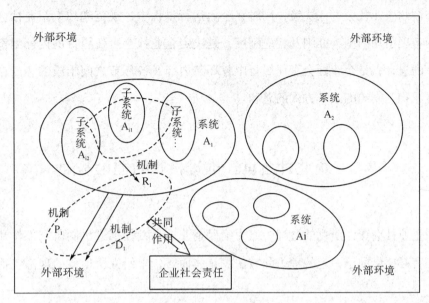

图 2-1 企业社会责任的系统论界定示意图

2.1.3 企业社会责任推进机制的界定

在理解企业社会责任推进机制的内涵时，需要首先理解机制的内涵。

"机制"一词最早源于希腊文，原指机器的构造和工作原理。现已广泛应用于自然现象和社会现象，指其内部组织和运行变化的规律。把机制的本义引申到不同的领域，就产生了不同的机制，如引申到社会领域，就产生了社会机制。一般而言，机制与事物紧密联系，事物是机制的载体，事物的各个部门的存在是机制存在的前提。机制以一定的运作方式将事物的各个部分联系起来，使它们协调运行而发挥作用。

推进机制是指在为了有效实现系统的良性运行，而提出的能够促使系统内部子系统之间及系统与外部环境之间有机结合的工作方式。推进机制是在分析系统工作原理的基础上，对影响系统工作的因素及各因素结构、功能、及其相互关系进行研究，进而提出的能够对这些因素产生正面影响、提升系统功能发挥成效的运行方式。

对于企业社会责任而言，其影响因素主要涉及企业自身内部系统之间、企业与外部环境关系等方面。基于此，有必要在分析以上影响因素的影响机理的基础上，提出促进企业社会责任更好发展的工作方式，即企业社会责任推进机制。

总体而言，企业社会责任推进机制是指企业推进社会责任的运行方式，是影响、引导和制约企业社会责任决策，同时在企业运行过程中，规范和约束企业社会责任履行的各项活动的基本准则及相应制度，是决定企业社会责任履行的内外因素及相互关系的总称，是企业社会责任履行中各环节内部及各环节之间本质的和内在的相互关联、相互制约的工作方式的总和。

2.2　企业社会责任推进机制的理论基础

在企业社会责任演化的过程中，为确保企业社会责任推进机制研究工作开展的成效，有必要借助于一定的理论和方法。具体而言，本研究所借鉴的理论包括如下内容。

2.2.1　利益相关者理论

传统的企业理论认为股东的利益至上，股东作为企业物质资本的提供者，应最终享有企业的剩余控制权和剩余索取权，因此企业的一切行为应该是以股东利益最大化为目标，如 Grossman and Hart（1986）就指出，将公司的剩余控制权配置给那些最难监督利益主体，能提高公司资产的使用效率，可能是最有效的产权安排[27]。但随着科技水平的提高，物质资本在促进企业发展中的作用日渐减弱，特别是以社会网络为特征的新知识经济兴起，掌握核心知识的人力资本在企业价值创造中的作用越来越明显，如在高新技术企业中，作为创新主体的研发人员和其他拥有特殊的无形资产、生产资料、管理经验的人力资本，在企业价值创造过程中处于核心地位，他们往往是决定高新技术企业持续成长的关键因素。因此，传统的企业理论已经无法解决企业的其他重要利益相关主体的利益诉求等诸多问题[28-29]。

针对传统企业理论的不足，学术界开始不断反思企业的所有权安排这个理论难题。很多学者逐渐清楚地认识到，企业不仅仅是为股东服务而存在，实际上还是一个以所有权为中心的、"状态依存"的社会关系的集合。企业剩余权的拥有者不再仅仅局限于股东，也不断向外扩展到包括管理者、员工、银行、供应商、客户乃至社区等在内的其他利益相关者身上，在此基础上，利益相关者理论逐渐形成并得到了迅速发展。利益相关者思想的代表作是 Freeman 在 1984 年出版的 *Strategic manage-*

ment：A Stakeholder Approach[30]一书，提出了利益相关者的概念的基本特征，并从战略管理的视角阐述了利益相关者对企业持续经营和竞争优势的作用，并且特别强调企业现实中的利益相关者不是固定不变的，他们和企业之间的利益关系会随着企业战略经营的变化而改变，这对后来的企业管理思想的发展起到了重要的推动作用。在此基础上，Jensen and Meckling（1976）指出，企业不应该仅仅关注股东利益的最大化，实际上企业是由不同的要素投入主体即利益相关者所构成的[31]，因此企业应该从为股东创造价值转变为为所有的利益相关者创造价值，因为企业拥有的各种要素是由不同的利益相关者投入的，除了包括股东投入的股权资本之外，还包括债权人投入的债务资本，企业管理层和雇员投入的人力资本，以及政府、供应商、客户投入的企业生存和发展的其他要素，等等。这表明，不同的利益相关者都向企业投入生存和发展所必需的生产要素，实际上所有的利益相关者都依据自身投入的要素来承担经营风险，在特定的经营条件下，有的利益相关者甚至承担的经营风险要高于股东承担的风险，为此企业在公司治理机制中必须赋予这些利益相关者保护自身利益不受侵害的权利，至少必须要保护拥有关键生产要素的利益相关者的合法权利不受侵害。因此企业的相关权利（包括剩余控制权和剩余索取权等）不应该只集中配置给股东，而应该以各利益相关者所提供要素的稀缺程度为基础重新进行配置[32]。

鉴于不同的利益相关者具有不同的利益诉求，并且在企业之中，这些不同的利益诉求之间可能是相互冲突的，而这对企业的价值创造乃至经营发展的稳定性会产生极其重要的影响。因此，如何协调利益相关者的利益诉求和缓解利益冲突就成为利益相关者理论研究的重要内容[29]。

以股东为中心的单边治理机制本身无法促进企业对不断变化的利益相关者的利益诉求[31]，也不能促进企业合理应对市场环境的变化。虽然利益相关者的共同治理机制在理论上能够解决以股东为中心的单边治理机制的缺陷，但一个无法忽视的问题是，利益相关者的共同治理无论是在逻辑上还是实践中都无法解决控制权归属、风险承担和收益分配等机制问题，服务多个主体最终将会导致企业管理陷入混乱、冲突和效率低下的处境，最终可能导致企业失去竞争力。Rowley（1997）指出，利益相关者理论要想获得更大范围的认可，首先必须要解决对利益相关者进行科学合理的界定和分类的问题[33]，这是取得进一步的突破和发展的关键和基础；然而

Donaldson and Dunfee（1995）指出，仅仅通过界定利益相关者概念和分类，还不能全面认识利益相关者的利益诉求及其相关特性[28]。因此，一些研究顺延这个思路对企业的利益相关者进行了界定和分析，如 Waddock and Graves（1997）将企业的利益相关者分为主要和次要两类，前者主要包括对组织具有持续影响的股东、员工和客户等，后者主要包括对组织产生影响的"人权标准、劳工标准和环境问题"的非政府组织、社区和政府等[34]。其他学者试图运用多维度分类法和 Mitchell 评分法和对利益相关者进行分类，也发现不同的利益相关者之间的特征差异非常明显[35-36]。这虽然进一步深化了对利益相关者的理解和认识，但由于不同的学者基于不同的视角，目前针对企业利益相关者的分类并没有形成一个较为统一的标准。

综上所述，人们对于组织发展中影响因素的深入分析和研究，使得利益相关者分析成为了企业有关决策工作开展的重要支撑，进而使得利益相关者理论的应用获得了较好发展。越来越多的学者都认识到对企业而言，其自身的经营发展与多种因素有关，归根结底都可以归纳为与企业的利益相关者有直接的关联。企业作为社会经济系统中的一个组成部分，在完成自身"经济人"使命的同时，还应当履行其作为"社会人"的责任，即企业社会责任的履行。而利益相关者理论为企业社会责任演化机理及推进机制的研究提供了思考的依据和理论的基础，进一步表明企业除了在日益激烈的市场竞争中获得生存和发展的空间以外，还必须考虑利益相关者的利益诉求问题，考虑企业伦理问题，考虑承担社会责任等问题。从某种程度可以这样认为，传统的企业理论更加关注股东利益，而推动其他利益相关者的利益诉求和社会责任的主要因素是利益相关者理论的提出和发展。

2.2.2 契约理论

从上文的分析来看，从 20 世纪 80 年代起，学术界中一些富有远见的学者开始前瞻性地从利益相关者的角度探讨企业的战略决策和经营行为，要求企业从传统的股东财富最大化的单一目标转变为兼顾所有的利益相关者的利益诉求的多元目标，这改变了人们对传统企业理论下企业本质的认识。因此研究问题的重心顺理成章地转移到企业的本质这个问题上来。

与利益相关者理论强调企业要兼顾所有利益相关者的利益诉求不同的是，契约理论的主要思想认为，企业本质上是一个由不同的利益相关者为了实现各自利益最大化而联合缔结在一起的契约组织，其中各种生产要素的提供者——利益相关者无疑就是缔约主体。因此企业与各利益相关者都存在契约关系，既有经营者和股东之间签订的股份契约、经营者与雇员签订的劳务契约、企业作为债务人与银行等债权人签订的贷款契约、企业作为上游供应商（或下游客户）与下游客户（或供应商）签订的交易契约，还有企业作为法人组织与政府签订的税收契约，等等。可以说，企业本质上是不同的利益相关者之间签订的一系列不完全契约的联结体[31]。最初不同的利益相关者通过不同的缔约方式向企业投入必需的生产要素，同时通过契约条款来规定缔约主体之间的权利和义务。进一步从企业存续和发展过程来看，企业作为一个具备效率的组织平台，在这个平台上初始缔约的各个利益相关者在现有资源配置的基础上，通过不断地交易生产要素使用权来保障企业内部能力与外部环境动态匹配，比较典型的如作为人力资本要素的提供者——经营者和作为非人力资本要素提供者——股东在交易过程中所衍生的契约关系与生产活动中所衍生的合作关系如何相互组合而更有效率。由于不同利益相关者最终利益的实现不仅取决于初始的缔约效率，还取决于企业所从事生产活动的生产效率，因此可以把企业理解为是一个将交易功能与生产功能紧密融为一体的契约集合，这个契约集合不仅具有契约属性。也具有生产属性，企业就是通过履行与其利益相关者所签订各种契约来不断满足其利益诉求，进而推进企业社会责任的实现[37]。可见，契约理论能够比较好地解释企业社会责任的产生[38]。

另外，从新制度经济学角度来看，制度作为一种人为设计的协调和约束人们相互关系的规则和规则集，既包括正式的制度，如法律、法规、规则等，也包括非正式的制度，如风俗习惯、社会伦理及信任等。因此企业契约也可以被认为是一种人为设计的协调和约束缔约双方的权利和义务的制度[39]。企业的契约集合，既包括显性契约，又包括隐性契约。例如，在管理层与雇员签订的劳务契约中，虽然管理层和雇员能够事前明确约定工作时间长度、工作岗位、工资水平等内容，但在很多时候，无法有效地客观衡量雇员对企业价值的实际贡献，此时利用管理层对雇员工作的主观评价进行估计，进而作为确定雇员报酬或者作为是否取得职位晋升的依据，可能是一种更为常见的办法。但是管理层对雇员的工作绩效进行的主观评价往往会出现偏差，也就是管理层可能会故意高估或低估雇员工作的绩效，以增加或减少雇员工资的实际支付额度，或者增加或减少获得职位晋升的机会。为此，管理层与雇员双方事前必须达成一种隐性契约，约定的内容并不出现在正式签订的契约中，而是作为一种心照不宣的、对缔约双方都有约束力的制度规则隐含在正式契约之中，相应契约的实施不是建立在正式的法律保护制度上的（如正式的法律制度条款、法庭判决和执行等），而是依靠缔约双方的信任关系来维系的。Donaldson and Dunfee（1995）也认为企业与利益相关者之间所遵循的契约包括显性契约和隐性契约两类[28]，他将所有契约形式总称为综合性社会契约，进而有机地将企业社会责任和不同利益相关者的利益诉求关联起来。企业需要及时地对利益相关者的利益诉求做出有效回应，因为企业是利益相关者之间显性契约和隐性契约的载体，如果企业拒绝履行社会责任或者无法满足和回应他们的合理利益诉求，可能会影响企业的生存和持续发展。综合性社会契约理论之所以能成为联系企业社会责任与利益相关者利益诉求的中间纽带，主要是综合考虑了"工具性观点"和"规范性观点"，认为企业必须承担社会责任，权衡和考虑不同利益相关者的利益诉求，企业不仅是获取经济利益和创造价值的工具，也是伦理性的社会责任的履行方。企业只有在生产经营过程中全面履行了综合性社会契约中所包涵的各种责任，才能进一步生存和发展。虽然利益相关者的很多权利和义务大多都是通过事前所签订的显性契约（条款）来约定的，但是现实中不可避免地存在许多利益关系无法采用相应的条款进行明确和显化，或者显化的成本极高以至于双方都不得不选择放弃，但这并不必然表示某些事前没有在契约条款中约定的偶发事件在发生后可以因"契约中没有明确规定"而拒绝履约或者推卸应该承担责任，这既不符合规范性的道德伦理，也可能会导致利益相关者退出契约进而对企业的生存和发展产生不利后果。Quinn and Jones（1995）进一步指出，尽管利益相关者的利益诉求有些是合理的，有些是不合理的，企业需要通过事前建立一系列严格的程序和规范来仔细甄别，但这只是在技术层面需要加以考虑的问题，而不能本末倒置，从根本上否定企业应该履行其应尽的社会责任[40]。这表明，企业必须坚持做"正确的事"和做"应该做的事"，不应单纯地将考虑和回应利益相关者的利益诉求作为实现经济利益的手段和工具，应该用超出成本收益的原则来考虑履行社会责任的行为。

因此，契约理论为企业社会责任的演化与推进机制问题提供了一个重要的分析框架，企业是利益相关者之间显性契约和隐性契约的载体，其中一系列显性和隐性的契约通过规定利益相关者的利益诉求，除了要通过获取经济利益来满足生存和发展之外，还要求企业必须从更宽泛的层面来考虑公司经营行为对社会的影响，进而形成了企业的社会责任。

2. 2. 3　资源依赖理论

从企业社会责任理论的起源和演进过程来看，利益相关者理论和契约理论为企业社会责任注入了丰富的思想内容，为确定企业社会责任的范围提供了重要的认识[41]，也就是企业的社会责任可以明确确立在企业与利益相关者之间的关系之上。但需要强调的是，上述利益相关者理论研究在一定程度上把利益相关者的利益诉求与企业所处的现实环境割裂开来了，比如企业是如何考虑和确定哪些利益相关者的价值诉求是需要恰当回应的？又是如何解决与不同利益相关者之间存在的价值冲突的？并且进行判断的依据是什么？特别是利益相关者所追求的价值与特定的情境相关，在不同的制度环境中的利益相关者对企业提出的利益诉求是有差异的，这种差异决定了企业必须结合具体环境来确定所承担社会责任的范围和条件。

针对上述问题，一些学者开始从环境对组织的影响及组织与环境关系的角度反思，进而逐步认识到没有任何一个组织能够完全自给自足，为了生存和发展，所有组织都必须与其所处的环境进行交换以获取必要的稀缺资源。这种内在的需求导致了组织对外部环境的依赖，并且企业所必需的资源的稀缺性和重要性则决定组织依赖性的本质和范围，在此基础上逐步形成了资源依赖理论，并且在很多方面得到了很好的应用和发展[42-44]。具体到组织间依赖的视角，资源依赖理论认为企业处于一个开放的社会系统中，不可能拥有和控制其所必需的全部资源，特别是那些稀缺的和关键性的资源。因此企业需要和利益相关者相互交换以获取这些稀缺的和关键性的资源，如股东和债权人向企业提供资金资本，雇员向企业提供人力资本，政府向企业提供的公共服务等。这些拥有关键性资源的利益相关者之所以愿意把资源投入企业，是因为企业拥有和控制的稀缺的有形和无形的资源是其获取持续竞争优势的关键所在。其中，有形的资源是指企业所拥有的机器、厂房等实物资源及银行存款、有价证券等金融资产，等等；无形资源是指企业所拥有的专利、技巧、知识、关系、文化、声誉和能力，以及在生产经营过程中逐渐形成的独特的组织惯例、知识传递和关系专用性资产等，这些都具有很强的专用性，难以被竞争对手模仿。如Wernerfelt（1984）指出内部组织的能力、创新和知识是企业获取持续竞争优势的关键所在[45]。Barney（1991）更是对资源的特点和分类进行了明确的界定，进一步推动了资源依赖理论的发展[46]。另外，也有一些学者开始认识到企业内部资源的可持续问题，由于企业在实际的经营过程中不得不面对外部环境的不确定性和激烈的市场竞争，随着技术的进步，企业前期形成的某种核心能力可能反过来制约后续的发展。Teece et al.（1997）提出企业动态能力的观点，指出企业的竞争优势来源于企业拥有的积累和消化新知识和技能的动态能力[47]。Freeman（1999）的研究也表明，如果企业对某个利益相关者提供的关键性资源的依赖性越强，相应地，提供该资源的利益相关者获取收益的能力越大，拥有的权力也越高[48]。这表明，企业的生存和发展依赖于那些关键的稀缺资源，而且依赖程度是由关键的稀缺资源对企业的重要性所决定的。从这个角度来看，企业是市场不能完全复制的专用性投资的联结[43-44]。

虽然资源依赖理论的发展经过了多个阶段，但其基本思想是企业的发展离不开与外界系统的资源交换。要想持续地提升核心竞争力，必须获取关键性资源，关键性的资源一旦投入企业就可能逐渐形成专用性资产，进而产生组织租金。对于这些的利益相关者而言，正是他们预期到企业能够创造组织租金，并且按照一定的规则分配组织租金，这是拥有关键性资源的利益相关者参与组织租金分配的基础，导致企业必须承担保护其参与组织租金分配的相关责任；对于企业而言，因为使用关键性资源创造了组织租金，就具有了向拥有关键性资源的利益相关者分配组织租金的义务，进而就产生了对拥有关键性资源的利益相关者的责任。鉴于企业内部拥有和控制的资源是有限的，企业无法有效解决全部利益相关者的利益诉求问题，想要在激烈的市场竞争中获取生存和发展的空间，就必须在企业内部有限的范围内进行动态调整，以拥有关键性资源的利益相关者为导向进行战略选择和布局，或者通过使用政治途径来改变其环境的合法性[49-50]，以不断适应外部环境的不确定性。总而言之，资源依赖理论能够有效地判断和解释利益相关者对企业的相对重要性[42]，这种重要性会转变成拥有关键资源利益相关者的权利。因此企业必须从企业生存与发展的战略高度来谨慎考虑和保护这些关键利益相关者的合法权益，进而如何更好的承担社会责任就成为一个非常关键的战略问题。

2.2.4 新制度主义理论

20世纪80年代，社会公民意识的觉醒，要求企业加强环境保护责任及披露相关信息，同时政府、消费者和社会组织也在不断地号召企业提供更多客观和透明的社会责任信息，如全球报告倡议组织（Global Reporting Initiative）推出社会责任报告框架，鼓励企业从经济、社会和环境三个方面来披露社会责任信息。与此同时，出于可持续发展的考虑，企业越来越意识到关注和管理利益相关者的信息诉求，需要通过多种渠道来传递相关信息。于是一些从企业逐渐主动披露企业在社会责任方面的战略规划、运作过程等信息[51]。这表明，作为嵌入到社会结构中的一部分，企业的行为不可避免地会受到既定社会关系和制度环境的影响。因此在20世纪90年代后，逐渐出现了一些外部制度的视角出发的观察和思考，使得企业社会责任的研究视野进一步得到了拓展。

新制度主义理论的开创与 Meyer and Rowan 于1977年发表的经典之作《制度化的组织：作为神话和仪式的正式结构》紧密相关。他们非常强调组织行为受到外部制度环境的制约，指出组织除了是人们长期认为的技术和关系的产物外，也是日益理性化的制度要素盛行的产物，组织行为是植根于、潜入于社会环境之中的，这种社会环境既是组织行为的结果又有助于塑造组织行为，因为组织和个人的认知、价值观念、偏好和信念都会被具体的制度环境所影响[52]。这表明，组织的成功很大程度上取决于对制度化规则的趋同，以获得合法性和必要的资源。DiMaggio and Powell 在1983年发表的《铁的牢笼新探讨：组织领域的制度趋同与集体理性》一文中进一步强调和明确了组织为了获得合法性而实现制度趋同的三种机制：①强制趋同性，来源于依赖的其他组织和社会文化的期待施加于组织的正式和非正式压力。典型的是现实世界中很多大型的社会组织具有足够的影响力，并且能将其扩展到社会中的多个方面，使得社会上很多愿意参与相同活动的组织都倾向于发展类似的组织行政结构，以满足行政部门的要求或寻求更多的支持。②模仿趋同性，来源于面对较高的环境不确定性时，组织通过模仿其他合法性组织的合乎公认的做法来实现制度趋同。比如当组织面对外部动荡的环境时，模仿那些成功组织的行为无疑是一种成本较低并且能减少不确定性的有效办法，特别是对一些新的组织来说，模仿现有的成功组织的行为和结构可能更为行之有效。③规范性趋同，来源于专业化的社会团体（如行业协会、非政府组织）提供的规范性压力，不同于法律制度或正式的规定，基本的或者专业化的社会规范更可能产生于专业化的组织或社会团体，如果企业违反了这些专业化的行为规范，更可能遭受行业内规则的处罚。如被同行业内的其他成员疏远、排斥和孤立，或者失去整个社会网络进而失去未来获得经济回报的可能等[53]。和上述研究视角不同的是，Scott and Meyer（1983）尽管也强调组织与其所处的制度环境的一致性是组织合法性的来源，但更强调组织合法性的来源是通过遵守制度规则进而被社会广泛接受而产生的。他们认为不是根据组织的经济效率来评价其适当性，而是组织通过建立与制度环境要求相一致的结构或过程才能获得合法性，进而被社会接受[54]。Scott（2001）进一步基于制度的三大基础要素，将组织的合法性分为三类：一是规制合法性，主要源于组织必须遵守和服从于规制性要素，强调组织只有遵守政府行政部门或专业化团体等机构制定的相关法律法规，才能获取合法性；二是规范合法性，主要源于组织遵守规范性要素，强调组织行为合法性是否符合道德准则，反映的是社会公众对组织是否做正确的事的判定和认可；三是认知合法性，主要源于组织遵守文化——认知要素，强调组织在遵守社会共同的价值观念、行为框架、思想观念等广泛接受的社会事实的过程中，能诱导或迫使组织吸收和采取与这些已被广泛接受的观念相一致的组织结构和制度，进而能获得认知合法性[55]。

综上所述，新制度主义理论对于组织行为的分析在公共管理、组织管理等领域已经取得了很多成果，近年来一些学者也在试图运用其基本理论解释企业社会责任行为。在当前政府、公众和非营利组织等要求企业承担更多的社会责任的呼声越来越强烈的背景下，企业履行社会责任已经成了企业合法性的来源之一。并且，随着经济全球化的进一步加深，世界各国的有识之士都认为提高企业履行社会责任的积极性具有非常重要的意义，尽管对有些问题还存有争议，但正是持有不同意见的不同群体通过不断的对话和辩论，日渐形成了趋同的社会规范和原则。随着认同范围的扩大，一些具有高度社会责任感的企业也在不断创新探索和勇于实践，使得很多国家或地区的法律法规、产业规范、社会意识形态及公司内部文化和经营决策逐步将企业履行社会责任制度化[56]。因此，企业履行社会责任已经成为一个新的制度规范，为了获得社会公众的认可和组织合法性，企业唯有主动承担社会责任，才能回应社会环境和社会公众的期望和压力，才能促进企业的发展。

2.3　企业社会责任及其推进机制的文献综述

2.3.1　企业社会责任的定义及其经济后果

2.3.1.1　企业社会责任定义

Sheldon（1924）指出，企业的目标不仅仅是生产商品，也要让社会公众觉得企业生产的商品具有价值。这在一定程度上将企业的生产经营活动与社会责任联系起来，并把一部分道德因素融合在企业社会责任内。他主张企业的经营生产活动应该为社区服务，有益于增进社区利益[57]。Bowen（1953）认为，企业社会责任不仅要求企业生产经营活动所遵循的政策、决策或规章制度是在成本收益原则下制定的，还需要满足社会价值观和目标对企业的要求。企业的社会责任所包含和定义的范围远大于损益清单覆盖的范围，因此企业要在这样一个更大的范围内为自身的行为后果负责[58]。Frederick（1960）认为，企业的社会责任要求企业应该检查自身经济组织活动的运作，以便满足公众的期望。这意味着企业经济组织活动的运行过程应该遵循这样的一种生产方法——生产和分配活动应该能够在一定程度上提高整个社会经济的福利[59]。社会责任不仅是指企业对社会的关于经济和人力资源做出的一种公开姿态，还包含企业将这些资源合理地应用于广泛的社会目标。Friedman（1962）指出，在自由经济中——开放、自由和没有欺诈的环境，企业必须遵循的且仅需遵循的一个社会责任就是在生产经营活动中高效利用现有资源来增加企业的盈利[60]。Davis（1966）提出，企业的社会责任是指企业关注自身的行为和决策对整个社会系统造成的影响并合理改变决策和行为去满足社会系统需要的责任[61]。当企业关注受自身行为影响的相关利益者的利益时，就要考虑自身要承担的相应的社会责任，这显然超出了企业狭隘的经济技术利益。美国经济开发委员会（1971）提出的企业社会责任的"三个同心圆"理论，其中内圆主要是指经济责任，包括为投资者提供回报、提供社会认可的产品、提供就业及促进经济增长；中间的圆是社会责任，主要是履行经济功能要与社会价值观和关注重大社会问题相结合，如保证善待员工、回应顾客期望和保护环境等；外圆是企业承担的更广泛的促进社会进步的其他无形责任，如消除社会贫困等[62]。Drucker（1974）指出，企业的社会责任包含了两个方面的含义：一是企业对社会产生的各种影响，包括积极影响及消极影响；二是社会系统本身所存在的问题[63]。进一步，Carroll（1979）对 CED 模型的扩展，通过几种责任重构了一个三维空间模型，既突出了经济责任在企业经营活动中的重要地位，又明确了社会责任的具体内容[10]。Jones（1980）认为企业的社会责任是企业对除股东团体之外的社会团体的非经济和法律性质的责任，社会责任的衡量是从过程角度去理解的，从而在企业活动中得到极大的认可[64]。Carroll（2000）把"企业社会责任是什么"，"企业社会责任包括什么"引入新的概念框架，对企业社会责任进行最全面的界定既有可理解性又有可操作性[65]。与 Carroll 等人相反，李哲松（2000）认为将企业社会责任引入公司法是错误的行为，他本人也极力反对从法律概念上理解企业社会责任，他提出如果从法律角度理解这一非法律概念，将会导致企业内部活动的混乱[66]。欧盟委员会（2001）发布"推动欧洲的公司社会责任框架"绿皮书，该报告认为企业社会责任是在平等和自愿的原则下，企业在企业经营活动中既要注重和利益相关者的合作关系，也要考虑对社会及环境带来的影响[67]。Peter Rodriguez（2006）认为企业的社会责任是指企业从事社会事业、为社会服务的活动，比如增强产品社会性能或特征等活动来完成支援社区、支助社会等目标的实现[68]。Jamali（2007）通过对黎巴嫩企业的企业社会责任进行考察，认为不同国家或地区的社会文化背景和制度安排存在较大差异，并且来自不同国家或地区的个人及组织对企业社会责任的概念有不同的认识，因此需要从具体国家或地区的社会文化背景出发来定义企业社会责任[69]。

在中国古代，企业社会责任思想就已经萌芽了，相关思想的阐述散见于一些文献典籍之中。张明（2007）提出企业社会责任的思想与儒家的义利观，道家的"道法自然"，墨家的"兼爱、节用、利民"等古代思想有相似之处[70]。袁家方（1990）认为，企业在努力获得生存和发展的同时，需要考虑社会发展的长远利益，应该主动履行相应的责任[71]。张彦宁（1990）进一步指出，企业为了社会的长远发展而需要切实履行一些基本的责任，这应当是一个长期的过程而不是短期的概念[72]。李占祥（1993）认为，企业社会责任具体包括三个方面：第一，企业最重要的社会责任是合理保证所提供产品或服务的安全，这是企业需要承担的根本任务；第二，企业在履行根本的社会责任时，还必须对其给社会环境系统造成不利影响承担必要的责任；第三，履行根本责任以外的其他责任[73]。章新华（1994）认为，企业在全力争取生存和发展的过程中，需要面对维持社会经济正常运行和社会整体利益所必须承担的义务。具体是：①推动人类社会生产力不断发展的社会责任；②维护、完善社会生产关系的社会责任——对企业利益相关者而言；③不断巩固、完善社会政治体系的社会责任[74]。朱慈蕴（1998）认为，企业除了对股东负有一定责任之外，还需要对债权人、雇员、供应商、消费者、当地居民等其他利益群体和政府代表的公共利益负责任[75]。张兰霞（1999）认为企业必须为社会的福利增长做出努力，这就是其社会责任[76]。白全礼等（2000）认为在不同的国家中，不同的社会体制对企业的期望和要求有所差别，因此企业社会责任的定义也会有所差异[77]。卢代富（2001）认为，企业在追求经济利益最大化的过程中，所肩负的维护、提高社会利益的责任就是企业应承担的社会责任[78]。徐明棋（2002）将企业社会责任定义为是被大众认可的法律之外的责任，不能与企业形象的维护和危机处理、公关等相混淆[79]。周祖城（2005）从企业的利益相关者出发，认为企业社会责任是一种包括经济责任、法律责任和道德责任在内的综合责任[80]。陈贵民等（2005）从道德约束的视角指出，企业社会责任除了表现为一种经营理念之外，还是约束内部管理层的一套管理评估体系[81]。吴照云（2005）将企业社会责任分为两类，其中消极责任是企业被动承担的法律责任，而企业积极、主动解决社会问题的责任是积极责任[82]。陈迅等（2005）认为企业社会责任包括三个不同的层次，第一层是基本责任，主要是对股东和员工负责，第二层是中级责任，主要是遵守法律规定、对消费者负责和环境保护，第三层是高级责任，主要是要从事公益和慈善活动[83]。刘长喜（2005）[84]和周祖城（2005）[80]的看法比较一致，认为企业社会责任是一种综合性的社会责任。刘俊海（2007）认为企业不能局限于只为股东赚钱，还应该尽可能地增加其他所有的利益相关者的利益[85]。陈支武（2008）提出企业在尽力增加企业利润的过程中，还需要关注职工的合法权益，保护消费者的利益，保护生态环境及为社区发展做出贡献[86]。王晓珍等（2009）认为，企业社会责任是企业经营过程中对利益相关者所承担的责任，以及对国家乃至全球的公共利益的责任，符合大家基本认同的社会责任是超越法律的道德概念这一思想[87]。黎友焕（2010）认为，企业应该对利益相关者承担包括经济、法规、伦理、自愿性慈善及其他相关方面在内的责任[88]。郭洪涛（2012）提出企业在最大限度获取利润的过程中，还需要增强积极改善社会福利的主观意识，其中社会福利包括提高员工收入，改善社会环境等[89]。

2.3.1.2 企业社会责任的经济后果研究述评

鉴于企业履行社会责任是需要付出更多成本的，因此国内外探讨企业社会责任的经济后果主要是围绕企业履行社会责任如何影响其经营绩效进行的，这一直是研究的热门话题。但关于企业社会责任究竟是如何影响企业绩效及影响的程度如何，目前并未取得较为一致的结论。总体来看，现有研究主要发现以下三种关系。

（1）企业社会责任与企业绩效的正向关系。

Preston and O'Bannon（1997）利用美国 67 家企业十年的数据，发现履行社会责任更好的企业，其财务绩效也更好[90]。Stanwick and Stankwick（1998）发现企业社会责任的水平越高，其销售利润越高，有毒废弃物排放得也越少，表明企业的社会责任水平显著地促进了环境绩效的改善[91]。Harrison and Freeman（1999）的研究表明，不合法规的表现或不承担社会责任会对企业的价值产生负面影响[92]。进入 21世纪后，Schnietz and Epstein（2005）发现企业社会责任水平的提高能增加企业的盈利能力，反之会产生消极影响[93]。Lev et al.（2010）从顾客满意度的视角发现，顾客满意度越高的企业表明社会责任履行得更好，其财务绩效也呈现上升的趋势[94]。Surroca et al.（2010）认为企业社会责任可能主要是通过影响人力资源、声誉等几个方面的无形资源改善了企业的竞争优势，从而使得员工产生了回报组织的动机而促进了企业绩效[95]。Hansen et al.（2011）认为员工的绩效、对企业的行为态度等受到企业社会责任的影响，员工感知到企业承担了较高的社会责任时，自身也会对企业表现出积极的工作行为以提高企业效益，反之亦然[96]。Muller and Kraussl（2011）认为企业会通过履行社会责任来彰显声誉，即建立一种道德声誉资本，但是声誉的影响需要长时间才能体现出来，因此长期来看企业通过履行社会责任会改善财务绩效[97]。

（2）企业社会责任与企业绩效的负向关系。

Barnett and Salomon（2006）从企业成本的视角发现企业履行社会责任会直接增加成本支出，进而降低了企业利润，因此反对企业承担社会责任[98]。Brammer and Millington（2005，2008）发现企业现金流、用于生产和投资的企业资源随企业活动的增加而减少，同时人力和管理的开支随企业社会活动的增加而增加。因此企业进行社会责任活动的时候势必增加管理成本[99-100]。Makni et al.（2009）发现企业社会责任与企业绩效基本不存在因果关系，之后从环境的角度发现，企业社会责任与企业财务绩效的总资产报酬率等具有显著的负相关关系[101]。

（3）企业社会责任与企业绩效的其他关系。

早在20世纪70年代，Bowman and Haire（1975）发现企业社会责任与企业绩效呈倒"U"型[102]的关系。进入21世纪，Lankoski（2000）研究发现，企业社会责任与财务绩效呈现出倒"U"型的关系[103]。这表明，企业最初在社会责任方面产生的成本支出是能提高收益的，但随着成本支出的进一步上升会达到最优状态，如果继续增加社会责任投入，会导致财务绩效进一步下降。这暗示着如果一味地"过度"提高企业社会责任的开支，就有可能会损害企业经济上的收益。McWilliams and Siegel（2000）从社会绩效、产业、研发投资等多个方面考察了财务绩效与社会绩效的关系，结果发现两者并不存在显著的相关关系[104]。

Margolis and Walsh（2003）在文章中回顾了百余篇基于不同视角关于CSR和CFP这对关系的研究论文，发现现有的研究结果仍然没有给出的两者之间的确切关系，指出当前的研究反而使得两者之间的关系愈加复杂，主要是因为不同的文献采用的评价方法不一致，变量的控制不同，造成研究结果存在较大的差异等[105]。

目前总体而言，国内关于社会责任与企业绩效相关性研究的起步较晚。基于不同的视角，其研究结果也基本分为正向关系、负相关关系和其他关系。

如沈洪涛（2005）发现，企业社会责任与企业绩效总体上呈现出正向关系[106]。刘长翠等（2006）以上交所上市公司社会责任会计信息为样本，使用社会贡献率及主营业务收入增长率等财务绩效指标，也发现两者之间具有正向关系[107]。汪冬梅等（2008）以房地产上市公司为样本，结果发现企业价值会随着企业社会责任的履行水平的改善而显著提高[108]。温素彬等（2008）发现尽管上市公司越来越重视社会责任，但是目前年报披露的有关社会责任的信息仍然较少，从短期来看，虽然企业履行社会责任对本期财务绩效产生负面影响，但是从长期看来，企业对社会责任的履行对企业未来的财务绩效是有积极作用的[109]。杨自业（2009）也发现总体上社会责任表现与公司财务绩效存在显著正相关关系[110]。王晓巍等（2011）从利益相关者的视角发现，企业价值会随着企业对利益相关者社会责任水平的改善而上升[111]。阳秋林等（2012）也发现，企业的社会总贡献率与企业价值具有正向关系[112]。张敏（2012）发现企业社会责任与财务绩效具有正向相关性[113]。孔龙等（2012）发现，企业社会责任与财务绩效会相互促进，两者之间存在着互为因果的良性循环关系[114]。王倩（2014）通过系统整合不同理论，在加入了时间效应的 CSR 和 CFP 后发现，企业责任与企业绩效总体呈正相关关系[115]。

　　和上述发现企业社会责任与企业绩效的正向关系不同的是，国内目前通过研究直接发现企业社会绩效与企业社会责任呈负相关性的成果较少，有很多研究间接发现，企业社会责任与企业绩效指标的某一个方面具有负相关性。张维迎（2005）在《产权、激励与公司治理》一书中提出要求公司的经理人对利益相关者承担受托责任，使得公司目标从股东财富最大化转变为利益相关者价值最大化，这会导致交易成本的上升进而会削减企业利润，不利于企业绩效的发展[116]。李正（2006）以 ST 公司为样本，发现前一年较低的盈利能力会降低企业本年履行社会责任的动机，进一步指出企业良好的盈利能力是提高社会责任水平的前提[117]。李伟（2012）发现在考虑长期利益的情况下，企业社会责任水平的提高不会促进企业绩效，但如果不考虑长期利益的影响，企业社会责任水平的提高会降低企业绩效[118]。

　　除了上述正向和负向的关系之外，袁昊等（2004）认为针对企业社会责任和经营绩效的研究需要考虑企业社会责任的具体指向，也就是企业对哪些利益相关者承担责任会影响经营绩效[119]。陈玉清等（2005）从利益相关者角度检验了外部投资者如何看待企业的社会贡献率，发现处于不同行业中的上市公司的社会责任水平与企业绩效关系的差异程度非常大，认为研究企业社会责任应该考虑行业的差异性[120]。朱雅琴等（2010）发现企业绩效会随着企业对政府与职工承担社会责任水平的提高而显著上升，但会随着对投资者承担的社会责任水平的提高而显著下降，并且不会随着供应商承担社会责任水平的变化而发生改变[121]。

　　另外需要强调的是，近年来随着研究的进一步深入，一些文献开始从不同的视角探讨企业社会责任影响财务绩效的具体作用路径，主要表现为以下几个方面：第一，Dhaliwal et al.（2011，2014）和李姝等（2013）发现企业履行社会责任和披露社会责任信息有助于降低资本成本[122-124]，何贤杰等（2012）发现，企业披露社会责任信息有助于缓解融资约束[125]，李志刚等（2016）发现，企业披露社会责任信息有助于企业获得更多的银行贷款[126]；第二，Dhaliwal et al.（2012）和何贤杰等（2013）发现，企业履行社会责任和披露社会责任信息有助于提高分析师预测的精确度，进而提高企业信息的透明度[127-128]；第三，Prior et al.（2012）、Chih et al.（2008）、Kim et al.（2012）、朱松（2011）、高利芳等（2011）、王霞等（2014）等研究发现，企业履行社会责任和披露社会责任信息会影响企业的真实盈余管理程度和财务重述的概率，进而会影响企业的财务信息质量[129-134]；第四，Sen and Bhatta-charya（2005）指出，企业社会责任水平的改善会提高消费者对企业品牌的的忠诚度，进而会吸引高社会责任感的新客户[135]；第五，Sun and Cui（2014）发现，企业履行社会责任有助于降低企业的违约风险[136]。

上述研究结果表明，当前国内外针对社会责任如何影响企业绩效的文献仍然没有得出统一的研究结论，既可能是因为研究样本的选择有待进一步丰富和增加，也可能是因为基于截面数据的分析结果存在一定的片面性，这也在一定程度上表明未来的实证研究还存在重要的研究机会。

2.3.2　企业社会责任评价研究

目前，为了更好地评价企业社会责任的履行状况，国内外大量的学者从不同的视角进行了大量的尝试，取得了很多重要的理论成果，这为人们如何更好地认识和评价企业社会责任的履行状况提供了重要的参考标准。具体而言，目前评价企业社会责任履行状况的方法主要包括以下几类。

（1）内容分析法。内容分析法一般是通过对企业公开披露的年报、社会责任报告等信息进行整理、归类和分析，进而对企业履行社会责任的情况进行量化和评价，比如企业在年报中描述当年履行社会责任的情况是否详细，是采用的定性分析还是定量化指标进行说明，定量化指标的精确度如何，等等。一般来说，如果企业公开披露的社会责任信息内容越多、描述得越详细、定量化数据越多等，就可以认为企业履行社会责任的情况越好。如 Bowman and Haire（1975）通过对食品加工业企业年报中公开披露的相关社会责任信息进行了评价，发现如果企业对所承担社会责任的细节描述的字数越多，内容就越详细，表明社会责任情况越好[137]。Ingram（1978）、Abbott and Monsen（1979）等通过整理企业年报中公开披露的社会责任信息的范围、格式、定量化数据及财务指标和其他重要的信息等多个方面来衡量企业社会责任的履行情况的优劣[138-139]。中国近年来也有一些学者如李正（2006）也采用上述方法来对企业社会责任履行情况的好坏进行评价[117]，温素彬等（2008）、李志斌（2014）等使用了企业相关财务数据来评价企业社会责任的履行情况[109][140]。

（2）声誉指数法。声誉指数法主要是通过权威机构或者专家对企业在社会责任方面的表现和声誉进行打分，以此作为评价企业履行社会责任情况的依据。Moskowitz（1972）是较早提出可以采用声誉评价法来衡量企业社会责任的人，他通过企业披露的社会责任信息的多年数据，把其分为"卓越""优秀"和"很差"等若干等级[141]。20世纪90年代，《财富》杂志通过调查企业的竞争对手、财务分析师等了解企业信息的专业人士，让这些专业人士对企业的声誉进行多维度打分，最后整理得出《财富》杂志的声誉指标。这个指标被企业的投资者和其他民众所采纳，他们会参考企业的声誉评分进而对企业社会责任的履行情况进行综合评估。中国由独立第三方机构或组织来评价企业社会责任的履行情况的时间还不长，主要有：①"中国最佳企业公民评选"。该活动是由《21世纪经济报道》和《21世纪商业评论》于2004年联合发起主办的，每年举办一次，企业主动报名参与并据实填写的《企业公民调查表》，之后由评选方通过对参选企业的调研和对入选企业的案例进行研究之后再进行评选。②中国企业社会责任"金蜜蜂"奖。该奖项是由《经济导刊》杂志社2006年主动发起，每年评选一次"企业社会责任中国榜"，企业在主动报名参选之后由杂志社来组织发放调查问卷，以此对企业在社会责任方面履行的各项工作进行评价。③"中国企业社会责任发展指数"。该指数是中国社会科学院经济学部的企业社会责任研究中心负责编著，主要是收集和整理企业在年度报告、社会责任报告及官方网站等中公开披露的相关社会责任信息，根据《中国企业社会责任报告指南》来进行综合评价，最后评选出中国国有企业100强、民营企业100强和外资企业100强等系列。

（3）污染指数法。污染指数法主要是关注企业是否履行了环境保护责任，其主要思想是可以通过计算企业污染物的排放总量来间接衡量其在环境保护责任方面的履行情况，如Patten（1992）通过考察企业污染物的排放总量来评价企业的社会责任履行[142]。目前沈洪涛等（2010）以中国重污染行业上市公司为考察对象，通过分析公开披露的"企业年度资源消耗总量"和"企业排放污染物种类、数量、浓度和去向，企业在生产过程中产生的废物的处理、处置情况，废弃产品的回收、综合利用情况"等信息来评价企业的环境保护责任的履行情况[143]。

（4）公司慈善法。公司慈善法是由美国公共管理协会（American Society for Public Administration，ASPA）推出的一种评价方法，主要是以美国500家大公司的年度慈善捐赠的数额为基本依据，通过构建"慷慨指数"来划分等级进而评价企业在慈善方面的责任履行情况。目前中国如山立威等（2008）[144]、贾明等（2010）[145]、高勇强等（2011，2012）[2,146]、张敏等（2013）[147]、戴亦一等（2014）[148]等通过企业的对外捐赠来间接衡量企业的社会责任履行情况。一般而言，主要采用是否捐赠和捐赠支付的金额大小来衡量捐赠的意愿及其强度，以当前的捐赠支出占营业收入的比重来衡量捐赠的绝对水平，以当前的捐赠支出占期末总资产的比重来衡量捐赠的相对水平等方法。

（5）问卷调查法。问卷调查法主要是根据企业社会责任的概念或表现形式来设计多个维度的多个选题，然后对调查者发放问卷并通过分析他们的回答，转化为指标来评价企业社会责任的履行。如 Aupperle et al.（1985）[149]借鉴 Carroll（1979）[10]的四因素模型来编制社会责任导向量表，并利用数据进行了实证研究。国内目前李海芹等（2010）、张正勇（2012）等使用了问卷调查法来测量企业的社会责任及其信息披露情况[150-151]。

（6）专业机构评价。专业机构评价主要是独立的第三方专业评估机构在综合使用上述不同方法的基础上，对企业履行社会责任的情况进行全面深入的分析和综合评价，并对外公布企业的社会责任履行情况。目前专业评估机构中比较著名的是美国的 KLD 指数，该指数主要从环境、社区关系、雇用关系、机会平等、消费者关系五个维度来评价企业社会责任。Schuler and Cording（2006）、Lanis and Richardson（2012）等研究都采用了该指数对企业社会责任进行评价[152-153]。

另外一个评价体系是美国一家长期研究社会责任及环境保护的非政府组织——经济优先认可委员会（Council on Economic Priorities，CEP）依据国际劳工组织（International Labour Organization，ILO）、世界人权宣言（Universal Declaration of Human Rights，UDHR）、联合国儿童权益公约（Convention on the Rights of the Child，CRC）、联合国消除一切形式歧视妇女行为公约（The Convention on the Elimination of All Forms of Discrimination against Women，CEDAW）等公约中有关劳动权益保障条款在 1997 年 8 月建立起来的社会责任管理体系（Social Accountability Management System 8000），简称 SA8000 体系。该体系认证对企业在劳动条件、员工职业健康与安全、教育培训、薪酬津贴、工会权利等方面的具体责任，都做了较为明确的最低规定。SA8000 体系的主要由九个方面组成：童工、强迫劳动、安全卫生、结社自由和集体谈判权、歧视、惩罚性措施、工作时间、工资报酬及管理体系，如图 2-2 所示。

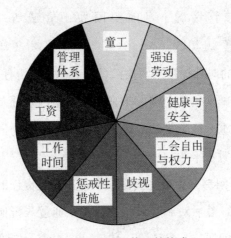

图 2-2　SA8000 体系的构成

2001 年，美国社会责任国际（Social Accountability International，SAI）出版了 SA8000 标准的第一个修订版[154]。SA8000 是世界上第一个针对企业社会责任的认证标准体系，它适用于不同地区、行业及规模的公司，旨在规范企业道德行为，确保所提供的产品符合社会责任标准的要求，其核心是保护劳工权益[155-156]。SA8000 同 ISO9000 质量管理体系、OHSAS 职业健康安全体系、ISO14000 环境管理体系一样可以成为一套可被第三方认证机构审核的国际标准[157]。

对不同性质的企业来说，SA8000 标准的实施有两种方法可供选用[158]。以生产为主的企业可以直接申请认证，然后由认证机构安排独立的第三方评审和受理、初访、签订合同、提交文件、组成审核组、文件预审、审核准备、预审、认证审核、提交审核报告和结论、技术委员会审定、批准注册、颁发认证证书、获证公司公告、监督审核等；以销售为主或者生产销售复合型的企业可以参加 CIP（Corporate Involvement Program）项目，通过整合上下游"供应链"打包来申请认证[159]。SA8000 的审核包括三种形式：第一方审核（企业的自我审核或内部审核）；第二方审核，由顾客或委托代表到工厂进行审核；第三方审核，由 SAI 授权的认证机构进行审核[160]。当前，推动中国企业进行 SA8000 体系认证的主要动力是来自买家的压力。

目前国内也出现了由第三方专业评估机构发布的企业社会责任评级——润灵环球责任评级（Rankins CSR Ratings，RKS）。该评级是由润灵环球公司自 2009 年开始对中国 A 股上市公司的社会责任进行的评级。该评级体系包括整体性、内容性、技术性和行业性四个零级指标。其中：Macrocosm——整体性是从企业整体社会责任战略有效性、公司治理和利益相关方对企业社会责任的信息沟通与评价三个层面进行的评价；Content——内容性则从企业经济绩效责任、劳工与人权、环境绩效责任、公平运营责任、消费者、社区参与及发展等层面进行的评价；Technique——技术性从社会责任报告的内容平衡、相关信息可比、报告创新、可信度与透明度、规范性、可获得及信息传递有效性等层面进行的评价；Industry——行业性是润灵环球（RKS）在对中国上市公司 2009 年的企业社会责任报告评价的基础上，结合中国的本土情况新增加的行业性指标，考虑到中国证券监督管理委员会将上市公司分为 22 类行业，根据所有行业的上市公司的特征，对其社会责任进行分类评价。MCT 体系评分采用结构化专家打分法，满分为 100 分，其中整体性评价 M 值权重为 30%，满为 30 分，内容性评价 C 值权重为 45%，满分为 45 分，技术性评价 T 值权重为 15%，满分为 15 分，行业性评价 I 值权重为 10%，满分为 10 分（其中综合业与其他制造业行业性指标评价，内容性评价权重调整为 50%，满分为 50 分，技术性评价权重调整为 20%，满分 20 分）。朱松（2011）[132]、周中胜等（2012）[161]、王霞等（2014）[134]和权小锋等（2015）[162]都使用了基于该社会责任评级指数来衡量社会责任履行情况。

从现有的使用情况来看，上述各种评价方法都有各自的优点和缺点。例如，内容分析法操作比较简单，由于相关信息来源于公开资料，客观性较强，数据容易取得，适合大样本实证研究，但由于衡量标准多样，研究者可能基于不同的选择标准得出不同的衡量结果。尽管声誉指数法比较容易操作，但无法避免专家可能存在的主观性，造成评价结果的不可比，并且即便是同一个专家，也不可能对所有企业的社会责任履行情况都非常熟悉，进而造成评价结果的可比性不强。污染指标法和公司慈善法都是企业公开披露的实际发生的数据，可靠性较高，但由于都是更侧重于评价企业社会责任的某一个方面，评价内容不够全面和系统，受到研究主体的限制较为严重。问卷调查法也是操作比较方便，针对性较强，也存在专家打分的主观性较强，并且对量表的信度和效度要求较高的问题。专业机构数据库法由于其依托的第三方研究机构非常专业和独立，信息来源广泛，对企业社会责任的内容和实际履行情况的评价比较全面、客观和系统，并且由于评价时间比较长，适合进行跨时期的大样本实证研究，并且最后检验出来的结果具有较强的可比性，但由于数据的收集量较大，需要花费较多的成本，并且要求评价机构具备较高的权威性、独立性和公平性。这表明，目前现有的企业社会责任评价方法还存在很多不完善的地方，这需要更多的学者、专业机构等进行不断地创新和改进。

2.3.3 企业社会责任推进机制研究述评

国内外关于推进企业社会责任履行的影响因素的研究成果非常丰富，这为本书的研究提供了重要的借鉴，目前大致可以分为以下几类。

1. 企业组织层面

（1）企业规模。企业规模的大小可能决定了企业拥有的资源数量，另外社会公众对规模大小不同的企业给予关注程度也存在较大差异，进而可能造成企业社会责任的履行水平和动机存在较大差异。Patten（1991）和 Banerjee（2001）发现企业的规模越大，企业社会责任信息披露质量也越高[163-164]；Mcwilliams（2001）、Lepoutre and Heene（2006）和 Baumann et al.（2013）的研究结果表明，与中小企业相比，大型企业拥有的资源更多，更有能力维系关系和进行经营管理，受到社会公众和政府的关注程度更高，这都有助于提高社会责任的履行程度，表明企业规模越大，对社会形象更注重，社会使命感和责任感更强，履行社会责任的意识更强，承担的社会责任越多[165-167]。国内沈洪涛（2007）发现企业规模越大，社会责任信息披露的质量越高[168]；黄群慧等（2009）考察了中国 100 强企业的社会责任信息披露情况，结果企业社会责任指数会随着企业规模的增大而显著提高[169]；郭毅等（2012）从供应链的视角进一步证实了与小企业相比，大企业的社会责任履行情况更好[170]；郭毅等（2013）通过对企业调查问卷的数据也发现，企业的规模越大，社会公众对其社会责任履行的要求更为迫切[171]。

（2）财务杠杆。McGuire et al.（1988）和 Orlitzky and Benjamin（2001）都指出，企业的财务杠杆越高，面临的财务风险越大，因此利益相关者的关注程度会更高，企业更倾向于通过主动披露更多的相关信息来向外界传递有利信号，以获得利益相关者的信任和支持[172-173]。这表明，财务杠杆更高的企业主动披露社会责任信息的倾向更明显。Andrikopoulos and Kriklani（2013）的研究结果也发现，企业的资产负债率越高，企业会越倾向于在环境保护方面披露更多的相关信息[174]。但与这些研究结论不一致的是，Mitchell et al.（1997）的研究结果表明，资产负债率会降低企业的社会责任履行，因为资产负债率的上升就意味着股权资本的降低，进而导致企业股本更加集中，企业在履行社会责任方面成本支出的增加，会导致股东财富的减少，因此会降低企业社会责任的履行[36]；Eng and Mark（2003）也指出，负债比例的上升会导致企业偿债压力的增加，可能表明企业没有多余的财务资源来承担社会责任，并且负债比例越高也意味着企业破产风险的可能性越大，企业更倾向于隐藏信息来减少利益相关者的关注，这都可能导致企业社会责任履行水平更低[175]。国内的研究结果总体上也和国外的研究发现类似，没有得出一致的研究结论。如刘长翠等（2006）以冶金和农、林、渔、牧业两个行业为样本，结果发现企业的资产负债率与社会责任贡献率显著负相关，因为资产负债率上升会增加企业的财务风险，导致企业履行社会责任的动机和能力都下降[176]。杨忠智等（2013）的研究结论也表明，企业社会责任与资产负债率显著负相关[177]，进一步支持了上述发现。而沈洪涛（2007）发现企业资产负债率与其披露的社会责任信息质量不存在显著的相关性[168]；陈文婕（2010）也发现财务杠杆的上升没有提高企业社会责任的水平[178]。

（3）盈利能力。Roberts（1992）的研究结果表明，盈利能力较好的企业，承担社会责任的意愿会更强烈[179]；Lee and Bannon（1997）的研究结果发现，企业的盈利能力与承担社会责任的情况正相关，因为企业履行社会责任离不开资金的支持，只有当企业具有较强的获利能力时，才有承担更多的社会责任的能力[180]；Hooghi-emstra（2000）研究发现，盈利能力越强的企业更可能通过披露更多的社会责任信息来向利益相关者传递积极信息，以提高企业形象进而获取竞争优势[181]；Caracuel and Mandojana（2013）基于企业环保技术研发的视角，发现盈利能力好的企业有更多的资金投入到环保技术的研发和创新中，进而提高了环保责任意识[182]。Kang（2013）基于企业多元化经营的视角，发现企业采取多元化经营的发展战略能增加企业价值，进而能推动企业更好地履行社会责任[183]。但Julian and Dankwa（2013）发现，与经济发达国家不同的是，在经济不发达国家中，企业的盈利能力与企业社会责任的履行水平负相关[184]。国内目前有关企业盈利能力与企业社会责任之间关系的研究结论还存在争议。鞠芳辉等（2005）发现盈利能力较好的企业承担社会责任的情况也较好，因为只有能获取收益才是企业承担社会责任的根本动因[185]；而沈洪涛（2007）发现公司的盈利能力会显著提高企业的社会责任信息披露的质量[168]；张川等（2014）的研究结果也表明良好的盈利能力能提高化工企业在环境保护方面的责任[186]。而张兆国等（2013）却发现企业社会责任会受到前后不同时期的盈利能力的影响，企业当期较好的财务绩效能显著改善当期的社会责任履行情况，而滞后时期的财务绩效并不能改善当期的企业社会责任履行情况[187]。

（4）公司治理。①股权结构。La Porta et al.（1998）发现随着股权集中度的上升，大股东监督管理层的动机更高，能显著降低管理层的机会主义行为[188]；Hillman and Keim（2001）的研究结果表明，股权集中度的上升会使得大股东与企业长期利益更为趋同，进而有助于改善和提高企业社会责任[189]。其他一些证据表明股权集中度可能会对企业社会责任产生负面效应。如 Walls et al.（2012）指出，随着股权集中度的上升，大股东更有动机和能力利用其控制权来掏空公司，同时也可能通过减少披露企业社会责任信息来掩盖信息，以降低攫取私人收益被曝光的风险[190]；Dam and Scholtens（2013）也发现随着股权集中度的上升，企业社会责任会显著下降[191]。由于股权高度集中是中国上市公司股权结构非常鲜明的特征，因此很多研究讨论了大股东控制对企业社会责任的影响。宋建波等（2010）发现股权集中度的上升会促进企业社会责任履行水平的提高[192]；谢文武（2011）和杨忠智等（2012）发现随着第一大股东持股比例的提高，企业社会责任的履行情况会变差[193][177]；而肖作平等（2011）发现第一大股东持股比例与企业社会责任的履行水平显著正相关，并且股权制衡度的增加会提高企业履行社会责任的水平[194]；王勇等（2012）的研究结果却表明，股权集中度的上升没有对企业社会责任信息披露质量的改善产生显著影响[195]。以上结论表明股权集中度与企业社会责任之间的关系在研究中还没有取得一致结论。很多学者开始考虑一些调节变量在股权集中度和企业社会责任中的作用。冯丽丽等（2011）发现国有企业社会责任的履行情况会随着股权集中度的上升而改善，但这种促进作用在民营企业中表现得不明显[196]；井润田等（2009）从股权来源的角度考察了股权集中度对上市公司履行社会责任的影响后发现，国有股权比率的上升会抑制股东的利益和员工的利益，相对于国有股权，由于外资股权的治理水平更高，外资股权比率的上升会促进对股东的利益和员工的利益的提高[197]；王海妹等（2014）发现外资参股和机构持股对企业履行社会责任具有促进作用，而高管持股对企业履行社会责任具有抑制作用[198]。②董事会特征。Roberts（1992）指出公司独立董事的比例增加能促进企业社会责任信息的披露[179]；Wang and Dewhirst（1992）发现，对那些长期依赖社区、消费者和员工的企业来说，独立董事会考虑和关注他们的利益，而不是仅仅关注股东的利益[199]；Johnson and Greening（1999）的研究发现，独立董事能代表除股东之外的其他利益相关者的利益，并且拥有更多的懂得如何遵守法律、环境等方面的规定、避免媒体负面报道或声誉损失以及经济处罚等专业知识，有利于提高企业承担社会责任的水平[200]；Haniffa and Cooke（2005）发现随着企业独立董事比例的增加，企业履行社会责任的倾向更强[201]；Milliken and Martins（1996）发现，扩大董事会成员的来源渠道，有助于企业与利益相关者之间建立互信关系，进而能增强获利能力[202]；Ricart et al.（2005）认为，通过调整董事会的结构以明确董事会的企业社会责任职能，进而能提高利益相关者参与企业治理的能力[203]；Fauver and Fuerst（2006）指出，通过增加董事会中董事的多元化来源可以有效提高企业社会责任的履行水平[204]；Wang and Coffey（1992）、Ibrahim and Angelidis（1994）和 Fernandez-Feijoo et al.（2012）的研究都发现，董事会中女性董事比例的增加能改善社会责任的履行情况，以及披露更多的企业社会责任信息[205-207]。和国外的研究结论基本类似，国内针对董事会特征与企业社会责任关系的研究也没有取得一致结论。马连福等（2007）分析独立董事比例、董事长与总经理两职是否合一对社会责任信息披露不存在显著影响[208]；沈洪涛等（2010）发现董事会规模与企业社会责任信息披露呈现倒"U"型关系，独立董事比例和监事会规模的增加能促进企业社会责任信息的披露，但监事会的会议次数则会降低社会责任信息的披露[209]；肖作平等（2011）发现董事会规模、董事会会议次数、独立董事比例、董事长与总经理两职合一与企业社会责任的履行显著负相关[194]；张正勇（2012）通过构建公司治理总指数发现，总体上企业公司治理机制的改进能促进企业社会责任信息披露[151]；于晓谦等（2010）以中国石化塑胶业行业为样本，发现独立董事比例没有对企业社会责任的信息披露质量产生影响，但高管薪酬激励和国有控股能提高企业社会责任的信息披露质量[210]。③高管特征。现有研究主要发现高管的态度、性格和思维模式等方面会影响企业社会责任。Sturdivant and Grinter（1977）发现企业高管在企业社会关系中抱有更加开放的态度，将会更积极地去履行社会责任的决策[211]。Swanson（1995）认为企业高管的道德承诺有助于提高企业履行社会责任的动机，从而帮助企业提升其社会地位[212]。Weaver et al.（1999）考察了高管的经济承诺、伦理承诺对企业履行社会责任的影响，结果发现高管的伦理承诺会促进企业社会责任的履行，但经济承诺不利于社会责任的履行，可能是因为高管承诺越注重短期利益越不利于企业社会责任的履行[213]。Hemingway and Maclagan（2004）发现社会责任感更高的管理者将会制定积极履行社会责任的决策[214]，而 Agle et al.（1999）却发现高管的个人价值观并不能对员工、产品和环保等方面的社会责任产生影响，但能显著影响在社区方面的责任[215]。另外Rashid（2002）发现高管的家庭教养越好，受教育程度越高，越能促进企业社会责任的履行[216]；Brammer et al.（2007）考察了高管个体的宗教信仰影响对企业社会责任履行的态度，结果发现存在宗教信仰的高管对企业社会责任的理解更为深刻，更有利于促进企业社会责任的履行[217]。同时，Mudrack（2007）通过研究发现，高管的性格以及思维模式也是影响其企业社会责任态度的一个重要因素[218]。目前国内学者针对高管个人特征影响企业社会责任的研究还不多见，如邓丽明等（2012）发现，企业社会责任履行情况会随着企业家社会责任认知程度的提高而显著改善，并且对社会责任认知越高的企业家来说，企业在经济责任、法律责任和慈善责任等方面的履行情况都会表现更好[219]。曾建光等（2016）发现当民营企业高管层更加信仰宗教时，其个人捐赠也更多，这种影响在高风险企业中尤为显著，并且民营企业高管层的社会责任基调会因为受到信仰东方宗教还是西方宗教的影响而有所差异，这可能说明民营企业高管层信仰宗教并非源自心底对宗教价值理念的认同，个人积极履行社会责任可能是民营企业高管层"祈求平安"的内心愿望的某种反映[220]。

（5）内部控制。Guiral et al.（2014）发现相对于那些不存在公司层面内部控制缺陷的企业而言，存在公司层面内部控制缺陷的企业履行社会责任的情况更差，但存在会计层面内部控制缺陷的企业履行社会责任的情况没有变得更差[221]；Rodgers et al.（2015）指出，企业组织内部良好的控制机制能有效减少腐败问题的发生，而这有利于企业社会责任的履行[222]；李志斌（2014）发现高质量的内部控制有助于促进企业社会责任的履行，与非国有企业相比，国有企业高质量的内部控制对履行社会责任的促进作用更强[140]；彭钰等（2015）发现高质量的内部控制能显著提升企业社会责任的履行水平，并且相对于市场化进程更低的地区而言，在市场化进程度更高的地区，高质量的内部控制提升企业社会责任的履行水平的作用更强[223]。

（6）行业属性和产权特征。国外很多研究表明对环境责任更敏感的企业而言，其积极履行社会责任和披露相关信息的动机更强。如 Trotman and Bradley（1981）的研究发现，对汽车业、通讯服务业、航空业、炼油业及相关行业中的企业而言，主动披露社会责任信息的倾向更明显[224]。Jenkins et al.（2006）发现，与其他行业相比，重污染行业在员工保护和环境保护等方面的社会责任履行情况更好[225]。Reverte（2009）的研究结果表明，对媒体关注程度较高和环境保护敏感性较高行业来说，它们通过主动披露社会责任信息来树立企业形象的动机更明显[226]。近年来，国内的一些学者也开始关注行业属性对企业社会责任履行情况的影响。马连福等（2007）发现对不同的行业来说，企业披露社会责任信息的主动性差异较大[207]；李正（2007）发现，为了接受政府监管或者来自社会公众的压力，与其他行业相比，重污染行业在环境保护、员工健康和社区参与等方面的社会责任履行情况会更好[117]。张正勇（2012）发现产品市场竞争能部分替代公司治理机制，进而对企业社会责任的信息披露产生一定的促进作用[151]。杨忠智等（2013）进一步发现企业社会责任的履行不仅受到自身特征的影响，还会受到其所在行业竞争程度的影响，相对于处于竞争程度较高行业的企业而言，处于垄断程度较高行业的企业履行社会责任情况要更好[177]。徐珊等（2015）发现在竞争性行业、环境高敏感性行业以及消费者高敏感性行业中，媒体监督对企业社会责任的增强作用更加明显[227]。另外，考虑到中国政府及其监管部门对产权性质不同的企业承担社会责任存在不同的要求，一些实证研究也对这一问题进行了检验。如黄群慧等（2009）发现民营企业履行社会责任的情况要差于国有企业[169]；肖作平等（2011）和李志斌（2014）发现相对于非国有企业而言，国有企业履行社会责任的情况要明显更好[194,140]；姚海琳等（2012）进一步发现，相对于非国有上市公司而言，政府控制特别是中央政府控制的上市公司履行社会责任的情况要明显更好[228]。但与上述研究发现有所不同的是，辛宇等（2013）发现在社会责任履行方面，中央国企最好，民营企业次之，地方国企最差，并且与中央国企和地方国企相比，民营企业的经济动机更加明显，表现为民营企业所处行业竞争程度越弱，或者是消费者敏感性较强，社会责任的履行情况就越好[229]。这些研究表明，产权性质和行业特征不同的企业在社会责任履行方面还存在较大差异，而这些差异除了上述原因外，是否还存在其他可能的解释，仍需要更多的研究来解答，而这也是未来研究有可能进一步深入的突破口。

2. 宏观制度环境层面

上述研究更多的是从微观组织层面来展开，这可能忽视了企业所处的外部制度环境对企业社会责任履行的影响，由于企业总是处于具体的制度环境之中，因此一些研究从企业外部的制度环境视角来探讨如何对企业社会责任行为的影响。

（1）制度环境。Husted and Allen（2006）指出，跨国公司的社会责任水平会受到所在国家或地区制度环境的影响[230]。Campbell（2007）发现完善的制度环境有助于政府更好地监督企业履行社会责任[231]。Simnett et al.（2009）和 Zizzo and Fleming（2011）的研究结果表明，一个国家或地区的法制环境会影响企业社会责任报告的鉴定决策活动和环保信息的披露行为。在法制环境更好的地区或国家中，企业违法的成本相对较大，企业会自觉遵守相关法律制度来鉴定社会责任报告或者披露环境信息[232-233]。除了政府监管和法律制度之外，市场机制这只"看不见的手"也对企业社会责任的履行发挥着重要的监督作用。如 Golob and Bartlettb（2007）发现企业披露社会责任信息的倾向会随着来自市场的压力的增强而显著提升[234]；Aguinis and Glavas（2012）认为利益相关者的压力、贸易压力、顾客评价和购买决策、第三方评价和国家背景等外部制度压力是第一制度层次的影响因素[235]；其他一些研究（Shamsie，2003；Sen，2006）也指出，发育良好的市场能有效传递信号，而具备高度社会责任感的企业可以通过传递有利信号来吸引消费者，以及提高雇员对企业的忠诚度，帮助企业建立与其他利益相关者的互信关系[236-237]。但 Perego（2009）和 Kolk et al.（2010）的结果表明，当一个国家或地区的法制环境越差时，企业更有可能主动对企业社会责任报告进行鉴定来提高信息的可信度[238-239]。国内学者如郝云宏等（2012）和万寿义等（2013）发现企业受到的制度压力会驱使其提高社会责任的履行水平[240-241]；考虑到中国当前政府对企业行为的干预情况，姚海琳等（2012）发现在政府干预越严重的地区，企业难以通过市场来配置资源，企业履行社会责任的情况越差[228]；周中胜等（2012）也发现在政府干预程度越低、法制环境越好和要素市场越发达的地区，企业履行社会责任的状况越好[161]；张兆国等（2013）以高能耗的 A 股上市公司为考察对象，发现地区法制环境的改善能增加企业的低碳经济行为[187]；李正等（2013）的研究也发现，与法律制度更差、信任程度更低的地区相比，在法律制度更好、信任程度更高的地区，上市公司更可能对社会责任报告进行鉴证[242]。这些研究表明，市场环境和法制制度尽管都可能对企业社会责任的推进和履行产生重要的影响，但作用机理究竟是如何，仍是一个有待检验的问题。

（2）社会监督。政府监管、市场监督和法律制度并不总是有效的，总是存在失效的可能，因此社会舆论等社会监督就是一种有效的替代机制。Bansal and Prat

（2006）的研究表明，由于新闻媒体会报道社会公众格外关心的事件，进而引导社会舆论和公众行为，进而也会对企业社会责任的信息披露产生影响[243]；Wiener et al.（1990）和 Yeosun et al（2006）也指出，社会公众时常会质疑企业主动披露的社会责任信息的真实性，进而也可能影响企业主动披露信息的动机[244-245]；然而 Groza et al.（2011）却指出，社会公众可能并不总是存在偏见，新闻媒体报道是他们获取企业社会责任信息来源的重要渠道之一，也会进一步对表现好的企业予以积极响应[246]；Stelios et al.（2012）发现媒体关注能显著提高企业社会责任的履行[247]；Du et al.（2015）发现媒体报道能显著增强污染行业企业的慈善捐赠，表明媒体监督能提高企业履行社会责任的水平[248]；Du et al.（2016）也发现媒体报道能显著增强家族企业的慈善捐赠意愿，并且随着家族企业控制权的增强，媒体报道对家族企业慈善捐赠的促进作用更加明显[249]。目前，国内的一些学者也开始关注媒体监督对企业社会责任履行的影响。徐莉萍等（2011）发现社会公众的监督作用对新闻媒体报道的依赖性较大，因为新闻媒体报道是他们了解企业社会责任履行情况的重要信息来源之一，因此舆论方式对社会公众促进或抑制企业履行社会责任行为的影响较大[250]；徐珊等（2015）发现媒体监督能显著影响企业的社会责任的履行情况，并且相较于非负面的媒体报道，负面的媒体报道发挥的促进作用更为明显，特别是在竞争性行业、环境高敏感性行业以及消费者高敏感性行业中，媒体监督的作用更加显著，但媒体的上述促进作用会受到地方政府干预程度的影响[227]；孔东明等（2013）和高洁等（2016）的研究也发现媒体关注能显著增强企业社会责任的履行动机[251-252]；陶莹等（2013）发现政策导向性媒体的报道，特别是非负面报道能显著促进企业社会责任信息的披露，但市场导向性媒体的报道，特别是负面报道却显著抑制了企业社会责任信息的披露[253]；同时李正等（2013）也发现，上市公司在被新闻媒体曝光负面社会责任事故后，对社会责任报告进行鉴定的倾向会显著下降[242]。

（3）复合因素。企业社会责任的实现除了依靠法律制度上的层面来规定和保证外，非政府组织和行业协会也起到了一定的推动作用，因此国内还还有一些文献讨论了公司治理之外的一些方式如何促使企业更好地履行社会责任。如韦英洪（2007）认为，从法律和道德两个层面合理构建有效的推进机制是中国企业社会责任实现的根本路径。一方面，2013 年 12 月 28 日第十二届全国人民代表大会常务委员会第六次会议通过修订的新《中华人民共和国公司法》在内的众多法律法规对关于如何督促企业履行社会责任给与了详细明确的阐述；另一方面，从社会公众的舆论监督的道德层面对企业承担社会责任也起到了重要的促进作用。因此韦英洪提出，充分发挥法律法规的巨大导向作用，并对一些规避社会责任的企业、个人加大惩处力度等，从道德层面设计和建立相应的机制，不断加强道德的对企业自觉履行社会责任的硬约束性。法律和道德相互协调、配合从而促进企业由规避、消极履行社会责任向积主动承担社会责任转变[254]。杨和荣等（2006）认为，目前和其他利益相关者相比，政府是企业面对的最重要的利益相关者，企业必须密切注意政府制定的政策及其变化[255]。张广宣（2007）基于企业与政府博弈理论及模型，通过调研分析消费者对企业履行社会责任的态度及反应案例发现，如果企业没有履行其应该履行的社会责任，而政府又没有及时地进行监管时，虽然企业能够增加利润，但这样做会牺牲更大的社会效益。而且，由于企业发生不履行社会责任的趋势时，政府也会相应地加大投入一些不必要的监督成本。对于企业自身而言，虽然不履行社会责任的预期利润会提高，但是从长远看来，这会导致的一系列负面外部效应反过来也会危及企业自身的生存和发展，最后得不偿失[256]。

　　蔡宁等（2007）指出，企业履行社会责任的情况除了受到经济因素影响之外，还要受到道德、法律等其他因素的影响，而且企业也会反作用于所处的外部社会环境，因此可以从系统论的视角来看待企业、政府和社会之间的关系，如图2-3所示。

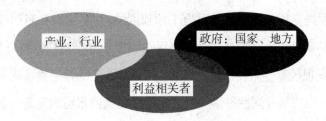

图2-3　企业、政府与社会之间的关系模型

　　进一步，蔡宁等试图尝试从系统论的角度建立企业社会责任实现机制，主要包括经济、制度、监督与执行四个子系统，如图2-4所示，只有四个子系统之间有机结合和相互作用，才能有效推动中国企业社会责任的实现[257]。

　　易开刚（2009）基于博弈论的思想，通过建构企业社会责任系统化实现机制的理论模型，认为企业社会责任的系统化实现是企业、政府、媒体、消费者等多个主体之间经过多重博弈后最终产生的均衡结果[258]。闫敬（2007）认为，要进一步构

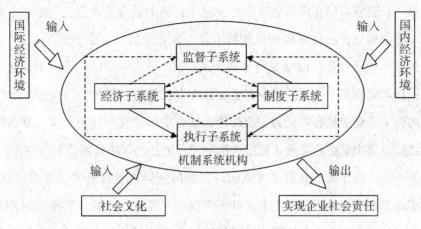

图 2-4 机制系统功能实现示意图

建国有企业社会责任的实现机制，首先需要完善国有企业内部的法人治理结构，在国企法人治理结构模式上，主要依据中国国有企业目前的现实情况从改革董事会成员来源、完善监事会职能和重构职工代表参与制度三个方面进行探讨和设计[259]。陈德萍等（2007）提出企业社会责任分为为基本、中级、高级三个不同的层次，基本层次主要是为股东创造价值等，中级层次主要包括对保护环境、对员工职业健康和安全负责、对消费者利益负责等，高级层次主要是包括热心公益、慈善捐助事业等。不同层次的社会责任具有不同的特点，应分别对其作出成本收益分析。作者认为中国企业社会责任的实现重点一般是基本和中级两个层次，第三层次的道德责任，对于企业来说可以鼓励，但不能强求[260]。张亚楠（2011）认为要解决国有企业社会责任缺失的问题需要从以下两个方面着手：一方面，通过提高企业的创新能力来进一步增强竞争优势，从而切实有效地增强其履行社会责任的能力，从根本上使得企业获取履行社会责任的内在动因；另一方面，通过改善外部环境，主要是通过社会责任的联动资本来提升企业履行社会责任的动力[261]。黎文靖（2012）认为，当前中国企业披露社会责任信息的行为不是简单地满足合法性的需求，也不是在考虑各利益相关者利益诉求后产生的慈善行为，而是转型经济环境中政府干预的一种政治寻租行为[262]。贺立龙等（2012）从企业社会责任存在的缘由出发提出了四点企业社会责任实现机制及路径，包括利用社会媒体的社会评判机制，发挥市场引导机制，从社会价值基准出发的政府干预机制，从利益相关者出发的公众干预机制[263]。胡焱（2013）从科学发展观的视角探讨了企业社会责任的实现路径，提出三点实现路径：第一，企业需要在经营战略体系中融入正确的社会责任理念；第二，政府应当进一步建立和完善制度保障和机制约束以提高企业履行社会责任的动力；第三，充分发挥媒体和社会公众的监督和导向作用[264]。王一（2014）进一步从法学、管理学、经济学的视角全面阐述了中国企业社会责任推进机制的完善路径，通过对比分析国内外关于企业社会责任的主流理论，结合中国的基本国情，重点基于法学的角度详细探讨了中国企业社会责任推进机制完善路径的保障机制[265]。

综上所述，近年来已有很多文献探讨了如何完善企业社会责任及其推进机制，并取得了丰富的理论成果，这为本书的研究提供了良好的基础。早期国内外学者主要是从利益相关者与合法性视角进行了探讨，发现公司治理机制是一个较为关键的因素，随着研究视角的进一步拓展，已有一些文献开始从企业组织的微观视角脱离出来，进一步从法律、政治、经济、文化等宏观制度视角来考察如何更为有效地促进企业更好地履行社会责任，也发现了一些比较重要的结论。这些理论成果对于研究中国转型经济背景下的企业社会责任推进机制无疑具有重要的借鉴意义。已有研究指出外部宏观制度环境中的正式的法律制度与法律外的非正式制度可能是影响企业社会责任履行的重要因素，特别是在当前中国经济处于转型时期，从正式的法律制度和非正式法律制度（如媒体报道）联合的视角来探讨企业社会责任的推进机制，具有较高的理论价值与现实价值。已有研究指出公司治理机制是影响企业社会责任履行情况的重要因素，而中国企业的公司治理机制无疑与西方发达国家的公司治理机制存在显著差异，这为本书考察具有中国特色的公司治理机制如何推进企业社会责任的履行提供了重要的实验场景。

而需要强调的是，总体上来看，目前关于企业社会责任推进机制的研究还处于初级阶段，没有形成完整的理论体系和框架结构，学者们往往重点分析其中的某一方面的影响因素，因此可能还存在着以下几方面的不足：第一，目前国内外学者对利益相关者在企业履行社会责任中会发挥作用基本达成共识，但这更多的是解释和回答了利益相关者能影响企业履行社会责任的情况。而针对不同的利益相关者分别如何推进以及他们在推进企业社会责任过程中的作用机理是什么尚缺乏全面系统的分析，这可能无法回答利益诉求不同的利益相关者是如何共同推进企业社会责任的履行的这一问题，特别是经济转型国家中企业的利益相关者对企业社会责任产生作用的制度环境和西方发达国家还存在较大差异。因此在中国的转型经济环境下，需要进一步分析和甄别不同的利益相关者在企业社会责任中的利益诉求取向，进而挖掘出他们共同推进企业社会责任履行的动机和诱因，在此基础上详细分析他们发挥的作用才能进一步厘清不同利益相关者影响企业社会责任推进机制的内在机理。第二，从现有的研究可以看出，对企业社会责任的推进机制的影响因素非常多，但现有的研究特别是相当一部分实证研究主要是从不同的单个视角去寻求和检验企业社会责任推进机制受到何种因素的影响，还缺乏完整系统的理论框架来指导实证分析，这导致无法厘清各种因素对企业社会责任影响的具体路径，导致研究结论相互矛盾，进而可能无法准确找出影响的确切动因。因此需要转换思路，在构建企业社会责任推进机制的分析框架的基础上，从中国经济转型环境下的特殊制度环境着眼，结合特有的公司治理机制来考察企业社会责任推进机制的影响因素，对总结出适合中国企业社会责任推进机制的实现路径提供具体建议。

总体而言，国内外现有针对企业社会责任及其推进机制的理论研究成果不仅为本书的研究提供了思考的基础，也指出了未来可能的研究方向。为了弥补以往研究的局限和不足，本研究接下来准备通过对中国企业社会责任推进机制的现状、问题及其成因进行分析，构建出企业社会责任推进机制的分析框架，然后通过博弈模型来探讨不同的利益相关者在社会责任推进机制中的行为选择，以期通过均衡稳定分析找到企业社会责任推进机制的实现路径，最后结合企业社会责任推进机制的分析框架，采用严谨的统计方法，以中国特殊的制度背景及其特有的公司治理机制为切入点，对企业社会责任推进机制的实现路径进行实证研究。

2.4　本章小结

本章在分析企业社会责任思想的起源及演进历程的基础上，从哲学、经济学、管理学、社会学等方面，对企业社会责任问题进行了思考，并基于系统论思想，对企业社会责任进行了界定。与此同时，为确保研究的有效性，对企业社会责任推进机制研究所需要借助的基础理论进行了回顾，包括利益相关者理论、契约理论、资源依赖理论、新制度理论等。最后对企业社会责任及其推进机制的相关文献进行了述评。这为接下来的对中国企业社会责任推进机制的现状、问题成因等的分析奠定了良好的基础。

第三章　企业社会责任推进机制的
现状、成因与框架构建

针对中国企业社会责任的推进机制进行分析，本书有必要结合具体企业的社会责任实际履行情况进行深入挖掘，分析具体企业在推进社会责任中遭遇的问题及原因，以小见大，进而从总体上分析和把握当前中国企业社会责任履行机制的现状，并对其成因进行分析和总结，在此基础上，构建中国企业社会责任推进机制的分析框架。

3.1　企业社会责任履行情况分析
——基于安德公司的案例研究

3.1.1　安德公司社会责任履行情况及其问题

安德公司成立于 1937 年，主要为国际电信市场提供先进的基础设施设备和有效的解决方案。公司自成立以来长期致力于技术创新和满足客户要求。迄今，安德公司在亚洲、欧洲和美洲设立了多家办事机构，足迹已遍布全球三十多个国家。安德公司提供的产品和服务主要包括：塔顶基站天线、传输线系统、射频（RF）站点解决方案、信号分配、网络优化及专门应用，例如微波、卫星、雷达和高频通信系统的解决方案，这些主要产品和服务的市场占有率均位于国内前列。安德公司先进的产品设备和优质的服务水平已经得到了市场和消费者的认可。

当前，安德公司已与国内主要的电信运营商和大部分知名的电信设备企业建立了合作关系，为其提供先进的基础设施设备和有效的解决方案。安德公司提供的产品和服务所涉及的应用领域不断扩展，目前几乎覆盖了语音、视频和数据通信系统的所有领域。安德公司"闪电"形状的企业标识在世界各地的卫星天线和电信设备设施上都能看到。

作为外资企业，安德公司在业务获得发展的同时，通过开展各项慈善活动如捐资助学等方式，履行企业社会责任。国家商务部委托 F 咨询公司，对安德公司 2014 年年度企业社会责任履行情况进行了评价。总体来说，安德公司在推进企业社会责任履行的过程中表现得相当不错，企业社会责任的总体评价等级很高。但是，该公司在履行企业社会责任方面仍存在着一些不足和缺陷，这主要表现如下。

（1）尚未形成系统完善的企业社会责任管理体系。

作为一种新型的企业管理模式，企业社会责任管理体系的目标不再纯粹局限于追求利润最大化，而是实现经济、社会及环境综合效益的最大化。在管理对象层面上，完善的社会责任管理体系不仅针对企业内部的人、财、物，也包括了企业外部利益相关者。在管理价值方面，完善的企业社会责任管理体系从关注企业的财务价值发展到实现经济、环境及社会价值的协调发展，从关注股东价值发展到注重利益相关者的价值。在管理机制方面，完善的企业社会责任管理体系不仅关注实现内部资源的优化配置，也把促进社会资源的有效配置作为战略重点。完善的企业社会责任管理体系为公司提供组织基础，内容主要包括将社会责任管理纳入企业组织架构、构建企业日常管理制度、制定企业社会责任指标体系及监控反馈机制等。目前，安德公司还没有制订长期的企业社会责任规划，在组织体系、管理制度及内部沟通等方面尚未形成全面的企业社会责任规划，致使企业社会责任的实施缺乏内部制度保障，在一定程度上制约了公司企业社会责任的推进进程。

（2）企业社会责任的履行主要靠外力，缺乏主动意识。

企业社会责任的履行，离不开社会、政府和媒体的推动。社会为企业提供了一个良好的环境，政府充当了引导者的角色，合理引导企业，媒体舆论从侧面理性评判企业社会责任行为，积极推动企业履行社会责任。社会、政府、媒体的外部作用，结合企业自身社会责任推进机制的完善，使内部力量和外部力量相辅相成，才能有效推动企业积极履行社会责任。当前，安德公司主要依靠外力推动企业社会责任的履行，公司的经营管理者对社会责任方面的认识水平有待提高，企业社会责任活动主要集中在简单的慈善活动、社会公益活动、环保活动等方面。在考虑相关者的利益时，如完善售后服务体系等方面的活动，公司的主动性不是很高，很多情况下都是在政府的干预下才进行的。

（3）企业社会责任信息披露不足。

企业公开披露社会责任信息可以让利益相关者了解企业的社会责任履行情况，是宣传和提升企业社会形象的有利契机，并且可以在无形之中促进企业自觉履行社会责任。在社会不断进步的同时，可持续发展的理念越来越深入人心。公众在评价一个企业的发展状况时不仅关注企业的财务报表情况，也将目光投向企业社会责任的履行情况上来。为了实现企业自身及社会的可持续发展，企业应当提高对社会责任信息披露的重视程度，以便于全社会的公众能够对其进行有效的监督。因此，除了在报告中披露自身的财务状况以外，企业还应该详尽地向社会公众公开内部员工的权益维护情况、产品的质量监督情况、消费者权益保护情况及消费者的投诉情况、社区活动参与程度、资源有效利用情况和环境污染情况等。采用积极、透明的方式公开企业履行社会责任的情况，建立社会责任披露制度，有利于企业的长远发展。安德公司在社会责任信息披露方面仍存在不足，在公司内部没有公开环境信息，对于潜在的污染源及生产环节可能存在的安全问题，公司只采取了一些最基本的措施，如张贴安全生产告示和准备应急措施；在安德公司的网页上也没有关于企业社会责任信息情况的披露内容，仅仅在公司的年度报告中披露了一些简单的、对于企业的经营发展不存在较大影响的信息，并且未对这些事项可能导致的后果进行详尽的解释说明。

（4）企业未将社会责任纳入企业文化。

企业文化在企业的发展过程中发挥着至关重要的作用。作为企业管理的专门手段，企业文化体现了企业的综合竞争力，反映了企业的内在需求，承载了企业的职业道德和社会责任。企业文化的社会责任内涵，指企业在追求经济效益的同时兼顾社会效益，在企业的精神、制度、行为中要体现出其承担的社会责任使命。这具体表现为企业在使用资源、生产产品、提供服务的过程中，对相关者的合法利益负责，对自然及社会的和谐发展负责。将社会责任意识有效融入企业文化，需要在思想上统一对社会责任观念的认识。企业可以制定明确的社会责任制度和规则，加强对企业成员的社会责任教育，将社会责任标准纳入员工考核体系，慢慢地加强员工的企业社会责任意识，形成符合企业发展战略的特色企业文化。只有那些敢于承担社会责任的企业文化才能凝聚全员的力量，引导企业实现可持续发展。相比在社会责任履行方面表现较好的一些大型企业而言，安德公司尚未将社会责任纳入企业文化之中。安德公司的企业文化主要是督促职工努力工作，以及帮助实现降低成本和扩大生产的企业目标，而很少和社会责任有关联。这使得该公司没有真正融入社会，没有真正融入城市建设和文化发展之中。

3.1.2 安德公司社会责任履行问题的成因

根据上文的分析，安德公司在企业社会责任履行的过程中存在着一些不足。这些不足存在的原因既有企业自身方面的原因，也有政府和社会监督等方面的原因，这些都在一定程度上阻碍了安德公司的长远发展。

3.1.2.1 公司高管尚未将企业社会责任纳入公司的管理体系

从安德公司自身来看，公司高管对企业社会责任的重要性的认识还不足，缺乏长远的眼光，尚未将企业社会责任纳入公司的管理体系，企业社会责任的履行情况有待改善。作为企业发展方向的决策者，公司的管理层对企业社会责任的认知态度和参与水平决定了企业履行社会责任的总体水平。管理层参与履行企业社会责任，主要包括两个方面的内容：一是在企业制定经营战略方面，管理者承担着对企业社会责任进行战略规划的任务，在组织目标的指导下，结合企业当前的发展情况，管理者应该选择合适的企业社会责任行为，并将其有效融入企业的组织战略中，从而提高履行企业社会责任的可信度；二是在具体实施方面，公司管理者还应该建立有利于推进社会责任履行的组织机构和管理体系，更好地促进企业积极履行社会责任。此外，公司管理者应对企业社会责任的履行情况进行监督和考核，以确保社会责任实施的有效性和高效性。

安德公司的管理者并未将社会责任管理体系放在企业战略发展的高度来考虑，只是简单地组织员工进行志愿者活动或无目的性地进行捐助，忽视了日常生产经营中的社会责任履行。安德公司的经营管理者关于建立企业社会责任管理体系的意识淡薄，导致公司的治理存在问题；相关的企业社会责任管理思想无法与企业管理过程相融合，导致公司更偏重于关注眼前利益，忽视长远利益，使得公司在长远竞争中处于不利地位。

3.1.2.2 部分员工未能认识到履行社会责任的重要性和必要性

安德公司履行企业社会责任主要以组织员工参与简单的慈善活动、社会公益活动、环保活动为主。在考虑相关者的利益时，如完善售后服务体系等方面的活动，公司的主动性不是很高，很多情况下都是在政府的强制下进行的。究其原因，主要是企业成员未能认识到履行社会责任的重要性和必要性。一方面，企业履行社会责任，有助于合理利用资源和保护环境，实现企业和社会的可持续发展。企业在履行社会责任的过程中，有利于杜绝资源的过度开发，降低企业在生产运营过程中对环境的破坏程度，缓解自身需求和社会发展在资源、环境方面的矛盾冲突。另一方面，企业履行社会责任虽然会加大运营成本，但随之而来的是更多的商业契机。企业的形象和声誉得到提升，竞争力将会更强，企业将吸引更忠诚的客户群体和更多的合作经营伙伴，价值远远大于为履行社会责任而付出的成本。可见，企业履行社会责任完全可以实现企业和社会之间的双赢。

安德公司的部分管理者及多数员工并没有意识到履行企业社会责任的重要性和必要性，没有认识到企业履行社会责任有助于提升企业的形象、为企业带来竞争力、促进企业实现可持续发展。正因为如此，安德公司的部分管理者及多数员工在履行企业社会责任时不够积极主动，缺乏社会责任意识，更不用说以个人行动帮助企业履行社会责任。

3.1.2.3 法律体系不健全，法制环境有待进一步改善

当前，中国在企业社会责任方面的立法相对滞后，虽然政府及其监管部门近年来致力于通过出台相关的法律法规来推动企业承担社会责任，但关于企业履行社会责任的标准及内容缺乏统一详细的规定。如在《中华人民共和国消费者权益保护法》中仅仅明确了企业应承担的部分相应民事责任，并未就企业具体违反规定，如故意拖延、无理拒绝等行为制定处罚标准。这可能在一定程度上加大监管部门在实际执法过程中的处罚难度，让违法企业有机可乘，从而导致消费者的合法权益受到侵害。

此外，与国外高达数千万，甚至上亿美元的罚款相比，当前中国政府及监管机构的执法力度和处罚力度较弱，仅仅采取警告或者是数额不大的罚款等措施，无法对公司忽视企业社会责任的行为产生有效的法律约束力。法律约束机制不健全，法制建设落后，加上执法不严、违法不究，导致安德公司在履行社会责任方面开始出现弱化现象。

3.1.2.4 政府管理缺失，缺乏积极引导，监督力度不够

在管理监督方面，政府管理缺失、缺乏积极引导及监督力度不够是致使安德公司不重视履行社会责任的原因之一。首先是政府管理还有待完善。由于企业可以带

动地方经济发展、解决就业问题，在经济发展目标的驱动下和服务型政府的定位下，政府往往从经济利益出发，忽视对企业社会责任履行状况的监督和引导。在政府管理缺失的情况下，部分企业为追寻更多的利润而违规操作。这些企业通常会选择采取不正当的竞争手段，损害消费者的权益、污染环境、浪费资源，将企业利益建立在牺牲利益相关者利益的基础上。其次是政府引导还有待改进。企业主动承担社会责任以实现企业和社会的双赢，离不开政府的推动和引导。当前，政府部门对企业全面履行社会责任存在着督导不足的现象，仅限于在企业纳税和社保缴纳方面进行宣传引导，甚至部分地区的政府部门工作人员缺乏对社会责任的正确认识，造成企业社会责任的缺失，利益相关者的利益得不到保障。最后是监督力度还有待加强。目前，中国尚未建立起完善的企业社会责任评价监督体系，国内会计师事务所和律师事务所等权威机构还没有将企业社会责任纳入业务范畴，单纯依靠非政府组织的力量进行评价、监督比较困难，加上政府缺位等因素，导致中国企业社会责任评价监督体系出现了严重滞后的现象。

3.1.2.5　社会监督机制有待完善，监督力度有待加强

在安德公司履行社会责任的过程中，除了依靠政府层面的立法和监督外，社会监督也发挥着相当重要的作用。在国外，主要由行业协会、消费者协会及新闻媒体负责履行社会监督职能。行业协会通过制定行业标准来约束公司行为，而消费者和媒体则通过用脚投票和舆论等方式对督促公司承担企业社会责任产生一定的社会压力，促使公司更好地履行企业社会责任。目前在国内，经济技术发展的滞后，加上市场体系建设的不完善，导致相关社会监督体系缺失。总体而言，目前国内消费者的自我保护意识和维权意识较为薄弱，没有形成抵制社会责任缺失的公司的产品的自觉性；一些地区消费者的知情权被剥夺，基本的权利得不到保障。近年来新闻媒体和网络舆论的监督力量才逐渐发挥作用，但社会舆论方面的监督力度相比国外还很薄弱。因种种原因，有些媒体不能充分履行社会舆论监督的职责，如部分财经媒体没有公开不承担社会责任的公司的情况，导致一些企业因没有外部监督的压力，更加消极对待企业社会责任的履行。

作为促进政府和企业沟通的纽带，行业协会的监督是社会责任外部监督的重要组成部分。但目前我国很多行业协会规模较小，很难有效发挥对行业的调节作用，加上多数行业协会依附于政府机构，存在着组织缺陷，自身发展空间受到一定的限

制。在法律制定方面，暂时还没有出台关于行业协会管理的专门法规，导致行业协会和其他社团组织在管理结构中存在着多重管理、重复管理的现象。因此，行业协会在监管企业履行社会责任方面并未发挥作用，行业协会的管理服务和监督功能有待进一步加强。

前几年在市场经济竞争中，安德公司不能自觉履行社会责任，损害利益相关者的合法权益，同时社会舆论不能充分发挥作用，社会监督力度不够，最终不可避免地产生企业社会责任的弱化现象。对此，公司必须及时采取有效措施，增强企业履行社会责任的意识，将企业社会责任纳入公司管理体系；加强政府、媒体及行业协会的监督和干预，形成推动企业承担社会责任的外部压力。

3.2 企业社会责任推进机制现状分析

3.2.1 企业社会责任推进机制总体分析

随着经济的发展和社会的进步，企业社会责任意识不断增强，特别是自《中华人民共和国公司法》修订及党和政府提倡构建和谐社会目标以来，中国企业履行社会责任的实践获得了较大的发展，其中涌现出一批批自觉履行社会责任的优秀企业，比如中国银行股份有限公司。2015 年 11 月，在由中国新闻社、中国新闻周刊主办的"第十一届中国·企业社会责任国际论坛暨 2015 责任中国荣誉盛典"上，中国银行获得"2015 年度责任企业"。中国银行已在全国范围内同多家机构合作开展各类公益活动，并取得了良好的社会反响。根据国家的扶贫计划，中国银行通过实施"春蕾计划"及援助地震灾区，帮助贫困人口脱贫致富等措施履行其社会责任，并且一直秉承"担当社会责任，做最好的银行"的经营理念。这一奖项是对中国银行履行社会责任的充分肯定。

但是近年来，中国企业履行社会责任的现状仍存在很多不尽如人意的地方。在评价企业贡献时，利润成为最主要的衡量指标，利润高的企业被认为效益高，而忽视了企业为社会带来的"消费者剩余"，也根本不关注企业做出的社会贡献。这样导致很多企业以眼前利润为唯一指标，不愿在其他方面如环保上进行投入，漠视公共利益，甚至损害消费者合法权益，给社会带来了极大负面影响。破坏社会责任的案例屡见不鲜，如表 3-1 所示。这些都说明了我国目前企业社会责任的履行水平还比较低，需要社会各方面的共同努力加以提高。

表 3-1 　　　　　　　　　　　历年社会责任缺失企业的案例

时间	事件名称	主要情况
2007 年	山西黑砖窑事件	非法拘禁并强迫工人从事危重工作，非法收买使用被拐骗的儿童，恶意拖欠工资和侵占他人财产
2008 年	三鹿奶粉事件	奶粉中非法添加化学原料三聚氰胺，造成婴幼儿出现各种不适症状，并造成多名患儿死亡
2009 年	完达山药业事件	完达山药业生产的注射液在流通环节被雨水浸泡，受到细菌污染，企业更换包装标签后继续销售，造成多名患者死亡
2010 年	紫金铜矿事件	紫金矿业矿山铜酸水渗漏事故，使附近水域受到严重污染，公司拖延 9 天后才发布公告，造成恶劣社会影响
2011 年	松花江污染事件	吉林新亚强化工厂一批装有三甲基一氯硅烷的原料桶被冲入松花江中，污染了江水，严重影响当地群众生活
2012 年	4.24 制售假药事件	涉及二十多个省市自治区，制售假黑药窝点十余个，案值达几千万元，造成恶劣的社会影响
2013 年	广西贺州水体污染事件	沿岸冶炼、选矿企业恶意排污，导致严重的铬、铊等重金属污染，造成严重的经济损失和生态破坏
2014 年	昆山 8.2 爆炸事故	中荣公司事故车间除尘系统长时间未清理，导致粉尘爆炸，造成一百多人死亡，直接经济损失数亿元
2015 年	天津滨海新区爆炸事故	瑞海公司所属仓库违法经营、违规储存危险货物引起爆炸，造成 165 人死亡，8 人失联，周边房屋受损数万间，直接经济损失近百亿元
……	……	……

中国近年来发生的企业社会责任缺失重大案例，反映出当前中国企业履行社会责任的约束力弱、自律性差，原因主要归结为以下几个方面。

第一，企业自身的环保意识淡薄。改革开放以来，一些企业以牺牲环境为代价获取企业利润的情况时有发生。自建设社会主义市场经济体制以来，我国就将保护环境确立为一项基本国策，但仍存在"紫金山铜矿事件""松花江污染事件""贺州汇威矿业事件"等破坏生态环境、社会和谐的事件。

第二，侵犯消费者权益的事件频繁发生。企业履行社会责任应当保护消费者权益，而市场上，只顾眼前利益、以次充好，甚至不顾消费者生命安全的事件依然存在。"三聚氰胺事件""地沟油事件""双汇瘦肉精事件""毒豆芽儿事件""毒馒头事件"等侵害消费者权益的事件时有发生。

第三，员工的合法利益难以保障。企业为最大限度降低生产成本，让员工加班至身体透支，还有一些企业拖欠工资，这些行为均损害了员工的合法权益。例如，"黑煤窑事件""讨薪难问题"及 2009 年下半年出现的"民工荒问题"和富士康"连跳门"事件，其原因之一是员工的合法权益得不到保障。

从以上分析中，我们看出，目前中国企业社会责任履行情况的总趋势向好，但仍存在不理想的情况。不同规模的企业往往因其特征不同，履行社会责任的表现也不同。中小企业在严峻经济形势下的生存压力使其逃避对社会责任的履行，而大型央企、国企因缺乏社会责任履行的意识和认知及履行社会责任的范围不明确，没有发挥在履行社会责任方面应有的影响力和示范效应。总而言之，中国企业社会责任的履行发展尚处于起步阶段，需要社会各界的广泛关注和共同推进。

企业社会责任的履行是一项复杂的系统工程，需要社会与公众、政府、企业等各方面的力量共同努力，加以推进。正如乔治斯蒂娜在其《公司、政府与社会》一文中说到的那样：企业社会责任的实现可以用动态力量模型分析（见图3-1）。从图中我们可以看到，具体影响企业社会责任履行的因素包括社会、政府、企业。接下来笔者将从社会、政府、企业三个视角分析中国企业社会责任推进现状，从而为更好地推动我国企业履行社会责任提供一些思考。

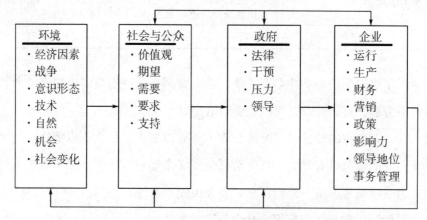

图 3-1　中国企业社会责任推进的动力传导示意图

3.2.2　政府推进现状

中国经济自改革开放以来的迅猛发展，离不开中国企业为社会提供的大量产品及优质服务，企业为人民生活富裕及国家富强做出了巨大贡献。经济全球化的发展，使跨国企业将企业社会责任理念引入中国，中国政府一开始对此不熟悉，但伴随着企业社会责任理念的进一步普及和"建设和谐社会""科学发展观"及"生态文明"等理念的提出，中国政府开始逐步与国际接轨，在促进经济发展的同时，开始主导企业社会责任的推进。

目前，中国政府面临的一个重要课题就是如何进一步促进企业履行好社会责任。由于中国社会责任推进运动开始较晚，政府推进社会责任机制尚缺乏一套完整的标准和体系，大多是在政策制度上对企业形成一些激励和约束措施。近十多年来，随着我国加入世界贸易组织，企业社会责任的推进受到社会各界和各级政府的重视。纵观中国政府推进社会责任履行的现状，大致分为国家立法、政策实践、研讨培训及国际合作四个方面。

3.2.2.1　国家立法

在企业社会责任的推进过程中，政府的作用尤为重要。近年来，国家在企业社会责任方面的立法工作取得了较大的进步，基本分为六大类型，包括基本原则、环境责任、商业责任、安全卫生、社区责任、职工权益。立法内容涉及概念定义、处罚办法、生产、消费、知识产权、商业道德、劳工标准、职工福利等多个方面。

2006 年 1 月，中国政府第二次修订了《中华人民共和国公司法》，在总则中增加了企业必须承担社会责任的要求，这一规定的提出为政府推进企业履行社会责任提供了理论支撑。除了《中华人民共和国公司法》的主导作用，中国还确立了一些相关法律法规和规章制度作为推进企业社会责任履行的坚强后盾和有力保障。例如，《中华人民共和国环境保护法》强调企业对环境的社会责任，《中华人民共和国消费者权益保护法》强调了企业在市场经济中的社会责任，等等。另外还有《中华人民共和国劳动保护法》《中华人民共和国安全生产法》《中华人民共和国工会法》《中华人民共和国失业保险条例》等。这一系列的法律法规规定了企业对社会及各利益相关者应尽的义务和责任。

3.2.2.2　政策实践

由于目前我国经济发展的区域特殊性，各地政府在遵循中央要求，坚持推进企业履行社会责任的大方向外，还根据地方经济发展的特点，有针对性地实施多元化的地方政府相关政策，解决区域企业社会责任履行中出现的问题。国家层面上，自

2007 年以来制定了各种影响深远的相关企业社会责任推进政策，如表 3-2 所示。2007 年，《中国应对气候变化国家方案》强调节能减排工作的重要性，把资源与环境责任列为企业经营的重要影响因素。2009 年，《食品工业企业诚信体系建设工作指导意见》颁布，进一步强调了食品生产企业的社会责任，对推动企业社会责任建设产生了积极的作用。2014 年，《关于鼓励支持民营企业积极投身公益慈善事业的意见》则为民营企业积极参与公益慈善事业、履行社会责任提供了 7 个方面共计 12 条途径的指引。2015 年，《社会责任指南》强调企业社会责任国家标准，同时还颁布《社会责任报告编写指南》和《社会责任绩效分类指引》与其配套。通过以上一系列政策的制定和实践，中国政府推进社会责任的标准逐步建立。

表 3-2　　　　　　　　　　　　　国家层面的重要政策实践

年份	政策名称	颁布部门
2007	《关于落实环保政策法规防范信贷风险的意见》	环保局、央行、银监会
2007	《中国应对气候变化国家方案》	国家发改委
2008	《关于中央企业履行社会责任的指导意见》	国资委
2009	《外商投资企业履行社会责任指导性意见》	商务部
2009	《食品工业企业诚信体系建设工作指导意见》	工业和信息化部
2011	《中央企业"十二五"和谐发展战略实施纲要》	国资委
2012	《中华人民共和国可持续发展国家报告》	国家发改委
2013	《直销企业履行社会责任指引》	国家工商总局
2014	《关于鼓励支持民营企业积极投身公益慈善事业的意见》	民政部和全国工商联
2015	《社会责任指南》	国家质检总局、国家标准委

除国家层面上的推进行动外，各地方政府也出台了一系列相关的政策措施或者行动纲要。例如，上海市、广东省、浙江省等，在推进企业履行社会责任方面树立了模范，形成了相应的浦东模式、深圳模式、浙江模式等，地方政府颁布了《浦东新区企业社会责任导则》《广东省房地产企业社会责任指引》《浙江省企业社会责任指导守则》等地方行动纲要。

3.2.2.3　研讨论坛

自 2007 年以来，国家政府频繁举办企业社会责任促进工作的研讨会、培训班。2007 年的"中央企业社会责任高级研讨班""劳动者健康与企业社会责任论坛"，

2008 年的"跨国公司企业社会责任研讨会""中瑞企业社会责任高层论坛"，2009年到 2015 年的"中国企业社会责任报告国际研讨会""企业社会责任国际论坛"等均体现了我国政府在推进企业社会责任方面所做的努力。

地方层面，2006 年，深圳市政府举办了"建设和谐社会与企业社会责任论坛"，2015 年建立"深圳市企业社会责任促进会"。山东省自 2007 年以来举办多届"企业社会责任高峰论坛""企业伦理与企业社会责任"大讨论和"应对国际金融危机，履行企业社会责任"的主题教育活动。此外，还有"浙江省企业社会责任高层论坛""中国企业公民道德建设（湖北）论坛"等研讨论坛在各地区都有开展。

3.2.2.4 国际合作

中国政府参与制定了《社会责任指南》。在社会责任原则问题上，中国坚持在总则部分增加以下内容：应用该标准时，建议组织要考虑当前不同国家的社会、经济发展阶段的差异性，以及组织之间形式的复杂性和多样性，同时需要尊重不同国家的风俗习惯和行为规范等。在各方做出努力的基础上，2010 年 ISO26000《社会责任指南》正式发布，其包含了社会责任的概念定义、基本原则及实践，社会责任的主要方面及履行，社会责任信息沟通与交流等。该标准的发布为我国政府推进企业社会责任提供了可参考的标准和指南。

3.2.3 社会推进现状

3.2.3.1 社会组织监督管理推进

企业社会责任本身具有广泛的社会性，是一个与社会密切关联的问题，单单依靠政府一方推动是不够的，企业社会责任的推进本质上反映的是企业与社会之间的互动关系。这就需要社会公众（包括社会团体、媒体等）的参与和推动。在中国，企业社会责任的履行往往需要借助社会公众的监督、推动。在国外，非政府组织（如行业协会等）的监督成为企业社会责任履行的关键推动力之一。

中国的行业协会和社会组织为推动企业履行社会责任提供了完善的组织保障，并在宣传培训、行为准则、评价体系等方面形成了一套完整且系统的促进机制。各种行业协会（组织）建立起了不同行业内企业社会责任的履行、管理、评价体系，实现行业自律管理，通过制定行业内企业社会责任准则及标准，提升企业社会责任的履行意识，推进企业社会责任实践活动的实施。自 2005 年 5 月中国纺织工业协会推动制定了我国第一个行业自律标准——《中国纺织企业社会责任管理体系》（CSC9000T）以来，各行业协会和社会组织相继制定了一系列广泛推进企业社会责任履行的行业管理体系，如表3-3所示。促进企业履行社会责任的行业管理体系主要现状是：借助建立对社会责任系统的管理体系的指导，推进企业自觉履行其社会责任，提高企业社会责任履行的管理水平；构建完善有效的社会责任管理评价体系，帮助企业认识到在社会责任管理方面存在的优势及不足，促进企业不断改进社会责任管理工作。这成为企业承担社会责任、建设和谐社会及提高企业竞争力的有力保障。

表3-3　　　　　　　　　　　企业社会责任的行业管理文件

时间	文件名称	主要内容	制定组织
2005 年	《中国纺织企业社会责任管理体系》	建立以人为本的社会责任管理体系，保障职工的合法权益，激励员工的主人翁精神，实现其人生价值	中国纺织工业协会
2008 年	《中国工业企业及工业协会社会责任指南》	提高工业企业和行业协会的社会责任意识，强化承担社会责任的理念，引导更多企业履行社会责任	中国煤炭、中国机械等十余家工业行业协会
2009 年	《食品医药行业履行社会责任标准》	举办企业代表签名承诺活动，推动企业积极执行标准，履行社会责任	中国食品行业协会 中国医药行业协会
2010 年	《中国工业企业及工业协会社会责任指南（第二版）》	共同推进企业社会责任工作，引导和推进工业企业和行业协会积极履职尽责	中国工业经济联合会等十余家工业行业协会
2011 年	《关于建筑业企业履行社会责任的指导意见》	积极履行社会责任，实现企业与职工、社会、环境和谐发展，提高影响力和竞争力	中国建筑业协会
2012 年	《中国工业企业社会责任评价指标体系》	全面评价工业企业在经济、环境、社会各方面表现	中国工业经济联合会
2013 年	《中国建筑业企业社会责任管理体系通用评价准则》	进一步规范建筑市场行为，促进建筑业全面协调可持续发展	中国建筑业协会 中国水运建设协会等
2014 年	《互联网金融企业社会责任自律守则》	互联网金融企业应加强自律、遵守金融法律、倡导网络安全	中国银监会 中国银行法学研究会
……	……	……	……

3.2.3.2　社会组织考核评价推进

企业社会责任的履行具有法律与道德义务的统一性，决定其不可能完全依赖政府强制推进。因而，选择合适的推动和激励形式，对于企业社会责任的履行十分必要。这就需要对企业社会责任的履行情况进行考核评价。社会组织对企业社会责任的考核评价及推进主要有两个方面。

一方面是通过借鉴联合国全球契约组织及国外先进的管理经验，中国先后推出了一系列的企业社会责任缺失认定标准。例如《中国企业社会责任评价准则》《RepuTex 企业社会责任标准与指标：中国》，等等。其中最为著名的是由《中国企业报》中国企业社会责任（CSR）研究中心刘传伦编制的"LCL5+1 评价体系"。该评价体系从六个方面认定社会责任缺失，如图 3-2 所示。

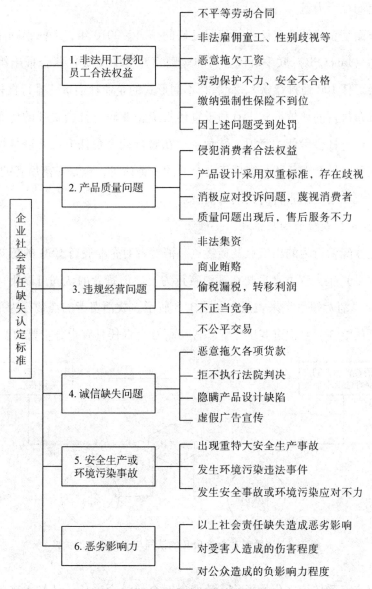

图 3-2 企业社会责任缺失认定标准

这个评价系统类似于传统的专家打分法，在给企业社会责任履行情况打分时，先对前五项中的评价指标进行分析，某一企业违反其中任何一项评价指标，就认定为该企业社会责任履行已缺失。再把该缺失项与第六项评价指标结合起来，综合考评分析，从而得出企业社会责任缺失的程度，也可以采用赋值给出企业的得分情况。最后借以建立企业社会责任履行情况的外部评价机制和激励奖惩机制，如上海证券交易所和深圳证券交易所建立了一套类似道琼斯可持续发展指数的投资指数，对企业社会责任履行的得分情况进行综合判断。这已成为推进我国企业自觉履行社会责任十分重要的社会力量。

另一方面是企业社会责任履行情况良好的排名。2010 年，上海银则企业管理咨询有限公司（InnoCSR）联手时代公司的《财富》（中文版）联合推出第一个"中国企业社会责任 100 强排行榜"。此后，不同形式的企业社会责任排行报告不断被推出。这种发布排行的评价形式，有利于宣传报道企业履行社会责任的优秀案例，增强企业自觉履行社会责任的意识，鼓励企业在履行社会责任方面开展良性竞争。这种评价形式是对社会责任履行表现优良企业的一种认可，也是对落后者的一种鞭策，从而形成企业社会责任履行的共同价值观。

3.2.3.3 社会公众行为响应推进

作为企业经营行为的出发点及最终点，消费者对企业履行 CSR 的感知水平（消费者认同水平）很大程度上反映在其消费行为上。消费者的认同可以用"对于 CSR 的意识"和"消费频率"来表征，如图 3-3 所示。故消费者的消费行为是对企业履行社会责任的响应，对促进我国企业积极履行社会责任具有十分重要的意义。

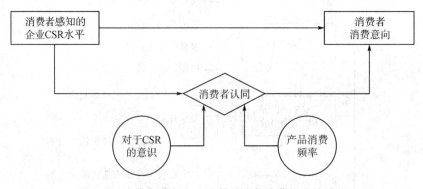

图 3-3 消费者对企业 CSR 的认同与消费行为的关系

一直以来，受传统文化的影响，消费者对企业社会责任的认知更多的是看企业是否在遵守社会规则的大前提下更多地获取企业利润。另外，由于中国关于企业社会责任履行相关方面的法规体系不健全，信息不对称，消费者往往处于弱势，加之我国正处于经济转型期，企业违法违规行为经常发生，更加剧了消费者对中国企业遵守法律法规、履行社会责任的渴望，并将这种渴望体现在消费行为中。

以前，面对五花八门的促销活动和眼花缭乱的宣传广告，消费者购买产品时易受商家的这些营销策略影响而盲目跟风，宣传和促销很大程度上成为消费者选择产品的动因。随着社会的发展，我国消费者对企业社会责任的履行认知水平不断提高，并且在消费行为的选择中起到越来越重要的作用。消费者对产品（包括企业本身）的评价、定位更趋理性，企业形象（商誉）被提高到前所未有的高度。消费者在进行消费活动时，往往会选择社会责任履行良好的企业，即对于真正履行责任的企业给予消费选择上的肯定和支持，用自己手中的"货币选票"来推进企业社会责任的履行。

作为社会公众的另一重要方，新闻媒体对推动中国企业社会责任的履行也扮演着重要角色，主要体现在事实披露和舆论引导方面。一方面，新闻媒体对积极履行社会责任的企业进行大力宣传；另一方面，新闻媒体对企业不法行为进行揭露曝光。例如，一年一度的 CCTV 年度风云人物、优秀企业、年度品牌等评选活动越来越看重企业社会责任履行情况与社会评价。目前，消费者、媒体公众的合力作用，对企业社会责任的履行形成强大的外在压力，营造出全社会各企业积极履行社会责任的良好氛围。因此，社会公众在很大程度上推进了中国企业社会责任的履行。

3.2.4　企业推进现状

3.2.4.1　积极开展实践推进

社会捐助方面：企业是中国社会捐助的主力军。目前，中国已形成各种不同的企业捐助渠道，如图 3-4 所示，并且越来越多的企业积极开展社会捐助活动，自觉履行社会责任。根据《中国慈善捐助报告》统计，企业捐助约占当年社会总捐助的 70% 左右，其中的代表就是马云和蔡崇信捐赠阿里巴巴 2% 的股权，根据当时股价，捐赠金额折合人民币 245 亿元。企业捐助金额及占我国 GDP 的比重情况如图 3-5 所示。在西方发达国家企业捐助额一般约占 GDP 的 2%，与之相比我国的企业捐助事业还有较大差距。

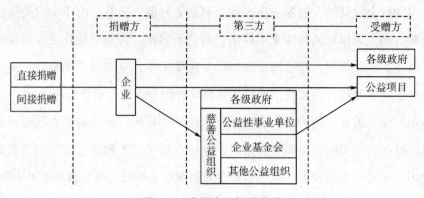

图 3-4 中国企业捐助渠道

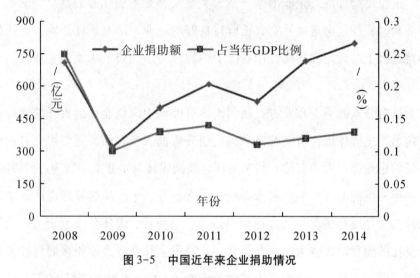

图 3-5 中国近年来企业捐助情况

（根据历年《中国慈善捐助报告》统计整理所得）

确保就业方面：2008 年，随着经济危机的咆哮而来，全球经济遭遇了重创，经济发展困难重重，全国就业形势异常严峻。裁员、减薪可大幅减少企业自身支出，既符合市场经济的规则，也会得到社会的理解。但是在这种背景下，杭州市 200 家企业联合签署倡议书，号召全市企业家 2009 年不裁员、不减薪。短短几周内，全市累计 716 家企业向社会发出不裁员的庄严承诺，覆盖全市职工 30 多万人。在这场危机中，中国企业坚持"企业履行社会责任的重要方式就是保障就业。越是困难的时候，越是检验企业能否勇于承担社会责任的时候。不把员工推向社会，这是对员工的尊重，也是企业履行社会责任的表现"。

保障质量方面：随着时代的发展和社会不断进步，企业的质量意识不断加强。

中国企业把保障产品质量作为履行社会责任的重要使命，坚持"以质取胜"的企业发展战略，认真履行保障产品质量第一的社会责任。尤其是在始于1978年的"质量月（Quality Month）"活动中，企业广泛开展"质量为本、确保安全"活动，充分发挥企业作为质量安全主体的作用。中国企业目前在确保质量方面采取了三种方式：一是不断加强质量安全管理，利用PDCA戴明循环理论，提高自主创新能力；二是建立和完善"三全"（全员、全过程、全方位）质量安全保障体系，努力赶超世界先进水平，打造世界级知名品牌，让"中国制造"成为世界名优产品的典范；三是对消费者诉求高度重视，妥善处理，积极配合政府执法部门的执法活动，打击假冒侵权行为，维护企业名誉，保护消费者合法权益。

保护环境方面：最近多地PM2.5指数爆表，再次给我们敲响了警钟——保护环境刻不容缓。2015年12月15日，在巴黎召开的全球气候大会上，195个国家达成了历史性减排协议，几乎每个参会的国家都承诺降低CO_2排放量，这具有里程碑式的意义。国家主席习近平出席了这次大会的开幕式，并做出了多项减排承诺。近年来我国企业在不断努力履行环境保护方面的社会责任，切实开展了多项有力、有效的举措。比如伊利集团为此提出了"三位一体"的发展理念，即"绿色生产、绿色消费、绿色发展"；2010年，伊利与SGS通标标准技术服务有限公司（全球著名的碳审核机构）合作，对整个生产过程中产生的温室气体排放量进行检测，积极寻求利用高新技术实现碳减排，这在全行业是首次。但是作为发展中国家，我国面临着经济发展、提高民生水平的压力，加之，我国很多企业生产技术落后，因此，企业在推进环境保护的社会责任履行方面任重道远。

3.2.4.2　发布企业社会责任报告

把社会责任情况对外进行报告是企业自觉履行社会责任的重要体现，也间接成为推动中国企业履行社会责任的动力之一。毕马威会计师事务所（KPMG）每年发布的全球性企业社会责任调查报告显示，2011年，G250公司（《财富》评选的世界年营业额500强公司中的前250名）和N100公司（KPMG对16个主要工业化国家按照营业额排名的前100名的跨国公司）中，分别有70%和65%的公司发布了其社会责任报告。2006年，国家电网发布内资企业首份《企业社会责任报告的可持续发展报告》。就在同一年，上海证券交易所和深圳证券交易所等陆续发布企业社会责任相关指引，中国企业社会责任报告的发布数量逐年显著增加，如图3-6所示。

图 3-6　中国历年企业社会责任报告发布情况

（引自《中国企业社会责任报告白皮书》）

　　虽然在量上增加很快，但是以 2014 年中国发布的企业社会责任报告数量为例，其只占世界的 15%，与中国企业数量占世界的比例相差不小。作为推进企业社会责任履行的重要力量，中国企业社会责任报告的发布现状无论是数量还是质量都还存在着较大的改善空间。

　　发布社会责任报告是企业更好履行社会责任的一种外在动力的呈现，发布企业社会责任报告有助于提升企业的品牌形象，有助于吸引更多消费者，同时还有助于吸引投资。因此要鼓励更多的企业积极履行社会责任，引导其发布更多更高质量的社会责任报告。

3.3　企业社会责任推进中存在的问题分析

　　基于不同的角度，政府、社会组织、企业、社会公众等不同的社会组成部分纷纷通过各种方式加入到推动中国企业社会责任发展的队伍之中，进而形成了全员参与的企业社会责任推进浪潮。然而，在实践过程中，我国的企业社会责任推进过程相对落后，且存在一些突出的问题。

3.3.1 企业社会责任推进中存在的外部问题分析

3.3.1.1 政府部门缺乏社会责任意识

随着企业社会责任的推进发展，政府部门的作用和角色越来越重要。然而，一些地方政府部门缺乏社会责任意识，在推进社会责任建设方面仍处于较落后的水平。部分官员缺乏对社会责任的足够认识，片面追求经济或政治利益，对一些企业的社会责任缺失行为放任不管。他们的认识观念存在着明显的错误：一是认为企业社会责任的履行在经济上会加重企业负担，从而影响企业的盈利水平；二是在不考虑企业实际承受能力的前提下，认为企业应该承担更多的社会责任；三是认为企业承担社会责任仅仅是企业进行宣传的一种手段，并不存在实际意义。这些对企业社会责任的错误认识，是有些政府部门和官员不重视企业社会责任推进的根本原因。此外，政府不规范的行政行为也在一定程度上降低了企业履行社会责任的积极性。

3.3.1.2 相关法律法规尚不健全

相比国外对企业社会责任的研究发展，我国企业社会责任理念起步较晚，相关的政策法律制度尚需完善。

一方面，企业社会责任法律法规存在着分散、不完整的现状。目前我国在企业社会责任的立法方面相对滞后，并未形成系统、完善的法律法规，相关立法分散于《中华人民共和国环境保护法》《中华人民共和国劳动者权益保护法》《中华人民共和国食品安全法》等法条之中。

另一方面，虽然这些相关法律法规涉及了企业社会责任的具体内容，但在实际执行过程中仍旧存在着执法不严、违法不究等现象。某些企业与地方政府成了利益共同体，考虑到地方利益和劳动就业等多方面的因素，政府行为往往会向自身利益倾斜。一些地方政府在处理企业违反社会责任规定的行为时，处罚力度较轻，多采取警告或者数额不大的罚款等措施。企业违规成本较低，只要通过缴纳象征性的罚金就能继续从事生产，这不利于督促企业履行社会责任，进行合法生产经营。

3.3.1.3 社会力量参与程度较低

中国企业社会责任的推进离不开各种社会组织的大力宣传和积极参与。目前，我国地方政府在企业社会责任推进方面积极性不高，且只有部分地方政府主动寻求社会力量的支持和参与，共同推进企业社会责任的履行。这是导致我国企业社会责任推进过程中社会力量参与程度不高的主要原因。

社会力量参与程度不高主要表现在两个方面：一是社会力量的参与范畴和水平受限，现有的方式主要包括参与政府及有关部门对标准的制定、参与相关的企业社会责任会议和论坛、参与社会责任的相关课题项目研究等。可见，社会力量主要参与的是促进和规范企业履行社会责任的相关活动，通过互联网和传统新闻媒体等渠道促进企业社会责任的履行。社会力量应加大参与企业社会责任监督的力度，从而有效弥补政府部门监督不足的缺陷。二是社会力量的参与数量有限。中国目前能够与地方政府建立合作并进行社会责任建设工作的主要有行业组织、高校研究机构。其他社会力量，如消费者协会、环境保护组织等民间非政府组织力量相对薄弱，尚未形成健全的组织模式和维权策略，难以有效规范和影响企业行为。

3.3.1.4   企业社会责任评价、监督体系缺乏

规范和推进企业自觉履行社会责任的行为必须要建立合理的社会责任评价体系和监督体系。目前，国内的会计师、律师事务所等还没有将企业的社会责任履行状况纳入对企业的评估范围，非政府组织机构的评价和监督尚未形成系统的机制。虽然上海、深圳、浙江等少数地方的政府借鉴了国外构建社会责任评价指标体系的经验，出台了符合当地具体情况的评价体系，但是我国仍缺乏完整的、统一的、可操作的社会责任评价体系。另外，一些政府部门由于经济等利益的驱使，对于企业的生产经营活动的监管不到位。这一系列的原因阻碍了中国企业社会责任的评价、监督体系的完善，从而间接助长了某些企业逃避社会责任的不良风气。

3.3.2   企业社会责任推进中存在的内部问题分析

3.3.2.1   企业处于资本积累阶段，社会权势较弱

企业的社会权势对企业社会责任的影响主要表现为企业的社会权势会影响其社会责任的履行水平。通常情况下，一家企业的社会权势与其所能承担的社会责任能力成正比。

在中国，虽然有十几家企业位列世界 500 强，但是这些企业大多数是处于行政保护之下的垄断性企业，真正能靠自身实力做大做强的知名企业较少。中国的企业主要以中小企业为主，据统计，中国每年倒闭的中小企业有近 100 万家，这些企业的平均寿命为 3~4 年。而企业的生存状况又会影响企业社会责任的履行状况。为了

能够在激烈的市场竞争中生存下来，中小企业在全力进行资本积累的同时很难兼顾对社会公共利益的维护。除此之外，中国的国有企业和民营企业的社会权势均弱于政府权势。一些国有企业由于种种原因，导致产权归属不明晰，且尚未建立合理有效的公司治理结构，在某种程度上担负着原本应由政府履行的义务，从而负担较重。因此，为了防止政府将本应由自己履行的义务转变成企业的社会责任，我们必须明确划分国有企业的社会责任的权利和义务。

3.3.2.2　企业履行社会责任内部动力不足，认识有待提高

根据 2015 年 11 月 1 日在北京举办的首届中国企业社会责任前沿论坛发布的《企业社会责任蓝皮书（2015）》，中国企业 300 强社会责任发展指数为 34.4 分。其中，将近 80% 的企业得分低于 60 分，7 家企业得分为 0 分，未披露任何社会责任信息。由此可见，这些企业虽属于我国最有实力的经济力量，但仍严重缺乏履行社会责任的内部动力。中国企业内部动力不足，首要原因是对企业社会责任的认识存在偏差。在"企业办社会"的思维模式下，企业履行社会责任在某种程度上被错误地等同为"慈善捐款"，加上官方的捐款摊派、媒体报道的错误导向，迫使企业认为履行社会责任实质上就是一种形式，一种变相捐款，会增加企业生产经营的成本负担，从而导致企业产生抗拒心理。企业通过捐款的方式来履行社会责任，虽然有利于从资金上支持社会弱势群体，但从长远角度来看，会加重企业的生产经营负担，不利于企业和社会的健康发展。此外，简单的慈善捐款也未必是树立企业形象的最佳渠道。

北京大学民营经济研究院早在 2006 年就进行了关于中国企业社会责任的调查。调查结果表明：企业对公益责任的认知度远高于对经济、法律和环境等方面的认知度，但广大群众对职工和消费者权益较为敏感，并且比较关注环境保护、产品和服务的质量水平，对企业的社会捐赠行为反应较为冷淡。企业和公众对社会责任的认识存在明显的差异，如果要调动企业履行社会责任的动力，必须要统一政府、公众及企业对社会责任的认知，包括什么是企业社会责任、企业如何履行社会责任、企业社会责任的实现价值等。

3.4　企业社会责任推进机制的演化与分析框架构建

虽然企业社会责任推进机制面临的问题不是仅存在于某个特定地区或特定行业之中，而是世界上所有企业和政府均需要解决的普遍性问题；但相比西方国家较完善的市场机制，目前中国的市场机制尚未完善，社会力量相对弱小，还没有形成完善的多层次主体参与和治理制度，这些推进企业履行社会责任的力量参差不齐，利益相关者的利益诉求被忽视，导致企业社会责任的履行效果乏善可陈。黎文靖（2012）指出，当前中国企业披露社会责任信息的行为不是简单地满足合法性的需求，也不是在考虑各利益相关者利益诉求后产生的慈善行为，而是转型经济环境中政府干预的一种政治寻租行为[262]。因此研究中国企业的社会责任推进机制不能完全照搬西方国家的做法，必须构建适合中国当前转型经济体制下的企业社会责任推进机制的分析框架。

从前文对企业社会责任的概念和推进机制的基础理论回归可以看出，人们对企业社会责任的认识不是跳跃式发展的，而是存在路径依赖的。只有结合特定的制度环境和社会背景，才能领会和理解企业履行社会责任的行为动机和完整意义[266]。因此，要构建中国企业社会责任推进机制的分析框架，有必要首先借助一定的基础理论方法对企业社会责任推进的历史演化过程进行分析，然后在此基础上，结合中国当前转型经济体制来构建分析框架，这可能是一种有效的方法。而在理解企业社会责任历史演化的方法中，演化经济学比新古典经济学的解释力度更强[266]。

3.4.1　企业社会责任推进机制的动力演化分析：基于演化经济学的适用性分析

作为一种对新古典经济学产生挑战的经济学理论，演化经济学反对传统经济学所提出的"经济人"假设和均衡的分析框架，主张从实际出发，借助生物进化的思想，提出个体差异及创新能够转变社会经济运行方式，并通过"社会人""制度人"等假设的提出，更好地把握经济行为人的特征。

演化经济学虽然尚未形成统一的理论体系，且存在着诸如旧制度学派、通用达尔文主义、奥地利学派等不同流派，但是总体而言，演化经济学还是达成了一些共识，包括：①世界是变化的，并且这样的变化不仅涉及量的变化，更重要的是质的变化（例如技术变革、组织变革等）；②认为创新是社会经济变迁的重要推动力；③强调社会经济系统本身所具有的复杂性，即主体之间的非线性、无序、混沌等关系；④经济社会系统中各种复杂现象来源于系统内部的自发秩序[267]。

演化经济学的基本假设主要包括：经济主体的有限性及异质性，经济过程的非均衡性，时间的内生性和不可逆性，随机因素。并且，演化经济学将"创新"引入经济发展分析中，认为非均衡性是社会发展的动力，并且"路径依赖"在经济变迁中发挥了重要作用[196]。

上述分析表明，演化经济学具有以下几个方面的特征：①演化经济学的研究对象是社会经济的演化或变化现象；②演化经济学认为演化的动力主要是创新；③演化经济学考察各参与方之间的互动关系及互动所产生的创新等行为。

企业社会责任问题作为社会经济中的重要问题，在分析其演化问题时，可以通过运用演化经济学的思想进行分析。具体而言，演化经济学思想应用在分析企业社会责任演化问题中的可行性主要体现在以下几个方面。

（1）研究对象的匹配性。根据分析，演化经济学的研究对象是社会经济中的变化发展规律。企业社会责任问题作为企业管理和经济管理的重要内容，属于社会经济研究领域的组成部分。基于此，可以通过运用演化经济学的有关理论，对企业社会责任演化问题进行分析和探讨。

（2）研究对象特征的匹配性。演化经济学主要考察的是经济社会问题中各参与方之间的互动关系。根据上文分析，在企业社会责任演化过程中，涉及的利益相关者较多，并且通过聚类分析，利益相关者可以分为股东利益一致相关者、强制性外部相关者、非强制性外部相关者三类。并且，作为企业行为中的一项重要内容，企业社会责任演化是由于各利益相关者之间的相互作用造成的，即企业社会责任本身是处于动态发展的过程中的。这与演化经济学考察经济社会问题中各参与方之间的互动关系是吻合的。基于此，在探讨企业社会责任演化机理时，可以运用演化经济学的有关理论和方法，对企业社会责任演化各利益相关者之间的互动关系进行分析和探讨。

（3）研究假设的匹配性。演化经济学抛弃了传统的主流经济学的理性经济人和均衡的基本假设，从经济行为人的非理性、非均衡的复杂系统、随机因素等方面给出了自身研究的基本假设。根据上文分析，企业社会责任演化本身是混沌的，并且企业社会责任初始履行情况对企业社会责任演化结果有较大影响。企业社会责任演化系统的非线性表征、企业社会责任演化系统中的"奇怪吸引子"状态等，都与演化经济学的研究假设相吻合。

从前文基于系统论的企业社会责任概念界定可以发现，现实世界中企业在生产和交易的过程中不仅与其他社会成员相互联系、相互作用，和社会整体之间也存在众多的交集。一方面，作为整个社会系统的组成部分，企业受惠于来自外部环境的资源，进而获得发展机遇；另一方面，企业在发展过程中，对外部环境产生影响，尤其是产生的负面影响最终由外部环境承担，进而导致企业与外部环境权利与义务的不均衡。正是这种不均衡，使得企业发展面临着外部压力，加之企业内部不同子系统之间对于这种不均衡性有分歧，并通过子系统之间的制衡，最终以制度形式明确企业应当履行的对社会的义务。正是在企业内部制度和外部环境压力的共同作用下，企业最终以一定的方式（如捐款、慈善、环境保护等）向社会履行义务，实现企业与外部环境、企业内部之间的相对稳定。这在一定程度上表明，企业社会责任推进机制的演化动力主要来源于企业与外部环境之间的不均衡性，以及企业内部各子系统之间的不协调性。为更好适应外部环境的发展变化，企业做出主动和非主动的调整行为，以使自身及其各子系统能够更好地适应外部环境，进而实现企业与外部环境的和谐状态。企业与外部环境之间的关系调整必然遵循一定的规律，这种规律是由企业与外部环境动态变化及其不断匹配所决定的。鉴于外部环境及企业与各子系统自身都处于动态变化中，企业社会责任的推进机制的演化过程也是动态的概念。

根据上述分析，由于企业社会责任推进机制的动力演进过程符合演化经济学的研究对象及研究思路，因此可以运用演化经济学的基本思想，分析企业社会责任推进机制的问题。

3.4.2 企业社会责任推进动力机制分析框架：基于规则视角

演化经济学和奥地利学派的著名代表人物、英国经济学家 Hayek，提出了著名的"社会秩序二元观"。他认为，"社会秩序"本身是一种预期，通过对所了解的相关要素之间的相互关系的分析来实现对其他未知部分的预期。在《法律、立法与自由》一书中，Hayek 将"社会秩序"分为两类，即"自发秩序"和"人造秩序"。其中，"自发秩序"由系统自我生成或者是系统内自发形成的秩序，是系统要素在即时性的条件下按照一定规则和规律形成的。其作为一套抽象的规则影响着人类社会的各种实践活动。所以，社会中的各种实践活动和规则制度的形成并不是因为事先能够看到其带来的好处才主动、有目的地建立起来的，而是所有人按照自己的想法和利益在追求目标时，共同创造的结果。这一结果是所有人的共同行为导致的，不是人们事先设计好的。而"人造秩序"则是源于外部的秩序或者安排，也称为"建构秩序"，这是与"自发秩序"相对应的一种社会秩序，是人类为了实现某种目标而按照领导者的意志制定的，本质上属于有意识的制度安排，这种安排建立在命令与服从的基础之上。"自发秩序"与"建构秩序"的对立和发展，共同构成了 Hayek 的"社会秩序二元观"。

在 Hayek 的"社会秩序二元观"中，自发秩序是建构秩序的基础，且自发秩序的发展为建构秩序的发展提供了有效指引[197]。当然，由于在不同时期，社会所处的发展环境不同，"建构秩序"的实施者出于自身的考虑或者是社会稳定的需要，其措施可能会导致"建构秩序"与"自发秩序"之间产生冲突，而两种秩序的力量对比将会决定显性化秩序的类型，同时也会影响建构秩序实施者有关政策的制定及执行。

社会秩序作为社会成员相互作用的一种状态，最终将以某种规则的形式来固化和延续。根据 Hayek 的观点，"规则"作为一种共同认同的知识，社会成员通过遵守它来弥补理性的不足以减少决策的失误[198]。因此，本书借鉴 Hayek 的"社会秩序二元观"的指导思想，构建针对中国当前转型经济体制下的企业社会责任推进动力机制的分析框架：Hayek 将社会秩序分为"自发秩序"与"建构秩序"，在此基础上形成和延续秩序的"规则"也应当分为两类，分别为"内部规则"和"外部规则"。其中，"外部规则"与"自发秩序"相对应，主要思想是企业应对外部制度环境时应当遵循的规则，属于"微观演化"的规则。"内部规则"与"建构秩序"相对应，主要是强制性外部相关者即政府，通过自身所具有的权力，在与众多微观主体博弈过程中，制定的具有强制性的规则，并通过政府的强制力予以推行[199]。

本书认为，企业根据外部制度环境有针对性地调整自身的社会责任行为就是这种微观演化的外部规则。由于企业总是处于特定的制度环境中，并且其行为倾向于趋利避害，因此需要适应所处的外部环境。North（1990）就明确指出，在一个不确定的世界里，制度发挥着重要的作用并决定企业的经营行为。由于企业的生产经营活动及其他交易活动必须适应所处环境及其变化，企业需要根据外部环境的状况及其变化趋势对当前面临的重大问题和未来的发展进行决策，因此企业的各种活动是内生于制度环境的，即在一定的环境条件下不断主动适应的理性选择[39]。根据North（1990）[39]的分类，陆铭等（2008）认为，制度由正式制度和非正式制度组成。正式制度包括成文的、匿名的、大规模应用的制度，如成文的法律制度、法律执行效率、第三方仲裁等；非正式制度包括不成文的、非匿名的、仅在一定范围内应用的，如风俗习惯、道德约束、信任等[271]。由于上述这些制度（包括正式制度和非正式制度）能够改变企业特定行为的效益和成本，因此会导致企业行为的不同选择，企业所处的制度环境是引导企业行为的主导因素。当前我国正处在经济转型时期，要素市场不发达、法律制度不健全等问题较为突出，企业行为受到制度约束和影响的现象更为明显①，因此在经济转型时期，对企业社会责任推进机制的研究，就需要建立在对这些制度环境的分析的基础上。

一直以来，关于企业履行社会责任的原因分析，主要分为"工具性观点"和"规范性观点"两类。前者主要强调企业需要通过积极履行社会责任来满足利益相关者特别是拥有关键资源的核心利益相关者的利益诉求，后者主要是强调企业要在经济利益与道德之间找到平衡，妥善处理企业与利益相关者的关系。无论哪种观点，要想推进企业更好地履行社会责任，必须以完善的外部制度环境为前提条件，因为中国现行的法律制度规定，股东按投入公司的资本额享有资产收益、重大决策等权利，公司的所有权属于股东，股东特别是大股东可以利用投票权对企业的决策行为产生重大的影响。由于履行社会责任是有代价的，而最大化自身利益的需求，会驱使企业更少地履行社会责任；而企业的利益相关者诸如社会公众、消费者、非政府组织等非强制性外部相关者，对于企业社会责任具有强烈的偏好，因此股东与其他相关利益者之间总是存在利益冲突的。如果外部的制度（如消费者权益保护法、民事诉讼法、产品质量法等制度）不健全，股东特别是大股东会运用其对企业高管的控制力来阻止企业对其他的利益相关者履行社会责任，比如通过"隧道"行为掠夺企业利益而侵害其他相关利益者

---

① 林毅夫（1990）指出，无摩擦交易、完备的信息和明确界定产权等假设条件，使在处理不发达地区（要素和产品市场不完全）的许多经济问题和理解历史演变过程时显得尤其不适当。

的利益。随着外部制度环境的改善，企业一方面可以通过履行社会责任向利益相关者传达积极有利的信息，有助于保持持续的竞争优势；另一方面，企业通过"隧道"行为侵害其他相关利益者的利益的成本显著上升，虽然股东特别是大股东最初可能没有履行企业社会责任的意识，但是由于受到非强制性外部相关者的影响及互动，股东特别是大股东最终会在一定程度上促进企业履行社会责任。这样的企业社会责任演化机制是在特定的外部制度环境下，由企业主要利益相关者内部自发形成的，即"外部规则"。

按照 Hayek 的理论，内部规则是社会成员在交往过程中自发形成的一种规则。由于这种规则可以传递关于其他人行动的知识，因此交易主体无须具备完全的理性或知识，仅仅通过遵守这些规则就可以形成正确的决策。因为在一种社会秩序中，每个交易主体都是在遵循一定的规则的前提下对其所处的环境进行回应的，个体所应对的特定情势是那些为他所知道的情势，并且只有当每个个体所遵循的是那些会产生一种整体秩序的规则的时候，个人对特定情势所作的应对才会产生一种整体秩序。如果他们所遵循的规则都是这样一些会产生秩序的规则，那么即使他们各自的行为之间只具有极为有限的相似性，也足以产生一种整体秩序。因此特定的交易主体在面对特定的环境进行决策时，并不会因为知识的有限性或知识的匮乏而失去决策能力或犯决策错误。只要他们遵循一定的规则，就可以通过这些规则了解其他人的知识，从而能够有效地协调自己与其他人的行动。"内部规则"主要是指强制性外部相关者如政府及其监管部门通过自身所具有的权力而制定的具有强制性的规则，其通过政府及其监管部门的强制力予以推行。本书认为，政府及其监管部门加强企业内部控制制度建设和完善公司治理机制对应的就是内部规则。因为从契约自我实施的角度看，内部控制"天生"能够在事前有效地对企业外部环境的不确定性和内部不稳定因素进行识别和防御，采取各种措施降低风险的发生概率。内部控制一旦建立起来并有效实施后，一方面，能够自动对威胁、危害和风险进行抵御进而降低利益相关者的风险，另一方面，作为企业不可收回的沉没成本，其构成一种潜在的抵押品，进而形成与利益相关者进行交易的可信承诺，这样各个独立的企业就形成以内部控制为核心的自我实施的单边协议，形成不断地进行这种交易的自我约束激励。另外企业内部控制和公司治理机制作为一种持续均衡利益关系的契约装置，通过规定企业利益相关者在交易关系中的权利与义务，界定交易主体在交易关系中的行为边界，以及明确惩罚或补偿标准，进而在短期和长期内通过实现剩余索取权和控制权持续均衡对应，在关键利益相关者与非关键利益相关者之间形成一种动态制约机制，有效地起到监督和自稳作用，解决冲突和矛盾，从而提高分工效率和协调利益分配，保持企业活力。这表明企业内部控制和公司治理机制能起到使交易主体正确预期到其他交易主体的作用，在这些内部规则的指导和协调下，企业内外部的利益相关者无需担心自身知识的局限性，只需要通过遵循相应的规定就能了解其他交易伙伴的知识，从而能够有效地协调交易活动和行动，大大减少了交往中的不确定性，进而导致合作秩序的发展。随着人们对内部控制之于投资者利益保护重要性的认识不断提高，近年来世界各国政府都在通过立法的形式要求企业加强内部控制制度建设。如近年来我国相关部门制定了《企业内部控制基本规范》和《企业内部控制配套指引》，试图通过加强内部控制制度建设来提高企业经营管理水平，后来又专门出台了《企业内部控制应用指引第 4 号——社会责任》，希望企业通过加强内部控制制度建设来改善社会责任的履行情况①。这些都充分说明了政府及其监管机构认为加强企业内部控制制度建设，对推进企业履行社会责任具有重要的作用。而在过去很长的一段时间内，我国通过颁布的《中华人民共和国公司法》《中华人民共和国证券法》《上市公司治理准则》等法律法规要求企业进一步完善公司治理机制，为社会责任的履行创造良好的环境。企业的生存和发展必须要具备"合规性"，也就是企业生产运营必须合规，要遵守利益相关者制定的规则。公司治理是保障企业有效运行与科学决策的治理机制，而治理机制的正常运行必须依赖于一系列的法规制度，如《中华人民共和国公司法》《中华人民共和国证券法》《上市公司治理准则》及公司成立之初设定的公司章程等。

因此，基于演化经济学理论，推进企业社会责任履行主要是由两个方面的力量来完成：一方面，在正式制度和非正式制度的共同影响下，非强制性外部相关者与股东利益一致相关者通过互动交流，以"外部规则"形式推进企业履行社会责任；另一方面，为了弥补"外部规则"的不确定性，以及提高企业的合规性，政府及其

---

① 具体而言，《企业内部控制基本规范》明确提出，内部控制环境包括企业应当加强文化建设，培育积极向上的价值观和社会责任感，倡导诚实守信及风险评估，提出企业应关注营运安全、员工健康、环境保护等安全环保因素。《企业内部控制应用指引第 4 号——社会责任》更是明确地提出了企业应加强安全生产、食品安全、环境保护及员工权益保护等方面的内部控制制度建设。这充分说明政府及其监管机构认为加强企业内部控制制度建设，对推进企业履行社会责任具有重要作用。

监管部门通过强制性政策的制定和落实，以"内部规则"形式推进企业履行社会责任。

中国企业社会责任推进的动力机制分析框架如图 3-7 所示。

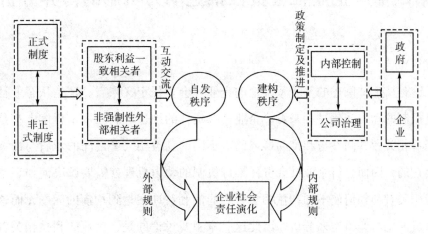

图 3-7　中国企业社会责任推进动力机制分析框架示意图

3.5　本章小结

企业社会责任的履行是一项复杂的系统工程。中国企业在履行社会责任方面尚处于初级阶段，存在很多问题需要解决，需要多方面的动力推进。目前，政府、社会、企业等在推进我国企业社会责任履行方面已做出了有益的努力和采取了有力的举措，但也存在内外部两方面的不足。外部不足表现在：政府部门社会责任意识不强、相关法律法规尚不健全、社会力量参与程度较低、企业社会责任评价和监督体系缺乏。内部存在的问题有：一是中国企业还在资本不断积累的发展时期，社会权势不强；二是企业履行社会责任的内部动力不强，认识水平较低。本章分析了中国企业社会责任推进机制的现状、问题，并深入阐述了其问题的成因，借助演化经济学理论，构建了中国企业社会责任推进动力机制的分析框架。

第四章 企业社会责任推进动力机制的博弈分析

无论是从上文阐述的基于系统论的企业社会责任定义来看，还是从企业社会责任推进机制的动力演化过程来看，企业社会责任的推进机制在一定程度上都是由不同的利益相关者共同参与和推动形成的。不同的利益相关者之间的矛盾与冲突总是客观存在的，因而分析企业社会责任推进机制的动力机理就需要解决何如识别不同的利益相关者和如何使不同利益相关者之间的利益冲突达到均衡的问题，而这无疑需要通过演化博弈模型来分析。因此这一章主要讨论的是，企业的利益相关者在推进企业社会责任履行的过程中，如何进行不断地博弈而最终达到利益均衡，从而推进企业社会责任更好履行。

4.1 企业利益相关者利益诉求与识别

4.1.1 企业利益相关者的要求

企业利益相关者主要是指，在企业发展的整个过程中享有既得利益的组织或个人。成为企业利益相关者应该具备以下几方面的条件。

（1）对企业进行了专用性投资。企业利益相关者在企业发展的过程中或者某个时期对企业进行了专用性投资。这种投资可以是多种形式的，比如资金资本形式、人力资本形式。这些投入是专用的形式，是排他的，仅为本企业发展所用。如果个人或组织对某一企业有投资，而这种投资并不是专用的和排他的，就不能将其作为利益相关者。

（2）在企业发展中承担相应的经营风险。企业作为市场主体，本身具有"经济人"的特点。企业成立的目的是要在履行社会责任的同时，实现自身的盈利目标。因此，企业的生产经营活动必然会产生各种经营风险，并且各利益相关者须按照对企业的专用性投资情况去承担相应的经营风险。

（3）与企业的生产经营活动具有各种直接或间接的联系。企业的利益相关者与企业的生产经营活动有直接或间接的关联，企业的各项决策及具体的生产经营成果会对各个利益相关者的利益产生影响。

在明确了企业各个利益相关者应当具备的基本要求的基础上，为确保对企业利益相关者分析的有效性，还需要对其进行分类管理。国际上对利益相关者比较常用的分类方法包括多维细分法和米切尔评分法，其中，多维细分法应用较为广泛。不同研究者也给出了自己的利益相关者划分方式。例如，Frederick et al.（1988）根据对企业影响的方式不同将利益相关者划分成直接和间接两种[273]；Charkham（1992）根据相关方与企业是否存在契约关系，将其划分成契约型和公众型。Charkham 认为：①契约型利益相关者是指，与企业生产经营等活动有显性或隐性的合同关系，并通过合同约定双方的权利和义务的利益相关者。由于契约型利益相关者与企业之间有契约的约束，因此，双方必须按照显性或隐性合同的规定，履行相应的职责，并享受显性或隐性合同规定的权利。契约型利益相关者主要包括股东、保险公司、供应商、经销商、企业咨询机构、消费者、金融机构等。②公众型利益相关者是指，虽然与企业生产经营活动没有直接的合同关系，但是会对企业生产经营产生一定影响的利益相关者。公众型利益相关者与企业之间没有直接的利益关系，但是这些利益相关者的利益如果不能够得到充分关注和维护，或者其利益受损，会对企业的生产经营活动产生直接或间接影响，这种影响甚至会超过契约型利益相关者的影响程度，因此企业一定要重视维护与公众型利益相关者的关系。公众型利益相关者一般包括社会公众、政府、非政府组织、外国政府及国际组织等[274]。Wheeler（1998）根据相关方是否具有社会性和相关方与企业存在的主次关系两个因素将利益相关方分为四种类型：主要社会性利益相关方、次要社会性利益相关方、主要非社会性利益相关方、次要非社会性利益相关方[275]。

4.1.2 企业利益相关者识别：基于所有权视角

所有权是所有人依法对自己的财产进行占有、使用、收益和处理的权利，是对生产劳动的目的、对象、手段、方法和结果进行支配的权利。现行中国法律制度规定，股东按投入公司的资本额享有资产受益、重大决策等权利。公司的所有权属于股东，因此对于企业而言，股东作为企业的所有人，在所占有企业所有权份额限度内，拥有企业决策权、处置权等权利。这就决定了按照所有权的视角来识别企业的利益相关者具有更大的现实意义。一般而言，从所有权视角下探讨企业利益相关者，可以将其分为两大类：一类为股东利益相关者，另一类为非股东利益相关者[266]。

其中，股东利益相关者是指拥有企业所有权的个人或组织，拥有知情质询权、决策表决权、选举权、收益权、优先权、直接索赔权等权利，当然，股东也应当履行相应的义务，包括遵守有关法律法规及公司章程、按时足额缴纳出资、不能滥用债权人权利等。非股东利益相关者是除了股东以外，符合企业利益相关者三个要求，即对企业进行了专用性投资、在企业发展中承担相应的经营风险、与企业的生产经营活动具有直接或间接的关联的有关参与方。

根据上述分析，股东利益相关者包括股东，可以进一步分为大股东和中小股东；非股东利益相关者则包括保险公司、供应商、经销商、企业咨询机构、消费者、金融机构、社会公众、政府、非政府组织、外国政府及国际组织等。

所有权视角下的企业利益相关者识别结果如图4-1所示。

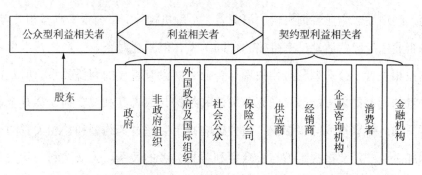

图4-1　所有权视角下企业利益相关者识别结果示意图

4.1.3　所有权视角下企业利益相关者利益诉求分析

基于前文分析，从企业所有权视角出发，企业利益相关者可划分成股东利益相关者及非股东利益相关者，在企业生产经营中，由于各利益相关者的立场不同，其对于利益的诉求也有所不同。在这样的背景下，有必要对企业利益相关者的利益诉求进行分析，并根据各自的诉求情况，对企业利益相关者进行聚类分析，进而为企业社会责任演化机理的分析提供支撑。

具体而言，企业各利益相关者的利益诉求如下：

（1）股东作为企业的所有者，拥有企业的所有权、经营决策权、选举权、收益权等法律赋予的天然权利。对是否履行包括企业社会责任在内的义务，股东拥有最终决策权。因此，企业股东的利益诉求主要体现为实现自身的利益最大化。

（2）政府在社会中发挥着重要作用：第一，政府作为社会的管理和服务方，有责任、有义务为社会大众提供质量有保障且价格公道的公共产品和服务；第二，政府作为公共事务的管理者，有责任对企业经营行为进行全过程管理，主要从企业有关事项的审批核准、常态检查等方面对企业经营管理活动进行监督；第三，政府作为宏观政策、行业发展规划的制定者，为企业发展明确方向，为包括企业社会责任履行在内的各项企业行为指明方向。因此，政府的利益诉求主要体现为公共产品和服务供给的有效性、企业管理的规范性、企业行为的合规性。

（3）供应商、经销商、消费者作为企业生产经营整个价值链环节中的重要组成部分，分别通过原料供应、产品销售、产品购买等行为来实现企业的价值。在整个价值链环节中，供应商和经销商都希望能够获得最高的利益，而消费者也希望可以获得物美价廉的商品，本质上都是为了实现自身价值的最大化。因此，供应商、经销商、消费者的利益诉求主要体现为自身价值的最大化。

（4）企业咨询机构作为企业聘请的服务组织，为解决企业生产经营中面临的问题提供智力支撑。一般而言，企业咨询机构可以为企业提供战略规划、项目可行性研究、人力资源管理咨询、行业发展分析、营销策划等方面的服务，也包括企业社会责任有关方面的咨询。企业咨询机构作为企业发展中不可或缺的参与方，接受企业的委托，提供相应的智力支持，并获得约定的报酬。因此，企业咨询机构的利益诉求主要体现为企业咨询报酬的及时支付。

（5）从目前我国企业发展的现状来看，绝大部分企业的发展都需要获得金融机构的支持。当前企业可以合作的金融机构包括商业银行、政策性银行及各类非银行金融机构等。这些金融机构与企业开展全方位的合作，为企业正常的生产经营活动提供有效的资金支持。因此，金融机构的利益诉求主要体现为企业真实信息的获得、企业正常经营、合理的回报等。

（6）鉴于企业所面临的经营环境较为复杂，并且风险较大，企业有必要通过向保险公司投保的方式，有效分散和转移企业生产经营过程中的风险。因此，保险公司的利益诉求主要体现为对企业生产经营过程中风险控制情况及运作情况的知情权。

（7）由于企业生产经营活动需要涉及原材料供应、"三污"排放、企业员工招聘、产品销售等，因此，企业生产经营活动必然涉及生态、环境、国家安全、国际贸易与合作等方面的问题。各国政府和人民及国际组织必然会对企业的生产经营问题予以关注，尤其是对于企业社会责任履行情况较为重视，并且也通过相应的方式对企业发展给予支持。因此，社会公众、非政府组织、外国政府及国际组织的利益诉求主要体现为对企业生产经营行为的知情权。

4.1.4 所有权视角下企业利益相关者聚类分析

从企业所有权视角出发，企业利益相关者由股东利益相关者及非股东利益相关者组成。同时，由于不同的利益相关者在企业生产经营过程中所处的位置和发挥的作用不同，各利益相关者的基本要求也有所不同。

企业的生产经营过程会涉及方方面面的利益相关者，我们大致可以将其分为三类：第一类是股东利益相关者，即企业的所有者，股东；第二类是企业运营利益相关者，主要是与企业的生产经营活动密切相关的利益相关者，包括供应商、经销商、企业咨询机构、消费者、保险公司、金融机构等，这些利益相关者通过与企业直接签订合同或者隐性合同，为企业正常经营活动的开展提供有效支撑；第三类是外部个人与组织，主要包括社会公众、非政府机构、各国政府及国际组织等，这些组织尽管与企业没有直接的合同关系，但是对于企业正常的生产经营会产生间接的影响。

根据上述分析，笔者对企业的利益相关者进行聚类，即分为股东利益相关者、企业运营利益相关者、外部组织。企业利益相关者聚类分析结果如图4-2所示。从企业利益相关者聚类分析的结果可以看到，股东利益相关者与企业运营利益相关者直接参与企业生产经营，为企业的生产经营提供各方面的支持。而外部组织则是对企业的生产经营活动产生了间接的影响。从影响的方式来看，外部组织中的政府是通过政策的制定和选择，对企业产生影响；而社会公众、非政府组织、外国政府及国际组织等则是通过非政策性的措施（例如呼吁、抗议等方式），体现自身对企业的要求。

结合上述内容和图4-2企业利益相关者聚类分析结果，可以对其做出如下的改进：由于企业运营利益相关者中，除消费者外的其他利益相关者与股东利益之间存在着一致性，主要体现在这些利益相关者与股东之间存在着合同即契约。契约将他们的利益与股东利益绑在一起。另外，从管理的角度而言，政府作为国家权力机构，对企业管理具有强制性，而社会公众、非政府组织、外国政府及国际组织、消费者尽管对企业有一定的影响，但是他们的影响并不具有强制性。

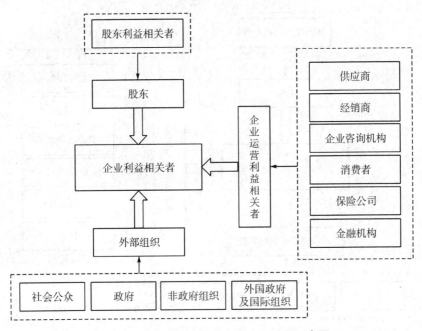

图 4-2 企业利益相关者聚类分析结果示意图

基于以上分析，可以对企业利益相关者重新进行聚类分析，笔者将企业利益相关者分为三类：股东利益一致相关者、强制性外部相关者、非强制性外部相关者。其中，股东利益一致相关者包括股东、供应商、经销商、企业咨询机构、保险公司、金融机构等，他们之间存在着一定程度的相同利益取向；强制性外部相关者主要是指政府，对于企业的管理具有强制性；非强制性外部相关者包括社会公众、非政府组织、外国政府及国际组织、消费者，他们对于企业具有一定的影响力，但是并不具有强制性。

根据上述分析，企业利益相关者聚类分析修正结果如图 4-3 所示，分析结果表明，企业利益相关者可以分为三类，分别为股东利益一致相关者、强制性外部相关者、非强制性外部相关者。其中作为强制性外部相关者的政府，主要是通过政策制定和执行的方式，即"内部规则"方式去影响企业行为；非强制性外部相关者，则是通过与企业的沟通交流，即"重复博弈"，最终形成阶段性的稳定结果。因此，企业有关策略的制定，是由两个方面的推力所引起的：一方面，政府通过强制性措施，从政策及行政管理方面约束企业的行为；另一方面，非强制性外部相关者通过与企业的不断沟通交流，甚至通过交涉等方式，以非强制性的手段达到影响企业行为的目的。

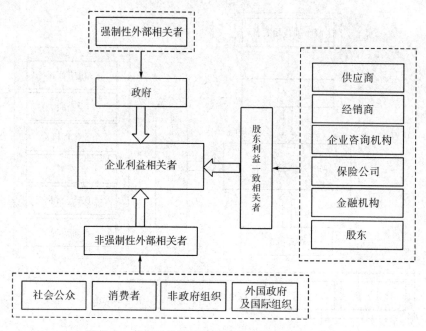

图 4-3　企业利益相关者聚类分析修正结果示意图

作为企业行为中的一项重要内容，企业社会责任演化也是由两个方面的推力所导致的：一方面，政府通过制定和落实与企业社会责任有关的政策和制度，以强制性的方式推进企业社会责任工作的开展；另一方面，社会公众、消费者、非政府组织等非强制性外部相关者，以多种方式与企业沟通交流，促使企业履行有关社会责任。

4.2　企业社会责任推进机制中的外部规则

4.2.1　非强制性外部相关者与股东利益一致相关者的利益冲突

根据上文分析，企业社会责任推进机制中的外部规则，实质上是在企业外部正式制度和非正式制度一定的条件下，非强制性外部相关者与股东利益一致相关者通过反复博弈，并通过多次"偏好变化"而最终形成的。从微观的视角来看，偏好演化可以简单地认为是在外部制度环境一定的情况下，微观主体放弃某一种偏好而转向了另外一种偏好，并且偏好的变化不是一种完全理性的选择，而是经过有限理性的学习及不断适应调整的过程后所形成的。因此可以认为，偏好演化是微观主体对外部环境的适应过程。

在企业社会责任推进的过程中，非强制性外部相关者与股东利益一致相关者总是存在着一定的利益冲突。股东利益一致相关者希望能够实现自身的利益最大化，对于履行企业社会责任的主动性方面会存在一定的不足。而非强制性外部相关者则希望能够通过自身的作用，推动企业履行社会责任。由于受到非强制性外部相关者与股东利益一致相关者的有限理性及知识分散的限制，两者在推进企业履行社会责任的问题上不可能通过一次博弈就实现最优均衡，而是需要通过多次博弈逐步趋向最优均衡点[276]。

并且，在非强制性外部相关者与股东利益一致相关者双方多次博弈的过程中，各博弈方最佳的策略是通过不断模仿和改进经过实践检验的有利策略，进而最终实现双方均稳定的策略。尽管形成的稳定策略有可能会受到某些因素的影响而暂时变得非均衡，但是由于双方多次博弈后策略已经基本稳定，因此，在经历暂时的非均衡后仍将恢复到均衡状态。经过非强制性外部相关者与股东利益一致相关者的长时间博弈，最终这一稳定策略将被作为固化的惯例，并且非强制性外部相关者与股东利益一致相关者都将遵循这样的惯例，即规则[277]。

非强制性外部相关者与股东利益一致相关者之间通过多次博弈以确定企业履行社会责任的稳定策略，属于演化博弈的范畴。基于此，本研究将基于演化经济学，构建企业社会责任演化的非对称演化博弈模型，用以分析企业社会责任演化的外部规则。

4.2.2 非强制性外部相关者与股东利益一致相关者演化博弈分析

在外部的正式制度和非正式制度一定的情况下，非强制性外部相关者与股东利益一致相关者之间的演化博弈模型构建思路如下。

4.2.2.1 演化博弈的基本假设

为研究方便，记非强制性外部相关者为 H，股东利益一致相关者为 G。

根据演化博弈理论的要求及企业社会责任演化的特征做出如下假设。

假设1：在社会系统中，企业社会责任演化涉及股东、供应商、经销商、企业咨询机构、保险公司、金融机构、社会公众、非政府组织、外国政府及国际组织、消费者等组织。其中股东、供应商、经销商、企业咨询机构、保险公司、金融机构作为与股东有密切关联且利益一致的一方，统称为股东利益一致相关者G；社会公众、非政府组织、外国政府及国际组织、消费者作为与股东利益有一定冲突的参与方，统称为非强制性外部相关者H。

假设2：股东利益一致相关者G从事相关生产经营活动，会对非强制性外部相关者H产生负面影响。非强制性外部相关者H通过一定的措施，要求股东利益一致相关者G履行社会责任。根据股东利益一致相关者G是否履行企业社会责任，非强制性外部相关者H可以据此做出相应的反应。如果股东利益一致相关者G选择"履行社会责任"，则非强制性外部相关者H可以选择通过一定方式给予补偿，也可以不补偿；如果股东利益一致相关者G选择"不履行社会责任"，则非强制性外部相关者H可以通过一定的维权方式，要求企业履行社会责任。如果维权成功，非强制性外部相关者H可以获得股东利益一致相关者G法律及道义上的补偿，如果维权失败，则其需要承担维权成本。当然非强制外部相关者H可以选择不维权而接受股东利益一致相关者G"不履行社会责任"的现实。

假设3：在企业社会责任问题中，非强制性外部相关者H的策略可以是"推进"或者"不推进"；股东利益一致相关者G的策略可以是"履行"或者"不履行"。

假设4：该博弈是无限次非对称复制动态博弈。

假设5：股东利益一致相关者G与非强制性外部相关者H均为有限理性。

假设6：股东利益一致相关者G与非强制性外部相关者H中的个体分布为离散型。

假设7：在社会系统中，股东利益一致相关者G选择"履行社会责任"策略时，股东利益一致相关者G与非强制性外部相关者H原有的货币化收益为B_G^1和B_H^1，非强制性外部相关者H对于股东利益一致相关者G"履行社会责任"给予补偿的货币化计量为D；股东利益一致相关者G选择"不履行社会责任"策略时，股东利益一致相关者G与非强制性外部相关者H的原有的货币化收益为B_G^2和B_H^2；非强制性外部相关者H在股东利益一致相关者G选择"不履行社会责任"策略时，其维权的期

望收益为 E ，维权成本为 K 。

4.2.2.2　演化博弈的支付矩阵

根据上述假设，可以得出如下结论：

（1）对于非强制性外部相关者 H 而言，当股东利益一致相关者 G 选择"履行社会责任"策略时，非强制性外部相关者 H 选择"推进"策略的收益为 $B_H^1 - D$ ，选择"不推进"策略的收益为 B_H^1 。

（2）对于非强制性外部相关者 H 而言，当股东利益一致相关者 G 选择"不履行社会责任"策略时，非强制性外部相关者 H 选择"推进"策略的收益为 $B_H^2 - K + E$ ，选择"不推进"策略的收益为 B_H^2 。

（3）对于股东利益一致相关者 G 而言，当非强制性外部相关者 H 选择"推进"策略时，股东利益一致相关者 G 选择"履行社会责任"策略的收益为 $B_G^1 + D$ ，选择"不履行社会责任"策略的收益为 $B_G^2 - E$ 。

（4）对于股东利益一致相关者 G 而言，当非强制性外部相关者 H 选择"不推进"策略时，股东利益一致相关者 G 选择"履行社会责任"策略的收益为 B_G^1 ，选择"不履行社会责任"策略的收益为 B_G^2 。

根据上述分析，可以构建非强制性外部相关者 H 与股东利益一致相关者 G 演化博弈的支付矩阵，如表4-1所示。

表4-1　　非强制性外部相关者与股东利益一致相关者演化博弈的支付矩阵

股东利益一致相关者 G	非强制性外部相关者 H	
	推进	不推进
履行社会责任	$\left(B_G^1 + D , B_H^1 - D \right)$	$\left(B_G^1 , B_H^1 \right)$
不履行社会责任	$\left(B_G^2 - E , B_H^2 - K + E \right)$	$\left(B_G^2 , B_H^2 \right)$

无论是非强制性外部相关者 H 还是股东利益一致相关者 G ，都由若干个个体构成，且个体在策略选择方面有自身的差异。考虑离散型的个体分布。分别记股东利益一致相关者 G 中，选择"履行社会责任"策略个体比例为 a ，选择"不履行社会责任"策略个体比例为 $1 - a$ ；非强制性外部相关者 H 中，选择"推进"策略个体比例为 b ，选择"不推进"策略个体比例为 $1 - b$ 。

据此，可以分别构建起非强制性外部相关者 H 和股东利益一致相关者 G 的期望收益。

股东利益一致相关者 G 选择"履行社会责任"策略和"不履行社会责任"策略时，内部博弈主体的期望收益 U_{G1} 和 U_{G2}，以及股东利益一致相关者 G 的期望收益 U_G 分别为：

$$U_{G1} = b(B_G^1 + D) + (1 - b)B_G^1 \tag{4-1}$$

$$U_{G2} = b(B_G^2 - E) + (1 - b)B_G^2 \tag{4-2}$$

$$U_G = aU_{G1} + (1 - a)U_{G2} \tag{4-3}$$

非强制性外部相关者 H 选择"推进"策略和"不推进"策略时，内部博弈主体的期望收益 U_{H1} 和 U_{H2}，以及非强制性外部相关者 H 的期望收益 U_H 分别为：

$$U_{H1} = a(B_H^1 - D) + (1 - a)(B_H^2 - K + E) \tag{4-4}$$

$$U_{H2} = aB_H^1 + (1 - a)B_H^2 \tag{4-5}$$

$$U_H = bU_{H1} + (1 - b)U_{H2} \tag{4-6}$$

4.2.2.3 演化机制分析

根据上述分析结果，分别进行股东利益一致相关者 G 与非强制性外部相关者 H 的演化稳定分析[202-204]。

（1）股东利益一致相关者 G 策略的演化稳定分析。

根据公式（4-1）和（4-3），构建起股东利益一致相关者 G 采用"履行社会责任"策略的复制动态模型：

$$F(a) = \frac{da}{dt} = a(U_{G1} - U_G) = a(1 - a)(B_G^1 - B_G^2 + bD + bE) \tag{4-7}$$

令 $F(a) = 0$，求得该复制动态方程的稳定状态点分别是 $a^* = 0$ 和 $a^* = 1$。

同时求解该方程关于 a 的一阶导数，可以得到

$$F'(a) = (1 - 2a)(B_G^1 - B_G^2 + bD + bE) \tag{4-8}$$

由于演化稳定策略要求具有抗扰动的功能，因此要求当 a 向着小于 a^* 方向偏移时，$F(a) > 0$；当 a 向着大于 a^* 方向偏移时，$F(a) < 0$。根据一阶导数的含义，即系统要具有抗扰动功能，必须有 $F'(a) < 0$。

基于此，当 $b > \dfrac{B_G^2 - B_G^1}{D + E}$ 时，$F'(a = 0) > 0$，$F'(a = 1) < 0$，因此，此时是 $a^* = 1$ 演化稳定策略；当 $b < \dfrac{B_G^2 - B_G^1}{D + E}$ 时，$F'(a = 0) < 0$，$F'(a = 1) > 0$，因此，此

时是 $a^* = 0$ 演化稳定策略；当 $b = \dfrac{B_G^2 - B_G^1}{D + E}$ 时无意义。

（2）非强制性外部相关者 H 策略的演化稳定分析。

根据公式（4-4）和（4-6），构建起非强制性外部相关者 H 采用"推进"策略的复制动态模型：

$$F(b) = \frac{db}{dt} = b(U_{H1} - U_H) = b(1 - b)(aK - aE - aD + E - K) \tag{4-9}$$

令 $F(b) = 0$，求得该复制动态方程的稳定状态点分别是 $b^* = 0$ 和 $b^* = 1$。

同时求解该方程关于 b 的一阶导数，可以得到

$$F'(b) = (1 - 2b)(aK - aE - aD + E - K) \tag{4-10}$$

由于演化稳定策略要求具有抗扰动的功能，因此要求当 b 向着小于 b^* 方向偏移时，$F(b) > 0$；当 b 向着大于 b^* 方向偏移时，$F(b) < 0$。根据一阶导数的含义，即系统要具有抗扰动功能，必须有 $F'(b) < 0$。

基于此，当 $a > \dfrac{E - K}{D + E - K}$ 时，$F'(b = 0) < 0$，$F'(b = 1) > 0$，因此，此时是 $b^* = 0$ 演化稳定策略；当 $a < \dfrac{E - K}{D + E - K}$ 时，$F'(b = 0) < 0$，$F'(b = 1) > 0$，因此，此时是 $b^* = 1$ 演化稳定策略；当 $a = \dfrac{E - K}{D + E - K}$ 时无意义。

4.2.3 非强制性外部相关者与股东利益一致相关者的稳定策略分析

根据上述分析，与外部制度环境的状态不同的是，为有效识别出企业社会责任演化的外部规则，建立起有效的坐标平面，a、b 的取值范围均为 [0, 1]，基于此，设点（1, 1）表示"履行社会责任—推进"策略，点（0, 0）表示"不履行社会责任—不推进"策略，则针对企业社会责任演化内部规则分析的结论如图 4-4 所示，我们可以直观地看出，企业社会责任演化的内部规则与初始状态相关。

（1）当企业外部制度环境由差逐渐变好时，非强制性外部相关者与股东利益一致相关者的初始状态落入 A 区域，如果有比例大于 a^* 的股东利益相关者选择"履行企业社会责任"策略，且有比例大于 b^* 的非强制性外部相关者选择"推进"时，则该博弈收敛于演化稳定策略 $a = 1$ 和 $b = 1$。

（2）当企业外部制度环境由好逐渐变差时，非强制性外部相关者与股东利益一

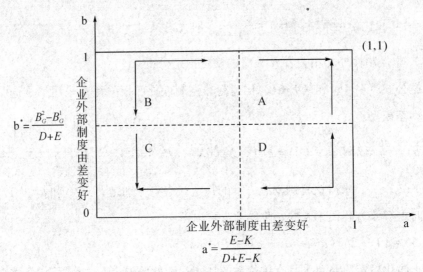

图 4-4 非强制性外部相关者与股东利益一致相关者策略演化稳定策略分析图

致相关者的初始状态落入 C 区域，如果有比例小于 a^* 的股东利益相关者选择"履行企业社会责任"，且有比例小于 b^* 的非强制性外部相关者选择"推进"时，则该博弈收敛于演化稳定策略 $a = 0$ 和 $b = 0$。

（3）当企业非强制性外部相关者与股东利益一致相关者所处的外部制度环境不同时，非强制性外部相关者与股东利益一致相关者的初始状态落入 B 和 D 区域，最终的演化稳定策略将取决于各博弈方的学习演化速度。

根据上面的分析，当企业所处的外部制度环境不同时，企业社会责任的推进演化动机机制中的外部规则可能会存在多种不同的状态，不仅取决于初始状态，也会取决于非强制性外部相关者与股东利益一致相关者内部策略个体比例的演化情况。这在一定程度上反映了企业社会责任外部规则的路径依赖特性，具体的演化稳定策略是演化过程中的自发行为，即系统自组织。

4.3 企业社会责任推进机制中的内部规则

根据上文分析，企业社会责任推进机制中的内部规则，实质是强制性外部相关者（政府）与股东利益一致相关者（主要是企业）之间，由于利益取向的不同（政府以社会公众利益作为行为取向，而企业以自身利益最大化作为行为取向），进而使得作为社会公众利益维护者的政府，通过一定的方式（主要是政策制定及强制推行方式）强制推进企业承担社会责任。由于政府与企业利益之间存在冲突，因此双方必然会存在着一定的博弈。

4.3.1　政府与企业利益冲突分析

根据上文的分析，在企业社会责任推进机制中，政府与企业是关键的两个相关者。政府与企业在生产经营过程中的利益要求存在差异，政府主要是站在监管方的立场，从社会公众利益出发，希望企业积极主动地履行自身社会责任，在股东获得利益的同时，能够更好地维护社会公众利益，履行环境保护、慈善等义务；而企业作为市场主体，作为嵌入社会的行为人，本身将追求利益看作很重要的方面，而企业社会责任的履行会导致企业自身利益的损失，例如环境保护、慈善事业、考虑公众健康等都会使得企业丧失部分利润。在这样的背景下，政府与企业之间必然会存在着一定的冲突。与此同时，政府与企业之间存在着信息不对称现象，尤其是在新的经济条件下，政府一系列的政策制度是清晰可见的，其监管行为也是可以预见的，但是政府并不知道企业下一步的具体行动。这就使得在企业社会责任演化过程中，企业在信息对称上占据优势，具有明显的机会主义行为倾向，政府则面临着道德风险。

基于以上分析，在企业社会责任推进机制中，政府与企业之间的矛盾分析如图4-5所示。

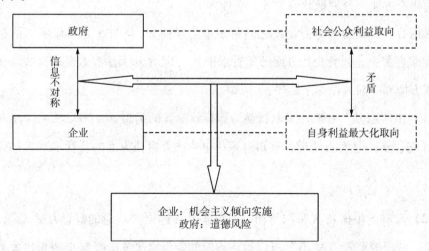

图4-5　企业社会责任演化中政府与企业之间的矛盾分析示意图

4.3.2 政府与企业动态博弈分析

根据上文分析可以看到，在企业社会责任推进机制中，作为最重要的两个利益相关者，政府与企业由于双方各自的利益取向不同，使得政府与企业在关于企业是否履行社会责任等问题上必然会进行博弈。尽管在企业社会责任演化过程中，政府、社会公众、非政府组织、外国政府及国际组织、消费者等会对企业社会责任的履行情况进行监督，但是企业自身追求利益的需要，使得企业会与有关利益相关者合谋，或者通过违法方式，不去履行或者尽可能少地履行企业社会责任。政府在推进企业社会责任履行方面，主要是从宏观方面进行控制，并且政府在对企业社会责任履行问题进行进一步微观管理时，肯定需要承担额外的成本[278]。因此，政府加强对企业社会责任履行情况的监管与否，取决于监管成本与不监管造成的损失之间的大小对比[279]。

基于此，对于企业社会责任演化问题，主要的利益相关者政府及企业之间存在着一定的博弈，并且是在不完全信息条件下的动态博弈。所以，本研究将建立不完全信息下政府与企业的动态博弈模型，用以分析政府在企业社会责任监管行为的效益及经济理性问题，以及为企业社会责任演化外部规则的分析提供有效支撑[280-281]。

4.3.2.1 博弈次序设定

为研究方便，分别记政府为 S，企业为 R。

根据分析，政府 S 与企业 R 之间是多重信号博弈，R 与 S 之间存在"信息不对称"，S 掌握着企业社会责任方面的监管水平 θ_j，但 R 却无法有效获知这些信息。

双方博弈一般遵循如下顺序：

（1）由"自然"（N）采取行动，选择政府 S 的类型 $\theta \in \Theta$，$\Theta = \{\theta_1, \theta_2, \dots \theta_n\}$，$S$ 知道 θ，但 R 不知道，只知道 S 在企业社会责任方面的监管水平 θ_j 的先验信念 $p(\theta_j)$，且 $\sum_{j=1}^{n} p(\theta_j) = 1$。

（2）政府 S 根据 θ_j 先采取行动，向企业 R 传递出"政府的监管力度 d_j"，企业 R 通过"政府的监管力度 d_j"可以得到政府的监管水平 θ_j，d_j 与 θ_j 成正比关系，这是因为政府 S 的监管水平越高，付出的成本也就越高，政府 S 的监管力度也会越大。假设政府 S 在企业社会责任方面的监管水平为 θ_j 时，表现为监管力度 d_j 的概率分布

为 $\sigma_j = \{p(d_1 \mid \theta_j),\ p(d_2 \mid \theta_j), \ldots,\ p(d_j \mid \theta_j)\}$，并且符合 $\sum\limits_{j=1}^{n} p(d_j \mid \theta_j) = 1$。

（3）企业 R 在得知政府 S 的监督力度 d_j 后，使用贝叶斯法则从先验概率 $p = p(\theta)$ 得到后验概率 $\tilde{p} = p(\theta_j \mid d_j)$，然后会采取相应的行动 $k \in K$，这里 K 是 R 的行动空间，且 $K = \{$违规，不违规$\}$。当 d_j 处在较高水平时，企业 R 违规很可能会受到政府罚款甚至停业等处罚；当 d_j 处在较低水平时，企业 R 的行动不仅不会受到处罚，甚至还可能获得收益。

4.3.2.2　博弈基本假设设定

根据双方博弈的一般顺序，建立一个政府 S 与企业 R 的信号博弈模型，并做出以下前提假设：

（1）该博弈是无限次重复博弈。

（2）政府 S 与企业 R 都是充分理性。

（3）初始阶段企业 R 并不清楚政府 S 的类型，仅具有 S 类型的先验信念 $p(\theta_i)$，同时 S 也不清楚 R 违规的概率 $\nu_j = p(k \mid d_j)$。

（4）第一阶段后，企业 R 可以根据政府 S 上一阶段的监管力度得出政府 S 类型的后验概率 $\tilde{p} = p(\theta_j \mid d_j)$，$S$ 也能了解企业 R 上一阶段的违规概率 ν_j。

（5）企业 R 和政府 S 在下一阶段都可以根据上一阶段所得到的信息来决定下一阶段的行动。

（6）企业 R 和政府 S 的均衡函数取决于政府 S 对企业 R 的监管概率 σ_j 和 R 违规的概率 ν_j，并且政府 S 对企业 R 的监管概率 σ_j 和 R 违规的概率 ν_j 向均衡状态收敛。

为了下文的研究，给出如下定义。

定义 1：企业社会责任方面政府 S 对企业 R 的监督与约束模型的精炼贝叶斯均衡是战略组合 $(d^*(\theta),\ k^*(\theta))$ 和后验概率 $\tilde{p} = p(\theta \mid d)$ 的结合，它满足：

（1）$k^*(d) \in \underset{d}{\mathrm{argmax}} \sum\limits_{\theta} \tilde{p}(\theta / d) v_2(d,\ k,\ \theta)$；

（2）$d^*(\theta) \in \underset{d}{\mathrm{argmax}} v_1(d,\ k^*(d),\ \theta)$；

（3）$\tilde{p}(\theta / d)$ 是 R 使用贝叶斯法则从先验概率 $p(\theta)$，观测信号 d 和 S 的最优战略 $d^*(\theta)$ 得到的（在可能的情况下）。

4.3.2.3　收益分析

（1）企业 R 的收益分析。设企业 R 的收益为 $v_1(d,\ k,\ \theta)$，则：

$$v_1(d, k, \theta) = P \times p(k/d_j) \times p(d_j) - E(c/k) \times p(k/d_j) \times p(d_j) - F \times p(\theta_j) \times p(d_j)$$

$$p(d_j) \tag{4-11}$$

其中：

P ——企业 R 在履行社会责任后根据企业收入水平所应当具备的收益。

$E(c/k)$ ——企业 R 履行社会责任的期望成本。

$p(k/d_j)$ ——在政府 S 的监管力度为 d_j 时企业 R 违规的概率。

$p(d_j)$ ——政府 S 的监督力度为 d_j 的概率。

F ——企业 R 由于企业社会责任违规而将受到的政府的惩罚数额。

（2）政府 S 的收益分析。设政府 S 的收益为 $v_2(d, k, \theta)$，则：

$$v_2(d, k, \theta) = F \times p(\theta_j) \times p(d_j) + T + M(\theta, k, d) - H(\theta_j) - P \times p(k/d_j) \times p(d_j) \tag{4-12}$$

其中：

T ——政府 S 由于企业社会责任监管而带来的经济收益。

$H(\theta_j)$ ——政府 S 在企业社会责任监管水平为 θ_j 时的监管成本。

$M(\theta, k, d)$ ——政府 S 对于企业社会责任监管的其他好处，像社会效益、生态效益等。

4.3.2.4 动态博弈模型建立和分析

由定义1，企业 R 的最优选择是：

$$k^*(d) \in \underset{d}{\arg\max} \sum_{\theta} p(\theta/d) v_2(d, k, \theta) \tag{4-13}$$

因此可以得到：

$$\underset{d}{\arg\max} \sum_{\theta} p(\theta/d) v_2(d, k, \theta) =$$

$$\arg\max_{d} \sum_{i=1}^{n} \left[\left(\frac{p(d_i/\theta_j)}{p(d_i)} \right) P \times p(k/d_j) \times p(d_j) - E(c/k) \times p(k/d_j) \times p(d_j) \right.$$

$$\left. - F \times p(\theta_j) \times p(d_j) \right]$$

$$= \arg\max_{d} \sum_{i=1}^{n} p(d_i/\theta_j) \left[P \times p(k/d_j) - E(c/k) \times p(k/d_j) - F \times p(\theta_j) \right] \tag{4-14}$$

又由定义 1 可以知道，政府 S 的最优选是：

$$d^*(\theta) \in \underset{d}{\arg\max} v_1(d, k^*(d), \theta) \tag{4-15}$$

因此可以得到：

$$\underset{d}{\mathrm{argmax}}v_1(d, \ k^*(d), \ \theta) = \underset{d}{\mathrm{argmax}}[F \times p(\theta_j) \times p(d_j) + T + M(\theta, \ k, \ d) - H(\theta_j)$$
$$- P \times p(k/d_j) \times p(d_j)] \tag{4-16}$$

对式（4-15）求 $p(k/d_j)$ 的一阶偏导数，并令偏导数等于 0 可以得到：

$$p^*(k/d_j) = \frac{P_\theta}{E(c/k)} \tag{4-17}$$

其中：

P_θ——企业 R 在政府 S 监管水平为 θ 时所得到的奖励收益。

对式（4-16）的 θ_j 求一阶偏导数可以得到：

$$\frac{\partial H(\theta_j)}{\partial p(\theta_j)} - \frac{\partial M(\theta_j, \ k, \ d)}{\partial p(\theta_j)} = P \times p(d_j/\theta_j) - F \times p(d_j) \tag{4-18}$$

因此可以得出该模型的精炼贝叶斯均衡为：

$$(\theta^*, \ p^*(k/d), \ \tilde{p}^*(\theta/d)) = (\theta^*, \ \frac{P_\theta}{E(c/k)}, \ \frac{p(\theta, \ d)}{p(d)})$$

4.3.3 政府与企业的稳定策略分析

（1）当政府 S 的企业社会责任监管水平 θ 处于较低水平时，

$$\frac{\partial M(\theta_j, \ k, \ d)}{\partial p(\theta_j)} - \frac{\partial H(\theta_j)}{\partial p(\theta_j)} < P \times p(d_j/\theta_j) - F \times p(d_j) \tag{4-19}$$

政府 S 的企业社会责任监管的边际收益小于企业 R 获得的收益，说明在监管处于较低水平下，政府 S 的最优策略是不进行监管。

（2）当政府 S 的监管水平 θ 处于较高水平时，

$$\frac{\partial M(\theta_j, \ k, \ d)}{\partial p(\theta_j)} - \frac{\partial H(\theta_j)}{\partial p(\theta_j)} > P \times p(d_j/\theta_j) - F \times p(d_j) \tag{4-20}$$

政府 S 监管的边际收益小于企业 R 获得的收益，在这种情况下，企业 R 会因企业社会责任的违规行为受到处罚，这必然会降低企业的自身收益。企业 R 针对企业社会责任问题的最优选择是不违规。

根据企业社会责任演化中政府与企业博弈分析的结果，我们可以看到，从政府的视角而言，为了能够有效推进企业社会责任的履行，政府应当不断提升自身企业社会责任监管水平，通过监管人才队伍建设、企业社会责任有关政策制定等，从制度上推进企业社会责任履行，进而保证企业社会责任工作开展的成效。

4.4 本章小结

根据上文分析，企业社会责任推进动力机制主要是在企业外部制度环境一定的前提下，通过外部利益相关者的推进及企业的自身决策共同形成的。总体而言，可以对企业社会责任推进动力机制的中间机理过程做出如下的总结：企业社会责任在企业成立之初，有一个初始状态，即企业社会责任初始状态。企业社会责任初始状态由企业成立之初时企业社会责任的社会平均水平决定的。企业社会责任演化的利益相关者涉及非强制性外部相关者、股东利益一致相关者、强制性外部相关者（政府）三类，并且企业社会责任的具体演化路径也是由这三类利益相关者之间的力量对比决定的。其中，在企业所处外部制度环境一定的前提下，非强制性外部相关者与股东利益一致相关者经过不断的演化博弈，最终会实现某一阶段的动态均衡，进而形成"外部规则"，以"自组织"方式推进企业履行社会责任；政府作为强制性外部利益相关者，从维护社会公众利益的角度出发，对企业社会责任演化行为进行规制，经过多次动态博弈，实现某一阶段的动态均衡，进而形成"内部规则"，以"强制性"方式影响企业社会责任的演化路径。企业社会责任初始状态受到"外部规则"及"内部规则"强制性的冲击，在其他外部推动因素及企业自身内在动因的共同作用下，达到企业社会责任的动态均衡阶段。因此，企业社会责任的推进机制本身也是一个动态发展的过程。

第五章　基于外部规则视角的
企业社会责任推进机制研究

　　我们从上文分析中可以看到，企业履行社会责任是由内部规则和外部规则共同推进的结果，基于此，有必要分别从外部规则和内部规则的视角对企业社会责任推进机制进行理论分析和实证检验。这一章主要是从外部规则的视角对企业社会责任推进机制进行分析和检验，为后文从内部规则的视角来总结推进企业社会责任的具体作用路径提供经验证据。

5.1　外部规则的分类和界定

　　随着改革开放的进一步深入，中国的经济发展突飞猛进，人民的生活水平也日益提高。不可否认的是，随着经济发展的加快和市场竞争的进一步加剧，长期以来粗放式的经济增长方式，以及企业片面追求利润最大化的单一经济目标，引发了一系列的社会责任问题。诸如"苏丹红事件""三鹿奶粉事件""哈药污染门事件""万科捐款门事件""紫金矿业环境污染事件""富士康员工跳楼事件"等食品安全、环境污染、安全生产、员工权益保护等一系列具有深远社会影响的问题层出不穷。这表明，中国当前企业社会责任的履行状况已经成为媒体和社会公众关注的焦点。根据《中国企业社会责任研究报告》，虽然目前国内很多企业的社会责任履行情况已经取得了较大的进步，但整体而言，企业社会责任的发展水平仍不高，一半以上的企业内部没有推动社会责任管理工作。从主板上市公司披露的社会责任报告来看，大多都达不到及格线，仅仅只有极少数的企业明确披露的社会责任报告是采用了通用的编制标准。总体而言，大多数企业社会责任信息披露内容随意性较大，报告编制水平和质量参差不齐，企业社会责任缺失已屡见不鲜。并且，很多跨国公司在中国拒绝承担应尽的社会责任，但在其他国家履行社会责任表现抢眼的问题也是不争的事实[161]。因此，探寻在转型经济环境下，影响中国企业社会责任履行的外部规则因素，就成为迫切而重要的现实课题。

在企业社会责任推进机制的实证研究中，存在着"前因后果"两个不同的研究方向，"后果"关注社会绩效—财务绩效间的关系，"前因"则是探讨企业社会责任推进机制的影响因素。相较之下，早期的社会责任研究往往更多的是从企业规模、盈利能力、行业特征等企业微观层面的影响来考虑的，而忽视了企业外部宏观制度环境因素的影响。随着研究的进一步深入，近年来，一些研究开始关注传统文化和宗教信仰等文化因素、政治经济法律等宏观制度因素对企业社会责任的影响，但这些研究刚刚起步。关于某国或某地区内部特别是转型经济和新兴市场中的制度环境因素如何影响和推进企业社会责任履行的研究还是很缺乏[228]。

和西方成熟的市场经济国家不同的是，在转型经济国家中，制度环境是影响企业社会责任行为的一个无法忽视的重要因素[282]。North（1990）指出[39]，制度包括正式制度和非正式制度，前者主要是指正式的法律制度等，如 La Porta et al.（1997，1998，2002）[283,188,284]等系列研究，后者主要包括信任、道德、媒体监督等方面，如 Dyck et al.（2002，2004，2008）[285-287]等系列研究。因此本书接下来将制度环境作为分析的第一层面，分析制度环境对企业社会责任履行的影响。具体而言，在正式制度方面，主要考察上市公司所处区域的法律制度环境对其履责的影响，在非正式制度方面，主要考察上市公司所处区域的信任程度和媒体监督对其履责的影响。

5.2　理论分析与研究假设的提出

5.2.1　法制环境对企业社会责任履行的影响

市场和法治是现代文明的两大基石。其中，法治作为规范市场秩序的重要手段，无疑有助于维护市场经济秩序，减少市场交易中的不确定性，从而降低交易成本。交易合同和契约关系只有在正式法律方面得到认可，交易主体的利益才能受到法律制度的保护，并且高效的法律制度能减少政府对市场的不正当干预，保障市场经济活动的正常运行。因此，法律制度作为维护国家和社会稳定的行为规则，是市场经济不断发展的内在要求，市场经济的不断发展，需要法律制度随之不断完善。

一般而言，法律制度作为维护市场经济秩序的基础，其作用体现在以下两个方面：第一，遏制市场交易主体的违规行为。法律制度作为具有普遍、明确、稳定和强制特征的行为规范，通过有效遏制市场交易主体的违规行为来稳定交易预期，达到可置信承诺，进而促使交易契约得到有效的实施，同时使得市场交易得以有效拓展；另外法律制度能约束政府对市场和企业的过度管制和不当干预，让市场和企业能预期到政府行为的稳定，进而成为一种可置信的承诺。第二，包括立法及法律的执行。已有的研究指出，在新兴经济体中，由于缺乏完善的法律保护机制，企业面临的不确定性很高[288]，尽管一些国家试图直接借鉴欧美等发达国家和地区的法律制度条款，但由于无法保证其能有效地实施，因此无法对市场交易行为形成充分的保护[289]。Allen et al.（2005）[290]直接考察了中国的法律体系对经济增长的作用，发现中国的法律体系仍需进一步的提高，非正式的"关系"在一定程度上替代了正式法律的保护机制，进而促进了中国经济的增长。张维迎等（2002）指出，在法律制度环境较差的地区，一旦企业在市场交易中出现争端即使在法院胜诉，实际上执行起来也存在很大的困难[291]。

处于转型经济环境中的中国，法律制度的不完善及其执行效果区域的不平衡是其重要特征之一。世界银行（2006）对中国120个城市的投资环境的调查结果表明，各个城市法律制度对产权保护程度的差别相当大[292]，这可能暗示着，在法律制度环境不同的地区，企业社会责任履行情况可能存在较大的差别。在法律制度环境欠发达的地区，首先表现为法律制度条款的不健全，可能导致企业积极履行社会责任动机降低。以《中华人民共和国消费者权益保护法》为例，2010年丰田汽车涉嫌向中国销售1 700余种不合格汽车零配件，对于中国消费者的赔偿要求，丰田公司却一直不予理睬，但同样的事情在美国也发生过，不过丰田对美国的消费者却给予了上门维修和交通费、误工费等方面的补偿。实际上，丰田汽车之所以在中国能"有恃无恐"，并不是因为中国的消费者软弱无能和好欺负，而是要归咎于中国缺乏具体的法律来保护消费者的合法权益。我们可以发现，实际上汽车召回在欧美等国早就是习以为常的事情，一旦汽车出现质量问题，消费者就可以依法获得经济补偿，这完全是照章办事。尽管中国在2004年之后建立了汽车召回制度，但由于这个制度条款不够完善，执行力度不够强硬，使得消费者的权益无法得到有效保障。西方发达国家早已通过法律制度来强制要求企业必须承担社会责任，如美国已经有 30 个州相继修改了公司法，增加了社会责任的相关内容，要求企业除了对股东负责之外，还要对利益相关者负责[161]。法律制度执行效率低下也会导致企业积极履行社会责任动机降低。比如中国当前的《中华人民共和国消费者权益保护法》《中华人民共和国民事诉讼法》《中华人民共和国产品质量法》等相关法律条款不够详细，缺乏量刑标准，最重要的是对企业违规行为的惩罚措施过于宽松，在处理实际问题中的可操作性不强，导致很多企业侵害消费者权益的行为无法得到遏制，消费者的权益保护很难得到法律的支持。这在一定程度上给企业的社会责任履行带来了负面效应。中国，涉及环保的相关法律达 31 个，法规 40 个，部门规章 76 个。这表明当前中国的环境保护法律制度体系还是相对较为健全的，但在执法力度不同的地区，产生的结果可能差别较大。在执法效率较低的地区，各类污染事件难以受到严厉的处罚，企业的违法成本过低导致社会责任缺失的行为屡禁不止[242]。周中胜等（2012）的研究也发现，在法制环境越好且执行效率越高的地区，企业越有可能履行社会责任[161]。

因此，本书提出以下研究假说：

H5-1：与在法制环境越差的地区相比，在法制环境越好的地区，企业履行社会责任的情况越好。

5.2.2　信任环境对企业社会责任履行的影响

信任是影响一个国家或地区经济增长和社会进步的重要因素[291]。Knack and Keefer（1997）的研究结果表明，从宏观层面来看，较高的信任在一定程度上有利于增强社会的稳定性，促进经济增长和提高经济效率[293]；Barney and Hansen（1994）的研究也发现，从微观层面来看，企业间和企业内部如果存在较高的信任程度，有助于提高经营绩效和增强核心竞争力[294]。

与发达国家不同，在转轨经济国家中，非正式制度的影响可能更为重要，特别是以信任为重要内容的非正式制度，能够有效弥补正式制度对市场交易保护的不足，进而促进经济的增长[271]。Adam Smith 在其经典著作《道德情操论》中就强调了习惯、道德等非正式制度对市场交易活动的影响，特别指出一旦离开了习惯和道德的约束，交易的基础就会动摇。正如张维迎等（2002）指出的那样，信任可能是市场经济最重要的道德基础[291]。已有的检验证据也表明，如果一个地区的社会信任程度越高，那么企业间的交易成本就越低[295-296]。这表明，信任作为一种非正式制度对企业的行为可能产生重大影响。

La Portaet al.（1997）指出，随着社会资本水平的提高，人们通过相互信任和合作能获得更大的社会收益，相反，如果相互猜疑和相互算计会降低合作者的利益[283]，作为一种非正式的约束机制，社会信任在较长的一段时间内会持续引导和制约社会行为主体的道德品质和行为规则。因此，信任对促进企业履行社会责任表现出以下三个方面的作用：第一，在信任程度越高的地区，人们遵守社会道德规范的意识越强[297]，人与人之间相互信赖、友好相处，以及能真诚地合作，相互欺骗的情况较少发生，尤其对重视和谐、强调企业声誉与责任的企业来说，会有更强烈的意愿促进企业关注员工利益、消费者利益及环境保护等责任。第二，在信任程度较高的地区，企业通常会选择诚信经营和积极履行社会责任，因为这不仅是适应本地区的生活价值观，同时也能作为一种信号传递行为，更容易被当地的社会公众和新闻媒体识别，从而提高企业的声誉，以便获取更多的社会资本。一旦企业不认真和积极履行社会责任，那么在信任程度发达的社会网络中，企业不当行为的曝光无疑会吸引更多新闻媒体与社会公众的关注，企业的形象和声誉会迅速受到影响，企业的供应商和客户等重要利益相关者可能会转向选择其他的交易伙伴，并且企业可能会受到整个市场的集体抵制，进而可能影响其生产经营活动乃至生存。第三，当企业面临的信任环境较差时，人与人之间的信任度较低，相互欺骗的行为更为常见，特别是陌生人之间，相互不信任产生的交易成本和代理问题更为严重，同时企业履行社会责任和披露社会责任信息作为信号传递机制的有效性将会减弱，可能导致企业试图通过履行社会责任来获取社会资本的行为存在着较大的风险和不确定性，进而使得企业履行社会责任和自愿披露社会责任信息的积极性大大降低。黄荷暑等（2015）的研究发现，与较低的信任程度相比，较高的信任程度能显著增强女性高管的人数与企业社会责任信息披露之间的正相关关系[298]。

因此，本书提出以下研究假说：

H5-2：相对于信任程度越低的地区而言，在信任程度越高的地区，企业履行社会责任的情况越好。

5.2.3　媒体报道对企业社会责任履行的影响

近几十年以来，随着互联网的普及和信息化浪潮的推进，新闻媒体当前已经毫无疑问地成为信息的主要发掘与传播中介。实际上，在这个资讯爆炸的时代，新闻媒体的作用早已超越了传统的信息传播角色，它还通过对特定问题和信息的重新塑造进一步赋予其特定的内涵，进而引导着社会公众的思想和行为[299]。也就是说，新闻媒体还扮演着"公众议程设置"的角色，对公众舆论和行为模式具有导向作用[300]。近年来食品安全及环境污染等社会问题频发，新闻媒体对涉事企业的社会责任履行情况进行全方位、多视角的报道。在这个过程中，媒体的信息传播、扩散职能和导向功能显得非常突出，如曾经名不见经传的王老吉凭借汶川地震中一亿元人民币的国内单笔最高捐款，在新闻媒体的大力宣传下迅速成为中国最知名的灌装饮料，其后声名大振；相反，房地产龙头企业万科则因"捐款门"事件而导致企业形象和经济利益一度严重受损，虽然万科事后也捐款一亿元人民币，但这无法挽回曾经的损失。

已有研究发现，作为一种重要的非正式的治理机制，新闻媒体监督能在一定程度上弥补正式法律制度的不足，对企业的不当行为形成有效的外部监督[287,301]。杨继东（2007）[302]指出，媒体报道的公司治理作用主要具体表现为以下两个方面：第一是新闻媒体对于信息披露、汇集和扩散发挥着关键的信息中介作用，并极大地降低了信息搜集成本[303]，使人们能够快速便捷地获取多样化的信息[304]。Fang and Peress（2009）通过实证检验发现，相对于那些受到媒体关注程度更高的股票，媒体关注程度更低的股票的未来收益更高，因为这些股票的信息透明度更低，投资者承担的风险更高，进而需要更高的风险溢价作为补偿，因此证实了媒体报道存在信息中介的作用[303]。第二是媒体通过对公司丑闻的深入调查和细致挖掘，进而揭露公司的黑暗面，从而发挥公共监督作用以约束公司管理层的机会主义行为[287]。Miller（2006）、Dyck et al.（2008）和 Joe et al.（2009）基于发达资本市场的经验证据发现，媒体报道不仅能够通过调查揭露上市公司的会计欺诈等舞弊行为，还有利于促使那些侵害投资者利益的公司改正相关决策和做法并提高董事会效率[305,287,306]。基于转型经济环境下的中国，已有的实证研究发现媒体报道对上市公司的违规行为、财务报告重述行为、盈余管理和盈余操纵行为、代理问题、关联交易行为等都发挥了积极的治理作用[301,307-309,251]。虽然媒体对公司治理的作用在一定程度上还存在着争议①，但不可否认的是，媒体报道对公司治理作用的潜在影响仍是一个重要的实证研究问题，而且只有通过不断积累的经验证据才可能得出更为准确的判断。

本书认为，媒体报道对中国上市公司社会责任的履行会产生如下几个方面的影响：第一，媒体报道通过信息传播和扩展，促进企业通过履行社会责任的方式来获得合法性认同。一方面，随着经济的发展和社会公民权利意识的增强，不同的利益相关者都能通过各自的渠道来影响政府、媒体等，希望借助法律法规的制定、社会舆论的监督等多种不同的方式来促使企业履行社会责任，以得到合法性的认同[253]。另一方面，企业履行社会责任和披露社会责任信息有助于改变利益相关者和社会公众对企业合法性的认知，在合法性驱动下，企业更倾向于通过主动披露社会责任的履行信息来改善企业形象[310]。新闻媒体的关注和报道，既是企业取得合法性认同的途径，又是企业合法性危机的来源。因为一旦企业被媒体高度关注，其对企业行为的深度调查和追踪报道不仅直接增加了社会公众和利益相关者可获得信息的数量，同时媒体还可以通过包装和自己提供新信息来为企业设置特定的经营情境。媒体频繁地进行正面报道有助于塑造企业形象，而频繁地进行负面报道无疑会导致企业声誉受损，产生合法性危机与不利影响，从而迫使企业更积极地履行社会责任和披露相关信息。已有的经验证据表明，媒体对上市公司的关注度越高，企业社会责任履行情况越好[227][311]。第二，媒体报道的揭露功能及其造成的社会舆论压力，会导致政府及行政主管部门的介入，进而促使企业履行社会责任。企业不履行社会责任可能招致两方面的压力：一是社会公众施加的压力，主要是通过社会舆论或市场行为来实现；二是政府施加的压力，主要是通过颁发一系列法规制度来实现，但由于社会公众的舆论除了直接影响法律制度和政府制定的政策外，还会逐渐形成约束企业

---

① 需要说明的是，媒体报道的相关作用还存在着一定的争议，如部分媒体可能因利益关系而蓄意迎合上市公司的需求，对那些违背投资者利益的行为起到推波助澜的作用，存在合谋的行为。如美国的独立媒体监督组织的一篇报道特别强调媒体公司的利益冲突问题。该报告认为至少存在三方面的利益冲突影响媒体公正性：第一是商业原因，许多媒体公司董事成员也在大型商业公司的董事会兼职（如大型银行、投资公司、原油等部门），基于这种交叉关联，媒体公司在面临关联公司信息的时候，很难坚持公正立场；第二是政治原因，主要媒体公司在信息披露中往往受到政治与社会因素的影响，大部分媒体很难报道与监管者态度不一致的信息；第三是媒体公司可能面临信仰与理想的困扰，如背后的控股股东为宗教团体的媒体，报告涉及宗教问题时难以持有完全客观中立的立场。这些原因，都可能影响媒体的社会职能发挥。Besley and Prat（2006）指出，新闻媒体时常因新闻报道自由度、媒体报道偏差、媒体国有化、媒体停获、媒体租金等问题的影响而很难做出客观、中立和公正的报道[243]，因此媒体报道的公司治理作用也受到一定程度上的质疑而存在理论分歧。

行为的社会规范、道德准则和风俗习惯等。如果企业拒绝履行社会责任，不仅会损害利益相关者的利益，也会损害社会财富的积累，进而可能会成为社会舆论关注的焦点。由于追求发行量和点击率的新闻媒体具有调查追踪和报道上市公司不好的行为的自然偏好[287]，被媒体报道越多的违规行为的企业越容易被社会公众识破，因此媒体报道有利于揭露公司的违规行为，一旦违规行为被媒体高度曝光后，将可能付出巨大的违法、违规成本和引起声誉损害。另外，企业除了遭受声誉损失外，媒体的持续报道还可能引起政府行政主管部门的关注与调查，进而可能增加企业受到严重行政处罚的概率。近年来中国媒体揭露的"毒奶粉""瘦肉精"等食品安全事件及其相关责任人所付出的惨痛代价，已经表明媒体报道的揭露功能会导致行政主管部门的查处和严惩。因此，企业的最佳对策无疑是自觉履行社会责任，树立正面的企业形象。

因此，本书提出以下研究假说：

H5-3：与受到媒体报道的次数较少的情况相比，受到媒体报道的次数越多，企业未来履行社会责任的情况越好。

5.3 研究设计

5.3.1 研究样本

本书以 2009—2013 年的 A 股上市公司为初始样本。选择 2009 年作为时间起点是因为：第一，已有研究指出，2008 年中国存在汶川大地震这样一个突发性灾难，可能使得企业社会责任活动呈现出非常规的状态分布[298]；第二，因为 2008 年是中国的监管部门出台强制披露社会责任报告政策的第一年，2009 年之后企业社会责任的披露才正式进入常规态势。在此基础上，本书进一步剔除了金融行业样本，然后剔除了财务数据和公司治理数据缺失的样本，最终得到 2 682 个有效观测值。本书的社会责任数据来源于润灵环球①，财务数据来源于 CSMAR 数据库。

---

① 润灵环球（RKS）是中国企业社会责任权威第三方评级机构，致力于责任投资（SRI）者、责任消费者及社会公众提供客观科学的社会责任评级信息。

5.3.2　模型建立与变量设置

为了考察公司所处的制度环境对企业履行社会责任的影响，本书参考了周中胜等（2012）[161]和徐珊等（2015）[227]的方法，构建模型 5-1 如下：

$$CSR = a_0 + a_1 Institution + a_2 State + a_3 Shr1 + a_4 Size + a_5 Lev + a_6 Growth$$

$$+ a_7 Roe + a_8 Cfo + a_9 Mshare + a_{10} LnComp + a_{11} Shr2 - 5 + a_{12} Dual$$

$$+ a_{13} Board + a_{14} Indep + a_{15} Age + \sum Year + \sum Ind_i + \mu$$

对模型 5-1 中的被解释变量企业社会责任变量 CSR，本书采用独立的第三方评估机构——润灵环球（RKS）对上市公司社会责任报告的评分结果来衡量企业社会责任的履行情况。RKS 社会责任报告评级包括 MCT 社会责任报告评价体系和评级转换体系两个部分，前者根据 GRI3.0 报告编制了国际指南和道琼斯可持续发展指数（DJSI）评价体系等国际主流评价体系，并且在评价过程中充分考虑了中国的特殊国情，不但对上市公司企业社会责任履行的全面性进行了综合性评价，还着重考察了企业社会责任报告中信息的质量和透明度，评分结果公信力较高。需要强调的是，目前该评价指数已经被企业社会责任基金（FCSR）及巨潮-南方报业-低碳 50 指数等相继采信，说明该评级结果具有较好的兼容性和公信力[300]，并且不少学者纷纷运用该评级结果开展实证研究（朱松，2011；何贤杰等，2012；陶文杰等，2013；权小锋等，2015）[132,125,300,162]。这些不仅初步验证了该评级结果的可靠性，而且也在一定程度上表明润灵环球（RKS）的评价指数能反映中国当前上市公司的企业社会责任信息披露的水平。

模型 5-1 中的解释变量是上市公司所处地区的制度环境变量（$Institution$），主要包括衡量企业所处地区的正式制度和企业所处地区的非正式制度两类。正式制度主要是指法律制度。本书采用了樊纲等（2011）[312]编制的《中国市场化指数报告》中的地区市场中介组织和法律制度环境的发育程度指数来衡量地区法律制度环境的发育程度（$Legal$）。总体来看，该指数越大表明该地区的法律制度环境越好①。非正式制度主要包括信任程度、媒体监督等因素。其中对于信任程度，本书借鉴刘凤委等（2009）[295]的做法，采用"中国企业家调查系统"2000 年对全国各地区的企业

---

① 由于樊纲等（2011）编制的《中国市场化指数报告》中所公布的法律环境进程指数最新截至 2009 年，因此，本书样本中的法律环境指数采用 2009 年的数据进行替代。

信任度调查①的相关数据来衡量地区信任程度（*Trust*）。总体来看，该指数越大表明该地区的信任程度越高②。而对于媒体监督，本书借鉴李培功等（2010）[287] 和孔东民等（2013）[251] 的做法，主要采用上市公司受到媒体报道的次数（*Media*）来衡量媒体的监督作用（*Trust*），具体采用以下三个变量来刻画媒体报道：

*Media*1：表示总媒体关注度。参考李培功等（2010）[287] 的做法，采用前 1 年内上市公司被重要新闻媒体报道的总次数来表示总媒体关注度。从"中国重要报纸全文数据库"中选择八份最具影响力的全国性财经日报作为媒体新闻报道的来源，包括《中国证券报》《证券时报》《证券日报》《上海证券报》《中国经营报》《经济观察报》《21 世纪经济报道》及《第一财经日报》等报纸。采用"主题查询"与"标题查询"两种方式分别在八份报纸中对样本公司的全称及简称进行搜索。将搜索到的报道总次数加上 1 取自然对数，作为总媒体关注度。

*Media*2：表示政策导向性媒体关注度。《中国证券报》《证券时报》《证券日报》《上海证券报》四份被中国证券监督管理委员会指定为上市公司进行信息披露的法定披露报纸。考虑到中国证券监督管理委员会所要求的法定披露报纸具有更高的权威性和更广的受众面，参考李培功等（2010）[287] 和孔东民等（2013）[251] 的做法，采用前 1 年内上市公司被四大证券报纸媒体的总报道次数加上 1 取自然对数，作为政策导向性媒体关注度。

*Media*3：表示市场导向性媒体关注度。《中国经营报》《经济观察报》《21 世纪经济报道》《第一财经日报》四份是当前中国新闻媒介中比较具有权威的财经新闻报纸。考虑到中国目前的权威财经报纸具有一定的声誉和影响，其报道的内容可信度相对会比较高，容易引起社会各界人士的注意。参考李培功等（2010）[287] 和刘启

---

① 该调查向 15 000 多家企业发出问卷，回收有效问卷 5 000 多份。调查涉及隐港、澳、台以外的全国 31 个省、自治区和直辖市；调查对象主要是一些企业和企业领导人，其中至少 60% 的调查对象是现任总经理，调查对象中，不担任董事长、总经理、厂长和党委书记等四种职务的人只占 5.11%；调查样本涉及 13 个行业（行业目录按《中国统计年鉴》的目录分类）和各种所有制结构，其中国有企业占 38.12%，集体和私营企业、股份合作制等占 19.18%，股份制占 34.11%。有关信任的问题设计是："根据您的经验，您认为哪五个地区的企业比较守信用（按顺序排列）？"（张维迎等，2002）

② 由于该调查只是公布了一年的数据，但是很多研究都指出，以非正式制度形式存在的信任的变化是非常缓慢的过程，将会在很长一段时间内具有一定的持续性和稳定性。因此如果某些地区给企业一种值得信任或不值得信任的印象，这种印象就不会在短期内改变（张维迎等，2002）。这将对该地区的个体组织交易行为产生较为重要的影响。本书借鉴刘凤委等（2009）的做法，假设其他年份的地方被信任的程度基本不变，使用该年度数据对其他年度进行替代。

亮等（2013）[313]的做法，采用前 1 年内上市公司被四大财经日报媒体的总的报道次数加上 1 取自然对数，作为市场导向性媒体关注度。

　　此外，本书的控制变量包括如下：$State$ 是公司的最终控制人的所有权属性虚拟变量，相对于非国有企业，国有企业由于承载着太多的政治任务，如保障就业、社会稳定等，这意味着国有企业履行社会责任的情况更好，预期该变量符号为正；$Size$ 是公司规模，与小规模企业相比，大企业履行社会责任的情况可能更好，预期该变量符号为正；Lev 是财务杠杆，杠杆越高表明偿债压力越大，企业履行社会责任的动机越弱，本书预期该变量符号为负；$Growth$ 是公司的成长能力，成长能力越好的公司，其发展潜力就越大，履行社会责任更有助于促进公司获得更多的发展空间，本书预期该变量符号为正；Roe 是净资产收益率，公司盈利能力越强履行社会责任的能力越强，本书预期该变量符号为正；Cfo 是公司经营活动产生的现金流量金额，公司通过经营活动产生的现金净流入越充足，表明履行社会责任的能力越强，本书预期该变量符号为正；$Mshare$ 和 $LnComp$ 分别是公司高管的持股比例和高管货币薪酬金额，一方面，公司高管持有的股份比例越高，货币薪酬越高，意味着企业高管履行社会责任的动力越强，另一方面，公司高管持有的股份比例越高，货币薪酬越高，由于高管需要配置更多的现有资源来履行社会责任，而这会降低公司当期的盈利水平，进而可能降低高管履行社会责任的动力，本书无法准确预期该变量的符号；$Shr2-5$ 是少数股东联盟，它反映公司的股权制衡能力，公司少数股东的持股比例的增加可能会增加对控股股东的监督，意味着企业履行社会责任更有保障，本书预期该变量符号为正；$Dual$ 是两职合一，它反映公司董事长或 CEO 的权力，如果董事长或 CEO 的权力越大，就可能意味着其控制权无法受到有效约束，意味着企业履行社会责任更没有保障，本书预期该变量符号为负；Age 是公司的上市年限，上市时间越长的公司，其绩效可能更差，因此本书预期该变量符号为负。另外，本书进一步设置了年度虚拟变量 $Year$ 和行业虚拟变量 Ind。相关变量的具体定义见表 5-1。

表 5-1　　　　　　　　　　　　　变量定义

变量类型	变量名称	简写	预测符号	定义
被解释变量	企业社会责任	CSR-Scor		企业社会责任履行的总体评价，润灵环球（RKS）对上市公司社会责任报告的 MCT 评分加权所得
		CSR-M		润灵环球（RKS）对企业社会责任履行评价的整体性指数
		CSR-C		润灵环球（RKS）对企业社会责任履行评价的内容性指数
		CSR-T		润灵环球（RKS）对企业社会责任履行评价的技术性指数
		CSR-I		润灵环球（RKS）对企业社会责任履行评价的行业性指数
		CSR-Cred		润灵环球（RKS）评级转换体系按照 MCT 得分将上市公司社会责任情况分为不同等级，按照 C 为 1 分，CC 为 2 分，依此类推，最高组 AAA 为 19 分
解释变量	地区法制环境发育程度	Legal	+	来自樊纲等（2011）[312]公布的地区市场中介组织和法律制度环境的发育程度指数，指数越大，表示地区的法制环境发育程度越好
	地区信任程度	Trust	+	来自张维迎等（2002）[291]的"中国企业家调查系统"数据，指数越大，表示地区被信任程度越高
	媒体关注度	Media1	+	根据八份具有较高影响力的全国性财经日报前一年中有关上市公司所有新闻报道的次数加上 1 取自然对数
	政策导向性媒体关注度	Media2	+	根据四份具有半官方色彩的传达政策导向的上市公司法定信息披露日报中前 1 年中有关上市公司所有新闻报道的次数加上 1 取自然对数
	市场导向性媒体关注度	Media3	+	根据四份在市场影响力和受众覆盖方面位于财经类报纸前列的报纸中，前 1 年中有关上市公司所有新闻报道的次数加上 1 取自然对数
	消费者敏感性行业	HCustomer	+	虚拟变量，如果上市公司处于消费者敏感性较高的行业，就取值为 1，否则为 0
	环境敏感性行业	HEnviron	+	虚拟变量，如果上市公司处于环境敏感性较高的行业，就取值为 1，否则为 0
	政府管制性行业	Regula	−	虚拟变量，如果上市公司处于政府管制性行业，就取值为 1，否则为 0

表5-1(续)

变量类型	变量名称	简写	预测符号	定义
控制变量	最终控制人产权性质	*State*	−	虚拟变量,当上市公司的最终控制人是国有股东,取值为1,否则为0
	第一大股东持股比例	*Shr*1	+	公司第一大股东持股比例
	企业资产规模	*Size*	+	公司当年总资产取自然对数
	企业资产负债率	*Lev*	−	公司当年的财务杠杆水平
	企业成长能力	*Growth*	+	采用当年的营业收入减去上年的营业收入再除以上年的营业收入
	企业盈利水平	*Roe*	+	公司当年的净资产收益率
	经营活动产生净现金流	*Cfo*	+	公司当年经营活动产生的净现金流除以年末总资产
	管理层持股	*Mshare*	+	公司当年管理层持股比例除以年末总股数
	高管薪酬	*LnComp*	+	公司当年高管货币薪酬最高三位之和取自然对数
	股权制衡	*Shr*2-5	+	公司当年第二大股东到第五大股东持股比例之和
	两职合一	*Dual*	−	公司当年总经理和董事长两职合一,取值为1,否则为0
	董事会规模	*Board*	+	公司董事会人数
	独董比例	*Indep*	+	公司独立董事人数占董事会人数之比
	上市时间	*Age*	+	公司的上市时间加1取自然对数
	年度	*Year*		年度虚拟变量,用来控制宏观经济的影响
	行业	*Ind*		行业虚拟变量,用来控制行业因素的影响

5.4　检验结果与分析

5.4.1　描述性统计结果

样本的描述性统计结果如表5-2所示。从企业社会责任总体评价 *CSR-Scor* 来看，社会责任评价得分的均值为 36.10，最高的达到 74.95，而得分最低的只有 17.97，标准差达到了 11.78。这在某种程度上表明中国上市公司企业社会责任履行的分布状况非常分散，不同企业社会责任履行状况差距较大。另外，从企业社会责任的整体性指数评价 *CSR-M*、内容性指数评价 *CSR-C*、技术性指数评价 *CSR-T*、行业性指数评价 *CSR-I* 和企业社会责任等级分数评价 *CSR-Cred* 几个指标来看，最大值和最小值之间的差距也都较大，这也说明中国上市公司企业社会责任履行的各个方面的情况各不相同。这为本章的进一步研究提供了良好的基础。

在制度环境方面，地区法制环境（*Legal*）和地区信任程度（*Trust*）的最大值和最小值之间的差异较大，表明不同地区之间的法制环境和信任程度差异较为明显。在新闻媒体的报道次数方面，媒体报道次数总量 *Media*1 最大值与最小值差距非常大。这可能由于观测期企业实际履行社会责任的行为及其社会影响力不同而引起的媒体关注和报道不同。*Media*2 的均值为 2.22，*Media*3 均值却仅为 1。可能的原因是政策导向性媒体对上市公司报道内容的范围比市场导向性媒体更广，报道篇数更多。

表 5-2 描述性统计表

变量	N	均值	标准差	最小值	25%分位数	中位数	75%分位数	最大值
CSR-Scor	2 682	36.10	11.78	17.97	28.13	33.25	40.50	74.95
CSR-M	2 682	11.59	4.47	2.28	8.20	10.78	13.83	27.56
CSR-C	2 681	16.86	5.66	3.00	13.13	15.83	19.50	39.59
CSR-T	2 679	6.34	1.94	0.56	5.18	5.74	6.82	22.36
CSR-I	2 140	1.66	1.46	0	0.63	1.25	2.29	8.53
CSR-Cred	2 656	5.50	3.04	0	4.00	4.00	7.00	17.00
Legal	2 682	11.77	5.51	0.18	7.15	8.46	16.27	19.89
Trust	2 682	81.51	69.43	2.70	15.60	77.70	118.7	218.9
*Media*1	2 682	2.36	1.35	0	1.39	2.30	3.30	6.94
*Media*2	2 682	2.22	1.29	0	1.39	2.20	3.14	5.19
*Media*3	2 682	1.02	1.13	0	0	0.69	1.79	4.30
State	2 682	0.67	0.47	0	0	1	1	1
Size	2 682	22.80	1.43	20.09	21.74	22.67	23.67	26.80
Lev	2 682	0.50	0.20	0.06	0.35	0.51	0.65	0.87
*Shr*1	2 682	0.39	0.16	0.08	0.25	0.40	0.52	0.80

表5-2(续)

变量	N	均值	标准差	最小值	25% 分位数	中位数	75% 分位数	最大值
Growth	2 682	0.18	0.33	−0.47	0	0.14	0.30	1.84
Roe	2 682	0.10	0.09	−0.25	0.05	0.09	0.14	0.35
Cfo	2 682	0.05	0.07	−0.15	0.01	0.05	0.09	0.24
Shr2−5	2 682	0.51	0.17	0.12	0.39	0.52	0.63	0.91
Dual	2 682	0.15	0.36	0	0	0	0	1
Board	2 682	9.46	2.00	5	9	9	11	18
Indep	2 682	0.37	0.06	0.3	0.33	0.33	0.4	0.57
MShare	2 682	0.03	0.09	0	0	0	0	0.5
LnComp	2 682	14.26	1.02	0	13.83	14.29	14.73	17.24
Age	2 682	2.20	0.73	0	1.79	2.40	2.71	3.18

国有企业 *State* 的均值为 0.47，说明样本中中国的上市公司有接近一半被政府控制。另外，企业的资产负债率 *Lev* 的均值和中位数比较接近，并且都不是很高，说明大部分上市公司的资产负债率正常。*Growth* 的均值为 0.18，说明成长潜力较大；*Roe* 的均值为 0.10，说明中国上市公司的盈利能力较好。股权结构的主要方面——股权集中度 *Shr1* 的均值为 0.39，最大值为 0.8，最小值为 0.08，标准差为 0.16，表明中国上市公司中第一大股东持股比例的均值接近40%，而且最大值和最小值的差距非常明显。在董事会效率的主要方面——董事会规模 *Board* 的均值超过 9，最大值为 18，最小值为 5，最小值和最大值之间的差距较大，同时独立董事比例 *Indep* 的最小值和最大值之间的差距也较大，说明中国上市公司董事会人数和独立董事人数占比的差异较大。

5.4.2　单变量统计结果

表5-3 的分组参数检验和非参数检验结果初步支持了本章的三个假设。首先，从企业社会责任总体评价 *CSR-Scor*、企业社会责任的整体性指数评价 *CSR-M*、企业社会责任的内容性指数评价 *CSR-C*、企业社会责任的技术性指数评价 *CSR-T*、企业社会责任的行业性指数评价 *CSR-I* 和企业社会责任等级分数评价 *CSR-Cred* 多个指标来看，参数检验和非参数检验的结果均表明，相对于在法制环境更差地区的企业，

在法制环境更好地区的企业履行社会责任的情况更好。这说明较好的法制环境有利于促进企业履行更多的社会责任，反映了作为正式制度的法律制度是促使企业履行社会责任的重要外部规则之一。

其次，从企业社会责任总体评价 $CSR\text{-}Scor$、整体性指数评价 $CSR\text{-}M$、内容性指数评价 $CSR\text{-}C$、技术性指数评价 $CSR\text{-}T$、行业性指数评价 $CSR\text{-}I$ 和企业社会责任等级分数评价 $CSR\text{-}Cred$ 多个指标来看，参数检验和非参数检验的结果均表明，相对于在信任环境更差地区的企业，在信任环境更好地区的企业履行社会责任的情况更好。这说明较高的信任程度有利于促进企业履行更多的社会责任，反映了作为非正式制度的信任是促使企业履行社会责任的重要外部规则之一。

最后，从企业社会责任总体评价 $CSR\text{-}Scor$、整体性指数评价 $CSR\text{-}M$、内容性指数评价 $CSR\text{-}C$、技术性指数评价 $CSR\text{-}T$、行业性指数评价 $CSR\text{-}I$ 和企业社会责任等级分数评价 $CSR\text{-}Cred$ 多个指标来看，参数检验和非参数检验的结果均表明，相对于被媒体报道次数更低的企业，被媒体报道次数更高的企业履行社会责任的情况更好。这说明良好的媒体监督更有利于促进企业履行更多的社会责任，反映了作为非正式制度的媒体监督是促使企业履行社会责任的重要外部规则之一。另外，将媒体报道按照不同的来源分为政策性媒体报道和市场性媒体报道后，我们也能发现，参数检验和非参数检验的结果均表明，相对于被政策性媒体报道次数更低的企业，被政策性媒体报道次数更高的企业履行社会责任的情况更好。这说明良好的政策性媒体监督更有利于促进企业履行更多的社会责任。同时，参数检验和非参数检验的结果均表明，相对于被市场性媒体报道次数更低的企业，被市场性媒体报道次数更高的企业履行社会责任的情况更好。这说明良好的市场性媒体监督更有利于促进企业履行更多的社会责任，也进一步反映了作为非正式制度之一的媒体监督是促使企业履行社会责任的重要外部规则之一。

表 5-3　　　　　　　　　　企业社会责任情况的分组检验

	企业社会责任总体评价 $CSR\text{-}Scor$				
	样本数	均值	T 检验	中位数	Z 检验
地区法制环境差组	1 304	34.120	8.581***	32.320	7.186***
地区法制环境好组	1 378	37.974		34.845	

表5-3(续)

地区信任环境低组	1 505	33. 968	10. 826 ***	32. 190	8. 799 ***
地区信任环境高组	1 177	38. 827		35. 300	
媒体报道次数低组	1 354	34. 067	9. 166 ***	32. 315	7. 195 ***
媒体报道次数高组	1 328	38. 174		34. 510	
政策性媒体报道次数低组	1 384	34. 240	8. 556 ***	32. 375	6. 736 ***
政策性媒体报道次数高组	1 298	38. 084		34. 435	
市场性媒体报道次数低组	1 464	34. 205	9. 277 ***	32. 440	7. 001 ***
市场性媒体报道次数高组	1 218	37. 378		34. 510	
企业社会责任整体性指数评价 CSR-M					
	样本数	均值	T 检验	中位数	Z 检验
地区法制环境差组	1 304	10. 940	7. 509 ***	10. 310	6. 229 ***
地区法制环境好组	1 378	12. 223		11. 250	
地区信任环境低组	1 505	10. 928	8. 921 ***	10. 310	7. 284 ***
地区信任环境高组	1 177	12. 458		11. 480	
媒体报道次数低组	1 354	11. 101	5. 863 ***	10. 550	3. 701 ***
媒体报道次数高组	1 328	12. 107		11. 020	
政策性媒体报道次数低组	1 384	11. 177	5. 079 ***	10. 550	3. 068 ***
政策性媒体报道次数高组	1 298	12. 050		11. 020	
市场性媒体报道次数低组	1 464	11. 104	6. 343 ***	10. 550	3. 991 ***
市场性媒体报道次数高组	1 218	12. 195		11. 020	
企业社会责任内容性指数评价 CSR-C					
	样本数	均值	T 检验	中位数	Z 检验
地区法制环境差组	1 303	15. 955	8. 167 ***	15. 290	7. 111 ***
地区法制环境好组	1 378	17. 721		16. 500	
地区信任环境低组	1 504	15. 878	10. 371 ***	15. 380	8. 490 ***
地区信任环境高组	1 177	18. 120		16. 880	
媒体报道次数低组	1 354	15. 744	10. 545 ***	15. 140	9. 255 ***
媒体报道次数高组	1 327	18. 004		16. 880	
政策性媒体报道次数低组	1 384	15. 810	10. 126 ***	15. 190	8. 957 ***
政策性媒体报道次数高组	1 297	17. 985		16. 880	

表5-3(续)

	样本数	均值	T检验	中位数	Z检验
市场性媒体报道次数低组	1 464	15.805	10.837***	15.190	9.250***
市场性媒体报道次数高组	1 217	18.135		16.880	
企业社会责任技术性指数评价 CSR-T					
	样本数	均值	T检验	中位数	Z检验
地区法制环境差组	1 302	6.001	8.881***	5.630	7.581***
地区法制环境好组	1 377	6.658		5.910	
地区信任环境低组	1 505	6.007	10.204***	5.630	8.485***
地区信任环境高组	1 176	6.763		5.960	
媒体报道次数低组	1 354	5.997	9.352***	5.590	8.322***
媒体报道次数高组	1 325	6.687		5.920	
政策性媒体报道次数低组	1 384	6.020	8.924***	5.590	7.939***
政策性媒体报道次数高组	1 295	6.679		5.920	
市场性媒体报道次数低组	1 464	6.061	8.246***	5.630	6.901***
市场性媒体报道次数高组	1 215	6.674		5.920	
企业社会责任行业性指数评价 CSR-I					
	样本数	均值	T检验	中位数	Z检验
地区法制环境差组	1 063	1.494	5.265***	1.250	4.390***
地区法制环境好组	1 077	1.825		1.440	
地区信任环境低组	1 212	1.432	8.388***	1.120	7.819***
地区信任环境高组	928	1.959		1.540	
媒体报道次数低组	1 135	1.441	7.443***	1.250	5.674***
媒体报道次数高组	1 005	1.908		1.460	
政策性媒体报道次数低组	1 163	1.455	7.155***	1.250	5.443***
政策性媒体报道次数高组	977	1.905		1.460	
市场性媒体报道次数低组	1 223	1.454	7.639***	1.250	5.823***
市场性媒体报道次数高组	917	1.936		1.500	
企业社会责任等级分数评价 CSR-Cred					
	样本数	均值	T检验	中位数	Z检验
地区法制环境差组	1 295	4.966	8.955***	4	7.484***
地区法制环境好组	1 361	6.008		5	

表5-3(续)

地区信任环境低组	1 491	4. 954	10. 678 ***	4	8. 601 ***
地区信任环境高组	1 165	6. 198		6	
媒体报道次数低组	1 342	5. 001	8. 666 ***	4	5. 674 ***
媒体报道次数高组	1 314	6. 010		5	
政策性媒体报道次数低组	1 372	5. 050	7. 981 ***	4	6. 414 ***
政策性媒体报道次数高组	1 284	5. 981		5	
市场性媒体报道次数低组	1 450	5. 030	8. 864 ***	4	6. 909 ***
市场性媒体报道次数高组	1 206	6. 066		5	

注：*** 、** 、* 分别表示在1%、5%、10%水平下显著。

5.4.3 相关性统计结果

在进行回归分析之前，本章先进行了各变量之间的相关性分析。从表5-4可以看出，企业社会责任总体评价 *CSR-Scor*、整体性指数评价 *CSR-M*、内容性指数评价 *CSR-C*、技术性指数评价 *CSR-T*、行业性指数评价 *CSR-I* 和社会责任等级分数评价 *CSR-Cred* 等之间的相关系数较高。这可能表明采用这些指标可以较好地衡量企业社会责任履行的各个方面。

另外，我们发现，企业社会责任总体评价 *CSR-Scor*、整体性指数评价 *CSR-M*、内容性指数评价 *CSR-C*、技术性指数评价 *CSR-T*、行业性指数评价 *CSR-I* 和社会责任等级分数评价 *CSR-Cred* 等与地区法制环境发育程度 *Legal*、地区信任程度 *Trust* 显著正相关。这进一步表明作为正式制度之一的法律制度和非正式制度之一的信任都是促使企业履行社会责任的重要外部规则。

同时，我们也发现企业社会责任总体评价 *CSR-Scor*、整体性指数评价 *CSR-M*、内容性指数评价 *CSR-C*、技术性指数评价 *CSR-T*、行业性指数评价 *CSR-I* 和社会责任等级分数评价 *CSR-Cred* 等与媒体报道次数 *Media*1、政策性媒体报道次数 *Media*2 和市场性媒体报道次数 *Media*3 都显著正相关。这进一步表明作为非正式制度之一的媒体监督是促使企业履行社会责任的重要外部规则之一。

最后，我们发现企业社会责任总体评价 *CSR-Scor*、整体性指数评价 *CSR-M*、内容性指数评价 *CSR-C*、技术性指数评价 *CSR-T*、行业性指数评价 *CSR-I* 和社会责任等级分数评价 *CSR-Cred* 等与上市公司规模 *Size* 显著正相关。这说明相对于规模小的

表 5-4

Pearson 相关系数表

	[1]	[2]	[3]	[4]	[5]	[6]	[7]	[8]	[9]	[10]	[11]	[12]	[13]
CSR-Scor [1]	1.000												
CSR-M [2]	0.923 (0.000)	1.000											
CSR-C [3]	0.940 (0.000)	0.769 (0.000)	1.000										
CSR-T [4]	0.811 (0.000)	0.681 (0.000)	0.745 (0.000)	1.000									
CSR-I [5]	0.704 (0.000)	0.580 (0.000)	0.640 (0.000)	0.544 (0.000)	1.000								
CSR-Cred [6]	0.979 (0.000)	0.903 (0.000)	0.924 (0.000)	0.791 (0.000)	0.692 (0.000)	1.000							
Legal [7]	0.122 (0.000)	0.104 (0.000)	0.121 (0.000)	0.139 (0.000)	0.072 (0.000)	0.128 (0.000)	1.000						

表5-4(续)

	[1]	[2]	[3]	[4]	[5]	[6]	[7]	[8]	[9]	[10]	[11]	[12]	[13]
Trust [8]	0.194 (0.000)	0.162 (0.000)	0.183 (0.000)	0.204 (0.000)	0.169 (0.000)	0.195 (0.000)	0.841 (0.017)	1.000					
Media1 [9]	0.230 (0.000)	0.150 (0.000)	0.266 (0.000)	0.231 (0.000)	0.207 (0.000)	0.218 (0.000)	0.022 (0.000)	0.099 (0.050)	1.000				
Media2 [10]	0.220 (0.032)	0.138 (0.005)	0.257 (0.194)	0.227 (0.186)	0.204 (0.018)	0.208 (0.067)	0.018 (0.353)	0.093 (0.000)	0.993 (0.000)	1.000			
Media3 [11]	0.256 (0.000)	0.185 (0.000)	0.283 (0.000)	0.247 (0.000)	0.215 (0.000)	0.247 (0.000)	0.030 (0.000)	0.108 (0.000)	0.862 (0.000)	0.813 (0.000)	1.000		
Size [12]	0.443 (0.000)	0.389 (0.000)	0.418 (0.000)	0.360 (0.000)	0.392 (0.000)	0.435 (0.000)	0.080 (0.000)	0.186 (0.023)	0.508 (0.006)	0.497 (0.005)	0.497 (0.000)	1.000	
Lev [13]	0.092 (0.000)	0.074 (0.486)	0.086 (0.000)	0.077 (0.000)	0.119 (0.133)	0.079 (0.000)	−0.033 (0.087)	−0.008 (0.694)	0.201 (0.000)	0.202 (0.000)	0.170 (0.000)	0.515 (0.000)	1.000

注：括号里是 p 值。

企业而言，规模大的企业履行社会责任的情况更好。

5.4.4 外部规则对企业社会责任影响的回归结果分析

5.4.4.1 法制环境影响企业社会责任履行的回归结果分析

由于本书选择刻画企业社会责任变量的数值都是非负的，而选择 OLS 回归模型可能造成系数估计值出现偏误，因此以企业社会责任 *CSR-Scor*、*CSR-M*、*CSR-C*、*CSR-T* 和 *CSR-I* 等变量为被解释变量时，采用 Tobit 模型进行回归分析，而以 *CSR-Cred* 为被解释变量时，采用 Ologit 模型进行回归分析。

表 5-5 是法制环境对企业社会责任履行影响的回归结果，可以发现以上市公司社会责任得分总分 *CSR-Scor* 为被解释变量时，法制环境变量 *Legal* 的系数在 1% 的水平上显著为正，说明在法制环境越好的地区，企业履行社会责任的情况越好；另外以企业社会责任的整体性评价 *CSR-M*、内容性评价 *CSR-C*、技术性评价 *CSR-T* 和行业性评价 *CSR-I* 等分指标为被解释变量时，发现法制环境变量 *Legal* 的系数都在 1% 的水平上显著为正，也说明在法制环境越好的地区，企业履行社会责任的情况越好；最后以企业履行社会责任的信息披露等级 *CSR-Cred* 为被解释变量时，同样发现法制环境变量 *Legal* 的系数在 1% 的水平上显著为正，也表明在法制环境越好的地区，企业履行社会责任的情况越好。上述结论都说明假设 H5-1 成立。

表 5-5　　　　　　　　　　法制环境与企业社会责任

变量	*CSR-Scor*	*CSR-M*	*CSR-C*	*CSR-T*	*CSR-I*	*CSR-Cred*
	Tobit 模型	Tobit 模型	Tobit 模型	Tobit 模型	Tobit 模型	Ologit 模型
Legal	0.217 6 *** (5.67)	0.064 5 *** (4.69)	0.107 9 *** (5.82)	0.039 9 *** (6.14)	0.017 8 *** (3.48)	0.033 8 *** (4.63)
State	−0.271 0 (−0.59)	−0.188 8 (−1.14)	−0.034 7 (−0.15)	−0.178 9 ** (−2.29)	0.080 7 (1.20)	0.052 0 (0.58)
Size	3.775 1 *** (16.43)	1.220 2 *** (15.43)	1.771 1 *** (15.66)	0.546 5 *** (13.82)	0.395 7 *** (11.75)	0.620 1 *** (14.97)
Lev	−4.390 4 *** (−3.44)	−1.621 6 *** (−3.52)	−1.938 9 *** (−3.10)	−0.835 8 *** (−3.75)	−0.208 1 (−1.25)	−0.932 2 *** (−3.73)
*Shr*1	−0.068 5 *** (−3.03)	−0.023 2 *** (−2.82)	−0.028 0 *** (−2.64)	−0.011 0 *** (−2.77)	−0.005 7 * (−1.95)	−0.010 2 ** (−2.37)
Growth	−0.639 4 (−1.16)	−0.144 4 (−0.74)	−0.493 7 * (−1.77)	−0.015 2 (−0.15)	0.022 1 (0.28)	−0.009 5 (−0.08)

表5-5(续)

变量	CSR-Scor	CSR-M	CSR-C	CSR-T	CSR-I	CSR-Cred
Roe	1.422 2 (0.54)	−0.888 0 (−0.94)	2.806 9** (2.13)	−0.398 4 (−0.92)	−0.463 6 (−1.30)	0.605 9 (1.16)
Cfo	5.234 5* (1.80)	1.032 5 (0.96)	2.266 9 (1.58)	0.914 7* (1.75)	1.194 6*** (2.97)	0.480 8 (0.83)
Mshare	1.143 8 (0.50)	0.671 0 (0.82)	0.062 2 (0.05)	0.301 5 (0.80)	0.070 1 (0.22)	0.477 8 (1.06)
LnComp	0.210 6 (0.51)	0.097 6 (0.77)	0.091 9 (0.43)	0.061 0 (1.11)	−0.036 2 (−0.57)	0.114 1 (1.40)
Shr2-5	0.093 5*** (3.92)	0.031 3*** (3.56)	0.041 5*** (3.69)	0.012 3*** (2.94)	0.006 8** (2.39)	0.014 7*** (3.09)
Dual	−0.488 0 (−0.85)	−0.157 3 (−0.79)	−0.068 7 (−0.26)	−0.219 7*** (−2.50)	−0.066 4 (−0.92)	−0.006 2 (−0.06)
Board	0.453 9*** (3.67)	0.134 2*** (3.06)	0.217 6*** (3.61)	0.061 0*** (2.70)	0.034 8** (1.96)	0.086 2*** (4.02)
Indep	1.259 5 (0.37)	0.646 9 (0.53)	0.105 0 (0.06)	0.434 1 (0.70)	0.344 5 (0.72)	0.086 3 (0.13)
Age	−1.048 9*** (−2.85)	−0.362 0*** (−2.67)	−0.531 0*** (−3.00)	−0.155 0** (−2.27)	−0.035 5 (−0.78)	−0.195 8*** (−2.71)
Year/Ind	控制	控制	控制	控制	控制	控制
截距	−60.145*** (−9.82)	−18.212*** (−8.90)	−29.491*** (−9.54)	−7.629*** (−7.81)	−8.582*** (−9.93)	
N	2 682	2 682	2 681	2 679	2 140	2 656
Pseu-Rsq	0.048 7	0.084 6	0.052 6	0.061 0	0.116 7	0.092 5
F/Wald 值	33.25***	52.54***	28.08***	12.72***	25.64***	896.53***

注：括号内给出的 t/z 值都经过 White 异方差调整，***、**、* 分别表示在 1%、5%、10%水平下显著。

在控制变量中，企业规模 Size 显著为正，说明相对于规模小的企业，规模大的企业本身具有的资源更多，并且被社会公众关注的程度更高，因此履行社会责任的情况更好；企业的资产负债率 Lev 显著为负，说明资产负债率大的企业财务风险更高，企业更多地关注降低财务和破产风险，对社会责任的关注程度较低，因此履行社会责任的情况更差；第一大股东持股比例 Shr1 显著为负，说明相对于第一大股东持股比例较大的企业，第一大股东持股比例较小的企业履行社会责任的情况更好；第二到第五大股东持股比例之和 Shr2-5 显著为正，说明相对于第二到第五大股东持股比例较小的企业，第二到第五大股东持股比例较大的企业履行社会责任的情况更好；企业的董事会规模 Board 显著为正，说明企业的董事会规模更大，董事的来源更为丰富，对企业利益相关者的利益诉求更为关注，因此履行社会责任的情况更好；上市时间 Age 显著为负，说明企业的上市时间更长，企业的绩效可能更差，因此履行社会责任的情况更差。企业的产权性质 State、成长能力 Growth、盈利能力 Roe、经营活动产生的现金净流入 Cfo、高管持股比例 Mshare、高管货币薪酬水平 LnComp 和独立董事比例 Indep 的符号与本书预期基本一致，但是显著性水平不是很稳定。

进一步，本书也将法律制度环境指数 Legal 采取虚拟变量的刻画方法，如果该年度该指数高于样本的中位数，则定义该变量为1，否则为0。结果发现回归结果没有异常变化，进一步支持了假设成立（限于篇幅限制没有报告）。

5.4.4.2 信任程度影响企业社会责任履行的回归结果分析

表5-6是信任程度对企业社会责任履行影响的回归结果，可以发现以企业社会责任得分总分 CSR-Scor 为被解释变量时，信任程度变量 Trust 的系数在1%的水平上显著为正，说明在信任程度越高的地区，企业履行社会责任的情况越好；另外，以企业社会责任整体性评价 CSR-M、内容性评价 CSR-C、技术性评价 CSR-T 和行业性评价 CSR-I 等分指标为被解释变量时，也发现信任程度变量 Trust 的系数都在1%的水平上显著为正，进一步说明在信任程度越高的地区，企业履行社会责任的情况越好；最后以企业履行社会责任的信息披露等级 CSR-Cred 为被解释变量时，同样发现信任程度变量 Trust 的系数在1%的水平上显著为正，也表明在信任程度越高的地区，企业履行社会企业责任的情况越好。上述结论都说明假设 H5-2 成立。

表 5-6　　　　　　　　　　信任程度与企业社会责任

变量	CSR-Scor	CSR-M	CSR-C	CSR-T	CSR-I	CSR-Cred
	Tobit 模型	Tobit 模型	Tobit 模型	Tobit 模型	Tobit 模型	Ologit 模型
Trust	0.022 6 *** （6.92）	0.007 0 *** （6.00）	0.010 2 *** （6.40）	0.004 0 *** （7.30）	0.002 5 *** （5.93）	0.003 3 *** （5.41）
State	−0.460 0 （−1.01）	−0.244 6 （−1.49）	−0.129 5 （−0.56）	−0.213 8 *** （−2.75）	0.060 7 （0.92）	0.019 2 （0.21）
Size	3.626 4 *** （16.03）	1.173 3 *** （15.00）	1.707 6 *** （15.22）	0.520 4 *** （13.42）	0.376 4 *** （11.41）	0.601 6 *** （14.65）
Lev	−3.741 9 *** （−2.94）	−1.411 9 *** （−3.06）	−1.682 6 *** （−2.69）	−0.725 2 *** （−3.27）	−0.115 1 （−0.70）	−0.843 0 *** （−3.36）

表5-6(续)

变量	CSR-Scor	CSR-M	CSR-C	CSR-T	CSR-I	CSR-Cred
Shr1	-0.073 1*** (-3.25)	-0.024 7*** (-3.02)	-0.029 7*** (-2.80)	-0.011 8*** (-2.98)	-0.006 4** (-2.19)	-0.010 8** (-2.52)
Growth	-0.654 9 (-1.19)	-0.148 1 (-0.76)	-0.504 3* (-1.82)	-0.018 7 (-0.18)	0.022 2 (0.28)	-0.018 0 (-0.16)
Roe	1.525 4 (0.58)	-0.851 6 (-0.91)	2.835 3** (2.16)	-0.383 0 (-0.90)	-0.449 1 (-1.26)	0.627 1 (1.21)
Cfo	5.139 1* (1.78)	0.993 6 (0.93)	2.260 5 (1.58)	0.902 7* (1.73)	1.155 0*** (2.88)	0.483 8 (0.83)
Mshare	0.202 7 (0.09)	0.376 6 (0.46)	-0.348 6 (-0.30)	0.134 3 (0.36)	-0.048 0 (-0.15)	0.359 8 (0.78)
LnComp	0.185 5 (0.46)	0.087 7 (0.72)	0.088 9 (0.43)	0.057 5 (1.09)	-0.043 8 (-0.70)	0.110 5 (1.38)
Shr2-5	0.095 3*** (4.01)	0.031 9*** (3.63)	0.042 4*** (3.77)	0.012 6*** (3.03)	0.006 8** (2.39)	0.015 1*** (3.19)
Dual	-0.399 5 (-0.76)	-0.144 7 (-0.73)	-0.037 9 (-0.14)	-0.210 2** (-2.41)	-0.070 3 (-0.98)	0.002 3 (0.02)
Board	0.450 3*** (3.67)	0.133 7*** (3.07)	0.213 7*** (3.57)	0.060 1*** (2.67)	0.035 4** (2.00)	0.084 7*** (3.96)
Indep	0.782 8 (0.23)	0.513 2 (0.42)	0.161 6 (-0.10)	0.342 3 (0.56)	0.335 7 (0.71)	-0.003 9 (-0.01)
Age	-1.160 4*** (-3.18)	-0.396 8*** (-2.95)	-0.580 1*** (-3.31)	-0.175 0*** (-2.59)	-0.047 4 (-1.05)	-0.208 5*** (-2.89)
Year/Ind	控制	控制	控制	控制	控制	控制
截距	-55.715*** (-9.16)	-16.839*** (-8.28)	-27.511*** (-8.88)	-6.840*** (-7.16)	-7.990*** (-9.15)	
N	2 682	2 682	2 681	2 679	2 140	2 656
Pseu-Rsq	0.049 8	0.085 8	0.053 5	0.063 1	0.120 2	0.093 5
F/Wald 值	33.50***	52.89***	28.05***	12.73***	26.06***	904.87***

注:括号内给出的t/z值都经过White异方差调整,***、**、*分别表示在1%、5%、10%水平下显著。

在控制变量中,企业规模 Size 显著为正,说明相对于规模小的企业而言,规模大的企业本身具有的资源更多,并且被社会公众关注的程度更高,因此履行社会责任的情况更好;企业的资产负债率 Lev 显著为负,说明资产负债率大的企业财务风险更高,企业更多地关注降低财务和破产风险,对社会责任的关注程度较低,因此履行社会责任的情况更差;第一大股东持股比例 Shr1 显著为负,说明相对于第一大股东持股比例较大的企业而言，第一大股东持股比例比例较小的企业履行社会责任的情况更好；第二到第五大股东持股比例之和 *Shr*2-5 显著为正，说明相对于第二到第五大股东持股比例较小的企业而言第二到第五大股东持股比例较大的企业履行社会责任的情况更好；企业的董事会规模 *Board* 显著为正，说明企业的董事会规模更大，董事的来源更为丰富，对企业利益相关者的利益诉求更为关注，因此履行社会责任的情况更好；上市时间 *Age* 显著为负，说明企业的上市时间更长，企业的绩效可能更差，因此履行社会责任的情况更差。企业的产权性质 *State*、成长能力 *Growth*、盈利能力 *Roe*、经营活动产生的现金净流入 *Cfo*、高管持股比例 *Mshare*、高管货币薪酬水平 *LnComp* 和独立董事比例 *Indep* 的符号与本书预期基本一致，但是显著性水平不是很稳定。

进一步，本书将信任程度指数 *Trust* 采取虚拟变量的刻画方法，如果该年度该指数高于样本的中位数，则定义该变量为 1，否则为 0。结果发现回归结果没有异常变化，进一步支持了假设成立（限于篇幅限制没有报告）。

5.4.4.3 媒体报道影响企业社会责任履行的回归结果分析

表 5-7 是媒体报道对企业履行社会责任影响的回归结果，可以发现以企业社会责任得分总分 *CSR-Scor* 为被解释变量时，媒体报道变量 *Media*1 的系数在 1% 的水平上显著为正，说明媒体对上市公司的报道数量越多，企业社会责任履行情况越好；另外，以企业社会责任的整体性评价 *CSR-M*、内容性评价 *CSR-C* 和技术性评价 *CSR-T* 等分指标为被解释变量时，发现媒体报道变量 *Media*1 的系数都至少在 5% 的水平上显著为正，尽管行业性评价 *CSR-I* 的系数没有通过显著性水平测试，但符号仍为正，在一定程度上说明在信任程度越高的地区，企业履行社会责任的情况越好；以企业履行社会责任的信息披露等级 *CSR-Cred* 为被解释变量时，同样发现媒体报道变量 *Media*1 的系数在 1% 的水平上显著为正，表明媒体对上市公司的报道数量越多，企业社会责任履行情况越好。上述结论都表明假设 H5-3 成立。

在控制变量中，企业规模 *Size* 显著为负，说明相对于规模小的企业而言，规模大的企业本身具有的资源更多，并且被社会公众关注的程度更高，因此履行社会责任的情况更好；企业的资产负债率 *Lev* 显著为负，说明资产负债率大的企业财务风险更高，企业更多地关注降低财务和破产风险，对社会责任的关注程度较低，因此履行社会责任的情况更差；第一大股东持股比例 *Shr*1 显著为负，说明相对于第一大

表 5-7　　　　　　　　　　　媒体报道与企业社会责任

变量	CSR-Scor	CSR-M	CSR-C	CSR-T	CSR-I	CSR-Cred
	Tobit 模型	Tobit 模型	Tobit 模型	Tobit 模型	Tobit 模型	Ologit 模型
Media1	0.570 5 *** (3.09)	0.212 9 *** (3.24)	0.276 3 *** (3.04)	0.066 4 ** (2.09)	0.034 0 (1.39)	0.098 6 *** (2.84)
State	−0.494 5 (−1.06)	−0.255 8 (−1.53)	−0.145 4 (−0.62)	−0.219 2 *** (−2.74)	0.066 8 (0.99)	0.023 2 (0.26)
Size	3.537 1 *** (14.56)	1.124 9 *** (13.25)	1.656 9 *** (14.04)	0.524 6 *** (12.18)	0.384 4 *** (10.63)	0.572 9 *** (13.01)
Lev	−4.861 3 *** (−3.76)	−1.734 5 *** (−3.72)	−2.176 3 *** (−3.45)	−0.945 2 *** (−4.13)	−0.254 4 (−1.51)	−0.981 0 *** (−3.89)
Shr1	−0.056 2 *** (−2.52)	−0.019 3 ** (−2.37)	−0.022 0 ** (−2.09)	−0.008 9 ** (−2.28)	−0.004 7 * (−1.65)	−0.008 1 * (−1.91)
Growth	−0.698 4 (−1.28)	−0.159 4 (−0.82)	−0.523 5 * (−1.89)	−0.028 2 (−0.27)	0.016 8 (0.21)	−0.017 6 (−0.15)
Roe	0.819 9 (0.31)	−1.083 4 (−1.14)	2.511 4 * (1.87)	−0.494 1 (−1.12)	−0.493 9 (−1.37)	0.536 7 (1.02)
Cfo	5.787 2 ** (2.00)	1.177 8 (1.10)	2.543 0 * (1.77)	1.031 6 ** (1.97)	1.231 9 *** (3.09)	0.600 1 (1.04)
Mshare	1.337 5 (0.58)	0.716 5 (0.89)	0.160 7 (0.14)	0.347 8 (0.92)	0.079 3 (0.25)	0.519 1 (1.14)
LnComp	0.318 2 (0.75)	0.123 5 (0.95)	0.146 2 (0.67)	0.085 9 (1.52)	−0.026 0 (−0.41)	0.142 9 * (1.67)
Shr2-5	0.097 8 *** (4.17)	0.032 8 *** (3.78)	0.043 6 *** (3.94)	0.012 9 *** (3.12)	0.007 1 ** (2.52)	0.015 1 *** (3.21)
Dual	−0.319 6 (−0.60)	−0.124 7 (−0.63)	−0.004 2 (−0.02)	−0.191 4 *** (−2.17)	−0.050 4 (−0.69)	0.008 3 (0.08)
Board	0.396 2 *** (3.19)	0.116 5 ** (2.64)	0.189 1 *** (3.13)	0.051 0 ** (2.25)	0.030 5 * (1.72)	0.078 9 *** (3.64)
Indep	−0.152 6 (−0.04)	0.206 3 (0.17)	−0.591 2 (−0.36)	0.194 4 (0.31)	0.225 7 (0.47)	−0.111 6 (−0.17)
Age	−1.102 7 *** (−2.97)	−0.384 5 *** (−2.83)	−0.556 6 *** (−3.12)	−0.159 2 *** (−2.31)	−0.040 6 (−0.88)	−0.217 2 *** (−3.01)
Year/Ind	控制	控制	控制	控制	控制	控制
截距	−53.244 *** (−7.84)	−15.595 *** (−6.84)	−26.156 *** (−7.65)	−6.862 *** (−6.40)	−8.260 *** (−8.73)	
N	2 682	2 682	2 681	2 679	2 140	2 656
Pseu-Rsq	0.045 7	0.083 7	0.051 1	0.058 0	0.115 4	0.091 1
F/Wald 值	47.88 ***	52.95 ***	26.68 ***	12.78 ***	25.70 ***	852.46 ***

注：括号内给出的 t/z 值都经过 White 异方差调整，*** 、** 、* 分别表示在 1%、5%、10% 水平下显著。

股东持股较大的企业，第一大股东持股比例较小的企业履行社会责任的情况更好；第二到第五大股东持股比例之和 *Shr2-5* 显著为正，说明相对于第二到第五大股东持股比例较小的企业，第二到第五大股东持股比例较大的企业履行社会责任的情况更好；企业的董事会规模 *Board* 显著为正，说明企业的董事会规模更大，董事的来源更为丰富，对企业利益相关者的利益诉求更为关注，因此履行社会责任的情况更好；上市时间 *Age* 显著为负，说明企业的上市时间更长，企业的绩效可能更差，因此履行社会责任的情况更差。企业的产权性质 *State*、成长能力 *Growth*、盈利能力 *Roe*、经营活动产生的现金净流入 *Cfo*、高管持股比例 *Mshare*、高管货币薪酬水平 *LnComp* 和独立董事比例 *Indep* 的符号与本书预期基本一致，但是显著性水平不是很稳定。

本书进一步将媒体报道 *Media*1 采取虚拟变量的刻画方法，如果该年度该指数高于样本的中位数，则定义该变量为 1，否则为 0。结果发现回归结果没有异常变化，进一步支持了假设成立（限于篇幅限制没有报告）。

另外，已有的一些研究表明不同来源的媒体报道具有不同的公司治理作用，进而可能会影响到企业社会责任的履行，因此本书进一步检验了不同来源的媒体报道是否对企业履行社会责任的情况存在不同的影响，回归结果如表 5-8 所示。在第一列中可以发现，以上市公司社会责任得分总分 *CSR-Scor* 为被解释变量时，政策导向性媒体报道变量 *Media*2 的系数为 0.553 4，另外，以企业社会责任的整体性评价 *CSR-M*、内容性评价 *CSR-C* 和技术性评价 *CSR-T* 等分指标为被解释变量时，也发现政策导向性媒体报道变量 *Media*2 的系数都至少在 5% 的水平上显著为正，尽管行业性评价 *CSR-I* 的系数没有通过显著性水平测试，但符号仍为正，在一定程度上说明政策导向性媒体对上市公司的报道数量越多，企业社会责任履行情况越好；以对企业履行社会责任的信息披露等级 *CSR-Cred* 为被解释变量时，同样发现政策导向性媒体报道变量 *Media*2 的系数在 1% 的水平上显著为正，表明政策导向性媒体对上市公司的报道数量越多，企业社会责任履行情况越好。

在表 5-8 的第二列中可以发现，以上市公司社会责任得分总分 *CSR-Scor* 为被解释变量时，市场导向性媒体报道变量 *Media*3 的系数为 0.899 5，另外，以对企业社会责任的整体性评价 *CSR-M*、内容性评价 *CSR-C*、技术性评价 *CSR-T* 和行业性评价 *CSR-I* 等分指标为被解释变量时，也发现政策导向性媒体报道变量 *Media*3 的系数都至少在 5% 的水平上显著为正；以企业社会责任的信息披露等级 *CSR-Cred* 为被解

表 5-8　不同来源的媒体报道与企业社会责任

变量	CSR-Scor（Tobit 模型）	CSR-M（Tobit 模型）		CSR-C（Tobit 模型）		CSR-T（Tobit 模型）		CSR-I		CSR-Cred（Ologit 模型）	
	Tobit 模型	Tobit 模型	Tobit 模型	Tobit 模型	Tobit 模型	Tobit 模型	Tobit 模型	Tobit 模型	Tobit 模型	Ologit 模型	Ologit 模型
Media2	0.553 4*** (2.88)	0.207 4*** (3.03)		0.265 8*** (2.80)		0.066 8** (2.00)		0.036 1 (1.43)		0.096 1*** (2.66)	
Media3	0.899 5*** (3.83)		0.330 3*** (4.05)		0.415 9*** (3.59)		0.124 9*** (3.08)		0.069 4** (2.20)		0.136 0*** (3.20)
State	-0.495 0 (-1.07)	-0.256 0 (-1.53)	-0.266 0 (-1.59)	-0.145 6 (-0.62)	-0.158 0 (-0.67)	-0.219 3*** (-2.75)	-0.223 3* (-2.79)	0.066 6* (0.98)	0.065 7 (0.97)	0.023 3 (0.26)	0.021 2 (0.23)
Size	3.567 8*** (14.71)	1.135 8*** (13.42)	1.090 4*** (12.87)	1.672 9*** (14.18)	1.618 2*** (13.78)	0.526 9*** (12.27)	0.503 5*** (11.84)	0.384 6*** (10.69)	0.372 1*** (10.40)	0.577 5*** (13.16)	0.565 8*** (12.82)
Lev	-4.912 7*** (-3.81)	-1.753 2*** (-3.76)	-1.657 7*** (-3.56)	-2.202 4*** (-3.49)	-2.084 6*** (-3.30)	-0.949 9*** (-4.16)	-0.907 8*** (-3.97)	-0.255 8 (-1.52)	-0.234 0 (-1.39)	-0.991 4*** (-3.94)	-0.950 0*** (-3.75)
Shr1	-0.056 3** (-2.52)	-0.019 3** (-2.37)	-0.018 5** (-2.29)	-0.022 0** (-2.09)	-0.021 1** (-2.01)	-0.008 9** (-2.28)	-0.008 5** (-2.20)	-0.004 7 (-1.64)	-0.004 5 (-1.60)	-0.008 1* (-1.90)	-0.008 1* (-1.91)
Growth	-0.698 6 (-1.28)	-0.159 4 (-0.82)	-0.158 0 (-0.82)	-0.523 7* (-1.89)	-0.522 3* (-1.88)	-0.028 1 (-0.27)	-0.027 1 (-0.26)	0.016 2 (0.21)	0.022 3 (0.28)	-0.016 1 (-0.14)	-0.018 3 (-0.16)
Roe	0.823 9 (0.31)	-1.082 2 (-1.13)	-1.051 2 (-1.10)	2.514 2* (1.87)	2.555 2* (1.90)	-0.494 6 (-1.12)	-0.487 5 (-1.11)	-0.495 1 (-1.38)	-0.489 5 (-1.36)	0.528 4 (1.00)	0.575 6 (1.09)
Cfo	5.830 2** (2.02)	1.193 5 (1.11)	1.122 5 (1.05)	2.564 7* (1.79)	2.476 7* (1.73)	1.035 8** (1.98)	1.004 8* (1.92)	1.233 0*** (3.09)	1.212 3*** (3.03)	0.604 6 (1.05)	0.592 3 (1.02)
Mshare	1.338 5 (0.58)	1.716 6 (0.89)	0.771 5 (0.96)	0.161 8 (0.14)	0.232 4 (0.20)	0.347 2 (0.92)	0.364 4 (0.97)	0.078 4 (0.25)	0.088 6 (0.28)	0.522 4 (1.15)	0.553 2 (1.22)

表5-8(续)

LnComp	0.325 4 (0.77)	0.308 5 (0.73)	0.126 2 (0.97)	0.120 5 (0.94)	0.150 0 (0.68)	0.143 4 (0.66)	0.086 4 (1.53)	0.082 8 (1.48)	-0.025 9 (-0.41)	-0.028 4 (-0.45)	0.145 0* (1.69)	0.142 2* (1.67)
Shr2-5	0.097 8*** (4.16)	0.095 1*** (4.08)	0.032 8*** (3.78)	0.031 8*** (3.69)	0.043 6*** (3.94)	0.042 3*** (3.85)	0.012 8*** (3.12)	0.012 5*** (3.06)	0.007 1** (2.52)	0.006 9** (2.50)	0.015 0*** (3.21)	0.014 7*** (3.16)
Dual	-0.314 9 (-0.59)	-0.337 2 (-0.64)	-0.123 0 (-0.62)	-0.130 7 (-0.66)	-0.001 7 (-0.01)	-0.010 9 (-0.04)	-0.191 2** (-2.17)	-0.195 6** (-2.23)	-0.050 5 (-0.69)	-0.052 5 (-0.72)	0.008 5 (0.08)	0.006 8 (0.06)
Board	0.397 8*** (3.20)	0.391 4*** (3.14)	0.117 1*** (2.66)	0.114 7** (2.59)	0.189 9*** (3.15)	0.187 1*** (3.09)	0.051 2** (2.26)	0.050 2** (2.21)	0.030 6* (1.72)	0.029 9* (1.68)	0.079 2*** (3.65)	0.078 8*** (3.63)
Indep	-0.071 2 (-0.02)	-0.430 0 (-0.13)	0.236 2 (0.19)	0.106 1 (0.19)	-0.551 0 (-0.33)	-0.713 0 (-0.43)	0.203 1 (0.33)	0.149 3 (0.24)	0.229 2 (0.48)	0.201 0 (0.42)	-0.103 2 (-0.16)	-0.148 8 (-0.23)
Age	-1.099 2*** (-2.97)	-1.033 9*** (-2.81)	-0.383 3*** (-2.83)	-0.358 7*** (-2.66)	-0.554 5*** (-3.10)	-0.522 9*** (-2.95)	-0.159 1** (-2.31)	-0.151 6** (-2.23)	-0.040 8 (-0.88)	-0.037 8 (-0.83)	-0.215 9*** (-2.99)	-0.205 4*** (-2.86)
Year/Ind	控制	控制	控制	控制	控制	控制	控制	控制	控制	控制	控制	控制
截距	-53.954*** (-7.97)	-50.559*** (-7.56)	-15.849*** (-6.98)	-14.668*** (-6.49)	-26.527*** (-7.78)	-25.096*** (-7.45)	-6.916*** (-6.47)	-6.327*** (-5.96)	-8.266*** (-8.77)	-7.947*** (-8.42)		
N	2 682	2 682	2 682	2 682	2 681	2 681	2 679	2 679	2 140	2 140	2 656	2 656
Pseu-Rsq	0.047 4	0.047 9	0.083 6	0.084 3	0.051 0	0.051 5	0.053 6	0.058 6	0.115 4	0.115 8	0.091 0	0.091 3
F/Wald值	34.02***	34.19***	52.97***	53.61***	26.65***	27.06***	18.34***	13.07***	25.70***	25.81***	853.14***	856.77***

注：括号内给出的t/z值都经过White异方差调整，***、**、* 分别表示在1%、5%、10%水平下显著。

释变量时，同样发现市场导向性媒体报道变量 *Media*3 的系数在 1% 的水平上显著为正，表明市场导向性媒体对上市公司的报道数量越多，企业社会责任履行情况越好。

需要说明的是，在表 5-8 的第一列和第二列的回归中，我们能发现市场导向性媒体报道变量 *Media*3 的回归系数比政策导向性媒体报道变量 *Media*2 的回归系数更大，这可能说明相对于政策导向性媒体报道，权威的市场导向性媒体报道一般是将上市公司履行社会责任的相关情况的细节交代得更为清楚，并且有深度分析，被披露的潜在问题一般是由具有专业能力的财经记者通过深度调查后挖掘出来的，其权威性和专业能力较强，容易引起社会公众的关注。因此，我们总体上可以看出，不同来源的媒体报道对企业履行社会责任的情况发挥了不同程度的治理作用，权威、具有专业能力和大胆的市场导向性媒体报道所引起的社会关注度越高，对企业履行社会责任情况的促进作用更强。

在上文分别考察了地区法制环境、地区信任环境和媒体报道对企业社会责任的履行情况的影响后，本书接下来需要进一步考察在法制环境和信任环境不同的地区，媒体报道对企业社会责任的履行情况是否存在显著差异。

5.4.4.4　法制环境与媒体报道联合对企业社会责任履行影响的回归结果分析

首先考察了在法制环境不同的地区，媒体报道对企业社会责任的履行情况是否存在显著差异，表 5-9 是对应的回归结果。我们可以从表 5-9 中发现：以上市公司社会责任得分总分 *CSR-Scor* 为被解释变量时，地区法制环境与媒体报道变量的交互项 *Legal* * *Media*1 的系数在 5% 的水平上显著为正；以企业社会责任的整体性评价 *CSR-M*、内容性评价 *CSR-C*、技术性评价 *CSR-T* 和行业性评价 *CSR-I* 等分指标为被解释变量时，也发现地区法制环境与媒体报道变量的交互项 *Legal* * *Media*1 的系数都至少在 5% 的水平上显著为正；以企业履行社会责任的信息披露等级 *CSR-Cred* 为被解释变量时，同样发现地区法制环境与媒体报道变量的交互项 *Legal* * *Media*1 的系数在 5% 的水平上显著为正。这说明相对于法制环境越差的地区，在法制环境越好的地区，媒体报道对企业履行社会责任的促进作用越强。

表 5-9 地区法制环境、媒体报道与企业社会责任

变量	CSR-Scor	CSR-M	CSR-C	CSR-T	CSR-I	CSR-Cred
	Tobit 模型	Tobit 模型	Tobit 模型	Tobit 模型	Tobit 模型	Ologit 模型
Media1	-0.233 0 (-0.68)	-0.078 3 (-0.63)	-0.061 3 (-0.36)	-0.052 8 (-0.79)	-0.082 1 * (-1.73)	-0.018 9 (-0.27)
Legal	0.056 1 (0.79)	0.006 6 (0.26)	0.039 7 (1.15)	0.015 4 (1.23)	0.004 8 (0.54)	0.010 1 (0.72)
Media1 * Legal	0.073 0 ** (2.55)	0.026 2 *** (2.58)	0.031 0 ** (2.20)	0.011 0 ** (1.97)	0.010 4 *** (2.79)	0.010 9 ** (1.99)
State	-0.318 9 (-0.70)	-0.206 1 (-1.25)	-0.055 3 (-0.24)	-0.186 1 ** (-2.38)	0.074 9 (1.12)	0.040 6 (0.45)
Size	3.379 7 *** (14.44)	1.075 2 *** (13.08)	1.581 8 *** (13.85)	0.497 1 *** (11.98)	0.368 0 *** (10.51)	0.559 5 *** (13.06)
Lev	-4.054 9 *** (-3.19)	-1.497 8 *** (-3.26)	-1.772 7 *** (-2.85)	-0.797 6 *** (-3.56)	-0.185 4 (-1.11)	-0.868 8 *** (-3.47)
Shr1	-0.064 1 *** (-2.88)	-0.021 6 *** (-2.65)	-0.026 0 ** (-2.48)	-0.010 4 *** (-2.66)	-0.005 5 * (-1.89)	-0.009 8 ** (-2.29)
Growth	-0.591 5 (-1.07)	-0.126 9 (-0.65)	-0.470 7 * (-1.68)	-0.009 4 (-0.09)	0.026 9 (0.34)	-0.001 7 (-0.01)
Roe	1.539 1 (0.59)	-0.848 0 (-0.91)	2.841 5 ** (2.18)	-0.375 1 (-0.87)	-0.435 8 (-1.22)	0.644 3 (1.25)
Cfo	4.882 5 * (1.69)	0.903 7 (0.84)	2.101 7 (1.47)	0.870 6 * (1.67)	1.166 6 *** (2.92)	0.426 7 (0.73)
Mshare	1.120 6 (0.49)	0.661 2 (0.83)	0.040 6 (0.04)	0.302 0 (0.80)	0.082 2 (0.26)	0.462 9 (1.02)
LnComp	0.124 2 (0.31)	0.065 9 (0.54)	0.049 9 (0.24)	0.050 6 (0.94)	-0.041 2 (-0.65)	0.095 4 (1.17)
Shr2-5	0.094 4 *** (4.03)	0.031 7 *** (3.65)	0.042 1 *** (3.81)	0.012 3 *** (3.00)	0.006 8 ** (2.43)	0.015 0 *** (3.19)
Dual	-0.512 7 (-0.98)	-0.181 3 (-0.92)	-0.101 0 (-0.39)	-0.227 3 *** (-2.58)	-0.096 4 (-0.96)	-0.014 3 (-0.14)
Board	0.465 9 *** (3.78)	0.138 5 *** (3.16)	0.222 2 *** (3.69)	0.063 1 *** (2.81)	0.036 8 ** (2.08)	0.087 7 *** (4.08)
Indep	1.014 0 (0.30)	0.556 2 (0.46)	-0.017 5 (-0.01)	0.404 2 (0.66)	0.327 6 (0.68)	0.085 3 (0.13)
Age	-1.083 2 *** (-2.93)	-0.375 1 *** (-2.77)	-0.551 4 *** (-3.10)	-0.157 7 *** (-2.28)	-0.034 9 (-0.75)	-0.207 6 *** (-2.85)
Year/Ind	控制	控制	控制	控制	控制	控制

表5-9(续)

变量	CSR-Scor	CSR-M	CSR-C	CSR-T	CSR-I	CSR-Cred
截距	-49.599^{***} (-7.63)	-14.357^{***} (-6.53)	-24.523^{***} (-7.48)	-6.272^{***} (-6.10)	-7.769^{***} (-8.32)	
N	2 682	2 682	2 681	2 679	2 140	2 656
Pseu-Rsq	0.049 6	0.085 8	0.053 7	0.062 0	0.118 1	0.093 8
F/Wald 值	32.20^{***}	50.39^{***}	26.87^{***}	12.61^{***}	24.93^{***}	899.00^{***}

注:括号内给出的 t/z 值都经过 White 异方差调整,*** 、** 、* 分别表示在 1%、5%、10%水平下显著。

另外,本书进一步将媒体报道按照其来源渠道分为政策导向性媒体报道和市场导向性媒体报道,进一步检验了在法制环境不同的地区,不同来源的媒体报道是否对企业社会责任的履行情况存在不同的影响,回归结果如表 5-10 所示。在表 5-10 中,我们在第四列可以发现,无论是以上市公司社会责任得分总分 CSR-Scor 为被解释变量时,还是以企业社会责任的整体性评价 CSR-M、内容性评价 CSR-C、技术性评价 CSR-T 和行业性评价 CSR-I 等分指标为被解释变量时,最后以企业履行社会责任的信息披露等级 CSR-Cred 为被解释变量时,地区法制环境与政策导向性媒体报道变量的交互项 Legal * Media2 的回归系数至少都在 5% 的水平上显著为正,说明相对于法制环境越差的地区,在法制环境越好的地区,政策导向性媒体监督对企业履行社会企业责任的促进作用越强。在第五列中我们可以发现,无论是以上市公司社会责任得分总分 CSR-Scor 为被解释变量时,还是以企业社会责任的整体性评价 CSR-M、内容性评价 CSR-C、技术性评价 CSR-T 和行业性评价 CSR-I 等分指标为被解释变量时,或者以企业履行社会责任的信息披露等级 CSR-Cred 为被解释变量时,地区法制环境与市场导向性媒体报道变量的交互项 Legal * Media3 的回归系数也至少都在 5% 的水平上显著为正。这都说明相对于法制环境越差的地区,在法制环境越好的地区,政策导向性媒体报道和市场导向性媒体报道次数越多,引发的社会关注程度越高,对企业履行社会责任的促进作用越强。

另外,我们发现,地区法制环境与市场导向性媒体报道变量的交互项 Legal * Media3 的回归系数比地区法制环境与政策导向性媒体报道变量的交互项 Legal * Media2 的回归系数更大,可能说明相对于法制环境越差的地区,在法制环境越好的地区,市场导向性媒体报道比政策导向性媒体报道所引起的社会关注度越高,对企业履行社会企业责任情况的促进作用越强。

表5-10　地区法制环境、不同来源的媒体报道与企业社会责任

变量	CSR-Scor Tobit 模型		CSR-M Tobit 模型		CSR-C Tobit 模型		CSR-T Tobit 模型		CSR-I Tobit 模型		CSR-Cred Ologit 模型	
Media2	-0.282 5 (-0.78)		-0.100 4 (-0.76)		-0.085 5 (-0.48)		-0.059 1 (-0.84)		-0.080 8 (-1.62)		-0.025 3 (-0.35)	
Media3		-0.470 7 (-1.05)		-0.115 1 (-0.71)		-0.201 5 (-0.91)		-0.069 9 (-0.75)		-0.125 5 ** (-2.07)		-0.055 6 (-0.64)
Legal	0.059 7 (0.85)	0.112 7 ** (2.36)	0.007 0 (0.27)	0.030 9 * (1.79)	0.041 2 (1.20)	0.060 6 *** (2.61)	0.015 6 (1.26)	0.024 7 *** (2.98)	0.003 6 (0.41)	0.003 4 (0.54)	0.010 8 (0.78)	0.019 4 ** (2.09)
Media2 * Legal	0.075 7 ** (2.52)		0.027 6 *** (2.59)		0.032 1 ** (2.17)		0.011 6 ** (1.97)		0.010 5 *** (2.68)		0.011 2 * (1.95)	
Media3 * Legal		0.118 7 *** (3.22)		0.038 5 *** (2.97)		0.053 7 *** (2.99)		0.017 1 ** (2.28)		0.016 8 *** (3.43)		0.017 2 ** (2.51)
State	-0.308 8 (-0.67)	-0.378 4 (-0.82)	-0.202 6 (-1.23)	-0.224 9 (-1.37)	-0.051 0 (-0.22)	-0.083 6 (-0.36)	-0.184 7 ** (-2.37)	-0.194 5 ** (-2.48)	0.076 3 (1.14)	0.069 8 (1.05)	0.042 1 (0.47)	0.035 5 (0.39)
Size	3.414 4 *** (14.61)	3.272 5 *** (14.06)	1.087 3 *** (13.27)	1.039 7 *** (12.66)	1.599 7 *** (14.02)	1.538 2 *** (13.53)	0.500 0 *** (12.09)	0.475 1 *** (11.61)	0.369 0 *** (10.60)	0.354 7 *** (10.21)	0.564 9 *** (13.23)	0.549 3 *** (12.76)
Lev	-4.100 3 *** (-3.23)	-3.952 2 *** (-3.12)	-1.514 3 *** (-3.30)	-1.455 1 *** (-3.18)	-1.796 6 *** (-2.89)	-1.733 4 *** (-2.79)	-0.801 4 *** (-3.58)	-0.775 2 *** (-3.47)	-0.186 4 (-1.12)	-0.178 4 (-1.08)	-0.878 7 *** (-3.51)	-0.855 4 *** (-3.40)
Shr1	-0.064 0 *** (-2.87)	-0.061 6 *** (-2.79)	-0.021 5 ** (-2.64)	-0.020 8 ** (-2.56)	-0.025 9 ** (-2.47)	-0.024 9 ** (-2.39)	-0.010 4 *** (-2.65)	-0.010 0 ** (-2.57)	-0.005 4 * (-1.87)	-0.005 3 * (-1.88)	-0.009 7 ** (-2.27)	-0.009 9 ** (-2.33)
Growth	-0.593 5 (-1.08)	-0.560 4 (-1.02)	-0.127 5 (-0.65)	-0.117 1 (-0.60)	-0.471 8 * (-1.69)	-0.457 1 (-1.64)	-0.009 5 (-0.09)	-0.004 5 (-0.04)	0.025 7 (0.33)	0.036 2 (0.46)	-0.000 5 (-0.01)	-0.000 3 (-0.01)
Roe	1.538 3 (0.59)	1.918 7 (0.73)	-0.846 6 (-0.91)	-0.732 4 (-0.78)	2.842 6 ** (2.18)	3.028 6 ** (2.31)	-0.375 5 (-0.87)	-0.327 6 (-0.76)	-0.438 6 (-1.23)	-0.388 7 (-1.09)	0.634 1 (1.22)	0.731 3 (1.41)

表5-10（续）

Cfo	4.922 8* (1.70)	4.653 8 (1.61)	0.917 9 (0.85)	0.826 7 (0.77)	2.122 5 (1.48)	2.000 0 (1.40)	0.874 2* (1.67)	0.833 1 (1.59)	1.166 3*** (2.92)	1.139 0*** (2.86)	0.431 4 (0.74)	0.385 6 (0.66)
Mshare	1.120 5 (0.49)	1.301 4 (0.57)	0.661 8 (0.82)	0.721 3 (0.90)	0.041 3 (0.04)	0.132 3 (0.12)	0.301 6 (0.80)	0.322 7 (0.86)	0.080 3 (0.26)	0.091 8 (0.30)	0.465 3 (1.03)	0.508 6 (1.12)
LnComp	0.128 3 (0.32)	0.132 5 (0.33)	0.067 3 (0.54)	0.068 4 (0.56)	0.052 4 (0.25)	0.055 4 (0.27)	0.050 7 (0.94)	0.050 0 (0.94)	-0.041 7 (-0.66)	-0.040 6 (-0.64)	0.097 2 (1.18)	0.098 8 (1.22)
Shr2-5	0.094 3*** (4.01)	0.091 4*** (3.93)	0.031 6*** (3.64)	0.030 7*** (3.55)	0.042 1*** (3.80)	0.040 6*** (3.70)	0.012 3*** (2.99)	0.012 0*** (2.93)	0.006 9** (2.42)	0.006 8** (2.46)	0.014 9*** (3.18)	0.014 7*** (3.18)
Dual	-0.504 0 (-0.96)	-0.502 9 (-0.96)	-0.178 1 (-0.91)	-0.179 1 (-0.91)	-0.096 7 (-0.37)	-0.094 7 (-0.36)	-0.226 4** (-2.57)	-0.227 7*** (-2.60)	-0.069 4 (-0.96)	-0.065 2 (-0.91)	-0.013 6 (-0.13)	-0.013 3 (-0.13)
Board	0.466 7*** (3.79)	0.467 0*** (3.77)	0.138 9*** (3.17)	0.138 0*** (3.13)	0.222 7*** (3.70)	0.223 4*** (3.70)	0.063 2*** (2.82)	0.063 0*** (2.80)	0.036 7** (2.07)	0.037 2** (2.09)	0.087 7*** (4.08)	0.088 8*** (4.12)
Indep	1.171 2 (0.35)	0.301 4 (0.09)	0.613 8 (0.51)	0.314 6 (0.26)	0.555 1 (0.03)	-0.336 4 (-0.21)	0.424 9 (0.69)	0.296 1 (0.48)	0.341 1 (0.71)	0.248 0 (0.52)	0.102 6 (0.16)	0.001 3 (0.01)
Age	-1.085 0*** (-2.94)	-0.975 5*** (-2.65)	-0.375 5*** (-2.78)	-0.338 9** (-2.50)	-0.551 6*** (-3.11)	-0.498 1*** (-2.82)	-0.158 4** (-2.29)	-0.144 7** (-2.10)	-0.036 0 (-0.78)	-0.027 3 (-0.60)	-0.207 3*** (-2.85)	-0.187 4*** (-2.58)
Year/Ind	控制	控制	控制	控制	控制	控制	控制	控制	控制	控制	控制	控制
截距	-50.412*** (-7.77)	-47.567*** (-7.42)	-14.632*** (-6.69)	-13.716*** (-6.30)	-26.527*** (-7.78)	-23.669*** (-7.33)	-6.337*** (-6.18)	-5.837*** (-5.74)	-7.796*** (-8.39)	-7.558*** (-8.14)		
N	2 682	2 682	2 682	2 682	2 681	2 681	2 679	2 679	2 140	2 140	2 656	2 656
Pseu-Rsq	0.049 5	0.050 3	0.085 8	0.086 6	0.053 5	0.054 4	0.062 0	0.063 0	0.118 0	0.119 2	0.093 7	0.094 4
F/Wald值	32.13***	32.87***	50.39***	51.12***	26.83***	27.50***	12.63***	12.66***	24.88***	25.43***	900.07***	907.44***

注：括号内给出的 t/z 值都经过 White 异方差调整，***、**、* 分别表示在 1%、5%、10% 水平下显著。

5.4.4.5 信任环境与媒体报道联合对企业社会责任履行影响的回归结果分析

上一节考察了在信任环境不同的地区，媒体报道对企业社会责任的履行情况的影响。这一节考察的是在信任环境不同的地区，媒体报道对企业社会责任的履行情况是否存在显著差异，表 5-11 是对应的回归结果。

从表 5-11 的第三列我们可以看出，以上市公司社会责任得分总分 $CSR-Scor$ 为被解释变量时，地区信任环境与媒体报道变量的交互项 $Trust * Media1$ 的系数在 5% 的水平上显著为正；以整体性评价 $CSR-M$、内容性评价 $CSR-C$、技术性评价 $CSR-T$ 和行业性评价 $CSR-I$ 等分指标为被解释变量时，也发现地区信任环境与媒体报道变量的交互项 $Trust * Media1$ 的系数都至少在 5% 的水平上显著为正；以企业履行社会责任的信息披露等级 $CSR-Cred$ 为被解释变量时，同样发现地区信任环境与媒体报道变量的交互项 $Trust * Media1$ 的系数在 5% 的水平上显著为正。这说明相对于法制环境越差的地区，在法制环境越好的地区，媒体报道对企业履行社会责任的促进作用越强。

表 5-11　　　　　　　　地区信任环境、媒体报道与企业社会责任

变量	CSR-Scor	CSR-M	CSR-C	CSR-T	CSR-I	CSR-Cred
	Tobit 模型	Tobit 模型	Tobit 模型	Tobit 模型	Tobit 模型	Ologit 模型
$Media1$	0.075 3 (0.33)	0.035 2 (0.43)	0.063 4 (0.57)	−0.031 9 (−0.77)	−0.019 7 (−0.61)	0.026 6 (0.59)
$Trust$	0.007 3 (1.16)	0.001 5 (0.67)	0.003 6 (1.19)	0.001 0 (0.92)	0.000 9 (1.12)	0.000 9 (0.83)
$Media1 * Trust$	0.006 5*** (2.71)	0.002 3*** (2.72)	0.002 8** (2.39)	0.001 3*** (2.86)	0.000 7** (2.29)	0.001 0** (2.27)
$State$	−0.521 4 (−1.15)	−0.266 6 (−1.64)	−0.165 6 (−0.68)	−0.225 5*** (−2.91)	0.054 9 (0.83)	0.009 3 (0.10)
$Size$	3.218 8*** (13.87)	1.023 4*** (12.51)	1.514 0*** (13.30)	0.466 1*** (11.41)	0.348 5*** (10.12)	0.537 9*** (12.61)
Lev	−3.429 6*** (−2.71)	−1.295 4*** (−2.83)	−1.528 5** (−2.46)	−0.693 8*** (−3.13)	−0.094 7 (−0.57)	−0.783 6*** (−3.13)
$Shr1$	−0.067 1*** (−3.04)	−0.022 6*** (−2.79)	−0.027 0*** (−2.58)	−0.010 9*** (−2.81)	−0.006 0** (−2.06)	−0.010 3** (−2.44)
$Growth$	−0.603 9 (−1.10)	−0.129 4 (−0.67)	−0.480 2* (−1.73)	−0.011 8 (−0.11)	0.025 1 (0.32)	−0.008 5 (−0.07)

表5-11(续)

变量	CSR-Scor	CSR-M	CSR-C	CSR-T	CSR-I	CSR-Cred
Roe	1.640 7 (0.64)	−0.813 8 (−0.88)	2.872 3** (2.21)	−0.342 3 (−0.81)	−0.431 5 (−1.21)	0.670 4 (1.30)
Cfo	4.568 0 (1.59)	0.786 6 (0.74)	2.001 7 (1.40)	0.810 9 (1.56)	1.100 8*** (2.76)	0.400 3 (0.69)
Mshare	0.266 3 (0.12)	0.396 9 (0.49)	−0.331 3 (−0.29)	0.159 1 (0.43)	−0.036 2 (−0.12)	0.370 6 (0.80)
LnComp	0.105 4 (0.27)	0.058 0 (0.49)	0.050 1 (0.25)	0.048 2 (0.92)	−0.048 9 (−0.79)	0.094 3 (1.17)
Shr2-5	0.094 8*** (4.08)	0.031 7*** (3.69)	0.042 4*** (3.85)	0.012 3*** (3.03)	0.006 7** (2.39)	0.015 3*** (3.30)
Dual	−0.419 6 (−0.81)	−0.152 2 (−0.78)	−0.050 4 (−0.19)	−0.208 6** (−2.40)	−0.068 9 (−0.97)	−0.001 2 (−0.01)
Board	0.463 5*** (3.79)	0.138 3*** (3.18)	0.219 0*** (3.66)	0.063 4*** (2.84)	0.037 0** (2.10)	0.086 6*** (4.04)
Indep	0.451 6 (0.14)	0.391 2 (0.33)	−0.320 9 (−0.20)	0.298 3 (0.49)	0.314 3 (0.66)	−0.011 4 (−0.02)
Age	−1.150 8*** (−3.14)	−0.394 6*** (−2.93)	−0.580 8*** (−3.29)	−0.166 3*** (−2.43)	−0.043 6 (−0.94)	−0.213 6*** (−2.94)
Year/Ind	控制	控制	控制	控制	控制	控制
截距	−45.702*** (−7.11)	−13.164*** (−6.05)	−22.783*** (−6.97)	−5.464*** (−5.43)	−7.305*** (−7.95)	
N	2 682	2 682	2 681	2 679	2 140	2 656
Pseu-Rsq	0.050 8	0.087 2	0.054 6	0.064 7	0.121 3	0.095 0
F/Wald 值	32.43***	50.79***	26.92***	12.81***	25.16***	906.17***

注：括号内给出的 t/z 值都经过 White 异方差调整，***、**、* 分别表示在1%、5%、10%水平下显著。

　　另外，本书也进一步将媒体报道按照其来源渠道分为政策导向性媒体报道和市场导向性媒体报道，进一步检验了在信任环境不同的地区，不同来源的媒体报道是否对企业履行社会责任的情况产生不同的影响，回归结果如表 5-12 所示。在表5-12中，在第四列我们可以发现，无论是以上市公司社会责任得分总分 CSR-Scor 为被解释变量时，还是以企业社会责任的整体性评价 CSR-M、内容性评价 CSR-C、技术性评价 CSR-T 和行业性评价 CSR-I 等分指标为被解释变量时，或者以企业履行社会责任的信息披露等级 CSR-Cred 为被解释变量时，地区信任环境与政策导向性媒体报道变量的交互项 Trust*Media2 的回归系数至少都在 5% 的水平上显

表5-12 地区信任环境、不同来源的媒体报道与企业社会责任

变量	CSR-Scor Tobit 模型		CSR-M Tobit 模型		CSR-C Tobit 模型		CSR-T Tobit 模型		CSR-I Tobit 模型		CSR-Cred Ologit 模型	
Media2	0.046 0 (0.19)		0.021 4 (0.25)		0.050 6 (0.43)		-0.035 9 (-0.82)		-0.017 5 (-0.52)		0.021 5 (0.45)	
Media3		0.044 3 (0.15)		0.059 7 (0.57)		0.016 5 (0.11)		-0.029 8 (-0.53)		-0.035 5 (-0.88)		0.022 6 (0.40)
Trust	0.007 9 (1.27)	0.012 7*** (3.03)	0.001 6 (0.72)	0.003 8*** (2.57)	0.003 9 (1.30)	0.005 6*** (2.74)	0.001 0 (0.98)	0.002 2*** (3.22)	0.000 9 (1.28)	0.001 3** (2.50)	0.001 0 (0.89)	0.001 9** (2.46)
Media2 * Trust	0.006 7*** (2.65)		0.002 4*** (2.72)		0.002 9** (2.31)		0.001 4*** (2.83)		0.000 7*** (2.20)		0.001 0** (2.23)	
Media3 * Trust		0.009 8*** (3.41)		0.003 1*** (3.09)		0.004 6*** (3.28)		0.001 8** (3.22)		0.001 2** (3.11)		0.001 4*** (2.76)
State	-0.508 9 (-1.12)	-0.571 9 (-1.26)	-0.262 4 (-1.61)	-0.281 8* (-1.73)	-0.150 8 (-0.66)	-0.181 6 (-0.79)	-0.223 1*** (-2.89)	-0.232 9*** (-3.00)	0.056 3 (0.85)	0.050 28 (0.76)	0.010 9 (0.12)	0.006 3 (0.07)
Size	3.250 5*** (14.04)	3.129 9*** (13.52)	1.034 3*** (12.70)	0.994 7*** (12.14)	1.530 8*** (13.47)	1.477 8*** (13.01)	0.468 5*** (11.50)	0.448 0*** (11.09)	0.349 1*** (10.21)	0.336 3*** (9.80)	0.543 0*** (12.79)	0.529 4*** (12.30)
Lev	-3.461 4*** (-2.74)	-3.367 8*** (-2.67)	-1.307 4*** (-2.85)	-1.264 4*** (-2.76)	-1.545 9** (-2.49)	-1.511 0** (-2.43)	-0.694 7*** (-3.14)	-0.682 6*** (-3.09)	-0.095 0 (-0.58)	-0.091 0 (-0.55)	-0.791 8*** (-3.17)	-0.775 8*** (-3.08)
Shr1	-0.063 6*** (-2.90)	-0.067 3*** (-3.04)	-0.022 6*** (-2.79)	-0.021 4*** (-2.67)	-0.027 1** (-2.59)	-0.025 3** (-2.44)	-0.010 9*** (-2.80)	-0.010 3*** (-2.69)	-0.006 0** (-2.06)	-0.005 6** (-1.98)	-0.010 3** (-2.43)	-0.010 3** (-2.45)
Growth	-0.604 2 (-1.10)	-0.590 7 (-1.08)	-0.129 3 (-0.67)	-0.125 8 (-0.65)	-0.480 5* (-1.73)	-0.474 1* (-1.71)	-0.011 6 (-0.11)	-0.009 3 (-0.09)	0.024 3 (0.31)	0.030 6 (0.39)	-0.007 3 (-0.06)	-0.008 4 (-0.07)
Roe	1.633 7 (0.63)	2.047 5 (0.79)	-0.814 1 (-0.88)	-0.693 2 (-0.75)	2.868 6** (2.20)	3.078 5** (2.36)	-0.344 6 (-0.81)	-0.283 5 (-0.67)	-0.434 5 (-1.22)	-0.386 0 (-1.09)	0.659 0 (1.28)	0.754 9 (1.46)

表5-12（续）

Cfo	4.630 3 (1.61)	4.245 8 (1.48)	0.807 1 (0.76)	0.690 6 (0.65)	2.033 2 (1.42)	1.846 7 (1.29)	0.817 8 (1.58)	0.758 7 (1.46)	1.104 0*** (2.77)	1.061 1*** (2.66)	0.407 6 (0.70)	0.351 3 (0.60)
Mshare	0.254 7 (0.11)	0.452 1 (0.20)	0.394 1 (0.49)	0.454 6 (0.57)	-0.336 8 (-0.30)	-0.233 3 (-0.21)	0.157 0 (0.42)	0.178 3 (0.48)	-0.038 0 (-0.12)	-0.028 6 (-0.09)	0.371 5 (0.80)	0.409 8 (0.89)
LnComp	0.106 7 (0.27)	0.126 9 (0.32)	0.058 5 (0.49)	0.064 6 (0.54)	0.051 2 (0.25)	0.062 0 (0.30)	0.047 5 (0.91)	0.050 6 (0.98)	-0.049 5 (-0.80)	-0.046 5 (-0.75)	0.095 6 (1.18)	0.100 5 (1.26)
Shr2-5	0.095 0*** (4.08)	0.090 7*** (3.93)	0.031 8*** (3.69)	0.030 4*** (3.55)	0.042 5*** (3.85)	0.040 3*** (3.69)	0.012 3*** (3.04)	0.011 8*** (2.93)	0.006 7** (2.39)	0.006 4** (2.33)	0.015 3*** (3.29)	0.015 0*** (3.26)
Dual	-0.411 7 (-0.79)	-0.403 5 (-0.78)	-0.149 7 (-0.77)	-0.150 6 (-0.77)	-0.046 8 (-0.18)	-0.039 2 (-0.15)	-0.207 4** (-2.38)	-0.207 6** (-2.40)	-0.069 2 (-0.97)	-0.063 8 (-0.90)	-0.000 7 (-0.01)	0.001 1 (0.01)
Board	0.463 8*** (3.79)	0.466 1*** (3.79)	0.138 6*** (3.19)	0.138 1*** (3.16)	0.219 2*** (3.66)	0.221 2*** (3.69)	0.063 4*** (2.84)	0.063 6*** (2.84)	0.036 9** (2.09)	0.038 0** (2.16)	0.086 5*** (4.04)	0.087 8*** (4.09)
Indep	0.626 6 (0.19)	-0.291 0 (-0.09)	0.454 8 (0.38)	0.145 3 (0.12)	-0.240 5 (-0.15)	-0.661 6 (-0.41)	0.325 8 (0.54)	0.169 4 (0.28)	0.328 0 (0.69)	0.235 5 (0.50)	0.009 2 (0.01)	-0.106 7 (-0.17)
Age	-1.151 8*** (-3.15)	-1.057 1*** (-2.89)	-0.394 3*** (-2.93)	-0.365 0*** (-2.71)	-0.581 2*** (-3.30)	-0.532 0*** (-3.03)	-0.166 8** (-2.44)	-0.155 9** (-2.29)	-0.044 4 (-0.96)	-0.037 0 (-0.82)	-0.212 8*** (-2.94)	-0.196 1** (-2.71)
Year/Ind	控制	控制	控制	控制	控制	控制	控制	控制	控制	控制	控制	控制
截距	-46.441*** (-7.23)	-43.898*** (-6.89)	-13.413*** (-6.18)	-12.588*** (-5.81)	-23.177*** (-7.11)	-22.039*** (-6.82)	-5.517*** (-5.49)	-5.116*** (-5.13)	-7.316*** (-8.00)	-7.085*** (-7.70)		
N	2 682	2 682	2 682	2 682	2 681	2 681	2 679	2 679	2 140	2 140	2 656	2 656
Pseu-R	0.050 8	0.051 5	0.087 1	0.087 9	0.054 5	0.055 5	0.064 6	0.065 7	0.121 2	0.122 5	0.094 8	0.095 5
F/Wald 值	32.35***	33.25***	50.78***	51.44***	26.89***	27.49***	12.84***	12.83***	25.12***	25.67***	907.28***	911.59***

附注：括号内给出的 t/z 值都经过 White 异方差调整，***、**、* 分别表示在 1%、5%、10%水平下显著。

著为正，说明相对于信任环境越差的地区，在信任环境越好的地区，政策导向性媒体监督对企业履行社会企业责任的促进作用越强。

同样在第五列中我们可以发现，无论是以上市公司社会责任得分总分 $CSR-Scor$ 为被解释变量时，还是以企业社会责任的整体性评价 $CSR-M$、内容性评价 $CSR-C$、技术性评价 $CSR-T$ 和行业性评价 $CSR-I$ 等分指标为被解释变量时，或者以企业履行社会责任的信息披露等级 $CSR-Cred$ 为被解释变量时，地区信任环境与市场导向性媒体报道变量的交互项 $Trust*Media3$ 的回归系数也至少都在 5% 的水平上显著为正，说明相对于信任环境越差的地区，在信任环境越好的地区，政策导向性媒体监督对企业履行社会企业责任的促进作用越强。这都说明相对于信任环境越差的地区，在信任环境越好的地区，政策导向性媒体报道和市场导向性媒体报道次数越高，引发的社会关注程度越高，对企业履行社会责任情况的促进作用越强。

另外，我们也能发现，地区信任环境与市场导向性媒体报道变量的交互项 $Trust*Media3$ 的回归系数比地区信任环境与政策导向性媒体报道变量的交互项 $Trust*Media2$ 的回归系数更大，这可能说明相对于信任环境越差的地区，在信任环境越好的地区，市场导向性媒体报道比政策导向性媒体报道所起的社会关注度越高，对企业履行社会企业责任情况的促进作用更强。

5.4.5　外部规则对企业社会责任的影响：基于行业特征的进一步分析

自 20 世纪 60 年来以来，随着经济的发展和企业经营规模和范围的扩展，企业在社会发展中的重要性不断增强，但很多企业在促进经济发展和社会进步的同时，也带来了资源浪费、过度消耗、环境污染等负面效益。因此各国政府都试图通过颁布相关的法律来增强企业履行更多的社会责任，同时，社会公民环保意识的增强，加快了企业外部社会责任运动的兴起，消费者、供应商、环境报告组织、公益组织，以及媒体纷纷要求企业履行和披露有关社会责任信息。于是，在美国，很多企业开始披露其履行社会责任的情况，在欧洲，英、法等国也开始通过立法的形式，推动企业承担相应的社会责任并披露其履行社会责任的信息。和国外的情况类似，近年来中国社会的资源浪费、能源消耗、环境污染等社会问题也比较突出，因此中国政府及其监管机构也出台了一系列措施来推动企业履行社会责任。而需要说明的是，虽然所有的企业都需要履行更多的社会责任，但是就目前中国企业履行社会责任的情况而言，不同行业的企业履行社会责任的内容和侧重点还存在较大的差异，使得不同行业的企业履行社会责任的情况也存在较大的差异。

与终端消费者密切接触程度较低行业的企业不同，与终端消费者密切接触程度较高行业的企业受客户主导的影响程度更大，能更快感受到终端消费者传导过来的压力，对消费者需求的变化更为敏感，进而可能对企业社会责任更为敏感和主动。这可能是因为：一方面，随着终端消费者维权意识的进一步增强，其更有需求和动机了解企业履行社会责任的情况和内容，反过来会促使与终端消费者密切接触程度较高行业的企业更立动地履行社会责任；另一方面，为了更好地吸引潜在消费者和维护已有的消费者，与终端消费者密切接触程度较高行业的企业可能会通过履行更多的社会责任来传递一个积极的信号，以缓解信息的不对称程度，进而在建立和维护消费者关系方面起到良好的沟通作用①。相对于消费者敏感性低的行业，对于消费者敏感性高的行业，当企业的产品与消费者之间的接触更为频繁时，企业品牌的社会可视度就会增加，从而导致外部压力也会增加[144]，进而会积极承担社会责任，因此提升企业和品牌形象。而对于社会责任感更强的终端消费者，他们可能宁愿多付一些钱来选择承担社会责任的企业的产品，以此获得心理上的满足或其他效用。Sen and Bhattcharya（2001）指出，消费者对企业承担的社会责任的认可，会通过对品牌和产品的选择表现出来[314]。Mohr and Webb（2005）也发现，相对于产品价格，消费者的购买行为受到企业所承担的社会责任的影响程度更大[315]。周延风等（2007）的研究结果也表明，如果企业在慈善事业、环境保护和员工善待等方面的社会责任行为表现得更为出色，其对消费者的购买意向和对产品质量的感知有更明显的正面影响[316]；谢佩洪等（2009）也同样发现企业履行更多的社会责任行为对消费者的购买意愿会产生直接的正面影响，良好的企业声誉和消费者对公司的认同感也会对消费者的购买意愿产生间接的正面影响[317]。这表明，相对于消费者敏感性较低行业的企业，信任程度和媒体报道对消费者敏感性较高行业的企业的影响可能更大。由于中国与社会责任相关的法律法规还不完善，使得消费者的合法权益难

---

①　一般而言，企业披露的财务信息需要有一定专业知识的分析师进行解读，而且投资者的理解和解读成本也容易受到财务信息披露内容的影响，并且财务信息影响范围还受限于特定的使用人群，而企业履行的社会责任及披露的相关信息比较关注于产品货真价实、职工福利、环境保护、慈善事业、社会发展等方面，更易于为广大终端消费者关注和理解。随着社会的进步和公众日渐提高的精神文化水平，加之新媒体时代下快速广泛的传播途径，公众的社会责任意识逐渐增加。终端消费者购买产品时不再仅仅是对质量和价格进行权衡，也是对企业产品、信誉和形象的综合考量。

以受到法律的保护[164]，导致在某种程度上与消费者敏感性较低行业的企业相比，消费者敏感性较高行业的企业在履行社会责任方面的动机不足。这可能表明，相对于消费者敏感性较高行业的企业，法律制度环境对消费者敏感性较低行业的企业的影响可能更大。因此本书可以预期，信任程度和媒体报道对消费者敏感性较高行业的企业的影响可能更大，法制环境对于消费者敏感性较低行业的企业的影响可能更大。

鉴于环境保护问题一直是企业履行社会责任的重要内容之一，其关系到社会的可持续发展，无疑具有重大的社会意义。企业作为社会公民，有责任加大对环保资金的投入，严格控制污染，减少废物、废水和废气的排放，同时应该努力推进环保技术的革新及提高生产效能，保护员工、社区和其他公民的利益，肩负起对社会环境保护的责任。特别是其经营活动对自然环境具有潜在损害而在企业社会责任披露事务上承受更大风险的行业中的企业，如采掘业、纺织、造纸印刷和石化工业等，由于此类企业污染物的排放量较大，并且污染的处理往往不达标，可能还会导致环保投资不足、员工职业病高发、安全事故甚至环境事故等社会责任问题。正因为如此，这些行业中的企业应该受到法律法规的严格监督。2011 年 9 月 4 日环境保护部颁布的《上市公司环境信息披露指南》要求，16 类重污染行业上市公司需要定期披露其在环境保护方面的信息，特别是环境评估和"三同时"制度执行、污染物达标排放、一般工业固体废物和危险废弃物处置处理、污染物总量减排任务完成、清洁生产实施、环境风险管理体系建立和运行情况等信息。从合规性的角度来看，企业履行社会责任和披露社会责任信息的动因是为了满足法律或者相关规定，因此与环境敏感性较低行业的企业不同，环境敏感性较高行业的企业由于更容易在环保问题的上引起社会的关注和监督，受到法律制度压力的影响程度更大，一旦企业出现环保违规问题，更容易受到相关部门的调查和严惩。因此在法制环境更好的地区，出于环境和产品安全的考虑，处于环境敏感性较高行业的企业比其他行业的企业在环境责任方面承受的社会压力更大。而从信任的角度来看，企业所处地区的社会信任的差异会对该地区企业和个人的行为产生重要影响，使得企业履行社会责任的行为可能会受到信任文化的影响和冲击。特别是在社会信任程度更高的地区，与环境敏感性较低行业的企业不同，环境敏感性较高行业的企业由于不履行环保责任可能更容易遭受信任危机，企业更可能采取自愿披露社会责任信息的方式来传递信号，进而提高企业声誉，尤其是对重视和谐、强调自然环境和企业协同发展关系的信息披露，会让资本市场和社会公众觉得企业更愿意履行消费者利益保护和环境保护等社会责任，进而积累更多的社会资本。因此在信任程度更高的地区，出于企业声誉积累的考虑，处于环境敏感性较高行业的企业比其他行业的企业在环境责任方面承受的社会压力更大。另外，虽然新闻媒体的报道能曝光企业对环保问题的不作为行为，使得企业形象受损，进而对生产经营活动带来较大的负面影响；但就目前中国环境敏感性较高行业中的企业而言，由于受到行业特征的影响，这些企业在社会公众的认识中很难摆脱过去一贯的漠视员工健康和环保不积极的形象，尽管可以选择通过积极披露更多的社会责任信息来区别于其他的企业，但是披露更多的信息也可能会引起社会公众的过度关注，进而可能会对企业的形象产生负面影响，甚至会引起监管者对企业的过度关注和提高公司遭受违规处罚的可能性。如沈洪涛等（2010）的研究表明，中国重污染行业中的上市公司在国家环保部门和证券交易所出台环境信息披露规定后，尽管披露环境信息的公司比例和信息数量显著增加，但却降低了披露质量以规避监管[143]。这可能表明，环境敏感性较高行业的企业由于更容易在环保问题上引起社会公众的关注和舆论监督，他们会采取减少信息披露的方式来规避媒体报道的监督，进而使得媒体报道的监督效用并不明显。而对于试图通过良好的履行社会责任来获得公众认可和声誉效应等经济目的的环境敏感性较低行业的企业来说，其受到行业特性的影响更小，新闻媒体对企业履行社会责任的报道所产生的声誉效应与竞争优势也就越大，此时企业积极履行社会责任的经济动机就会更加强烈，这可能都会促使这类企业在履行社会责任方面更加积极与谨慎，以期通过良好地履行社会责任来树立企业的正面形象，形成良性循环。因此可以预期，相对于环境敏感性较低行业的企业而言，法制环境、信任程度对环境敏感性较高行业的企业的影响更大，而媒体报道对环境敏感性较高行业的企业的影响有限，对环境敏感性较低行业的企业的影响更大。

尽管对于所有的企业而言，履行社会责任和披露社会责任信息都需要付出成本，但与处于非政府管制行业的企业不同，对处于政府管制行业的企业而言，由于企业面临的市场竞争相对较弱，企业的业绩都比较好，并且具有较大的话语权，对诸如消费者、投资者等各种资源的争夺动机不强，可能会降低其积极履行社会责任的经济动机，但由于这类企业的市场垄断地位更多的是来自法律赋予或者监管部门，因此其承担和履行社会责任更主要是为了满足法律的规定或者监管者的要求。因此在法制环境更好的地区，出于合法性和政治需求的考虑，处于政府管制行业的企业无疑需要履行更多的社会责任。而从信任的角度来看，与非政府管制行业的企业不同，政府管制行业的企业由于进入壁垒较高，市场竞争不激烈，企业业绩会相对比较出色，如果不履行社会责任可能更容易遭受社会公众的非议，特别是在社会信任程度更高的地区，企业如果承担和履行的社会责任较少，就更容易遭遇信任危机。如果一个处于政府管制行业中的企业一边获取着高额的垄断利润，一边以降低成本为借口来承担更少的社会责任，就会更严重地损害企业声誉[318]。同样，处于政府管制行业中的企业履行更多的社会责任更可能被媒体进行正面报道，进而能有效帮助企业缓解监管压力和获得更多的正面社会评价。因此可以预期，相对于非政府管制行业的企业而言，法制环境、信任程度和媒体报道对处于政府管制行业的企业的影响更大。

表 5-13 的前四列是地区法制环境对消费者敏感性不同行业中企业履行社会责任情况影响的回归结果。在参考徐丽萍等（2011）[250]和徐珊等（2015）[227]研究成果的基础上，根据中国证券监督管理委员会 2015 年的行业分类，我们将农副食品加工业（C13），食品制造业（C14），酒、饮料和精制茶制造业（C15），纺织服装、服饰业（C18），皮革、毛皮、羽毛及其制品和制鞋业（C19），医药制造业（C27），汽车制造业（C36），批发业和零售业（F），道路、水上、航空运输业和仓储业（G），住宿业（H），其他金融业（J），房地产业（K），商业服务业（L），生态保护和环境治理业与公共设施管理业（N），卫生业（Q）等行业确定为消费者敏感性较高行业，其他行业为消费者敏感性较低的行业。结果发现，无论是在消费者敏感性较低行业的组别中，还是在消费者敏感性较高的行业的组别中，以上市公司社会责任得分总分 CSR-Scor 为被解释变量时，地区法制环境变量 Legal 的系数显著为正，这表明法制环境的改善对消费者敏感性不同行业的企业履行社会责任存在积极作用。另外以对企业社会责任的信息披露等级 CSR-Cred 为被解释变量时，同样发现法律制度环境变量 Legal 的系数显著为正，也表明随着地区法制环境的改善，消费者敏感性不同行业的企业的社会责任的履行情况也随之改善。

我们进一步比较了消费者敏感性较低行业和消费者敏感性较高行业两组样本中的地区法制环境的改善对企业履行社会责任影响的作用效果是否存在显著差异。比

表 5-13 地区法制环境、行业特征与企业社会责任

变量	CSR-Scor 模型 Tobit 模型 消费者低敏感性行业	消费者高敏感性行业	CSR-Cred 模型 Ologit 模型 消费者低敏感性行业	消费者高敏感性行业	CSR-Scor 模型 Tobit 模型 环境低敏感性行业	环境高敏感性行业	CSR-Cred 模型 Ologit 模型 环境低敏感性行业	环境高敏感性行业	CSR-Scor 模型 Tobit 模型 非政府管制性行业	政府管制性行业	CSR-Cred 模型 Ologit 模型 非政府管制性行业	政府管制性行业
Legal	0.187 0*** (4.28)	0.165 9** (2.48)	0.028 5*** (3.15)	0.023 9** (2.08)	0.175 8*** (3.74)	0.235 6*** (3.53)	0.027 1*** (3.10)	0.037 7*** (2.84)	0.125 5*** (2.70)	0.280 2*** (4.42)	0.016 0* (1.78)	0.046 4*** (4.02)
State	0.396 7 (0.75)	-0.162 0 (-0.19)	0.178 6 (1.56)	0.075 8 (0.53)	-0.355 7 (-0.63)	1.341 3* (1.74)	-0.011 6 (-0.11)	0.490 1*** (2.75)	0.753 3 (1.31)	-2.132 8** (-2.53)	0.197 0* (1.77)	-0.118 6 (-0.74)
Size	3.562 8*** (14.69)	3.611 1*** (8.23)	0.603 6*** (12.07)	0.525 0*** (7.24)	3.817 6*** (13.17)	2.973 0*** (8.80)	0.582 3*** (11.76)	0.515 3*** (7.40)	3.340 3*** (11.01)	3.844 6*** (11.45)	0.517 6*** (9.66)	0.651 2*** (10.81)
Lev	-4.942 3*** (-3.49)	-7.618 3*** (-3.49)	-0.927 2*** (-3.15)	-1.351 5*** (-3.48)	-5.383 2*** (-3.59)	-5.256 8*** (-2.63)	-1.016 3*** (-3.62)	-1.034 7** (-2.38)	-7.640 7*** (-5.06)	0.042 8 (0.02)	-1.337 0*** (-4.40)	-0.088 2 (-0.24)
Shr1	-0.052 3** (-2.01)	-0.169 8*** (-3.21)	-0.009 7* (-1.86)	-0.013 9* (-1.90)	-0.119 9*** (-4.26)	0.031 5 (0.82)	-0.015 2** (-2.82)	0.002 5 (0.37)	-0.049 2* (-1.85)	-0.063 1 (-1.63)	-0.007 4 (-1.36)	-0.007 2 (-1.05)
Growth	-0.658 8 (-0.93)	-0.626 4 (-0.67)	-0.063 4 (-0.42)	0.086 7 (0.44)	-0.896 1 (-1.34)	0.047 1 (0.05)	-0.044 0 (-0.31)	0.139 0 (0.64)	-0.284 5 (-0.42)	-0.372 1 (-0.36)	0.040 7 (0.28)	0.092 3 (0.43)
Roe	-2.338 8 (-0.78)	2.495 7 (0.50)	-0.068 3 (-0.10)	0.742 9 (0.93)	1.025 0 (0.30)	-5.881 2 (-1.41)	0.590 2 (0.93)	-0.954 0 (-1.02)	-1.344 6 (-0.40)	7.099 0* (1.67)	-0.092 1 (-0.14)	1.427 5* (1.77)
Cfo	14.669*** (4.03)	5.593 2 (1.15)	2.370 6*** (3.19)	0.592 5 (0.64)	9.457 7*** (2.68)	16.214*** (3.05)	1.291 9* (1.93)	2.613 8** (2.34)	10.818*** (3.00)	5.120 6 (1.06)	1.815 0** (2.51)	0.317 2 (0.33)
Mshare	0.287 1 (0.11)	4.419 6 (0.82)	0.342 3 (0.67)	1.343 3 (1.22)	1.454 2 (0.54)	-4.088 3 (-0.96)	0.735 9 (1.47)	-0.452 3 (-0.51)	0.371 5 (0.13)	-0.527 2 (-0.13)	0.585 8 (1.05)	0.158 7 (0.21)
LnComp	-0.071 1 (-0.16)	1.310 6*** (3.45)	0.084 1 (0.68)	0.217 7*** (3.50)	0.468 7 (0.85)	-0.068 5 (-0.12)	0.203 6** (2.11)	0.007 8 (0.04)	0.530 7 (0.85)	-0.170 6 (-0.31)	0.228 6** (2.18)	-0.009 4 (-0.08)

表5-13（续）

Shr2-5	0.072 4*** (2.70)	0.178 2*** (3.63)	0.012 9** (2.27)	0.021 4** (2.55)	0.124 2*** (4.10)	0.047 9 (1.23)	0.016 8*** (2.84)	0.008 8 (1.21)	0.051 8* (1.77)	0.139 8*** (3.56)	0.008 8 (1.43)	0.017 9*** (2.57)
Dual	−0.655 6 (−1.06)	0.138 1 (0.14)	−0.041 8 (−0.31)	−0.031 3 (−0.18)	−0.555 1 (−0.84)	−0.749 4 (−0.82)	−0.022 6 (−0.18)	−0.208 4 (−1.08)	−0.607 1 (−0.99)	−0.034 7 (−0.03)	−0.048 0 (−0.39)	0.023 7 (0.13)
Board	4.626 9*** (4.13)	0.188 1 (0.95)	0.114 7*** (3.81)	0.076 1** (2.58)	1.114 7*** (5.10)	0.130 2 (0.93)	0.059 9** (2.53)	0.180 8*** (4.34)	0.406 7** (2.55)	0.604 8*** (2.96)	0.095 1*** (3.28)	0.100 4*** (2.89)
Indep	4.626 9 (1.16)	−8.973 7 (−1.54)	0.585 7 (0.75)	−0.070 5 (−0.73)	−4.593 5 (−1.18)	16.265** (2.55)	−0.378 2 (−0.55)	2.543 0** (1.99)	2.225 4 (0.60)	2.051 2 (0.31)	0.450 7 (0.64)	0.184 1 (0.16)
Age	−1.805 1*** (−4.08)	−0.041 6 (−0.06)	−0.338 0*** (−3.63)	−0.054 4 (−0.46)	−2.446 2*** (−3.30)	−1.049 4** (−2.51)	−0.196 5** (−2.44)	−0.465 9*** (−3.26)	−1.403 6*** (−3.07)	−1.331 5** (−2.06)	−0.247 0** (−2.66)	−0.338 9*** (−2.89)
Year	控制	控制	控制	控制	控制	控制	控制	控制	控制	控制	控制	控制
截距	−47.054*** (−7.26)	−63.874*** (−6.17)			−53.278*** (−6.92)	−44.294*** (−5.01)			−45.969*** (−5.72)	−56.508*** (−6.49)		
N	1 730	952	941	1 715	1 818	864	1 799	857	1 599	1 083	1 583	1 073
Pseu-Rsq	0.051 9	0.036 8	0.071 1	0.092 1	0.041 2	0.057 6	0.078 6	0.102 7	0.039 1	0.054 0	0.075 0	0.101 7
F/Wald 值	36.36***	14.59***	248.68***	583.79***	31.50***	20.14***	512.20***	329.62***	28.85***	25.08***	432.58***	426.02***
	Chi2 值=20.38 (p=0.000 0)		Chi2 值=27.09 (p=0.000 0)		Chi2 值=24.64 (p=0.000 0)		Chi2 值=30.89 (p=0.000 0)		Chi2 值=27.80 (p=0.000 0)		Chi2 值=36.70 (p=0.000 0)	

不同特征行业中的地区制度环境 Legal 系数的比较检验

附注：括号内给出的 t/z 值都经过 White 异方差调整，***、**、* 分别表示在 1%、5%、10%水平下显著。

较发现，无论是以企业社会责任总体评价 *CSR-Scor* 为被解释变量，还是以企业履行社会责任的信息披露等级 *CSR-Cred* 为被解释变量，都显示在消费者敏感性较低行业的分组中，地区法制环境变量 *Legal* 的系数比消费者敏感性较高行业的分组的系数更大。这说明与消费者敏感性较高行业相比，在消费者敏感性较低行业中，地区法制环境的改善对企业履行社会责任的正向影响程度更大。

另外，以企业社会责任的整体性指数评价 *CSR-M*、内容性指数评价 *CSR-C*、技术性指数评价 *CSR-T*、行业性指数评价 *CSR-I* 等分指标为被解释变量时，同样发现法律制度环境变量 *Legal* 的系数显著为正，表明随着地区法制环境的改善，消费者敏感性不同行业的企业社会责任履行情况也得以改善。进一步比较消费者敏感性较低行业和消费者敏感性较高行业两组样本中法制环境变量 *Legal* 的系数时，我们也发现在消费者敏感性较低行业的分组中，法制环境变量 *Legal* 的系数比消费者敏感性较高行业的分组的系数更大，也说明与消费者敏感性较高行业相比，在消费者敏感性较低行业中，地区法制环境的改善对企业履行社会责任的正向影响程度更大（限于篇幅限制没有报告）。

表 5-13 的中间四列是地区法制环境对处于环境敏感性不同行业中企业履行社会责任情况影响的回归结果。依据中国证券监督管理委员会 2015 年的行业分类，根据环保部发布的《上市公司环境信息披露指南（征求意见稿）》中的 16 类重污染行业，在参考徐珊等（2015）[227] 研究成果的基础上，我们将畜牧业（A03），煤炭开采和洗选业（B06），石油和天然气开采业（B07）黑色金属矿采选业（B08），有色金属矿采选业（B09），开采辅助活动（B11），造纸及纸制品业（C22），印刷和记录媒介复制业（C23），石油加工、炼焦及核燃料加工业（C25），化学原料及化学制品制造业（C26），橡胶和塑料制品业（C29），非金属矿物制品业（C30），黑色金属冶炼及压延加工业（C31），有色金属冶炼及压延加工业（C32），金属制品业（C33），其他制造业（C41），电力、热力生产和供应业（D44），燃气生产和供应业（D45）、水的生产和供应业（D46）定义为环境敏感行业较高行业，其他行业为环境敏感性较低行业。我们可以发现，无论是在环境敏感性较低行业的组别中，还是在环境敏感性较高行业的组别中，以企业社会责任总体评价 *CSR-Scor* 为被解释变量时，地区法制环境变量 *Legal* 的系数显著为正，表明地区法制环境的改善对环境敏感性不同行业的企业履行社会责任都存在积极作用。另外以企业社会责任的信

息披露等级 $CSR-Cred$ 为被解释变量时，我们也发现地区法制环境变量 $Legal$ 的系数显著为正，也表明随着地区法制环境的改善，环境敏感性不同行业的企业社会责任的履行情况也都随之改善。

我们进一步比较了环境敏感性较低行业和环境敏感性较高行业两组样本中的地区法制环境的改善对企业履行社会责任影响的作用效果是否存在显著差异。比较发现，无论是以企业社会责任总体评价 $CSR-Scor$ 为被解释变量，还是以企业履行社会责任的信息披露等级 $CSR-Cred$ 为被解释变量，都显示在环境敏感性较低行业的组别中，地区法制环境变量 $Legal$ 的系数比环境敏感性较高行业组别的系数更大。这说明与环境敏感性较高行业相比，在环境敏感性较低行业中，地区法制环境的改善对企业履行社会责任的正向影响程度更大。

另外，以整体性指数评价 $CSR-M$、内容性指数评价 $CSR-C$、技术性指数评价 $CSR-T$、行业性指数评价 $CSR-I$ 等分指标为被解释变量时，同样发现地区法制环境变量 $Legal$ 的系数显著为正，表明随着地区法制环境的改善，企业社会责任的履行情况随之改善；进一步比较环境敏感性较低行业和环境敏感性较高行业两组样本中地区法制环境变量 $Legal$ 的系数时，我们也发现在环境敏感性较低行业的组别中，地区法制环境变量 $Legal$ 的系数比环境敏感性较高行业的组别的系数更大，也说明与环境敏感性较高行业相比，在环境敏感性较低行业中，地区法制环境的改善对企业履行社会责任的正向影响程度更大（限于篇幅限制没有报告）。

表 5-13 的后四列是地区法制环境对非政府管制行业和政府管制行业中企业履行社会责任情况影响的回归结果。根据中国证券监督管理委员会 2015 年的行业分类，我们在参考徐珊等（2015）[227] 研究成果的基础上，将煤炭开采和洗选业（B06），石油和天然气开采业（B07），黑色金属矿采选业（B08），有色金属矿采选业（B09），开采辅助活动（B11），石油加工、炼焦及核燃料加工业（C25），化学原料及化学制品制造业（C26），橡胶和塑料制品业（C29），非金属矿物制品业（C30），黑色金属冶炼及压延加工业（C31），有色金属冶炼及压延加工业（C32），金属制品业（C33），电力、热力生产和供应业（D44），燃气生产和供应业（D45），水的生产和供应业（D46），批发业（F51），零售业（F52），道路运输业（G54），水上运输业（G55），航空运输业（G56），仓储业（G59），电信、广播电视和卫星传输服务（I63），互联网和相关服务（I64），软件和信息技术服务业（I65）定义

为政府管制行业，其他行业为非政府管制行业。我们可以发现，无论是在非政府管制行业的组别中，还是在政府管制行业的组别中，以上市公司社会责任总体评价 *CSR-Scor* 为被解释变量时，地区法制环境变量 *Legal* 的系数显著为正，表明地区法制环境的改善对处于政府管制行业的企业和非政府管制行业的企业履行社会责任都存在积极作用。另外以对企业社会责任的信息披露等级 *CSR-Cred* 为被解释变量时，同样发现地区法制环境变量 *Legal* 的系数显著为正，也表明随着地区法制环境的改善，处于政府管制行业的企业和非政府管制行业的企业履行社会责任情况也都越好。

我们进一步比较了非政府管制行业和政府管制行业两组样本中的地区法制环境的改善对企业履行社会责任影响的作用效果是否存在显著差异。比较发现，无论是以企业社会责任总体评价 *CSR-Scor* 为被解释变量，还是以企业履行社会责任的信息披露等级 *CSR-Cred* 为被解释变量，都显示在政府管制行业的组别中，地区法制环境变量 *Legal* 的系数比非政府管制行业组中的系数更大。这说明与非政府管制行业相比，在政府管制行业中，地区法制环境的改善对企业履行社会责任的正向影响程度更大。

另外，以整体性指数评价 *CSR-M*、内容性指数评价 *CSR-C*、技术性指数评价 *CSR-T*、行业性指数评价 *CSR-I* 等分指标为被解释变量时，同样发现地区法制环境变量 *Legal* 的系数显著为正，表明随着地区法制环境的改善，处于政府管制行业的企业和处于非政府管制行业的企业履行社会责任情况都随之改善；进一步比较政府管制行业和非政府管制行业行业两组样本中的地区法制环境变量 *Legal* 的系数时，我们也发现在非政府管制行业的组别中，地区法制环境变量 *Legal* 的系数比政府管制行业组中的系数更大，也说明与非政府管制行业相比，在政府管制行业中，地区法制环境的改善对企业履行社会责任的正向影响程度更大（限于篇幅限制没有报告）。

表 5-14 的前四列是地区信任环境对消费者敏感性不同行业中企业履行社会责任情况影响的回归结果。我们发现，无论是在消费者敏感性较低行业的组别中，还是在消费者敏感性较高行业的组别中，以上市公司社会责任总体评价 *CSR-Scor* 为被解释变量时，地区信任环境变量 *Trust* 的系数显著为正，表明地区信任环境的改善对消费者敏感性不同行业的企业履行社会责任都存在积极作用。另外，以企业社会责任的信息披露等级 *CSR-Cred* 为被解释变量时，我们同样发现地区信任环境变量 *Trust* 的系数显著为正，表明随着地区信任环境的改善，消费者敏感性不同行业的企

表5-14　地区信任环境、行业特征与企业社会责任

变量	CSR-Scor Tobit 模型		CSR-Cred Ologit 模型		CSR-Scor Tobit 模型		CSR-Cred Ologit 模型		CSR-Scor Tobit 模型		CSR-Cred Ologit 模型	
	消费者低敏感性行业	消费者高敏感性行业	消费者低敏感性行业	消费者高敏感性行业	环境低敏感性行业	环境高敏感性行业	环境低敏感性行业	环境高敏感性行业	非政府管制性行业	政府管制性行业	非政府管制性行业	政府管制性行业
Trust	0.016 4 *** (4.52)	0.024 8 *** (4.28)	0.002 2 *** (3.05)	0.003 5 *** (3.63)	0.020 2 *** (5.06)	0.022 4 *** (4.09)	0.002 8 *** (2.84)	0.003 0 *** (4.15)	0.013 8 *** (3.55)	0.030 2 *** (5.55)	0.001 6 ** (2.14)	0.005 0 *** (4.98)
State	0.220 0 (0.41)	−0.373 5 (−0.45)	0.146 2 (1.29)	0.043 1 (0.30)	−0.620 7 (−1.11)	1.466 0 * (1.92)	−0.054 1 (−0.52)	0.468 1 *** (2.66)	0.586 6 (1.02)	−2.108 7 ** (−2.49)	0.176 9 (1.58)	−0.132 4 (−0.82)
Size	3.459 0 *** (14.44)	3.438 0 *** (7.89)	0.591 1 *** (11.98)	0.502 6 *** (6.96)	3.653 2 *** (12.80)	2.847 7 *** (8.58)	0.561 9 *** (11.41)	0.502 6 *** (7.33)	3.219 4 *** (10.78)	3.725 4 *** (11.31)	0.506 1 *** (9.44)	0.638 7 *** (10.74)
Lev	−4.681 9 *** (−3.29)	−6.532 8 *** (−3.06)	−0.885 6 *** (−3.00)	−1.223 5 *** (−3.19)	−4.685 9 *** (−3.15)	−5.118 4 ** (−2.56)	−0.915 7 *** (−3.27)	−1.053 5 ** (−2.42)	−7.244 4 *** (−4.78)	0.792 3 (0.43)	−1.293 6 *** (−4.24)	−0.001 7 (−0.01)
Shr1	−0.058 1 ** (−2.23)	−0.140 4 *** (−3.25)	−0.010 4 ** (−1.98)	−0.013 9 * (−1.93)	−0.124 3 *** (−4.42)	0.020 0 (0.53)	−0.015 7 *** (−2.93)	0.000 7 (0.11)	−0.053 7 ** (−2.02)	−0.067 8 * (−1.76)	−0.007 7 (−1.42)	−0.008 6 (−1.26)
Growth	−0.667 3 (−0.94)	−0.639 8 (−0.69)	−0.067 4 (−0.45)	0.072 3 (0.37)	−0.923 9 (−1.38)	0.055 1 (0.05)	−0.053 9 (−0.38)	0.129 6 (0.60)	−0.276 5 (−0.41)	−0.445 4 (−0.43)	0.038 4 (0.27)	0.068 9 (0.32)
Roe	−2.281 2 (−0.76)	2.782 7 (0.56)	−0.039 4 (−0.06)	0.747 4 (0.92)	0.948 6 (0.28)	−5.533 2 (−1.34)	0.585 6 (0.91)	−0.946 1 (−1.02)	−1.470 6 (−0.44)	7.725 6 * (1.84)	−0.102 0 (−0.15)	1.525 8 * (1.90)
Cfo	14.858 *** (4.11)	6.368 6 (1.32)	2.406 7 *** (3.25)	0.733 2 (0.79)	9.660 9 *** (2.74)	16.228 *** (3.09)	1.330 4 ** (1.99)	2.719 4 ** (2.43)	11.042 *** (3.07)	4.535 8 (0.95)	1.848 3 *** (2.55)	0.221 9 (0.23)
Mshare	−0.335 1 (−0.13)	1.998 1 (0.37)	0.264 1 (0.51)	1.028 4 (0.94)	0.146 3 (0.05)	−4.113 4 (−0.96)	0.563 3 (1.10)	−0.487 1 (−0.55)	−0.351 8 (−0.12)	−1.542 9 (−0.37)	0.516 4 (0.92)	−0.026 8 (−0.03)
LnComp	−0.058 2 (−0.13)	1.181 5 *** (3.07)	0.090 4 (0.74)	0.206 4 *** (2.92)	0.466 4 (0.88)	−0.089 8 (−0.16)	0.196 6 ** (1.97)	0.022 2 (0.13)	0.544 1 (0.90)	−0.255 8 (−0.48)	0.228 8 ** (2.19)	−0.025 7 (−0.21)

表5-14（续）

Shr2-5	0.078 1*** (2.93)	0.172 3*** (3.52)	0.013 6** (2.42)	0.020 9** (2.50)	0.125 9*** (4.16)	0.055 8 (1.46)	0.017 1*** (2.89)	0.010 4 (1.44)	0.056 0* (1.92)	0.133 9*** (3.43)	0.009 2 (1.51)	0.017 7*** (2.57)
Dual	−0.612 9 (−1.00)	0.208 5 (0.21)	−0.033 3 (−0.25)	−0.023 2 (−0.14)	−0.511 6 (−0.78)	−0.759 5 (−0.83)	−0.014 5 (−0.12)	−0.200 8 (−1.03)	−0.536 9 (−0.88)	−0.140 3 (−0.13)	−0.040 6 (−0.33)	0.013 9 (0.07)
Board	0.646 7*** (4.09)	0.187 6 (0.95)	0.112 4*** (3.75)	0.075 5** (2.55)	0.147 1 (1.07)	1.081 5*** (4.93)	0.061 7*** (2.62)	0.175 4*** (4.20)	0.417 0*** (2.64)	0.570 8*** (2.79)	0.095 3*** (3.32)	0.094 0*** (2.70)
Indep	4.286 2 (1.08)	−9.770 0* (−1.71)	0.497 0 (0.63)	−0.810 2 (−0.85)	−4.952 7 (−1.29)	15.727** (2.52)	−0.437 9 (−0.64)	2.373 5* (1.88)	2.341 5 (0.63)	0.231 1 (0.04)	0.440 2 (0.63)	−0.140 7 (−0.12)
Age	−1.838 5*** (−4.17)	−0.365 8 (−0.54)	−0.343 4*** (−3.69)	−0.088 4 (−0.76)	−1.161 6** (−2.81)	−2.501 4*** (−3.40)	−0.207 7** (−2.59)	−0.472 1*** (−3.30)	−1.435 7*** (−3.15)	−1.607 0** (−2.54)	−0.249 4*** (−2.69)	−0.373 3*** (−3.21)
Year	控制	控制	控制	控制	控制	控制	控制	控制	控制	控制	控制	控制
截距	−43.813*** (−6.72)	−57.069*** (−5.49)			−48.879*** (−6.36)	−39.663*** (−4.49)			−43.231*** (−5.36)	−56.508*** (−6.49)		
N	1 730	952	1 715	941	1 818	864	1 799	857	1 599	1 083	1 583	1 073
Pseu−Rsq	0.052 2	0.038 8	0.092 1	0.073 7	0.042 3	0.058 5	0.079 9	0.102 3	0.039 6	0.056 2	0.075 3	0.104 8
F/Wald 值	36.17***	15.64***	577.86***	259.26***	32.86***	20.31***	525.84***	329.21***	28.98***	27.15***	434.99***	444.26***
不同特征行业中的地区信任环境 Trust 系数的比较检验												
	Chi2 值=41.49 (p=0.000 0)		Chi2 值=53.50 (p=0.000 0)		Chi2 值=43.62 (p=0.000 0)		Chi2 值=54.40 (p=0.000 0)		Chi2 值=47.36 (p=0.000 0)		Chi2 值=63.54 (p=0.000 0)	

附注：括号内给出的 t/z 值都经过 White 异方差调整，***、**、* 分别表示在 1%、5%、10%水平下显著。

业履行社会责任也随之改善。

我们进一步比较了消费者敏感性较低行业和消费者敏感性较高行业两组样本中的地区信任环境的改善对企业履行社会责任影响的作用效果是否存在显著差异。比较发现，无论是以企业社会责任总体评价 CSR-Scor 为被解释变量，还是以企业社会责任的信息披露等级 CSR-Cred 为被解释变量，都显示在消费者敏感性较低行业的组别中，地区信任环境变量 Trust 的系数比消费者敏感性较高行业组中的系数更大，说明与消费者敏感性较低行业相比，在消费者敏感性较高的行业中，地区信任环境的改善对企业履行社会责任的正向影响程度更大。

另外，以整体性指数评价 CSR-M、内容性指数评价 CSR-C、技术性指数评价 CSR-T、行业性指数评价 CSR-I 等分指标为被解释变量时，我们同样发现地区信任环境变量 Trust 的系数显著为正，表明随着地区信任环境的改善，消费者敏感性不同行业的企业社会责任履行情况也随之改善；进一步比较消费者敏感性较低行业和消费者敏感性较高行业两组样本中的地区信任环境变量 Trust 的系数时，我们也发现在消费者敏感性较低行业的组别中，地区信任环境变量 Trust 的系数比消费者敏感性较高行业组中的系数更大，也说明与消费者敏感性较低行业相比，在消费者敏感性较高行业中，地区信任环境的改善对企业履行社会责任的正向影响程度更大（限于篇幅限制没有报告）。

表 5-14 的中间四列是地区信任环境对处于环境敏感性不同行业中的企业履行社会责任情况影响的回归结果。我们可以发现，无论是在环境敏感性较低行业的组别中，还是在环境敏感性较高行业的组别中，以上市公司社会责任总体评价 CSR-Scor 为被解释变量时，地区信任环境变量 Trust 的系数显著为正。这表明地区信任环境的改善对环境敏感性不同行业的企业履行社会责任都存在积极作用。另外，以对企业履行社会责任的信息披露等级 CSR-Cred 为被解释变量时，我们同样发现地区信任环境变量 Trust 的系数显著为正。这也表明随着地区信任环境的改善，环境敏感性不同行业的企业社会责任履行情况也都越好。

我们进一步比较了在环境敏感性较低行业和环境敏感性较高行业两组样本中的地区信任环境的改善对企业履行社会责任影响的作用效果是否存在显著差异。比较发现，无论是以企业社会责任总体评价 CSR-Scor 为被解释变量，还是以企业社会责任的信息披露等级 CSR-Cred 为被解释变量时，都显示在环境敏感性较高行业的组别中，地区信任环境变量 *Trust* 的系数比环境敏感性较低行业组中的系数更大。这说明与环境敏感性较低行业相比，在环境敏感性较高行业中，地区信任环境的改善对企业履行社会责任的正向影响程度更大。

另外，以企业社会责任的整体性指数评价 *CSR-M*、社会责任的内容性指数评价 *CSR-C*、社会责任的技术性指数评价 *CSR-T*、社会责任的行业性指数评价 *CSR-I* 等分指标为被解释变量时，我们同样发现地区信任环境变量 *Trust* 的系数显著为正，表明随着地区信任环境的改善，企业社会责任履行情况也随之改善；进一步比较环境敏感性较低行业和环境敏感性较高行业两组样本中地区信任环境变量 *Trust* 的系数时，我们也发现在环境敏感性较高行业组中，地区信任环境变量 *Trust* 的系数比环境敏感性较低行业组中的系数更大，也说明与环境敏感性较低行业相比，在环境敏感性较高行业中，地区信任环境的改善对企业履行社会责任的正向影响程度更大（限于篇幅限制没有报告）。

表 5-14 的后四列是地区信任环境对非政府管制行业和政府管制行业中企业履行社会责任情况影响的回归结果。我们可以发现，无论是在非政府管制行业的组别中，还是在政府管制行业的组别中，以上市公司社会责任总体评价 *CSR-Scor* 为被解释变量时，地区信任环境变量 *Trust* 的系数显著为正。这表明地区法制环境的改善对处于政府管制行业的企业和非政府管制行业的企业履行社会责任都存在积极作用。另外，以对企业社会责任的信息披露等级 *CSR-Cred* 为被解释变量时，我们同样发现地区信任环境变量 *Trust* 的系数显著为正。这也表明随着地区信任环境的改善，处于政府管制行业的企业和非政府管制行业的企业履行社会责任情况也随之改善。

我们进一步比较了非政府管制行业和政府管制行业两组样本中的地区信任环境的改善对企业履行社会责任影响的作用效果是否存在显著差异。比较发现，无论是以企业社会责任总体评价 *CSR-Scor* 为被解释变量，还是以企业社会责任的信息披露等级 *CSR-Cred* 为被解释变量，都显示在政府管制行业的组别中，地区信任环境变量 *Trust* 的系数比非政府管制行业组中的系数更大。这说明与非政府管制行业相比，在政府管制行业中，地区信任环境的改善对企业履行社会责任的正向影响程度更大。

另外，以整体性指数评价 *CSR-M*、内容性指数评价 *CSR-C*、技术性指数评价 *CSR-T*、行业性指数评价 *CSR-I* 等分指标为被解释变量时，我们同样发现地区信任环境变量 *Trust* 的系数显著为正，表明随着地区信任环境的改善，处于政府管制行业的企业和处于非政府管制行业的企业履行社会责任情况都越好；进一步比较政府管制行业和非政府管制行业行业两组样本中地区信任环境变量 Trust 的系数时，我们也发现在非政府管制行业的组别中，地区信任环境变量 Trust 的系数比政府管制行业组中的系数更大，也说明与非政府管制行业相比，在政府管制行业中，地区信任环境的改善对企业履行社会责任的正向影响程度更大（限于篇幅限制没有报告）。

表 5-15 的前四列是媒体报道对消费者敏感性不同行业中企业履行社会责任情况影响的回归结果。我们可以发现，以上市公司社会责任得分总分 CSR-Scor 为被解释变量时，在消费者敏感性较低行业的组别中，媒体报道变量 Media1 的系数不显著。这表明媒体报道的增加对消费者敏感性较低行业中的企业履行社会责任不存在积极作用。在消费者敏感性较高行业的组别中，媒体报道变量 Media1 的系数显著为正。这表明媒体报道次数的增加对消费者敏感性较高行业中的企业履行社会责任存在积极作用。另外，以企业社会责任的信息披露等级 CSR-Cred 为被解释变量时，发现无论是在环境敏感性较低行业的组别中，还是在环境敏感性较高行业的组别中，媒体报道变量 Media1 的系数显著为正。这也表明随着媒体报道次数的改善，消费者敏感性不同行业的企业社会责任履行情况也都越好。

我们进一步比较了消费者敏感性较低行业和消费者敏感性较高行业两组样本中的媒体报道次数的增加对企业履行社会责任影响的作用效果是否存在显著差异。比较发现，无论是以企业社会责任总体评价 CSR-Scor 为被解释变量，还是以企业社会责任的信息披露等级 CSR-Cred 为被解释变量，都显示在消费者敏感性较低行业组中媒体报道变量 Media1 的系数比消费者敏感性较高行业组中的系数更大。这说明与消费者敏感性较低行业相比，在消费者敏感性较高行业中，媒体报道次数的增加对企业履行社会责任的正向影响程度更大。

另外，以整体性指数评价 CSR-M、内容性指数评价 CSR-C、技术性指数评价 CSR-T、行业性指数评价 CSR-I 等分指标为被解释变量时，我们同样发现以上市公司社会责任得分总分 CSR-Scor 为被解释变量时，在消费者敏感性较低行业的组别中，媒体报道变量 Media1 的系数不显著，表明媒体报道的增加对消费者敏感性较低行业中的企业履行社会责任不存在积极作用；在消费者敏感性较高行业的组别中，媒体报道变量 Media1 的系数显著为正，表明媒体报道次数的增加对消费者敏感性较高行业中的企业履行社会责任存在积极作用。进一步比较消费者敏感性较低行业和

表 5-15

媒体报道、行业特征与企业社会责任

变量	CSR-Scor Tobit 模型 消费者低敏感性行业	CSR-Scor Tobit 模型 消费者高敏感性行业	CSR-Cred Ologit 模型 消费者低敏感性行业	CSR-Cred Ologit 模型 消费者高敏感性行业	CSR-Scor Tobit 模型 环境低敏感性行业	CSR-Scor Tobit 模型 环境高敏感性行业	CSR-Cred Ologit 模型 环境低敏感性行业	CSR-Cred Ologit 模型 环境高敏感性行业	CSR-Scor Tobit 模型 非政府管制性行业	CSR-Scor Tobit 模型 政府管制性行业	CSR-Cred Ologit 模型 非政府管制性行业	CSR-Cred Ologit 模型 政府管制性行业
Trust	0.348 4 (1.55)	0.828 3*** (2.67)	0.083 9* (1.93)	0.107 0* (1.93)	0.626 2*** (2.85)	0.262 4 (0.79)	0.098 7** (2.43)	0.049 9 (0.81)	0.248 6 (1.05)	0.939 8*** (3.12)	0.057 2 (1.33)	0.133 4** (2.49)
State	0.047 5 (0.09)	0.099 3 (0.12)	0.127 4 (1.11)	0.114 5 (0.81)	-0.267 8 (-0.48)	0.454 6 (0.59)	0.009 2 (0.09)	0.344 1** (1.98)	0.695 9 (1.21)	-2.366 2*** (-2.87)	0.194 1* (1.74)	-0.171 8 (-1.09)
Size	3.443 1*** (12.55)	3.328 7*** (7.60)	0.561 3*** (10.45)	0.492 8*** (6.83)	3.569 1*** (12.11)	2.938 5*** (7.48)	0.542 1*** (10.67)	0.492 7*** (6.41)	3.291 8*** (10.42)	3.412 4*** (9.47)	0.496 2*** (8.85)	0.579 3*** (8.95)
Lev	-5.052 1*** (-3.53)	-7.127 7*** (-3.19)	-0.901 1*** (-3.03)	-1.267 4*** (-3.19)	-4.998 6*** (-3.30)	-6.135 4*** (-2.93)	-0.948 4*** (-3.33)	-1.118 6** (-2.48)	-7.706 3*** (-5.07)	-0.059 4 (-0.03)	-1.317 9*** (-4.30)	-0.074 5 (-0.20)
Shr1	-0.046 1* (-1.79)	-0.118 1*** (-2.76)	-0.008 7** (-1.68)	-0.011 2 (-1.57)	-0.102 9*** (-3.74)	0.022 1 (0.58)	-0.012 7** (-2.41)	0.001 2 (0.18)	-0.040 8 (-1.54)	-0.057 2 (-1.50)	-0.006 3 (-1.17)	-0.005 9 (-0.88)
Growth	-0.740 7 (-1.06)	-0.585 8 (-0.63)	-0.074 8 (-0.51)	0.084 5 (0.43)	-0.885 4 (-1.33)	-0.139 1 (-0.14)	-0.045 9 (-0.33)	0.113 1 (0.55)	-0.314 9 (-0.47)	-0.527 4 (-0.53)	0.037 7 (0.26)	0.062 9 (0.31)
Roe	-2.138 1 (-0.70)	0.929 2 (0.19)	-0.047 0 (-0.07)	0.559 7 (0.71)	-0.331 0 (-0.10)	-6.522 2 (-1.52)	0.415 2 (0.66)	-1.054 3 (-1.13)	-1.890 0 (-0.56)	7.713 0* (1.78)	-0.172 9 (-0.26)	1.504 2* (1.85)
Cfo	15.151*** (4.20)	4.565 6 (0.94)	2.481 5*** (3.36)	0.481 0 (0.53)	8.926 0** (2.54)	18.811*** (3.59)	1.242 9* (1.87)	3.020 7*** (2.74)	10.442*** (2.91)	5.066 3 (1.06)	1.797 6** (2.49)	0.370 2 (0.40)
Mshare	-0.210 1 (-0.08)	4.221 2 (0.79)	0.347 0 (0.66)	1.331 6 (1.22)	1.764 5 (0.66)	-4.538 2 (-1.06)	0.802 1 (1.59)	-0.494 1 (-0.55)	0.492 8 (0.17)	-0.130 8 (-0.03)	0.591 8 (1.05)	0.221 3 (0.29)
LnComp	0.039 0 (0.09)	1.251 6*** (3.30)	0.116 5 (0.94)	0.212 5*** (3.60)	0.499 9 (0.89)	0.074 3 (0.13)	0.213 6** (2.31)	0.055 4 (0.35)	0.565 0 (0.89)	0.017 8 (0.03)	0.233 3** (2.23)	0.055 4 (0.49)

表5-15（续）

Shr2-5	0.076 8*** (2.93)	0.173 5*** (3.59)	0.013 8** (2.47)	0.020 7** (2.50)	0.121 8*** (4.08)	0.069 2* (1.82)	0.016 4*** (2.80)	0.012 0* (1.67)	0.050 8* (1.75)	0.156 1*** (4.06)	0.008 7 (1.43)	0.020 3*** (2.97)
Dual	-0.574 4 (-0.93)	0.173 8 (0.17)	-0.038 9 (-0.29)	-0.031 0 (-0.18)	-0.528 8 (-0.79)	-0.599 8 (-0.65)	-0.024 5 (-0.20)	-0.180 9 (-0.90)	-0.599 2 (-0.98)	0.145 1 (0.14)	-0.051 5 (-0.42)	0.049 1 (0.27)
Board	0.585 4*** (3.69)	0.116 1 (0.58)	0.104 7*** (3.45)	0.067 1** (2.24)	0.047 5 (0.34)	1.088 4*** (4.97)	0.046 9** (1.98)	0.178 6*** (4.29)	0.370 0** (2.32)	0.473 5** (2.34)	0.089 3*** (3.09)	0.085 1** (2.47)
Indep	3.271 4 (0.82)	-10.140* (-1.73)	0.406 1 (0.52)	-0.883 8 (-0.92)	-6.403 8* (-1.65)	13.994** (2.14)	-0.669 1 (-0.99)	2.274 2* (1.75)	1.001 1 (0.27)	0.010 8 (0.01)	0.285 6 (0.41)	-0.099 5 (-0.09)
Age	-1.868 9*** (-4.21)	-0.076 2 (-0.11)	-0.354 1*** (-3.84)	-0.071 2 (-0.59)	-1.156 8*** (-2.72)	-2.304 5*** (-3.12)	-0.220 5*** (-2.71)	-0.449 4*** (-3.18)	-1.467 5*** (-3.15)	-1.202 1* (-1.89)	-0.265 4*** (-2.83)	-0.325 6*** (-2.87)
Year	控制	控制	控制	控制	控制	控制	控制	控制	控制	控制	控制	控制
截距	-43.358*** (-5.80)	-56.024*** (-5.46)			-46.112*** (-5.57)	-42.689*** (-4.12)			-43.508*** (-4.86)	-47.392*** (-4.89)		
N	1 730	952	1 715	941	1 818	864	1 799	857	1 599	1 083	1 583	1 073
Pseu-Rsq	0.050 7	0.036 9	0.091 1	0.071 0	0.040 7	0.055 9	0.077 9	0.100 4	0.038 6	0.052 6	0.074 8	0.099 0
F/Wald值	34.59***	14.14***	555.63***	241.39***	29.71***	19.31***	492.80***	321.38***	27.88***	23.02***	425.36***	393.61***
	Chi2值=61.01 (p=0.000 0)		Chi2值=53.50 (p=0.000 0)		Chi2值=59.93 (p=0.000 0)		Chi2值=70.80 (p=0.000 0)		Chi2值=63.31 (p=0.000 0)		Chi2值=74.32 (p=0.000 0)	

不同特征行业中的媒体报道次数 Media1 系数的比较检验

附注：括号内给出的 t/z 值都经过 White 异方差调整，***、**、* 分别表示在 1%、5%、10% 水平下显著。

消费者敏感性较高行业两组样本中媒体报道变量 *Media*1 的系数时，我们也发现在消费者敏感性较高行业组中，地区信任环境变量 *Trust* 的系数比消费者敏感性较低行业组中的系数更大，也说明与消费者敏感性较低行业相比，在消费者敏感性较高行业中，地区信任环境的改善对企业履行社会责任的正向影响程度更大（限于篇幅限制没有报告）。

表 5-15 的中间四列是媒体报道对处于环境敏感性不同行业中企业履行社会责任情况影响的回归结果。我们可以发现，以上市公司社会责任得分总分 *CSR-Scor* 为被解释变量时，在环境敏感性较低行业的组别中，媒体报道变量 *Media*1 的系数显著为正，表明媒体报道的增加对环境敏感性较低行业中的企业履行社会责任存在积极作用；在消费者敏感性较高行业的组别中，媒体报道变量 *Media*1 的系数不显著，表明媒体报道次数的增加对消费者敏感性较高行业中的企业履行社会责任不存在积极作用。另外，以对企业社会责任的信息披露等级 *CSR-Cred* 为被解释变量时，同样发现在环境敏感性较低行业的组别中，媒体报道变量 *Media*1 的系数显著为正，表明媒体报道的增加对环境敏感性较低行业中的企业履行社会责任存在积极作用；在消费者敏感性较高行业的组别中，媒体报道变量 *Media*1 的系数不显著，表明媒体报道次数的增加对消费者敏感性较高行业中的企业履行社会责任不存在积极作用。

我们进一步比较了环境敏感性较低行业和环境敏感性较高行业两组样本中的媒体报道次数的增加对企业履行社会责任影响的作用效果是否存在显著差异。比较发现，无论是以企业社会责任总体评价 *CSR-Scor* 为被解释变量，还是以企业履行社会责任的信息披露等级 *CSR-Cred* 为被解释变量，都显示在环境敏感性较低行业组中，媒体报道变量 *Media*1 的系数比环境敏感性较高行业组中的系数更大。这说明与环境敏感性较高行业相比，在环境敏感性较低行业中，媒体报道次数的增加对企业履行社会责任的正向影响程度更大。

另外，以整体性指数评价 *CSR-M*、内容性指数评价 *CSR-C*、技术性指数评价 *CSR-T*、行业性指数评价 *CSR-I* 等分指标为被解释变量时，我们同样发现在环境敏感性较低行业的组别中，媒体报道变量 *Media*1 的系数显著为正，表明媒体报道的增加对环境敏感性较低行业中的企业履行社会责任存在积极作用；在消费者敏感性较高行业的组别中，媒体报道变量 *Media*1 的系数不显著，表明媒体报道次数的增加对消费者敏感性较高行业中的企业履行社会责任不存在积极作用。进一步比较环境敏感性较低行业和环境敏感性较高行业两组样本中媒体报道变量 *Media*1 的系数时，我们也发现在环境敏感性较低行业组中，媒体报道变量 *Media*1 的系数比环境敏感性较高行业组中的系数更大，也说明与环境敏感性较高行业相比，在环境敏感性较低行业中，媒体报道次数的增加对企业履行社会责任的正向影响程度更大（限于篇幅限制没有报告）。

表 5-15 的后四列是媒体报道对非政府管制行业和政府管制行业中企业履行社会责任情况影响的回归结果。我们可以发现，以上市公司社会责任得分总分 *CSR-Scor* 为被解释变量时，在非政府管制行业的组别中，媒体报道变量 *Media*1 的系数不显著，表明媒体报道的增加对非政府管制行业中的企业履行社会责任不存在积极作用；在政府管制行业的组别中，媒体报道变量 *Media*1 的系数显著为正，表明媒体报道次数的增加对非政府管制行业中的企业履行社会责任存在积极作用。另外，以企业社会责任的信息披露等级 *CSR-Cred* 为被解释变量时，我们同样发现在非政府管制行业的组别中，媒体报道变量 *Media*1 的系数不显著，表明媒体报道的增加对非政府管制行业中的企业履行社会责任不存在积极作用；在政府管制行业的组别中，媒体报道变量 *Media*1 的系数显著为正，表明媒体报道次数的增加对非政府管制行业中的企业履行社会责任存在积极作用。

我们进一步比较了非政府管制行业和政府管制行业两组样本中的媒体报道次数的增加对企业履行社会责任影响的作用效果是否存在显著差异。比较发现，无论是以企业社会责任总体评价 *CSR-Scor* 为被解释变量，还是以企业社会责任的信息披露等级 *CSR-Cred* 为被解释变量，都显示在政府管制行业组中，媒体报道变量 *Media*1 的系数比非政府管制行业组中的系数更大。这说明与非政府管制行业相比，在政府管制行业中，媒体报道次数的增加对企业履行社会责任的正向影响程度更大。

另外，以整体性指数评价 *CSR-M*、内容性指数评价 *CSR-C*、技术性指数评价 *CSR-T*、行业性指数评价 *CSR-I* 等分指标为被解释变量时，我们同样发现在非政府管制行业的组别中，媒体报道变量 *Media*1 的系数不显著，表明媒体报道的增加对非政府管制行业中的企业履行社会责任不存在积极作用；在政府管制行业的组别中，媒体报道变量 *Media*1 的系数显著为正，表明媒体报道次数的增加对非政府管制行业中的企业履行社会责任存在积极作用。进一步比较政府管制行业和非政府管制行业行业两组样本中媒体报道变量 *Media*1 的系数时，我们也发现在非政府管制行业组中，媒体报道变量 $Media1$ 的系数比政府管制行业组中的系数更大，也说明与非政府管制行业相比，在政府管制行业中，媒体报道次数的增加对企业履行社会责任的正向影响程度更大（限于篇幅限制没有报告）。

进一步，本书将媒体报道按照不同的来源分为政策导向性媒体报道和市场导向性媒体报道，表 5-16 和表 5-17 的前四列分别是政策导向性媒体报道和市场导向性媒体报道对消费者敏感性不同行业中企业履行社会责任情况影响的回归结果。我们可以发现，以上市公司社会责任得分总分 $CSR\text{-}Scor$ 为被解释变量时，在消费者敏感性较低行业的组别中，政策导向性媒体报道变量 $Media2$ 和市场导向性媒体报道变量 $Media3$ 的系数不显著，表明不同来源的媒体报道的增加对消费者敏感性较低行业中的企业履行社会责任不存在积极作用；在消费者敏感性较高行业的组别中，政策导向性媒体报道变量 $Media2$ 和市场导向性媒体报道变量 $Media3$ 的系数显著为正，表明无论是政策导向性媒体报道次数的增加，还是市场导向性媒体报道次数的增加，都对消费者敏感性较高行业中的企业履行社会责任存在积极作用。另外，以对企业履行社会责任的信息披露等级 $CSR\text{-}Cred$ 为被解释变量时，我们发现无论是在环境敏感性较低行业的组别中，还是在环境敏感性较高行业的组别中，政策导向性媒体报道变量 $Media2$ 的系数显著为正，也表明随着政策导向性媒体报道次数的改善，消费者敏感性不同行业的企业社会责任履行情况也都越好；而市场导向性媒体报道中，对于消费者敏感性较低行业的组别中，市场导向性媒体报道变量 $Media3$ 的系数不显著，表明市场导向媒体报道次数的增加对消费者敏感性较低行业中的企业履行社会责任不存在积极作用，对于消费者敏感性较高行业的组别中，市场导向性媒体报道变量 $Media3$ 的系数显著为正，表明市场导向媒体报道次数的增加对消费者敏感性较高行业中的企业履行社会责任存在积极作用。

我们进一步比较了消费者敏感性较低行业和消费者敏感性较高行业两组样本中的媒体报道次数的增加对企业履行社会责任影响的作用效果是否存在显著差异。比较发现，无论是以企业社会责任总体评价 $CSR\text{-}Scor$ 为被解释变量，还是以企业社会责任的信息披露等级 $CSR\text{-}Cred$ 为被解释变量，都显示在消费者敏感性较低行业组中，政策导向性媒体报道变量 $Media2$ 和市场导向性媒体报道变量 $Media3$ 的系数比消费者敏感性较高行业组中的系数更大。这说明与消费者敏感性较低行业相比，在消费者敏感性较高行业中，不同来源的媒体报道次数增加对企业履行社会责任的正向影响程度更大。

另外，以整体性指数评价 *CSR-M*、内容性指数评价 *CSR-C*、技术性指数评价 *CSR-T*、行业性指数评价 *CSR-I* 等分指标为被解释变量时，我们同样发现在消费者敏感性较低行业的组别中，媒体报道变量 *Media*1 的系数不显著，表明媒体报道的增加对消费者敏感性较低行业中的企业履行社会责任不存在积极作用；在消费者敏感性较高行业的组别中，媒体报道变量 *Media*1 的系数显著为正，表明媒体报道次数的增加对消费者敏感性较高行业中的企业履行社会责任存在积极作用。进一步比较消费者敏感性较低行业和消费者敏感性较高行业两组样本中政策导向性媒体报道变量 *Media*2 和市场导向性媒体报道变量 *Media*3 的系数时，我们也发现在消费者敏感性较高行业组中，政策导向性媒体报道变量 *Media*2 和市场导向性媒体报道变量 *Media*3 的系数比消费者敏感性较低行业组中的系数更大。这也说明与消费者敏感性较低行业相比，在消费者敏感性较高行业中，不同来源的媒体报道次数的增加对企业履行社会责任的正向影响程度更大（限于篇幅限制没有报告）。

表 5-16 和表 5-17 的中间四列是媒体报道对处于环境敏感性不同行业中企业履行社会责任情况影响的回归结果。我们可以发现，以上市公司社会责任得分总分 *CSR-Scor* 为被解释变量时，在环境敏感性较低行业的组别中，政策导向性媒体报道变量 *Media*2 和市场导向性媒体报道变量 *Media*3 的系数显著为正，表明不同来源的媒体报道次数的增加对环境敏感性较低行业中的企业履行社会责任存在积极作用；在环境敏感性较高行业的组别中，政策导向性媒体报道变量 *Media*2 和市场导向性媒体报道变量 *Media*3 的系数不显著，表明不同来源的媒体报道次数的增加对消费者敏感性较高行业中的企业履行社会责任不存在积极作用。另外，以对企业履行社会责任的信息披露等级 *CSR-Cred* 为被解释变量时，我们同样发现在环境敏感性较低行业的组别中，政策导向性媒体报道变量 *Media*2 和市场导向性媒体报道变量 *Media*3 的系数显著为正，表明不同来源的媒体报道的增加对环境敏感性较低行业中的企业履行社会责任存在积极作用；在环境敏感性较高行业的组别中，政策导向性媒体报道变量 *Media*2 和市场导向性媒体报道变量 *Media*3 的系数不显著，表明不同来源的媒体报道次数的增加对消费者敏感性较高行业中的企业履行社会责任不存在积极作用。

我们进一步比较了环境敏感性较低行业和环境敏感性较高行业两组样本中的不

表 5-16

政策导向性媒体报道、行业特征与企业社会责任

变量	CSR-Scor 模型 (Tobit) 消费者低敏感性行业	CSR-Scor 模型 (Tobit) 消费者高敏感性行业	CSR-Cred 模型 (Ologit) 消费者低敏感性行业	CSR-Cred 模型 (Ologit) 消费者高敏感性行业	CSR-Scor 模型 (Tobit) 环境低敏感性行业	CSR-Scor 模型 (Tobit) 环境高敏感性行业	CSR-Cred 模型 (Ologit) 环境低敏感性行业	CSR-Cred 模型 (Ologit) 环境高敏感性行业	CSR-Scor 模型 (Tobit) 非政府管制性行业	CSR-Scor 模型 (Tobit) 政府管制性行业	CSR-Cred 模型 (Ologit) 非政府管制性行业	CSR-Cred 模型 (Ologit) 政府管制性行业
Media2	0.353 0 (1.50)	0.797 0** (2.45)	0.087 5* (1.92)	0.098 9* (1.71)	0.618 7 (2.71)	0.246 0 (0.71)	0.097 1** (2.31)	0.051 9 (0.81)	0.266 2 (1.09)	0.902 7*** (2.86)	0.083 9* (1.93)	0.107 0* (1.93)
State	0.046 8 (0.09)	0.799 2 (0.09)	0.127 3 (1.11)	0.111 6 (0.79)	−0.273 9 (−0.49)	0.459 0 (0.60)	0.008 3 (0.08)	0.343 7* (1.98)	0.696 2 (1.21)	−2.392 5*** (−2.89)	0.127 4 (1.11)	0.114 5 (0.81)
Size	3.452 0*** (12.65)	3.378 8*** (7.71)	0.562 4*** (10.53)	0.499 8*** (6.94)	3.603 0*** (12.22)	2.952 7*** (7.54)	0.547 1*** (10.81)	0.492 9*** (6.44)	3.291 8*** (10.41)	3.465 1*** (9.63)	0.561 3*** (10.45)	0.492 8*** (6.83)
Lev	−5.058 5*** (−3.54)	−7.264 8*** (−3.26)	−0.903 3*** (−3.05)	−1.290 6*** (−3.25)	−5.087 0*** (−3.37)	−6.144 2*** (−2.93)	−0.964 4*** (−3.40)	−1.117 7** (−2.48)	−7.717 6*** (−5.08)	−0.145 8 (−0.07)	−0.901 1*** (−3.03)	−1.267 4*** (−3.19)
Shr1	−0.046 3* (−1.79)	−0.117 8*** (−2.74)	−0.008 8* (−1.69)	−0.011 2 (−1.55)	−0.102 8*** (−3.72)	0.021 8 (0.57)	−0.012 7** (−2.40)	0.001 2 (0.18)	−0.040 6 (−1.53)	−0.057 9 (−1.52)	−0.008 7* (−1.68)	−0.011 2 (−1.57)
Growth	−0.738 8 (−1.06)	−0.593 2 (−0.64)	−0.072 9 (−0.50)	0.084 4 (0.43)	−0.891 2 (−1.34)	−0.133 2 (−0.13)	−0.045 1 (−0.32)	0.115 5 (0.56)	−0.316 2 (−0.47)	−0.507 0 (−0.51)	−0.074 8 (−0.51)	0.084 5 (0.43)
Roe	−2.162 6 (−0.70)	0.937 0 (0.19)	−0.059 9 (−0.09)	0.554 2 (0.70)	−0.296 6 (−0.09)	−6.564 3 (−1.53)	0.411 8 (0.66)	−1.062 7 (−1.14)	−1.879 4 (−0.56)	7.585 8* (1.75)	−0.047 0 (−0.07)	0.559 7 (0.71)
Cfo	15.162*** (4.20)	4.681 4 (0.97)	2.484 0*** (3.37)	0.495 7 (0.54)	9.015 0*** (2.56)	18.812*** (3.59)	1.256 0* (1.89)	3.018 7*** (2.74)	10.452*** (2.91)	5.095 8 (1.07)	2.481 5*** (3.36)	0.481 0 (0.53)
Mshare	0.216 6 (0.08)	4.275 7 (0.79)	0.349 0 (0.67)	1.342 6 (1.23)	1.799 3 (0.67)	−4.554 0 (−1.07)	0.810 1 (1.61)	−0.496 4 (−0.56)	0.486 8 (0.17)	−0.111 4 (−0.03)	0.347 0 (0.66)	1.331 6 (1.22)
LnComp	0.039 3 (0.09)	1.280 3*** (3.37)	0.116 6 (0.94)	0.216 9*** (3.69)	0.505 7 (0.90)	0.078 8 (0.14)	0.215 8** (2.34)	0.055 5 (0.36)	0.564 9 (0.89)	0.036 1 (0.07)	0.116 5 (0.94)	0.212 5*** (3.60)

表5-16（续）

Shr2-5	0.077 0*** (2.93)	0.173 1*** (3.57)	0.013 8** (2.47)	0.020 6** (2.48)	0.121 9*** (4.08)	0.069 2* (1.82)	0.016 3*** (2.80)	0.012 0 (1.68)	0.050 8* (1.76)	0.156 4*** (4.06)	0.013 8** (2.47)	0.020 7** (2.50)
Dual	-0.572 2 (-0.93)	0.181 5 (0.18)	-0.038 7 (-0.29)	-0.029 7 (-0.17)	-0.520 5 (-0.78)	-0.600 5 (-0.65)	-0.023 2 (-0.19)	-0.180 9 (-0.90)	-0.599 8 (-0.98)	0.147 8 (0.14)	-0.038 9 (-0.29)	-0.031 0 (-0.18)
Board	0.585 3*** (3.69)	0.120 9 (0.60)	0.104 7*** (3.45)	0.067 8** (2.26)	0.051 0 (0.37)	1.087 8*** (4.97)	0.047 3** (2.00)	0.178 5*** (4.29)	0.370 7** (2.32)	0.477 9** (2.36)	0.104 7*** (3.45)	0.067 1** (2.24)
Indep	3.288 6 (0.82)	-9.802 2* (-1.68)	0.408 9 (0.52)	-0.838 0 (-0.87)	-6.315 2 (-1.63)	14.008** (2.14)	-0.656 6 (-0.97)	2.272 6* (1.75)	1.033 8 (0.28)	0.113 8 (0.02)	0.406 1 (0.52)	-0.883 8 (-0.92)
Age	-1.871 1*** (-4.21)	-0.072 5 (-0.10)	-0.354 9*** (-3.85)	-0.068 9 (-0.58)	-1.145 4*** (-2.70)	-2.308 1*** (-3.12)	-0.218 3*** (-2.69)	-0.449 7*** (-3.18)	-1.467 6*** (-3.15)	-1.207 0* (-1.90)	-0.354 1*** (-3.84)	-0.071 2 (-0.59)
Year	控制	控制	控制	控制	控制	控制	控制	控制	控制	控制	控制	控制
截距	-43.531*** (-5.83)	-57.453*** (-5.62)			-46.924*** (-5.70)	-42.998*** (-4.15)			-43.531*** (-4.90)	-48.645*** (-5.05)		
N	1 730	952	1 715	941	1 818	864	1 799	857	1 599	1 083	1 715	941
Pseu-Rsq	0.038 6	0.036 8	0.091 1	0.070 8	0.040 6	0.055 9	0.077 8	0.100 4	0.038 6	0.052 5	0.091 1	0.071 0
F/Wald值	34.57***	14.17***	555.60***	242.52***	29.72***	19.30***	493.36***	321.34***	27.89***	23.02***	555.63***	241.39***
	Chi2 值=55.64 (p=0.000 0)		Chi2 值=66.58 (p=0.000 0)		Chi2 值=54.86 (p=0.000 0)		Chi2 值=63.31 (p=0.000 0)		Chi2 值=61.01 (p=0.000 0)		Chi2 值=58.18 (p=0.000 0)	

不同特征行业中的 Media2 系数的比较检验

附注：括号内给出的 t/z 值都都经过 White 异方差调整，***、**、* 分别表示 1%、5%、10% 水平下显著。

表 5-17　市场导向性媒体报道、行业特征与企业社会责任

变量	CSR–Scor Tobit 模型		CSR–Cred Ologit 模型		CSR–Scor Tobit 模型		CSR–Cred Ologit 模型		CSR–Scor Tobit 模型		CSR–Cred Ologit 模型	
	消费者低敏感性行业	消费者高敏感性行业	消费者低敏感性行业	消费者高敏感性行业	环境低敏感性行业	环境高敏感性行业	环境低敏感性行业	环境高敏感性行业	非政府管制性行业	政府管制性行业	非政府管制性行业	政府管制性行业
Media3	0.382 1 (1.32)	1.321 0*** (3.70)	0.073 5 (1.35)	0.181 6*** (2.95)	0.897 6*** (3.25)	0.410 8 (0.99)	0.136 8** (2.79)	0.042 1 (0.56)	0.264 6 (0.87)	1.503 2*** (4.12)	0.041 3 (0.78)	0.213 8*** (3.39)
State	0.048 8 (0.09)	0.125 9 (0.15)	0.128 9 (1.13)	0.120 2 (0.84)	-0.287 8 (-0.51)	0.465 2 (0.61)	0.006 0 (0.06)	0.351 1* (2.02)	0.688 4 (1.19)	-2.318 1* (-2.85)	0.193 1* (1.73)	-0.160 2 (-1.03)
Size	3.472 8*** (12.51)	3.129 8*** (7.28)	0.574 9*** (10.47)	0.469 9*** (6.55)	3.486 5*** (11.86)	2.913 7*** (7.47)	0.532 6*** (10.42)	0.502 5*** (6.55)	3.313 7*** (10.67)	3.232 0*** (8.85)	0.508 7*** (9.09)	0.554 5*** (8.46)
Lev	-5.049 1*** (-3.51)	-6.877 6*** (-3.12)	-0.909 0*** (-3.03)	-1.218 4*** (-3.09)	-4.873 8*** (-3.22)	-6.037 6** (-2.88)	-0.922 1*** (-3.23)	-1.130 6** (-2.49)	-7.734 9*** (-5.10)	0.388 2 (0.20)	-1.338 9*** (-4.37)	0.001 6 (0.01)
Shr1	-0.045 0* (-1.75)	-0.118 7*** (-2.80)	-0.008 6* (-1.66)	-0.011 7 (-1.64)	-0.101 2*** (-3.70)	0.023 5 (0.61)	-0.012 7** (-2.43)	0.001 3 (0.19)	-0.041 1 (-1.55)	-0.049 0 (-1.29)	-0.006 4 (-1.19)	-0.005 1 (-0.77)
Growth	-0.735 6 (-1.05)	-0.580 2 (-0.63)	-0.075 0 (-0.51)	0.089 2 (0.46)	-0.831 8 (-1.25)	-0.192 5 (-0.19)	-0.039 9 (-0.28)	0.106 1 (0.51)	-0.315 6 (-0.47)	-0.589 6 (-0.59)	0.036 2 (0.25)	0.055 5 (0.27)
Roe	-1.994 5 (-0.65)	0.856 5 (0.17)	-0.002 6 (-0.01)	0.578 9 (0.73)	-0.208 7 (-0.06)	-6.349 4 (-1.48)	0.466 9 (0.74)	-1.044 4 (-1.11)	-1.788 0 (-0.53)	7.804 4* (1.79)	-0.131 3 (-0.19)	1.588 8* (1.95)
Cfo	15.184*** (4.20)	4.191 0 (0.87)	2.477 4*** (3.35)	0.448 7 (0.49)	8.697 2** (2.48)	18.764*** (3.58)	1.215 7* (1.83)	3.012 1*** (2.72)	10.487*** (2.92)	4.865 8 (1.02)	1.800 3** (2.49)	0.332 6 (0.35)
Mshare	0.290 0 (0.11)	4.732 0 (0.88)	0.375 3 (0.72)	1.433 9 (1.30)	1.893 3 (0.71)	-4.567 2 (-1.07)	0.827 9* (1.65)	-0.486 7 (-0.55)	0.566 7 (0.20)	-0.232 3 (-0.06)	0.617 1 (1.09)	0.207 7 (0.28)
LnComp	0.051 2 (0.11)	1.173 7*** (3.14)	0.122 0 (0.98)	0.202 8*** (3.42)	0.492 4 (0.88)	0.076 2 (0.13)	0.212 2** (2.31)	0.059 1 (0.38)	0.567 6 (0.89)	0.004 4 (0.01)	0.237 6** (2.28)	0.050 6 (0.45)

表5-17（续）

	(1)	(2)	(3)	(4)	(5)	(6)	(7)	(8)	(9)	(10)	(11)	(12)
Shr2-5	0.074 1*** (2.83)	0.178 1*** (3.73)	0.013 2** (2.37)	0.021 5** (2.61)	0.119 4*** (4.02)	0.066 9* (1.76)	0.016 2*** (2.78)	0.011 6 (1.61)	0.049 9* (1.72)	0.149 1*** (3.93)	0.008 5 (1.40)	0.019 7*** (2.95)
Dual	-0.566 8 (-0.92)	0.141 4 (0.14)	-0.033 5 (-0.19)	-0.036 6 (-0.27)	-0.573 2 (-0.86)	-0.572 5 (-0.61)	-0.031 5 (-0.26)	-0.180 3 (-0.90)	-0.601 1 (-0.98)	0.260 5 (0.25)	-0.050 6 (-0.41)	0.068 6 (0.38)
Board	0.586 3*** (3.69)	0.108 2 (0.53)	0.067 3** (2.24)	0.105 0*** (3.47)	0.039 6 (0.28)	1.089 6*** (4.98)	0.047 2** (1.99)	0.178 1*** (4.29)	0.368 4** (2.31)	0.470 2** (2.30)	0.089 4*** (3.09)	0.083 9** (2.42)
Indep	3.200 8 (0.80)	-11.061* (-1.90)	-1.029 2 (-1.07)	0.388 4 (0.50)	-6.665 1* (-1.71)	14.079** (2.15)	-0.708 1 (-1.04)	2.291 1* (1.77)	0.989 4 (0.27)	-0.664 9 (-0.10)	0.291 9 (0.42)	-0.232 1 (-0.20)
Age	-1.824 9*** (-4.14)	0.077 1 (0.11)	-0.053 0 (-0.45)	-0.341 9*** (-3.72)	-1.103 9*** (-2.62)	-2.269 5*** (-3.07)	-0.211 6*** (-2.62)	-0.445 2*** (-3.15)	-1.435 6*** (-3.11)	-1.067 4* (-1.68)	-0.254 9*** (-2.74)	-0.306 0*** (-2.71)
Year	控制	控制	控制	控制	控制	控制	控制	控制	控制	控制	控制	控制
截距	-43.802*** (-5.81)	-50.235*** (-4.98)			-43.587*** (-5.30)	-42.038*** (-4.11)			-43.761*** (-4.94)	-42.617*** (-4.32)		
N	1 730	952	1 715	941	1 818	864	1 799	857	1 599	1 083	1 583	1 073
Pseu-Rsq	0.050 6	0.038 0	0.090 8	0.072 5	0.041 0	0.056 0	0.078 3	0.100 3	0.038 5	0.053 6	0.074 6	0.100 3
F/Wald值	34.72***	14.21***	556.37***	237.81***	29.81***	19.47***	492.40***	322.24***	27.90***	23.58***	425.47***	396.72***

不同特征行业中的 Media2 系数的比较检验

	(1)-(2)	(3)-(4)	(5)-(6)	(7)-(8)	(9)-(10)	(11)-(12)
	Chi2值=67.83 (p=0.000 0)	Chi2值=92.59 (p=0.000 0)	Chi2值=65.50 (p=0.000 0)	Chi2值=87.36 (p=0.000 0)	Chi2值=71.80 (p=0.000 0)	Chi2值=96.24 (p=0.000 0)

附注：括号内给出的 t/z 值都经过 White 异方差调整，***、**、* 分别表示在 1%、5%、10% 水平下显著。

同来源的媒体报道次数的增加对企业履行社会责任影响的作用效果是否存在显著差异。比较发现，无论是以企业社会责任总体评价 CSR-Scor 为被解释变量，还是以企业社会责任的信息披露等级 CSR-Cred 为被解释变量，都显示在环境敏感性较低行业组中，政策导向性媒体报道变量 Media2 和市场导向性媒体报道变量 Media3 的系数比在环境敏感性较高行业组中的系数更大。这说明与环境敏感性较高行业相比，在环境敏感性较低行业中，不同来源的媒体报道次数的增加对企业履行社会责任的正向影响程度更大。

另外，以整体性指数评价 CSR-M、内容性指数评价 CSR-C、技术性指数评价 CSR-T、行业性指数评价 CSR-I 等分指标为被解释变量时，同样发现与上述类似的结果。进一步比较环境敏感性较低行业和环境敏感性较高行业两组样本中政策导向性媒体报道变量 Media2 和市场导向性媒体报道变量 Media3 的系数时，我们也发现在环境敏感性较高行业组中，政策导向性媒体报道变量 Media2 和市场导向性媒体报道变量 Media3 的系数比环境敏感性较低行业组中的系数更大。这说明与环境敏感性较低行业相比，在环境敏感性较高行业中，不同来源的媒体报道次数的增加对企业履行社会责任的正向影响程度更大（限于篇幅限制没有报告）。

表 5-16 和表 5-17 的后四列是媒体报道对非政府管制行业和政府管制行业中企业履行社会责任情况影响的回归结果。我们可以发现，以上市公司社会责任总体评价 CSR-Scor 为被解释变量时，在非政府管制行业的组别中，政策导向性媒体报道变量 Media2 和市场导向性媒体报道变量 Media3 的系数不显著，表明不同来源的媒体报道次数的增加对非政府管制行业中的企业履行社会责任不存在积极作用；在政府管制行业的组别中，政策导向性媒体报道变量 Media2 和市场导向性媒体报道变量 Media3 的系数显著为正，表明不同来源的媒体报道次数的增加对非政府管制行业中的企业履行社会责任存在积极作用。另外，以对企业履行社会责任的信息披露等级 CSR-Cred 为被解释变量时，我们同样发现在非政府管制行业的组别中，政策导向性媒体报道变量 Media2 和市场导向性媒体报道变量 Media3 的系数不显著，表明不同来源的媒体报道的增加对非政府管制行业中的企业履行社会责任不存在积极作用；在政府管制行业的组别中，政策导向性媒体报道变量 Media2 和市场导向性媒体报道变量 Media3 的系数显著为正，表明不同来源的媒体报道次数的增加对非政府管制行业中的企业履行社会责任存在积极作用。

我们进一步比较了非政府管制行业和政府管制行业两组样本中的不同来源的媒体报道次数的增加对企业履行社会责任影响的作用效果是否存在显著差异。比较发现，无论是以企业社会责任总体评价 *CSR-Scor* 为被解释变量，还是以企业社会责任的信息披露等级 *CSR-Cred* 为被解释变量，都显示在政府管制行业组中，政策导向性媒体报道变量 *Media*2 和市场导向性媒体报道变量 *Media*3 的系数比非政府管制行业组中的系数更大，说明与非政府管制行业相比，在政府管制行业中，媒体报道次数的增加对企业履行社会责任的正向影响程度更大。

另外，以整体性指数评价 *CSR-M*、内容性指数评价 *CSR-C*、技术性指数评价 *CSR-T*、行业性指数评价 *CSR-I* 等分指标为被解释变量时，我们同样发现与上述类似的结果；并且进一步比较政府管制行业和非政府管制行业行业两组样本中媒体报道变量 *Media*1 的系数时，也发现在非政府管制行业组中，政策导向性媒体报道变量 *Media*2 和市场导向性媒体报道变量 *Media*3 的系数比政府管制行业组中的系数更大，也说明与非政府管制行业相比，在政府管制行业中，不同来源的媒体报道次数的增加对企业履行社会责任的正向影响程度更大（限于篇幅限制没有报告）。

5.4.6 稳健性检验

为了使上述结论更为可靠，本章还进行了以下几方面的稳健性检验。

第一，本书借鉴李志斌（2014）[140] 的做法，利用社会贡献率的定义构建企业社会责任指数，重新回归发现除了极少数结果不显著外，主要的回归结果没有发生变化。

第二，考虑到当前中国企业在 IPO 过程中，可能为了成功上市而向资本市场传递更多的社会责任信息以树立良好的声誉和形象，因此本书剔除当年 IPO 的样本重新进行检验，发现回归结果没有出现重大异常变化。

第三，已有的研究已经指出，激烈的产品市场竞争可能会部分替代公司治理机制而对企业社会责任的履行产生一定的促进作用，因此本书借鉴张正勇（2012）[151] 的做法，采用上市公司所处行业的赫芬达尔指数 *Indhf* 来衡量公司所处行业的产品市场竞争程度，在回归分析中进一步增加了赫芬达尔指数 *Indhf* 后发现，结果没有发生重大变化。

第四，尽管本书考虑了媒体报道和企业社会责任履行情况可能存在互为因果关系的情况，但是可能这也无法排除遗漏变量对上述研究结果产生的影响。因此，上述结果还可能受到潜在内生性问题的困扰，因此本书借鉴 Dyck et al.（2008）[287] 的媒体关注决定因素的变量，参考权小锋等（2012）[319] 的做法，选择三个外生变量作为媒体报道 *Media* 的工具变量：①非流通股比例；②上市年限；③最终控制人属性。我们重新进行检验后发现，结果没有出现重大变化。上述稳健性检验结果没有异常变动，在一定程度上表明研究结论是比较稳健的。

5.5　本章小结

首先，在前文分析外部规则——企业所处的外部制度环境是推进企业社会责任履行的重要动力机制之一的基础上，本章结合当前我国的制度特征，根据已有的研究结论，选择正式制度（主要是法律制度）和非正式制度（主要是信任和媒体监督）等作为检验外部规则推进企业社会责任履行的重要外部制度因素，在此基础上以中国2008—2013 年上市公司为研究样本，实证检验了制度环境对企业社会责任履行情况的影响，结果发现企业外部制度环境显著影响了企业社会责任的履行情况。具体而言：第一，在正式制度方面，法律制度与企业社会责任的履行存在显著的正向关系，即在法律制度越完善的地区，企业履行社会责任的情况越好。第二，在非正式制度方面，信任程度与企业社会责任的履行存在显著的正向关系，即在信任程度越高的地区，企业履行社会责任的情况越好；同时也发现媒体关注与企业社会责任的履行存在显著的正向关系，即媒体关注的次数越多，企业履行社会责任的情况越好，进一步将媒体关注分为政策导向性媒体关注和市场导向性媒体关注后也表明，政策导向性媒体关注和市场导向性媒体关注的次数越多，企业履行社会责任的情况越好，而且相比较于政策导向性媒体关注，市场导向性媒体关注的次数越多，企业履行社会责任的情况越好。

其次，本章分别考察了法制环境和信任程度与媒体关注的联合作用对企业社会责任履行情况的影响，结果发现法律制度与媒体关注的联合作用及信任程度与媒体关注的联合作用显著影响了企业社会责任的履行情况。具体而言：第一，法律制度与媒体关注的联合作用对企业社会责任履行存在显著的正向促进关系，即在法律制度越完善的地区，媒体关注次数的增加对企业社会责任履行情况的正向促进作用越明显，进一步将媒体关注分为政策导向性媒体关注和市场导向性媒体关注后也发现，相比较于政策导向性媒体关注，市场导向性媒体关注次数的增加对企业社会责任履行情况的正向促进作用更明显。第二，信任程度与媒体关注的联合作用对企业社会责任履行存在显著的正向促进关系，即在信任程度越高的地区，媒体关注次数的增加对企业社会责任履行情况的正向促进作用越明显，进一步将媒体关注分为政策导向性媒体关注和市场导向性媒体关注后也表明，相比较于政策导向性媒体关注，市场导向性媒体关注次数的增加对企业社会责任履行情况的正向促进作用更明显。

最后，本章检验了制度环境对行业特征不同的企业社会责任履行情况的影响是否存在显著差异，结果发现对于行业特征不同的企业而言，外部制度环境对企业社会责任的履行情况的影响存在显著差异。具体而言：第一，对于消费者敏感性不同的行业而言，在法制制度方面，企业履行社会责任的情况会随着法律制度环境的改善而显著提高，并且与消费者敏感性较高行业相比，法制环境的改善对消费者敏感性较低行业的企业履行社会责任的正向促进作用更大；在信任程度方面，企业履行社会责任的情况会随着信任程度的增强而显著提高，并且与消费者敏感性较低行业相比，信任程度的增强对消费者敏感性较高行业的企业履行社会责任的正向促进作用更大；在媒体关注方面，消费者敏感性较高行业的企业履行社会责任的情况会随着媒体关注次数的增加而显著提高，并且与消费者敏感性较低行业相比，媒体关注次数的增加对消费者敏感性较高行业中企业履行社会责任的正向促进作用更大，进一步将媒体关注分为政策导向性媒体关注和市场导向性媒体关注后，发现结果没有异常变化。第二，对于环境敏感性不同的行业而言，在法制制度方面，企业履行社会责任的情况会随着法律制度环境的改善而显著提高，并且与环境敏感性较低行业相比，法制环境的改善对环境敏感性较高行业的企业履行社会责任的正向促进作用更大；在信任程度方面，企业履行社会责任的情况会随着信任程度的增强而显著提高，并且与环境敏感性较低行业相比，信任程度的增强对环境敏感性较高行业的企业履行社会责任的正向促进作用更大；在媒体关注方面，环境敏感性较低行业的企业履行社会责任的情况会随着媒体关注次数的增加而显著提高，并且与消费者敏感性较高行业相比，媒体关注次数的增加对消费者敏感性较低行业的企业履行社会责任的正向促进作用更大；进一步将媒体关注分为政策导向性媒体关注和市场导向性媒体关注后，发现结果没有显著变化。第三，对于是否属于政府管制行业而言，在法制制度方面，企业履行社会责任的情况会随着法律制度环境的改善而显著提高，并且与非政府管制行业相比，法制环境的改善对政府管制行业的企业履行社会责任的正向促进作用更大；在信任程度方面，企业履行社会责任的情况会随着信任程度的增强而显著提高，并且与非政府管制行业相比，信任程度的增强对政府管制行业的企业履行社会责任的正向促进作用更大；在媒体关注方面，政府管制行业的企业履行社会责任的情况都会随着媒体关注次数的增加而显著提高，并且与非政府管制行业相比，媒体关注次数的增加对政府管制行业的企业履行社会责任的正向促进作用更大，进一步将媒体关注分为政策导向性媒体关注和市场导向性媒体关注后，发现结果没有显著变化。

本书认为，上述实证结果表明，制度环境对企业社会责任的履行情况的影响存在着如下两个问题：第一，在法律制度更完善和信任程度更高的地区，企业必须遵循法律规定和共同的社会风俗进行生产经营活动，企业为了生存和发展必须关注企业与利益相关者的关系，履行社会责任的情况会更好；媒体对企业报道的次数会增强企业感受到的社会公众监督的压力，因此媒体报道次数的增加会提高企业受到的关注程度，进而会促进企业更好地履行社会责任；第二，处于不同行业的企业受到制度环境的影响存在差异，优化推进企业社会责任的外部规则时不能采取"一刀切"的方式，应该考虑企业所处的行业特征，这样才能取得更好的效果。

第六章　基于内部规则视角的
企业社会责任推进机制研究

在前文探讨企业社会责任推进机制的分析框架中，我们可以看到除了以外部规则形式推进企业社会责任的履行之外，政府会通过强制性政策的制定和落实，以内部规则形式来推进企业社会责任的履行。因此这一章主要是从内部规则的视角对企业社会责任推进机制进行理论分析和实证检验，以期为后文从内部规则的视角来总结推进企业社会责任的具体作用路径提供经验证据。

6.1　内部规则的分类和界定

近年来，随着社会公民意识的觉醒，广大公众期望企业积极承担社会责任的愿望日趋强烈，政府希望通过改善公司治理机制，促进企业履行社会责任，因为良好的公司治理结构有助于克服违规行为，进而保障投资者、职工、消费者等相关方的利益[192]。高汉祥（2012）指出，社会责任应该被公司治理纳入理论体系和实践活动中，形成一种"内生嵌入"的关系，使得社会责任履行成为"内在动力"而不是"被动回应"[320]。需要强调的是，与这些规范分析的研究结果高度一致不同的是，国内外现有关于公司治理结构（主要体现为产权性质、股权结构、董事会治理和高管激励等方面）与企业社会责任关系的研究结论没有达成一致，甚至存在完全相反的结论。尽管这些重要的研究结论为我们提供了理论参考，但都面临一个共同问题：更多的是基于公司的治理环境和结构来进行实证检验，而非基于公司治理机制和制度。因此，深入基础理论来厘清上述问题显得尤为迫切。内部控制是基于公司治理的具体制度规范，没有高质量的内部控制，公司治理将成为空中楼阁[321]。在2013年最新修订的内部控制COSO报告中，更是强调内部控制运行中的"公司治理"理念。因此从这个角度来看，内部控制作为公司治理的基石，对企业社会责任的推进作用可能更为直接[140]。

这里所讨论的公司治理机制主要是强调公司的内部治理结构，根据已有的研究结果，其主要包括股权结构和董事会效率两个方面的内容。因此这里承接上述重要的思想，将内部控制作为影响企业社会责任履行的内部规则的第一层面因素。在此基础上，进一步挖掘和检验不同的公司治理机制（主要是股权集中度和董事会效率）对内部控制和企业履行社会责任之间关系的影响。

6.2 理论分析与研究假设的提出

6.2.1 内部控制对企业社会责任履行情况的影响

已有研究指出，内部控制作为维护和平衡企业中利益相关者的合法权益的重要机制，对企业社会责任的履行情况具有重要影响[140]。一方面，在企业社会责任实践活动中，各项具体的工作需要高质量的内部控制作为实施保障，只有发现和解决执行内部控制制度过程中反映出的有关问题，才能提高社会责任的履行效果；另一方面，企业只有履行社会责任后，才能获得生存和发展的空间，否则企业无法持续经营，而高质量的内部控制能够通过高效落实生产经营的各个环节工作，明确责任对口的管理部门，进而有效规范企业履行社会责任的行为[140]。

具体而言，内部控制对企业履行社会责任的促进作用主要体现在以下几个方面。

第一，内部控制的目标体系中包含了企业对社会责任的追求，从内部控制的五大目标来看，其都包含提高企业履行社会责任的目标追求。例如根据资产安全目标的要求，企业应确保资本的保值增值：一方面是保证企业的持续经营能力与偿债能力，维护股东和债权人的权益，向股东和债权人履行经济责任，同时企业通过实现资产安全目标而获得了稳定的发展，有助于解决当地的就业问题；另一方面资本的保值增值是企业履行社会责任的一个重要表现。由此可见高质量的内部控制保障企业资产安全目标的实现，为企业履行社会责任提供了保障。再以内部控制的信息质量目标为例，已有的证据表明，高质量的内部控制能提高企业的信息质量（Doyle et al.，2007；Chan et al.，2008；方红星等，2011）[322-324]，减少企业经营者的舞弊行为，降低代理成本（杨德明等，2009；周继军等，2011；李万福等，2011）[325-327]，有助于提高利益相关者的决策质量，向股东、债权人、供应商以及政府监管部门等提供企业可靠的经营信息和会计信息，有助于股东、债权人、供应商以及政府监管部门合理评估企业的经营效率和效果，评估企业是否履行了法律责任、伦理责任、可持续发展责任等。

第二，内部控制的五要素之一——控制环境要素中包含了促进企业履行社会责任的因素。COSO 发布了 2013 版《内部控制——整合框架》及其配套指南，其中描述控制环境包含企业对诚信和道德价值观的承诺，树立积极的价值观和道德水准以吸引、发展和留住优秀的人才，而这对企业社会责任的履行都有正向的价值引领作用。中国出台的《企业内部控制应用指引第 4 号——社会责任》，主要是从企业与社会协调发展的要求出发，旨在促进企业在创造利润、对股东利益负责的同时，不要忘记对员工、消费者，对社会和环境的社会责任，单独制定社会责任的指引，进一步规范企业履行社会责任的行为，表明内部控制是规范企业社会责任行为的重要制度安排。已有的研究也发现，企业履行社会责任的水平会随着内部控制的改善而提高[140][223]。

因此，本书提出以下研究假说：

H6-1：相对于内部控制较差的企业而言，内部控制越好的企业履行社会责任的情况越好。

6.2.2 股权集中度与内部控制联合对企业社会责任履行的影响

公司治理对内部控制功能的发挥有着重要作用，而股权集中度在公司治理体系中占据重要的地位，特别是在转型经济环境下，由于法律保护机制的不健全，合理的股权结构安排能有效弥补投资者因法律保护不足而可能遭受的损失，进而保护外部投资者的利益[188]，可能会影响内部控制进而促进企业社会责任的作用发挥。

一方面，从企业内部控制作用发挥的环境来看，随着股权集中度的提高，企业可能失去了促进内部控制功能有效发挥的重要原则——制衡原则。具体到内部控制影响社会责任履行的问题上，从宏观来看，企业对其所处社会的要求和期望，负有做出回应的义务，必须承担相应的责任；从微观来看，企业必须要对利益相关者的利益诉求进行回应，虽然较高的股权集中度有助于增强外部投资者的利益保护，但也可能引发内部人控制的问题，进而可能为大股东进行利益侵占提供空间，如大股东的关联交易、资金占用、关联收购、关联担保或资产转移等，特别是当大股东为了最大限度地攫取私人收益，可能会刻意降低内部控制的有效性以减少制度约束[328]，另外弱化内部控制的有效性有助于降低私有收益被曝光的风险，进而造成内部控制促进企业履行社会责任的水平降低。吴益兵等（2009）和张先治等（2010）的研究结果都表明，企业股权集中度的提高会弱化内部控制的有效性[329-330]，说明在股权集中度较高的公司中，大股东为了利益侵占可能会降低内部控制的质量，而这进一步抑制了内部控制在促进企业社会责任履行方面的作用发挥。

另一方面，目前有一些研究结论（李志斌等，2013）[331]表明，在中国当前特殊的转型经济环境下，股权集中度的提高可能有利于公司内部控制有效性的提升。于建霞（2007）指出，在股权分散条件下，中小股东参与公司治理的积极性普遍不高，因此典型的如英美模式下的公司治理机制，其更强调通过完善外部治理机制来发挥作用；而在股权更为集中的条件下，大股东往往更有动机和能力直接谋求对上市公司的监督与战略控制，典型的如德日模式下的公司治理机制，其更强调通过完善内部治理机制来发挥作用[332]。因此，在股权较为分散的公司中，由于各股东的持股份额相对较少，可能会加剧股东之间"搭便车"的心理，分散的股东没有意愿也没有能力要求公司提高内部控制质量；相反在股权相对集中的公司中，大股东为了实施对公司的直接监控，更偏好于采用内部治理机制。这表明，股权集中度的提高会增加大股东增强内部控制建设的意愿和能力。Hillman and Keim（2001）发现，股权集中度提高会使得大股东与公司的长期利益更接近，企业履行社会责任的动力更强[189]。因此股权集中度不仅直接影响和促进公司履行更多的社会责任和披露更多的信息，也可能促使内部控制在社会责任履行方面发挥更大的作用，进而为实现企业可持续发展的目标提供合理保障。这说明，较高的股权集中度可能使得大股东为了可持续的发展目标而提升内部控制的质量，进一步促进内部控制在企业社会责任履行方面的作用发挥。

因此，本书提出以下研究假说：

H6-2a：相对于股权集中度较低的企业而言，在股权集中度较高的企业中，高质量的内部控制对企业履行社会责任的促进作用更大。

H6-2b：相对于股权集中度较高的企业而言，在股权集中度较低的企业中，高质量的内部控制对企业履行社会责任的促进作用更小。

6.2.3　董事会效率与内部控制联合对企业社会责任履行的影响

公司治理的核心，如何构建有效的董事会并真正地发挥作用一直是公司治理理论与实践关注的重要问题之一。中国《上市公司治理准则》第 43 条指出，董事会的重要职责在于确保公司遵守法律、法规和公司章程的规定，公平对待所有股东，并关注其他利益相关者的利益。董事会负责执行股东大会的决议，并在股东大会休会期间代表股东决定公司的重大经营决策，在公司治理中处于核心地位。中国的《企业内部控制基本规范》明确指出，内部控制是由企业董事会、证监会、经理层和全体员工实施的、旨在实现控制目标的过程，因此董事会的效率不同，可能会对公司的内部控制和社会责任履行产生不同的影响。故本书重点探讨董事会效率如何影响内部控制与企业履行社会责任两者之间的关系。

董事会规模是衡量董事会运作效率的重要指标之一。董事会拥有对高管决策的监督权，能在一定程度上对企业高管形成制约，抑制高管攫取私有收益的行为。而且随着董事会规模的增加，董事会整体的专业水平和经验能力会随之增加，进而董事会的监督能力也会提升，但是伴随着董事会规模的扩大，董事会成员之间沟通、协调的成本和难度也会随之增加[333]，同时董事会规模扩大会增加董事"搭便车"的问题，增加了董事会做出科学决策的难度。Jensen（1993）指出，与规模更小的董事会相比，规模更大的董事会协调和沟通的难度更大[334]。Yermack（1996）和 Eisenberg et al.（1998）都指出，董事会成员之间的联盟成本会随董事会规模的扩大而增加[335-336]，这为 CEO 控制董事会提供了便利，当 CEO 的权力过大无法对其有效制约时，将无法阻止 CEO 利用控制权来谋取个人私利，无疑会损害公司和利益相关者的合法利益。这表明，董事会规模的增大可能会抑制内部控制在促进企业社会责任履行方面的作用发挥。

在公司治理机制中，独立董事制度安排被认为是约束高管机会主义行为的重要治理机制[337]。大量的研究表明，随着董事会中独立董事比例的提高，董事会被内部人操控的可能性会降低，信息操控的行为也会减少[333]。Krishnan et al.（2007）的研究发现，随着独立董事比例的增加，高管舞弊等行为更有可能得到遏制，使得内部控制缺陷更有可能被发现[338]。对于企业社会责任的履行，Fama and Jensen

（1983）指出，由于独立董事有维护声誉的动机，更有可能去鼓励企业履行社会责任[339]。沈洪涛等（2010）[209]和肖作平等（2011）[194]的经验证据表明，董事会中独立董事比例的增加对企业社会责任的履行存在显著的正向作用。因此总体看来，独立董事比例的增加有利于提升内部控制在促进企业社会责任履行方面的作用发挥。

因此，本书提出以下研究假说：

H6-3：相对于董事会规模较大的企业而言，在董事会规模较小的企业中，高质量的内部控制对企业履行社会责任的促进作用更大。

H6-4：相对于独立董事比例较低的企业而言，在独立董事比例较高的企业中，高质量的内部控制对企业履行社会责任的促进作用更大。

6.3　研究设计

6.3.1　研究样本

本书选择 2009—2013 年的中国 A 股上市公司作为初始研究样本，在研究数据的合并过程中，剔除了金融行业、财务数据和公司治理数据缺失的样本后，最终得到 2 682 个有效观测值。本书的社会责任数据来源于润灵环球的社会责任报告评价指数，内部控制的数据来源于迪博内部控制与风险管理数据库，上市公司的公司治理数据和财务数据来源于 CSMAR 数据库。

6.3.2　模型建立与变量设置

为了考察公司所处的制度环境对企业履行社会责任的影响，本书参考了李志斌（2014）[140]和彭钰等（2015）的研究方法，构建模型 6-1 如下：

$$CSR = \beta_0 + \beta_1 ICQ + \beta_2 State + \beta_3 Shr1 + \beta_4 Size + \beta_5 Lev + \beta_6 Growth + \beta_7 Roe + \beta_8 Cfo +$$

$$\beta_9 Mshare + \beta_{10} LnComp + \beta_{11} Shr2 - 5 + \beta_{12} Dual + \beta_{13} Board + \beta_{14} Indep + \beta_{15} Age + \beta_{16} List +$$

$$\beta_{17} Market + \beta_{18} Legal + \beta_{19} Trust + \beta_{20} Media1 + \sum Year + \sum Ind_i + \varepsilon \qquad 模型 6-1$$

模型 6-1 的被解释变量——企业社会责任变量 CSR，这一章和第五章相同，采用独立的第三方评估机构——润灵环球（RKS）对上市公司社会责任报告的评分结果来衡量企业社会责任的履行情况。

模型 6-1 的解释变量之一主要是上市公司内部控制质量变量 *ICQ*，本书采用深圳迪博风险管理有限责任公司发布的上市公司内部控制指数作为内部控制有效性的替代指标。当前已有一些在重要期刊发表的文献（杨德明等，2009；郑军等，2013；权小锋等，2015）[325,340,162]都采用该指数来进行企业内部控制的实证研究，这在一定程度上验证了该指数的可靠性。根据本书的假设 1，预期内部控制质量 *ICQ* 的符号为正。

模型 6-1 的另一类解释变量是在公司治理方面，根据现有的研究结论，主要是股权集中度和董事会效率不仅会直接影响企业社会责任的履行，也会影响内部控制质量与企业社会责任履行之间的关系。至于股权集中度如何直接影响企业社会责任的履行，现有的研究还未取得一致的结论，因此我们无法准确预期股权集中度变量 *Shr*1 符号。而对于股权集中度如何影响内部控制质量与企业社会责任履行之间的关系，根据本章的假设 2a，预期当股权集中度较高时，内部控制质量 *ICQ* 的符号为正。

至于董事会效率如何直接影响企业社会责任的履行，现有的研究也是还未取得一致的结论。沈洪涛等（2010）发现企业的董事会规模与公司社会责任信息披露之间呈现出倒 "U" 型的关系[209]，但不显著；肖作平等（2011）的研究却发现，董事会规模的变大会显著弱化公司社会责任的履行，而独立董事比例也与企业社会责任的履行情况呈显著负相关关系[194]；张正勇（2012）发现独立董事没有起到提高社会责任信息披露水平的作用[151]；但是沈洪涛等（2010）发现独立董事比例的提高对社会责任信息披露水平有一定的推动作用[209]。因此我们无法准确预期董事会规模变量 *Board* 和 *Indep* 的符号。而对于董事会效率如何影响内部控制质量与企业社会责任履行之间的关系，根据本章的假设 2b，预期当董事会规模较小时，内部控制质量 *ICQ* 的符号为正；预期当独立董事比例较高时，内部控制质量 *ICQ* 的符号为正。

此外，本书的控制变量除了包括上一章的相关变量外，还增加了上市地点 *List* 和地区市场化进程 *Market*。沈洪涛等（2007）的研究发现，上海证券交易所的上市公司在年报中披露社会责任信息的水平在总体上要高于深圳证券交易所的上市公司[168]；周中胜等（2012）发现，市场化进程越好的地区，企业履行社会责任的情况越好[161]。因此本书预期上述变量的符号为正。另外，本章进一步设置了年度虚拟变量 *Year* 和行业虚拟变量 *Ind*。相关变量的具体定义如表 6-1 所示。

表 6-1　　　　　　　　　　　　　　变量定义

变量类型	变量名称	简写	预测符号	定义
被解释变量	企业社会责任	*CSR-Scor*		企业社会责任履行的总体评价，润灵环球（RKS）对上市公司社会责任报告的 MCT 评分加权所得
		CSR-M		润灵环球（RKS）对企业社会责任履行评价的整体性指数
		CSR-C		润灵环球（RKS）对企业社会责任履行评价的内容性指数
		CSR-T		润灵环球（RKS）对企业社会责任履行评价的技术性指数
		CSR-I		润灵环球（RKS）对企业社会责任履行评价的行业性指数
		CSR-Cred		润灵环球（RKS）评级转换体系按照 MCT 得分将上市公司社会责任情况分为不同等级，本书按照 C 为 1 分，CC 为 2 分……依此类推，最高组 AAA 为 19 分
解释变量	内部控制质量	*ICQ*	+	来自深圳迪博公司发布的上市公司内部控制评价指数，该指数越大，表示上市公司的内部控制质量越高
	股权集中度	*Shr*1	－	公司第一大股东持股比例
	董事会效率	*Board*	+	公司董事会的人数
		Indep	+	公司独立董事人数占董事会人数之比
	最终控制人属性	*State*	+	虚拟变量，如果上市公司的最终控制人具备国有属性，取值为 1，否则为 0
	最终控制人级别	*Center*	+	虚拟变量，如果国有上市公司的最终控制人是中央政府，取值为 1，否则为 0
控制变量	企业资产规模	*Size*	+	公司当年总资产取自然对数
	企业资产负债率	*Lev*	－	公司当年的财务杠杆水平
	第一大股东持股比例	*Shr*1	－	公司第一大股东持股比例
	企业成长能力	*Growth*	+	采用当年的营业收入减去上年的营业收入再除以上年的营业收入
	企业盈利水平	*Roe*	+	公司当年的净资产收益率

表6-1(续)

变量类型	变量名称	简写	预测符号	定义
控制变量	经营活动产生的净现金流	Cfo	+	公司当年经营活动产生的净现金流除以年末总资产
	管理层持股	Mshare	+	公司当年管理层持股比例除以年末总股数
	高管薪酬	LnComp	+	公司当年高管货币薪酬最高三位之和取自然对数
	股权制衡	Shr2-5	+	公司当年第二大股东值第五大股东持股比例之和
	两职合一	Dual	-	公司当年总经理和董事长两职合一，取值为1，否则为0
	独董比例	Indep	+	公司独立董事人数占董事会人数之比
	上市时间	Age	+	公司的上市时间加1取自然对数
控制变量	上市地点	List	+	虚拟变量，如果上市公司在上交所上市取值为1，否则为0
	地区市场化进程	Market	+	来自樊纲等(2011)[312]公布的地区市场化进程指数，指数越大，表示地区的市场环境发育程度越好
	地区法制环境	Legal	+	来自樊纲等(2011)[312]公布的地区市场中介组织和法律制度环境的发育程度指数，指数越大，表示地区的法制环境发育程度越好
	地区信任程度	Trust	+	来自张维迎等(2002)[291]的"中国企业家调查系统"数据，指数越大，表示地区被信任程度越高
	媒体报道	Media1	+	根据《中国证券报》《证券时报》《证券日报》《上海证券报》《中国经营报》《经济观察报》《21世纪经济报道》及《第一财经日报》等八份具有较高影响力的全国性财经日报前一年中有关上市公司所有新闻报道的次数加1取自然对数
	年度	Year		年度虚拟变量，用来控制宏观经济的影响
	行业	Ind		行业虚拟变量，用来控制行业因素的影响

6.4　检验结果与分析

6.4.1　描述性统计分析

为了使待检验的结果不受异常值的干扰，我们对所有相关的连续性变量进行了1%水平上的 Winsorize 处理，样本的描述性统计结果如表6-2所示。

从企业社会责任总体评价 *CSR-Scor* 来看，社会责任评价得分的均值为 36.10，得分最高的达到了 74.95，而得分最低的只有 17.97，而且标准差达到了 11.78。这在某种程度上表明中国上市公司企业社会责任履行的分布状况非常分散，不同企业社会责任履行状况差距较大。另外，从企业社会责任的整体性指数评价 *CSR-M*、内容性指数评价 *CSR-C*、技术性指数评价 *CSR-T*、行业性指数评价 *CSR-I* 和企业社会责任等级分数评价 *CSR-Cred* 几个指标来看，最大值和最小值之间的差距也都较大，这也说明中国上市公司企业社会责任履行的各个方面的情况各不相同。这都为本章的进一步研究奠定了基础。

表 6-2　　　　　　　　　　　　　描述性统计表

变量	N	均值	标准差	最小值	25%分位数	中位数	75%分位数	最大值
CSR-Scor	2 682	36.10	11.78	17.97	28.13	33.25	40.50	74.95
CSR-M	2 682	11.59	4.47	2.28	8.20	10.78	13.83	27.56
CSR-C	2 681	16.86	5.66	3.00	13.13	15.83	19.50	39.59
CSR-T	2 679	6.34	1.94	0.56	5.18	5.74	6.82	22.36
CSR-I	2 140	1.66	1.46	0	0.63	1.25	2.29	8.53
CSR-Cred	2 656	5.50	3.04	0	4.00	4.00	7.00	17.00
ICQ	2 682	689.5	172.7	0	666.0	706.6	756.7	966.7
*Shr*1	2 682	0.39	0.16	0.08	0.25	0.40	0.52	0.80
Board	2 682	9.46	2.00	5	9	9	11	18
Indep	2 682	0.37	0.06	0.3	0.33	0.33	0.4	0.57
State	2 682	0.67	0.47	0	1	1	1	1
Center	1 809	0.37	0.48	0	0	0	1	1
Size	2 682	22.80	1.43	20.09	21.74	22.67	23.67	26.80
Lev	2 682	0.50	0.20	0.06	0.35	0.51	0.65	0.87
Growth	2 682	0.18	0.33	−0.47	0	0.14	0.30	1.84
Roe	2 682	0.10	0.09	−0.25	0.05	0.09	0.14	0.35
Cfo	2 682	0.05	0.07	−0.15	0.01	0.05	0.09	0.24
MShare	2 682	0.03	0.09	0	0	0	0	0.5
LnComp	2 682	14.26	1.02	0	13.83	14.29	14.73	17.24
*Shr*2-5	2 682	0.51	0.17	0.12	0.39	0.52	0.63	0.91
Dual	2 682	0.15	0.36	0	0	0	0	1
Age	2 682	2.20	0.73	0	1.79	2.40	2.71	3.18
List	2 682	0.41	0.49	0	0	0	1	1

表6-2(续)

变量	N	均值	标准差	最小值	25%分位数	中位数	75%分位数	最大值
Market	2 682	9.08	1.93	0.38	7.88	9.02	10.42	11.80
Legal	2 682	11.77	5.51	0.18	7.15	8.46	16.27	19.89
Trust	2 682	81.51	69.43	2.70	15.60	77.70	118.7	218.9
*Media*1	2 682	2.36	1.35	0	1.39	2.30	3.30	6.94

在企业的内部控制方面，ICQ 的最大值为 966.7，最小值为 0，标准差达到了 172.7，这表明中国上市公司中内部控制质量的差异较大，有的公司的内部控制质量非常高，但有的公司的内部控制质量亟需提高；在企业的公司治理方面，股权结构的主要方面——股权集中度 $Shr1$ 的均值为 0.39，最大值为 0.8，最小值为 0.08，标准差为 0.16，这表明中国上市公司中第一大股东持股比例的均值接近 40%，而且最大值和最小值的差异非常明显；在董事会效率的主要方面——董事会规模 $Board$ 的均值超过 9，最大值为 18，最小值为 5，最小值和最大值之间的差距较大，同时独立董事比例 $Indep$ 的最小值和最大值之间的差距也较大，说明中国上市公司董事会人数和独立董事人数占比的差异较大。

国有企业 $State$ 的均值为 0.47，说明样本中的中国上市公司有接近一半被政府控制，其中中央政府控制的企业 $Center$ 的均值为 0.37，表明国有企业中有接近五分之二的公司是被中央政府所控制。

另外企业的资产负债率 Lev 的均值和中位数比较接近，并且数值都不大，说明大部分企业资产负债率比较正常。$Growth$ 的均值为 0.18，说明成长潜力较大；Roe 的均值为 0.10，说明中国上市公司的盈利能力较好。

6.4.2　单变量统计分析

表6-3 的分组参数检验和非参数检验结果进一步支持了本章的三个假设。

首先，从企业社会责任总体评价 CSR-$Scor$、整体性指数评价 CSR-M、内容性指数评价 CSR-C、技术性指数评价 CSR-T、行业性指数评价 CSR-I 和社会责任等级分数评价 CSR-$Cred$ 多个指标来看，参数检验和非参数检验的结果均表明，相对于内部控制质量较低的企业而言，内部控制质量较高的企业履行社会责任的情况更好。这说明较高质量的内部控制更有利于促进企业履行更多的社会责任，反映了企业内部控制质量可能是促使企业履行社会责任的重要内部规则之一。

表 6-3　　　　　　　　　　　企业社会责任情况的分组检验

	企业社会责任总体评价 CSR-Scor				
	样本数	均值	T 检验	中位数	Z 检验
内部控制质量低组	1 341	34.083	8.996 ***	32.320	7.454 ***
内部控制质量高组	1 341	38.117		34.660	
股权集中度低组	1 343	34.841	5.576 ***	32.650	4.741 ***
股权集中度高组	1 339	37.364		33.830	
董事会规模低组	572	34.214	4.331 ***	31.890	4.688 ***
董事会规模高组	2 110	36.612		33.625	
独立董事比例低组	1 367	35.561	2.419 **	33.060	1.584
独立董事比例高组	1 315	36.661		33.330	
非国有控股企业组	873	34.092	6.176 ***	32.200	5.438 ***
国有控股企业组	1 809	37.070		33.930	
地方政府控股企业组	1 145	35.442	7.428 ***	32.790	7.250 ***
中央政府控股企业组	664	39.876		36.630	
	企业社会责任整体性指数评价 CSR-M				
	样本数	均值	T 检验	中位数	Z 检验
内部控制质量低组	1 341	11.161	5.103 ***	10.550	3.228 **
内部控制质量高组	1 341	12.038		11.020	
股权集中度低组	1 343	11.215	4.483 ***	10.550	3.216 **
股权集中度高组	1 339	11.986		11.020	
董事会规模低组	572	11.185	2.503 **	10.310	2.124 **
董事会规模高组	2 110	11.712		10.780	
独立董事比例低组	1 367	11.358	2.855 ***	10.780	2.472 **
独立董事比例高组	1 315	11.850		10.780	
非国有控股企业组	873	11.166	3.501 ***	10.550	2.065 **
国有控股企业组	1 809	11.809		11.010	
地方政府控股企业组	1 145	11.207	7.252 ***	10.310	7.011 ***
中央政府控股企业组	664	12.847		11.950	

表 6-3（续）

	企业社会责任内容性指数评价 CSR-C				
	样本数	均值	T 检验	中位数	Z 检验
内部控制质量低组	1 341	15.743	10.448 ***	15.190	9.335 ***
内部控制质量高组	1 340	17.983		16.880	
股权集中度低组	1 343	16.224	5.883 ***	15.560	5.114 ***
股权集中度高组	1 338	17.503		16.310	
董事会规模低组	572	15.800	5.085 ***	14.940	5.586 ***
董事会规模高组	2 109	17.151		16.130	
独立董事比例低组	1 367	16.690	1.610	15.830	0.579
独立董事比例高组	1 314	17.042		15.830	
非国有控股企业组	873	15.809	6.750 ***	15.190	6.373 ***
国有控股企业组	1 808	17.371		16.310	
地方政府控股企业组	1 144	16.654	6.860 ***	15.750	6.406 ***
中央政府控股企业组	664	18.607		17.440	
	企业社会责任技术性指数评价 CSR-T				
	样本数	均值	T 检验	中位数	Z 检验
内部控制质量低组	1 339	6.013	8.807 ***	5.630	8.200 ***
内部控制质量高组	1 340	6.664		5.910	
股权集中度低组	1 342	6.194	3.878 ***	5.740	1.945 *
股权集中度高组	1 337	6.484		5.740	
董事会规模低组	571	6.106	3.236 ***	5.630	3.192 ***
董事会规模高组	2 108	6.402		5.820	
独立董事比例低组	1 336	6.287	1.394	5.740	0.954
独立董事比例高组	1 313	6.392		5.740	
非国有控股企业组	871	6.059	5.204 ***	5.630	4.772 ***
国有控股企业组	1 808	6.473		5.850	
地方政府控股企业组	1 144	6.266	5.648 ***	5.730	5.956 ***
中央政府控股企业组	664	6.830		6.045	

表6-3（续）

企业社会责任行业性指数评价 *CSR-I*				
	样本数	均值	T检验	中位数	Z检验
内部控制质量低组	2 199	1.417	7.909***	1.140	6.816***
内部控制质量高组	2 199	1.910		1.500	
股权集中度低组	1 045	1.509	4.704***	1.250	4.129***
股权集中度高组	1 095	1.805		1.430	
董事会规模低组	451	1.478	2.974***	1.140	3.133***
董事会规模高组	1 689	1.709		1.250	
独立董事比例低组	1 078	1.544	3.711***	1.250	3.291***
独立董事比例高组	1 062	1.778		1.420	
非国有控股企业组	714	1.287	8.479***	0.940	9.267***
国有控股企业组	1 426	1.847		1.500	
地方政府控股企业组	885	1.701	4.637***	1.440	3.410***
中央政府控股企业组	541	2.086		1.610	

企业社会责任等级分数评价 *CSR-Cred*				
	样本数	均值	T检验	中位数	Z检验
内部控制质量低组	1 328	4.987	8.812***	4	7.471***
内部控制质量高组	1 328	6.013		5	
股权集中度低组	1 331	5.168	5.665***	4	4.842***
股权集中度高组	1 325	5.833		4	
董事会规模低组	567	5.034	4.130***	4	4.463***
董事会规模高组	2 089	5.627		4	
独立董事比例低组	1 353	5.370	2.254**	4	1.600
独立董事比例高组	1 303	5.635		4	
非国有控股企业组	865	5.005	5.869***	4	5.196***
国有控股企业组	1 791	5.739		4	
地方政府控股企业组	1 133	5.327	7.298***	4	7.021***
中央政府控股企业组	658	6.450		7	

附注：***、**、* 分别表示在1%、5%、10%水平下显著。

其次，相对于股权集中度较低的企业而言，股权集中度较高的企业的社会责任总体评价 *CSR-Scor*、整体性指数评价 *CSR-M*、内容性指数评价 *CSR-C*、技术性指

数评价 $CSR\text{-}T$、行业性指数评价 $CSR\text{-}I$ 和社会责任等级分数评价 $CSR\text{-}Cred$ 多个指标都显著更高。这说明企业较为集中的股权结构更有利于促进企业履行更多的社会责任，表明作为企业公司治理的重要内容——股权集中度可能是影响企业履行社会责任的重要内部规则之一。

然后，相对于董事会规模较小的企业而言，董事会规模较大的企业社会责任总体评价 $CSR\text{-}Scor$、整体性指数评价 $CSR\text{-}M$、内容性指数评价 $CSR\text{-}C$、技术性指数评价 $CSR\text{-}T$、行业性指数评价 $CSR\text{-}I$ 和社会责任等级分数评价 $CSR\text{-}Cred$ 多个指标都显著更高。这表明作为企业董事会效率的一个重要方面——董事会规模可能是影响企业履行社会责任的重要内部规则之一。另外，虽然相较于独立董事比例较低的企业而言，独立董事比例较高的企业责任的内容性指数评价 $CSR\text{-}C$ 和技术性指数评价 $CSR\text{-}T$ 没有通过显著性水平测试，但是其他四个指标都显著更大，在一定程度上表明作为企业董事会效率的另一个重要内容——独立董事所占比例可能是影响企业履行社会责任的重要内部规则之一。

最后，相对于非国有控制企业而言，国有控制企业的社会责任总体评价 $CSR\text{-}Scor$、整体性指数评价 $CSR\text{-}M$、内容性指数评价 $CSR\text{-}C$、技术性指数评价 $CSR\text{-}T$、行业性指数评价 $CSR\text{-}I$ 和社会责任等级分数评价 $CSR\text{-}Cred$ 多个指标都显著更高。并且我们发现相对于地方政府控股企业而言，中央政府控股企业的社会责任总体评价的多个指标都显著更高。这表明企业最终控制人属性和最终控制人层级可能都是影响企业履行社会责任的重要内部规则。

6.4.3　相关性统计分析

在进行回归分析之前，本章先进行了各变量之间的相关性分析。从表 6-4 可以看出，企业社会责任总体评价 $CSR\text{-}Scor$、整体性指数评价 $CSR\text{-}M$、内容性指数评价 $CSR\text{-}C$、技术性指数评价 $CSR\text{-}T$、行业性指数评价 $CSR\text{-}I$ 和社会责任等级分数评价 $CSR\text{-}Cred$ 等几个指标之间的相关系数较高，表明采用这些指标可以较好地衡量企业社会责任履行的各个方面的情况。

公司的内部控制质量 ICQ 与企业社会责任总体评价 $CSR\text{-}Scor$、整体性指数评价 $CSR\text{-}M$、内容性指数评价 $CSR\text{-}C$、技术性指数评价 $CSR\text{-}T$、行业性指数评价 $CSR\text{-}I$ 和社会责任等级分数评价 $CSR\text{-}Cred$ 都显著正相关，表明随着企业内部控制质量的

表6-4

Pearson 相关系数表

	[1]	[2]	[3]	[4]	[5]	[6]	[7]	[8]	[9]	[10]	[11]	[12]	[13]
CSR-Scor [1]	1.000												
CSR-M [2]	0.923 (0.000)	1.000											
CSR-C [3]	0.940 (0.000)	0.769 (0.000)	1.000										
CSR-T [4]	0.811 (0.000)	0.681 (0.000)	0.745 (0.000)	1.000									
CSR-I [5]	0.704 (0.000)	0.580 (0.000)	0.640 (0.000)	0.544 (0.000)	1.000								
CSR-Cred [6]	0.979 (0.000)	0.903 (0.000)	0.924 (0.000)	0.791 (0.000)	0.692 (0.000)	1.000							
ICQ [7]	0.154 (0.000)	0.101 (0.000)	0.172 (0.000)	0.146 (0.000)	0.149 (0.000)	0.149 (0.000)	1.000						

表6-4（续）

	[1]	[2]	[3]	[4]	[5]	[6]	[7]	[8]	[9]	[10]	[11]	[12]	[13]
Shr1 [8]	0.171 (0.000)	0.142 (0.000)	0.174 (0.000)	0.125 (0.000)	0.147 (0.000)	0.172 (0.000)	0.046 (0.017)	1.000					
Board [9]	0.198 (0.000)	0.148 (0.000)	0.201 (0.000)	0.173 (0.000)	0.179 (0.000)	0.198 (0.000)	0.115 (0.000)	0.038 (0.050)	1.000				
Indep [10]	0.041 (0.032)	0.054 (0.005)	0.025 (0.194)	0.026 (0.186)	0.051 (0.018)	0.036 (0.067)	0.018 (0.341)	0.093 (0.000)	-0.292 (0.000)	1.000			
Size [11]	0.443 (0.000)	0.389 (0.000)	0.418 (0.000)	0.360 (0.000)	0.392 (0.000)	0.435 (0.000)	0.349 (0.000)	0.302 (0.000)	0.298 (0.000)	0.117 (0.000)	1.000		
Lev [12]	0.092 (0.000)	0.074 (0.000)	0.086 (0.000)	0.077 (0.000)	0.119 (0.000)	0.079 (0.000)	0.149 (0.000)	0.044 (0.023)	0.116 (0.006)	0.053 (0.005)	0.515 (0.000)	1.000	
Roe [13]	0.072 (0.000)	0.014 (0.486)	0.102 (0.000)	0.089 (0.000)	0.033 (0.133)	0.077 (0.000)	0.286 (0.000)	0.064 (0.000)	0.018 (0.353)	0.004 (0.855)	0.108 (0.000)	-0.071 (0.000)	1.000

注：括号里是 p 值。

提升，企业履行社会责任的情况可能更好。另外，股权集中度 $Shr1$、董事会规模 $Board$ 与企业社会责任总体评价 $CSR\text{-}Scor$、整体性指数评价 $CSR\text{-}M$、内容性指数评价 $CSR\text{-}C$、技术性指数评价 $CSR\text{-}T$、行业性指数评价 $CSR\text{-}I$ 和社会责任等级分数评价 $CSR\text{-}Cred$ 都显著正相关，表明股权集中度和董事会规模可能是影响企业履行社会责任的情况的重要因素。尽管独立董事比例 $Indep$ 和内容性指数评价 $CSR\text{-}C$、技术性指数评价 $CSR\text{-}T$ 之间不具有统计显著性，但仍呈现出正相关关系，同时独立董事比例 $Indep$ 和社会责任总体评价 $CSR\text{-}Scor$、整体性指数评价 $CSR\text{-}M$、行业性指数评价 $CSR\text{-}I$ 和社会责任等级分数评价 $CSR\text{-}Cred$ 之间显著正相关。

公司内部控制质量 ICQ 与股权集中度 $Shr1$、董事会规模 $Board$ 显著正相关，表明随着企业的股权集中度的提高及董事会规模的扩大，企业的内部控制质量也会提升。

6.4.4 内部规则对企业社会责任影响的回归结果分析

6.4.4.1 内部控制影响企业社会责任履行的回归结果分析

表 6-5 是内部控制质量对企业社会责任影响的回归结果。我们可以发现，无论是以企业社会责任总体评价 $CSR\text{-}Scor$ 为被解释变量，还是以整体性指数评价 $CSR\text{-}M$、内容性指数评价 $CSR\text{-}C$、技术性指数评价 $CSR\text{-}T$、行业性指数评价 $CSR\text{-}I$ 等分指标为被解释变量，以及以企业社会责任等级分数评价 $CSR\text{-}Cred$ 为被解释变量，内部控制质量 ICQ 的系数都显著为正，说明相对于内部控制质量较低的企业而言，内部控制质量更高企业履行社会责任的情况更好，表明内部控制对企业社会责任的履行存在正向影响，支持了假设 H6-1。

在控制变量中，企业规模 $Size$ 显著为正，说明相对于规模小的企业而言，规模大的企业本身具有的资源较多，并且被社会公众关注的程度较高，因此履行社会责任的情况更好。企业的资产负债率 Lev 显著为负，说明资产负债率大的企业财务风险高，企业更可能关注降低财务和破产风险，对社会责任的关注程度较低，因此履行社会责任的情况更差。第一大股东持股比例 $Shr1$ 显著为负，说明相对于第一大股东持股比例较高的企业而言，第一大股东持股比例较低的企业履行社会责任的情况更好；第二到第五大股东持股比例之和 $Shr2\text{-}5$ 显著为正，说明相对于第二到第五大股东持股比例较小的企业而言，第二到第五大股东持股比例较大的企业履行社会责任的情况更好。企业的董事会规模 *Board* 显著为正，说明企业的董事会规模更大，董事的来源更为丰富，对企业利益相关者的利益诉求更为关注，因此履行社会责任的情况更好。上市时间 *Age* 显著为负，说明企业的上市时间更长，企业的绩效可能更差，因此履行社会责任的情况更差。上市地点 *List* 显著为正，说明在上交所上市的公司在社会责任履行情况总体上要高于在深交所上市的公司。法律制度 *Legal*、信任程度 *Trust* 和媒体报道 *Media*1 显著为正，说明随着外部规则的改善，企业履行社会责任的情况更好；企业的产权性质 *State*、成长能力 *Growth*、盈利能力 *Roe*、经营活动产生的现金净流入 *Cfo*、高管持股比例 *Mshare*、高管货币薪酬水平 *LnComp* 和独立董事比例 Indep 的符号与本书预期基本一致，但是显著性水平不是很稳定。

本书对内部控制质量指数采取了虚拟变量的刻画方法，具体而言是，如果该年度该指数高于全样本的中位数，则定义该变量为 1，否则为 0。结果发现，将连续性变量变更为虚拟变量后，回归结果没有显著变化（限于篇幅限制没有报告）[1]。

表 6-5 内部控制质量与企业社会责任

变量	CSR−Scor	CSR−M	CSR−C	CSR−T	CSR−I	CSR−Cred
	Tobit 模型	Tobit 模型	Tobit 模型	Tobit 模型	Tobit 模型	Ologit 模型
ICQ	0.002 7 ** (2.07)	0.000 9 * (1.82)	0.001 3 ** (2.06)	0.000 4 * (1.77)	0.000 2 (0.86)	0.000 6 ** (2.04)
State	−0.238 1 (−0.52)	−0.140 2 (−0.87)	0.002 4 (0.01)	−0.206 4 *** (−2.66)	0.042 3 (0.63)	0.066 2 (0.73)
Size	3.233 1 *** (13.66)	1.032 5 *** (12.44)	1.523 1 *** (13.13)	0.470 4 *** (11.20)	0.347 4 *** (9.85)	0.547 5 *** (12.31)
Lev	−2.533 0 ** (−1.97)	−0.910 5 * (−1.95)	−1.134 1 * (−1.80)	−0.609 8 *** (−2.70)	−0.051 8 (−0.31)	−0.600 1 *** (−2.33)
*Shr*1	−0.071 9 *** (−3.23)	−0.023 9 *** (−2.94)	−0.028 7 *** (−2.74)	−0.012 4 *** (−3.15)	−0.006 4 ** (−2.20)	−0.010 9 ** (−2.51)
Growth	−0.770 7 (−1.43)	−0.200 9 (−1.05)	−0.547 2 ** (−2.00)	−0.031 5 (−0.30)	0.010 8 (0.14)	−0.047 3 (−0.42)
Roe	0.242 3 (0.09)	−1.310 8 (−1.40)	2.189 2 * (1.66)	−0.511 8 (−1.17)	−0.503 7 (−1.40)	0.404 6 (0.76)

---

[1] 需要强调的是，考虑到内部控制的内部环境要素中包含了促进企业履行社会责任的因素，因此上述结果可能存在内生性问题。本章选择将企业内部控制质量 ICQ 滞后一期，重新进行检验后发现，除了极少数结果变化外，大部分结果没有出现重大变化（限于篇幅没有报告相关的回归结果）。

表6-5(续)

变量	CSR-Scor	CSR-M	CSR-C	CSR-T	CSR-I	CSR-Cred
Cfo	4.659 2 (1.62)	0.799 6 (0.75)	1.985 8 (1.39)	0.870 8 * (1.68)	1.133 6 *** (2.86)	0.381 9 (0.65)
Mshare	-1.737 1 (-0.76)	-0.549 0 (-0.68)	-1.177 8 (-1.03)	0.047 2 (0.12)	-0.155 4 (-0.48)	-0.033 1 (-0.07)
LnComp	0.087 1 (0.23)	0.049 3 (0.43)	0.032 9 (0.16)	0.048 7 (0.96)	-0.043 3 (-0.70)	0.078 7 (0.98)
Shr2-5	0.100 5 *** (4.32)	0.033 9 *** (3.94)	0.044 5 *** (4.06)	0.013 4 *** (3.27)	0.007 2 ** (2.58)	0.015 7 *** (3.33)
Dual	-0.513 6 (-0.98)	-0.201 7 (-1.02)	-0.107 8 (-0.41)	-0.210 3 ** (-2.41)	-0.060 9 (-0.85)	-0.011 1 (-0.10)
Board	0.420 9 *** (3.45)	0.123 1 *** (2.84)	0.204 3 *** (3.44)	0.054 3 ** (2.41)	0.031 3 * (1.78)	0.080 5 *** (3.74)
Indep	-0.067 3 (-0.02)	0.194 8 (0.16)	-0.424 8 (-0.26)	0.191 6 (0.32)	0.207 5 (0.44)	-0.075 5 (-0.12)
Age	-1.482 6 *** (-3.87)	-0.498 9 *** (-3.49)	-0.727 1 *** (-3.94)	-0.229 5 *** (-3.26)	-0.075 4 (-1.52)	-0.275 9 *** (-3.63)
List	2.091 1 *** (5.00)	1.000 7 *** (6.69)	0.926 9 *** (4.44)	0.124 9 * (1.80)	0.049 9 (0.82)	0.427 9 *** (5.25)
Market	-0.634 5 *** (-2.70)	-0.237 0 *** (-2.77)	-0.239 3 *** (-2.09)	-0.139 1 *** (-3.02)	-0.038 6 (-1.24)	-0.137 7 *** (-2.80)
Legal	0.199 9 * (1.88)	0.071 8 * (1.84)	0.104 2 ** (2.04)	0.046 5 ** (2.29)	-0.011 4 (-0.81)	0.054 1 ** (2.50)
Trust	0.023 6 *** (4.29)	0.007 8 *** (3.87)	0.008 8 *** (3.31)	0.003 7 *** (3.71)	0.004 1 *** (5.83)	0.002 8 ** (2.52)
Media1	0.487 6 *** (2.68)	0.177 4 *** (2.74)	0.240 8 *** (2.69)	0.059 8 * (1.90)	0.030 0 (1.24)	0.084 0 ** (2.43)
Year/Ind	控制	控制	控制	控制	控制	控制
截距	-45.210 *** (-6.90)	-13.159 *** (-5.91)	-23.068 *** (-6.94)	-5.078 *** (-4.91)	-7.009 *** (-7.56)	
N	2 682	2 682	2 681	2 679	2 140	2 656
Pseu-Rsq	0.051 9	0.089 8	0.055 6	0.064 9	0.121 9	0.097 9
F/Wald 值	30.58 ***	49.45 ***	25.68 ***	11.83 ***	23.40 ***	945.32 ***

附注:括号内给出的t/z值都经过White异方差调整,***、**、* 分别表示在1%、5%、10%水平下显著。

6.4.4.2 公司治理与内部控制联合对企业社会责任履行影响的回归结果分析：基于股权集中度视角

上文在检验了内部控制对企业社会责任履行的影响后，进一步检验公司治理和内部控制是否共同影响企业社会责任的履行情况。这一节主要是从股权集中度的视角来检验公司治理和内部控制是否共同影响企业社会责任的履行情况。

首先，检验股权集中度对企业社会责任的履行是否存在显著影响。表6-6是股权集中度对企业履行社会责任的影响的回归结果。我们可以发现，无论是以企业社会责任总体评价 CSR-Scor 为被解释变量，还是以社会责任的整体性指数评价 CSR-M、内容性指数评价 CSR-C、技术性指数评价 CSR-T、行业性指数评价 CSR-I 等分指标为被解释变量，以及以社会责任等级分数评价 CSR-Cred 为被解释变量，公司的股权集中度 Shr1 的系数都显著为负，说明相对于股权集中度较低的企业而言，股权集中度较高企业履行社会责任的情况更差，表明随着第一大股东的持股比例的增加，作为理性的经济人，他们有动机也有能力通过投票权影响公司的经营决策进而最大化自身利益，因此可能在一定程度上减少公司在履行社会责任上投入的资源或资金，特别是当第一大股东与其他利益相关者之间存在利益冲突时，其利用对管理层的影响力来减少公司对其他利益相关者承担的社会责任。因此股权集中度可能对企业社会责任的履行存在负向影响，这和 Iturriaga et al.（2011）[341]、肖作平等（2011）[194]的研究结论是一致的。

进一步，这里也对股权集中度采取了虚拟变量的刻画方法，具体而言，如果该年度指数高于全样本的中位数，则定义该变量为1，否则为0。结果发现，将连续性变量变更为虚拟变量后，回归结果没有显著变化（限于篇幅限制没有报告）。

表6-6　　　　　　　　　　股权集中度与企业社会责任

变量	CSR-Scor	CSR-M	CSR-C	CSR-T	CSR-I	CSR-Cred
	Tobit 模型	Tobit 模型	Tobit 模型	Tobit 模型	Tobit 模型	Ologit 模型
Shr1	-0.076 0 *** (-3.40)	-0.025 1 *** (-3.07)	-0.030 7 *** (-2.92)	-0.012 9 *** (-3.27)	-0.006 6 ** (-2.29)	-0.011 5 *** (-2.67)
State	-0.085 3 (-0.19)	-0.097 4 (-0.60)	0.076 6 (0.33)	-0.187 7 ** (-2.40)	0.054 3 (0.81)	0.097 3 (1.06)
Size	3.503 0 *** (15.38)	1.114 6 *** (13.96)	1.654 0 *** (14.77)	0.506 8 *** (12.70)	0.364 7 *** (10.70)	0.598 1 *** (13.94)
Lev	-2.818 2 ** (-2.20)	-1.003 6 ** (-2.16)	-1.272 5 ** (-2.02)	-0.651 8 *** (-2.90)	-0.064 8 (-0.39)	-0.664 5 *** (-2.60)

表6-6(续)

变量	CSR-Scor	CSR-M	CSR-C	CSR-T	CSR-I	CSR-Cred
Growth	-0.740 7 (-1.35)	-0.191 3 (-0.99)	-0.532 5 * (-1.92)	-0.027 2 (-0.26)	0.010 8 (0.14)	-0.037 4 (-0.33)
Roe	1.313 2 (0.51)	-0.952 1 (-1.03)	2.707 4 ** (2.09)	-0.349 2 (-0.82)	-0.440 5 (-1.23)	0.612 1 (1.19)
Cfo	4.956 9 * (1.72)	0.892 3 (0.84)	2.130 7 (1.48)	0.912 3 * (1.75)	1.148 1 *** (2.89)	0.394 6 (0.67)
Mshare	-1.823 7 (-0.80)	-0.570 1 (-0.70)	-1.220 2 (-1.07)	0.038 3 (0.10)	-0.152 4 (-0.47)	-0.036 2 (-0.08)
LnComp	0.125 0 (0.32)	0.060 6 (0.52)	0.051 3 (0.25)	0.053 8 (1.04)	-0.040 8 (-0.65)	0.088 9 (1.13)
Shr2~5	0.101 2 *** (4.35)	0.034 1 *** (3.97)	0.044 8 *** (4.08)	0.013 5 *** (3.28)	0.007 2 *** (2.56)	0.015 8 *** (3.36)
Dual	-0.617 5 (-1.17)	-0.233 9 (-1.18)	-0.158 2 (-0.60)	-0.224 7 *** (-2.57)	-0.070 0 (-0.97)	-0.020 9 (-0.20)
Indep	-4.625 3 (-1.47)	-1.136 3 (-1.00)	-2.638 2 * (-1.73)	-0.395 5 (-0.69)	-0.110 6 (-0.25)	-0.944 1 (-1.57)
Age	-1.317 0 *** (-3.58)	-0.440 2 *** (-3.27)	-0.647 1 *** (-3.65)	-0.202 6 *** (-2.95)	-0.069 1 (-1.51)	-0.238 6 *** (-3.28)
List	2.115 3 *** (5.01)	1.008 9 *** (6.69)	0.938 6 *** (4.45)	0.128 6 * (1.84)	0.052 8 (0.87)	0.430 7 *** (5.26)
Market	-0.667 6 *** (-2.83)	-0.245 6 *** (-2.87)	-0.255 3 ** (-2.22)	-0.142 9 *** (-3.08)	-0.041 5 (-1.32)	-0.144 3 *** (-2.94)
Legal	0.201 8 * (1.89)	0.072 0 * (1.84)	0.105 1 ** (2.05)	0.046 6 ** (2.29)	-0.011 1 (-0.80)	0.054 4 ** (2.51)
Trust	0.023 8 *** (4.31)	0.007 9 *** (3.89)	0.008 9 *** (3.34)	0.003 7 *** (3.73)	0.004 1 *** (5.89)	0.002 9 *** (2.61)
Media1	0.564 3 *** (3.12)	0.202 2 *** (3.16)	0.277 9 *** (3.12)	0.071 0 ** (2.25)	0.034 3 (1.42)	0.097 0 *** (2.80)
Year/Ind	控制	控制	控制	控制	控制	控制
截距	-44.564 *** (-6.71)	-13.011 *** (-5.79)	-22.752 *** (-6.75)	-5.017 *** (-4.80)	-6.872 *** (-7.37)	
N	2 682	2 682	2 681	2 679	2 140	2 656
Pseu-Rsq	0.051 0	0.088 9	0.054 5	0.063 9	0.121 3	0.096 0
F/Wald 值	33.01 ***	51.66 ***	26.48 ***	12.29 ***	24.48 ***	912.35 ***

附注：括号内给出的 t/z 值都经过 White 异方差调整，***、**、* 分别表示在1%、5%、10%水平下显著。

其次，本章重点检验了股权集中度和内部控制的联合作用对企业履行社会责任情况的影响。表6-7是股权集中度和内部控制的联合作用对企业社会责任影响的回归结果。我们可以发现，在股权集中度较低组，无论是以企业社会责任总体评价 CSR-$Scor$ 为被解释变量，还是以整体性指数评价 CSR-M、内容性指数评价 CSR-C、技术性指数评价 CSR-T、行业性指数评价 CSR-I 等分指标为被解释变量，以及采用社会责任等级分数评价 CSR-$Cred$ 为被解释变量，内部控制质量 ICQ 的系数都不显著。但在股权集中度较高组中，除了以社会责任行业性指数评价 CSR-I 等分指标为被解释变量之外，以企业社会责任总体评价 CSR-$Scor$、整体性指数评价 CSR-M、内容性指数评价 CSR-C、技术性指数评价 CSR-T 和社会责任等级分数评价 CSR-$Cred$ 为被解释变量时，公司内部控制质量 ICQ 的系数都显著为正。这说明对于股权集中度较低的企业而言，内部控制质量的提升对企业履行社会责任的正向作用不明显，而对于股权集中度较高的企业而言，内部控制质量的提升对企业履行社会责任的正向作用更明显。

另外，我们进一步比较了股权集中度高低不同的两组样本，分析内部控制对企业履行社会责任的影响的作用效果是否存在显著差异。比较发现，除了以企业社会责任的行业性指数评价 CSR-I 等分指标为被解释变量的组别之外，以企业社会责任总体评价 CSR-$Scor$、整体性指数评价 CSR-M、内容性指数评价 CSR-C、技术性指数评价 CSR-T 和社会责任等级分数评价 CSR-$Cred$ 为被解释变量时，都显示，在股权集中度较高组中，内部控制质量 ICQ 的系数比股权集中度较低组中的系数更大。这说明与股权集中度较低的公司相比，在股权集中度较高的公司中，内部控制质量的提高对企业履行社会责任的正向影响程度更大，支持了假设 H6-2a 成立。

6.4.4.3　公司治理与内部控制联合对企业社会责任履行影响的回归结果分析：基于董事会效率视角

这一节主要从董事会效率的视角来检验公司治理和内部控制是否共同影响了企业社会责任的履行情况。

首先，检验董事会效率对企业履行社会责任是否存在显著影响。根据沈洪涛等（2010）的做法，这里从董事会规模和独立董事在董事会中所占比例两个角度关注董事会效率对企业履行社会责任的影响。表6-8是董事会效率对企业履行社会责任的影响的回归结果。我们可以发现，无论是以企业社会责任总体评价 CSR-$Scor$ 为被解释变量，还是以整体性指数评价 CSR-M、内容性指数评价 CSR-C、技术性指数评

表6-7 内部控制质量、股权集中度与企业社会责任

变量	CSR-Scor Tobit模型		CSR-M Tobit模型		CSR-C Tobit模型		CSR-T Tobit模型		CSR-I Tobit模型		CSR-Cred Ologit模型	
	股权集中度低组	股权集中度高组	股权集中度低组	股权集中度高组	股权集中度低组	股权集中度高组	股权集中度低组	股权集中度高组	股权集中度低组	股权集中度高组	股权集中度低组	股权集中度高组
ICQ	0.001 3 (0.79)	0.003 7 * (1.91)	0.000 1 (0.31)	0.001 4 * (1.95)	0.000 7 (0.88)	0.001 6 * (1.72)	0.000 3 (0.97)	0.000 5 * (1.66)	0.000 2 (0.82)	0.000 1 (0.49)	0.000 4 (1.15)	0.000 7 * (1.82)
State	−0.683 2 (−1.26)	0.953 4 (1.08)	−0.357 0 * (−1.91)	0.359 3 (1.11)	−0.159 9 (−0.57)	0.509 2 (1.15)	−0.217 4 * (−2.39)	−0.089 3 (−0.56)	0.051 8 (0.63)	0.061 6 (0.50)	−0.064 2 (−0.53)	0.379 3 ** (2.35)
Size	2.119 8 *** (6.73)	3.960 5 *** (11.52)	0.676 4 *** (6.12)	1.247 8 *** (10.32)	0.981 9 *** (6.05)	1.897 2 *** (11.41)	0.305 7 *** (5.65)	0.569 7 *** (9.17)	0.248 9 *** (5.57)	0.426 3 *** (8.40)	0.428 1 *** (6.42)	0.647 2 *** (10.68)
Lev	−1.882 3 (−1.19)	−1.560 1 (−0.76)	−0.729 6 (−1.32)	−0.619 3 (−0.83)	−1.059 1 (−1.31)	−0.382 1 (−0.39)	−0.427 6 (−1.62)	−0.682 9 * (−1.84)	0.205 2 (0.96)	−0.161 2 (−0.60)	−0.535 7 (−1.54)	−0.476 0 (−1.31)
Growth	−0.267 8 (−0.35)	−1.008 4 (−1.33)	−0.093 5 (−0.35)	−0.247 4 (−0.91)	−0.208 4 (−0.52)	−0.726 1 * (−1.93)	−0.081 5 (0.51)	−0.107 5 (−0.78)	−0.055 8 (−0.51)	0.042 0 (0.38)	0.068 5 (0.38)	−0.151 5 (−0.98)
Roe	−1.374 0 (−0.42)	1.112 2 (0.30)	−2.172 2 * (−1.85)	−0.757 9 (−0.55)	2.348 5 (1.42)	1.732 4 (0.93)	−1.051 9 * (−1.88)	−0.099 1 (−0.15)	−0.781 1 (−1.57)	−0.169 0 (−0.33)	0.674 0 (0.93)	0.244 7 (0.37)
Cfo	3.304 2 (0.88)	2.354 6 (0.52)	0.398 2 (0.30)	0.191 6 (0.11)	1.077 6 (0.57)	1.107 5 (0.51)	0.820 0 (1.28)	0.524 8 (0.64)	0.711 0 (1.27)	1.185 5 ** (2.07)	−0.006 8 (−0.01)	−0.105 6 (−0.13)
Mshare	0.664 3 (0.18)	−1.991 1 (−0.64)	0.368 3 (0.28)	−0.726 5 (−0.65)	−0.275 5 (−0.16)	−1.205 5 (−0.74)	0.898 7 (1.53)	−0.389 3 (−0.74)	−0.038 6 (−0.07)	−0.089 7 (−0.22)	0.547 9 (0.69)	−0.255 5 (−0.36)
LnComp	0.856 8 *** (3.88)	−0.584 7 (−1.30)	0.244 2 *** (3.10)	−0.121 6 (−0.83)	0.424 8 *** (3.08)	−0.328 9 (−1.40)	0.137 3 *** (3.32)	−0.008 8 (−0.14)	0.056 2 (1.33)	−0.117 8 (−1.55)	0.163 3 ** (2.49)	−0.059 1 (−0.91)
Shr2-5	0.131 7 *** (5.00)	0.046 1 * (1.72)	0.045 6 ** (4.92)	0.016 8 * (1.71)	0.062 5 *** (4.77)	0.016 3 (1.30)	0.012 3 *** (2.67)	0.007 3 (1.55)	0.006 9 * (1.96)	0.004 2 (1.31)	0.022 0 *** (4.62)	0.006 2 (1.37)
Dual	−0.738 5 (−1.14)	0.400 4 (0.42)	−0.351 0 (−1.50)	0.242 6 (0.65)	−0.119 9 (−0.36)	0.177 7 (0.39)	−0.205 0 * (−1.93)	−0.104 2 (−0.64)	−0.128 6 (−1.41)	0.060 9 (0.52)	−0.089 5 (−0.64)	0.182 7 (0.99)
Board	0.650 2 *** (4.19)	0.267 4 (1.41)	0.207 9 *** (3.79)	0.068 8 (1.02)	0.317 4 *** (4.02)	1.116 3 (1.31)	0.086 5 *** (3.35)	0.040 2 (1.11)	0.025 3 (1.08)	0.041 1 (1.60)	0.144 8 *** (4.62)	0.040 7 (1.40)

表6-7（续）

Indep	-5.874 8 (-1.32)	7.452 9 (1.48)	-1.596 7 (-0.99)	2.378 0 (1.33)	-2.744 2 (-1.25)	2.825 6 (1.15)	-1.042 1 (-1.31)	1.140 5** (1.27)	-0.372 6 (-0.60)	1.191 0* (1.74)	-0.190 5 (-0.19)	0.596 3 (0.65)
Age	-0.647 6 (-1.11)	-1.531 3*** (-2.93)	-0.148 5 (-0.71)	-0.586 8*** (-2.97)	-0.258 4 (-0.88)	-0.766 6*** (-3.08)	-0.147 5** (-1.21)	-0.230 0** (-2.54)	-0.091 6 (-1.11)	-0.014 7 (-0.23)	-0.182 1 (-1.56)	-0.274 3*** (-2.94)
List	2.384 0*** (4.37)	2.184 9*** (3.50)	1.172 5*** (6.05)	0.933 8*** (4.05)	0.973 4*** (3.50)	1.155 9*** (3.73)	0.170 4* (1.78)	0.118 8 (1.13)	0.091 7 (1.15)	0.019 0 (0.21)	0.419 1*** (3.67)	0.552 4*** (4.44)
Market	0.054 0 (0.20)	-1.839 0*** (-5.08)	-0.027 9 (-0.27)	-0.611 5*** (-4.64)	0.140 9 (1.02)	-0.885 1*** (-5.19)	-0.064 8 (-1.00)	-0.277 9*** (-4.55)	0.025 4 (0.63)	-0.126 0*** (-2.71)	0.000 7 (0.01)	-0.381 1*** (-5.63)
Legal	0.098 9 (0.71)	0.526 4*** (3.38)	0.043 1 (0.85)	0.171 1*** (2.93)	0.036 6 (0.55)	0.298 5*** (3.91)	0.050 4* (1.67)	0.073 3*** (2.81)	-0.023 3 (-1.21)	0.014 3 (0.71)	0.039 4 (1.36)	0.119 9*** (3.87)
Trust	0.015 7** (1.96)	0.025 0*** (3.29)	0.005 6* (1.94)	0.008 3*** (2.88)	0.005 0 (1.31)	0.008 8** (2.39)	0.000 9 (0.62)	0.005 1*** (3.78)	0.004 1*** (3.81)	0.003 5*** (3.64)	0.002 3 (1.47)	0.001 9 (1.28)
Media1	0.925 2*** (3.84)	0.076 6 (0.29)	0.324 1*** (3.78)	0.072 9 (0.76)	0.413 4*** (3.42)	0.049 7 (0.39)	0.108 3*** (2.68)	0.020 1 (0.42)	0.091 3*** (2.77)	-0.041 7 (-1.17)	0.148 6*** (3.11)	0.060 9 (1.24)
Year	控制	控制	控制	控制	控制	控制	控制	控制	控制	控制	控制	控制
截距	-40.307*** (-5.00)	-52.608*** (-6.11)	-10.816*** (-3.80)	-17.010*** (-5.64)	-21.645*** (-5.27)	-24.219*** (-5.54)	-3.609 5*** (-2.76)	-6.565 4*** (-4.35)	-6.756*** (-5.96)	-4.813*** (-3.61)		
N	1 343	1 339	1 343	1 339	1 343	1 338	1 342	1 337	1 045	1 095	1 331	1 325
Pseu-Rsq	0.053 4	0.058 9	0.100 7	0.091 5	0.055 3	0.066 9	0.058 5	0.080 0	0.119 6	0.134 3	0.114 0	0.101 4
F/Wald值	81.13***	43.51***	53.66***	50.61***	152.44***	45.49***	83.18***	15.03***	17.64***	24.22***	605.92***	565.31***

不同股权集中度组别中的 ICQ 系数的比较检验

	Chi2值=36.23 (p=0.000 0)	Chi2值=20.26 (p=0.000 0)	Chi2值=42.25 (p=0.000 0)	Chi2值=24.37 (p=0.000 0)	Chi2值=28.81 (p=0.000 0)	Chi2值=52.21 (p=0.000 0)

附注：括号内给出的 t/z 值都经过 White 异方差调整，***、**、* 分别表示在 1%、5%、10%水平下显著。

表 6-8　　　　　　　　　　　董事会效率与企业社会责任

变量	CSR-Scor	CSR-M	CSR-C	CSR-T	CSR-I	CSR-Cred
	Tobit 模型	Tobit 模型	Tobit 模型	Tobit 模型	Tobit 模型	Ologit 模型
Board	0.448 4*** (3.70)	0.132 3*** (3.07)	0.215 8*** (3.65)	0.058 9*** (2.64)	0.033 3* (1.90)	0.083 9*** (3.91)
Indep	-0.177 2 (-0.05)	0.158 1 (0.13)	-0.458 3 (-0.28)	0.171 3 (0.28)	0.183 4 (0.38)	-0.144 6 (-0.23)
State	-0.497 5 (-1.09)	-0.226 5 (-1.40)	-0.105 3 (-0.45)	-0.249 8** (-3.21)	0.024 4 (0.36)	0.031 4 (0.34)
Size	3.261 3*** (13.98)	1.041 8*** (12.73)	1.541 0*** (13.50)	0.473 7*** (11.41)	0.348 0*** (9.94)	0.555 4*** (12.73)
Lev	-2.577 9** (-2.00)	-0.925 0** (-1.99)	-1.173 1* (-1.86)	-0.611 6*** (-2.70)	-0.046 9 (-0.28)	-0.621 8** (-2.42)
Growth	-0.757 1 (-1.40)	-0.196 4 (-1.02)	-0.540 3** (-1.97)	-0.029 4 (-0.28)	0.014 4 (0.18)	-0.037 7 (-0.33)
Roe	1.319 8 (0.51)	-0.954 2 (-1.04)	2.720 6** (2.11)	-0.352 0 (-0.83)	-0.451 9 (-1.26)	0.651 0 (1.27)
Cfo	4.860 0* (1.70)	0.866 2 (0.82)	2.077 0 (1.46)	0.901 5* (1.74)	1.156 4*** (2.92)	0.449 2 (0.77)
Mshare	-1.172 0 (-0.51)	-0.361 1 (-0.44)	-0.942 4 (-0.82)	0.143 0 (0.38)	-0.105 9 (-0.33)	0.039 1 (0.08)
LnComp	0.157 5 (0.42)	0.072 7 (0.64)	0.061 4 (0.31)	0.060 7 (1.22)	-0.036 3 (-0.59)	0.089 1 (1.14)
Shr2-5	0.046 5*** (3.42)	0.015 9*** (3.25)	0.023 0*** (3.42)	0.004 1* (1.69)	0.002 3 (1.29)	0.007 2*** (2.69)
Dual	-0.522 5 (-0.99)	-0.204 6 (-1.03)	-0.115 3 (-0.44)	-0.210 7** (-2.40)	-0.061 1 (-0.85)	-0.013 8 (-0.13)
Age	-1.404 5*** (-3.88)	-0.473 3*** (-3.60)	-0.673 0*** (-3.85)	-0.221 7*** (-3.26)	-0.079 5* (-1.75)	-0.258 5*** (-3.66)
List	2.150 6*** (5.13)	1.020 5*** (6.80)	0.953 4*** (4.55)	0.134 6* (1.94)	0.056 4 (0.93)	0.436 7*** (5.37)
Market	-0.525 0** (-2.24)	-0.200 6*** (-2.36)	-0.193 3* (-1.69)	-0.120 8*** (-2.63)	-0.030 2 (-0.97)	-0.120 0** (-2.48)
Legal	0.163 0 (1.52)	0.059 5 (1.52)	0.088 9* (1.73)	0.040 2** (1.97)	-0.014 5 (-1.03)	0.048 0** (2.23)

表6-8(续)

变量	$CSR-Scor$	$CSR-M$	$CSR-C$	$CSR-T$	$CSR-I$	$CSR-Cred$
$Trust$	0.023 4 *** (4.23)	0.007 7 *** (3.81)	0.008 8 *** (3.27)	0.003 7 *** (3.66)	0.004 1 *** (5.82)	0.002 8 ** (2.54)
$Media1$	0.580 5 *** (3.23)	0.208 2 *** (3.26)	0.283 1 *** (3.19)	0.074 2 ** (2.36)	0.036 0 (1.49)	0.097 9 *** (2.85)
$Year/Ind$	控制	控制	控制	控制	控制	控制
截距	−46.225 *** (−7.08)	−13.495 *** (−6.08)	−23.566 *** (−7.11)	−5.235 *** (−5.08)	−7.090 *** (−7.68)	
N	2 682	2 682	2 681	2 679	2 140	2 656
$Pseu-Rsq$	0.051 1	0.088 9	0.054 9	0.063 6	0.121 2	0.096 7
$F/Wald$ 值	35.00 ***	52.18 ***	27.19 ***	12.48 ***	24.39 ***	945.09 ***

附注:括号内给出的 t/z 值都经过 White 异方差调整,***、**、* 分别表示在 1%、5%、10% 水平下显著。

价 CSR-T、行业性指数评价 CSR-I 等分指标为被解释变量,以及采用社会责任等级分数评价 CSR-Cred 为被解释变量,董事会规模变量 Board 都显著为正,但独立董事比例变量 Indep 没有通过显著性水平测试,这与沈洪涛等(2010)的研究发现是一致的。

由于现有关于董事会规模对企业履行社会责任的影响的研究存在截然相反的研究结论,因此我们在参考了沈洪涛等(2010)[209]的做法的基础上,在回归模型上进一步增加了董事会规模的平方项,发现董事会规模平方项的系数没有通过显著性水平测试(限于篇幅限制没有报告),这和沈洪涛等(2010)[209]的研究发现是一致的。

其次,我们重点检验了董事会效率和内部控制的联合作用对企业履行社会责任情况的影响。表 6-9 是董事会规模和内部控制的联合作用对企业履行社会责任的影响的回归结果。我们发现,在董事会规模较高组中,无论是以企业社会责任总体评价 CSR-Scor 为被解释变量,还是以整体性指数评价 CSR-M、内容性指数评价 CSR-C、技术性指数评价 CSR-T、行业性指数评价 CSR-I 等分指标为被解释变量,以及采用社会责任等级分数评价 CSR-Cred 为被解释变量,内部控制质量 ICQ 的系数都不显著。但在董事会规模较低组中,除了以技术性指数评价 CSR-T 和行业性指数评价 CSR-I 等分指标为被解释变量之外,当采用其他企业社会责任的衡量指标为被解释变量时,内部控制质量 ICQ 的系数都显著为正。这说明对于董事会规模较大的企

表 6-9　董事会规模、内部控制质量与企业社会责任

变量	CSR-Scor Tobit 模型		CSR-M Tobit 模型		CSR-C Tobit 模型		CSR-T Tobit 模型		CSR-I Tobit 模型		CSR-Cred Ologit 模型	
	董事会规模较小组	董事会规模较大组	董事会规模较小组	董事会规模较大组	董事会规模较小组	董事会规模较大组	董事会规模较小组	董事会规模较大组	董事会规模较小组	董事会规模较大组	董事会规模较小组	董事会规模较大组
ICQ	0.005 1** (2.16)	0.002 2 (1.37)	0.002 4*** (2.65)	0.000 5 (0.87)	0.002 3* (1.89)	0.001 1 (1.47)	0.000 6 (1.27)	0.000 3 (1.26)	−0.000 1 (−0.45)	0.000 2 (1.08)	0.000 6* (1.91)	0.000 6 (0.92)
State	2.434 6** (2.32)	−0.771 6 (−1.47)	0.649 6* (1.77)	−0.302 7 (−1.63)	1.715 4*** (3.20)	−0.351 3 (−1.30)	−0.078 8 (−0.40)	−0.252 1*** (−2.95)	0.153 6 (1.04)	0.027 2 (0.34)	0.864 3*** (3.83)	−0.135 6** (−1.28)
Size	3.210 1*** (6.50)	3.392 6*** (12.67)	0.962 1** (5.40)	1.101 5*** (11.83)	1.579 7*** (6.53)	1.574 5*** (11.89)	0.485 1*** (5.24)	0.494 8*** (10.80)	0.334 8*** (5.40)	0.355 6*** (8.48)	0.602 2*** (5.84)	0.567 3*** (11.19)
Lev	−5.157 2** (−2.03)	−1.505 5 (−1.01)	−2.216 7*** (−2.37)	−0.380 1 (−0.70)	−1.864 8 (−1.51)	−0.892 7 (−1.21)	−1.243 2*** (−2.83)	−0.397 9 (−1.53)	−0.376 9 (−1.07)	0.082 8 (0.44)	−0.719 1 (−1.24)	−0.565 4* (−1.89)
Shr1	−0.011 5 (−0.26)	−0.095 1*** (−3.70)	−0.002 1 (−0.12)	−0.031 3*** (−3.38)	−0.005 6 (−0.27)	−0.039 6*** (−3.27)	0.004 0 (0.53)	−0.017 1*** (−3.73)	−0.002 5 (−0.47)	−0.006 9** (−2.01)	−0.001 7 (−0.19)	−0.014 6*** (−2.84)
Growth	−1.709 9 (−1.61)	−0.663 4 (−1.04)	−0.511 0 (−1.32)	−0.183 1 (−0.82)	−0.979 2* (−1.81)	−0.481 4 (−1.50)	−0.376 2* (−1.94)	0.016 5 (0.13)	0.090 9 (0.54)	−0.015 8 (−0.17)	−0.268 7 (−1.07)	0.015 7 (0.12)
Roe	6.181 0 (1.12)	−1.525 8 (−0.51)	0.495 9 (0.25)	−1.785 0* (−1.71)	6.005 0** (2.20)	1.011 0 (0.68)	0.200 8 (0.21)	−0.692 4 (−1.39)	−0.733 5 (−1.02)	−0.505 7 (−1.18)	1.807 9 (1.42)	−0.048 7 (−0.08)
Cfo	−2.990 4 (−0.56)	7.646 8** (2.23)	−1.929 9 (−1.00)	2.064 3 (1.62)	−1.352 9 (−0.49)	3.005 4* (1.77)	−0.647 7 (−0.65)	1.458 6** (2.36)	0.803 5 (0.97)	1.185 5** (2.07)	−0.753 8 (−0.60)	0.621 8 (0.89)
Mshare	−0.422 7 (−0.09)	−2.857 1 (−1.04)	−0.476 6 (−0.28)	−0.471 2 (−0.48)	−0.536 6 (−0.23)	−2.113 5 (−1.52)	0.374 7 (0.48)	−0.044 7 (−0.10)	0.568 4 (0.91)	1.349 0*** (2.91)	0.009 8 (0.01)	−0.232 5 (−0.41)
LnComp	−0.221 8 (−0.32)	0.178 3 (0.38)	−0.073 3 (−0.29)	0.078 8 (0.59)	−0.173 2 (−0.50)	0.101 5 (0.41)	0.082 2 (0.74)	0.056 3 (0.91)	−0.046 2 (−1.15)	−0.564 7 (−1.44)	0.024 4 (0.14)	0.112 9 (1.25)
Shr2-5	0.013 7 (0.27)	0.131 5*** (5.08)	0.002 8 (0.15)	0.045 0*** (4.76)	0.007 4 (0.33)	0.058 3*** (4.72)	−0.002 9 (−0.34)	0.018 6*** (4.03)	0.002 7 (0.49)	−0.048 6 (−0.55)	−0.001 5 (−0.15)	0.021 5*** (3.90)
Dual	−1.362 4 (−1.36)	−0.211 0 (−0.32)	−0.540 2 (−1.44)	−0.094 2 (−0.39)	−0.523 2 (−1.07)	0.081 0 (0.25)	−0.332 6*** (−2.18)	−0.191 4* (−1.76)	−0.089 7 (−0.71)	−0.042 0 (−0.47)	−0.090 6 (−0.41)	0.006 1 (0.05)

表6—9（续）

	C12	C11	C10	C9	C8	C7	C6	C5	C4	C3	C2	C1
Indep	2.357 8 (0.30)	-1.143 8 (-0.26)	0.641 6 (0.22)	-0.294 4 (-0.19)	0.823 2 (0.22)	-0.506 3 (-0.24)	1.099 2 (0.81)	-0.548 9 (-0.67)	0.383 6 (0.36)	1.199 9 (0.34)	-0.724 8 (-0.44)	0.073 0 (0.09)
Age	-2.228 9*** (-2.99)	-1.301 0*** (-2.91)	-0.662 4** (-2.32)	-0.460 2*** (-2.79)	-1.337 0*** (-3.67)	-0.563 0*** (-2.59)	-0.274 2** (-2.18)	-0.216 6*** (-2.63)	0.045 4 (0.47)	-0.107 9* (-1.87)	-0.575 9** (-3.18)	-0.204 8** (-2.32)
List	3.197 2*** (3.23)	1.957 6*** (4.13)	1.207 3*** (3.41)	0.976 7*** (5.78)	1.689 9*** (3.30)	0.857 6*** (3.64)	0.045 7 (0.28)	0.137 0* (1.72)	0.371 2*** (2.65)	-0.009 2 (-0.13)	0.755 6*** (3.43)	0.388 7*** (4.24)
Market	-0.603 1 (-1.10)	-0.632 6** (-2.14)	-0.185 1 (-0.99)	-0.244 2** (-2.55)	-0.344 6 (-1.32)	-0.229 2* (-1.81)	-0.053 6 (-0.60)	-0.153 6*** (-2.91)	0.014 4 (0.23)	-0.037 7 (-1.06)	-0.112 7 (-0.85)	-0.139 5*** (-2.64)
Legal	0.256 3 (1.11)	0.165 6 (1.40)	0.063 1 (0.79)	0.064 6 (1.47)	0.167 1 (1.49)	0.088 1 (1.56)	0.011 7 (0.32)	0.047 9** (2.05)	0.009 6 (0.30)	-0.024 0 (-1.56)	0.061 7 (1.08)	0.047 2** (2.01)
Trust	0.026 4** (2.41)	0.024 1*** (3.79)	0.009 8** (2.52)	0.007 8*** (3.36)	0.010 5* (1.94)	0.008 8*** (2.86)	0.005 1** (2.83)	0.003 6*** (3.12)	0.002 2 (1.43)	0.004 9*** (6.12)	0.003 0 (1.20)	0.003 1** (2.51)
Media1	0.011 0 (0.03)	0.621 1*** (3.05)	0.032 8 (0.22)	0.220 1*** (3.06)	-0.037 0 (-0.18)	0.308 7*** (3.05)	-0.020 8 (-0.29)	0.081 2** (2.29)	0.091 3* (1.67)	0.016 8 (0.61)	0.037 9 (0.44)	0.095 6*** (2.49)
Year	控制	控制	控制	控制	控制	控制	控制	控制	控制	控制	控制	控制
截距	-38.831*** (-2.88)	-45.477*** (-5.90)	-10.135** (-2.08)	-13.417*** (-5.24)	-19.332** (-2.90)	-23.593*** (-5.96)	-5.853** (-2.34)	-4.959*** (-4.23)	-3.930** (-2.70)	-6.704*** (-5.72)		
N	572	2 110	572	2 110	572	2 109	571	2 108	451	1 689	567	2 089
Pseu-Rsq	0.065 3	0.051 0	0.106 7	0.090 0	0.075 2	0.053 0	0.086 6	0.065 6	0.150 2	0.122 3	0.132 9	0.093 1
F/Wald 值	20.83***	23.33***	27.66***	39.48***	9.64***	20.45***	4.42**	10.62***	8.48***	48.66***	334.80***	764.06***
不同董事会规模组别中的 ICQ 系数的比较检验		Chi2值=32.74 (p=0.000 0)		Chi2值=14.43 (p=0.000 0)	Chi2值=24.44 (p=0.000 0)		Chi2值=39.95 (p=0.000 0)		Chi2值=24.44 (p=0.000 0)		Chi2值=27.44 (p=0.000 0)	Chi2值=47.75 (p=0.000 0)

附注：括号内给出的 t/z 值都经过 White 异方差调整，***、**、* 分别表示在 1%、5%、10% 水平下显著。

业而言，内部控制质量的提升对企业履行社会责任的正向作用不明显，而对于董事会规模较小的企业而言，内部控制质量的提升对企业履行社会责任的正向作用更明显。这可能是因为随着企业董事会规模的扩大，董事之间的联盟成本会增加，不仅为 CEO 或者董事长控制董事会提供了便利，导致内部控制有效性弱化，也导致公司履行社会责任的动机下降。

然后，我们进一步比较了董事会规模大小不同的两组样本，分析内部控制对企业履行社会责任影响的作用效果是否存在显著差异。比较发现，除了以技术性指数评价 CSR-T 和行业性指数评价 CSR-I 两个分指标为被解释变量的组别之外，在其他各个衡量企业社会责任的被解释变量中，都显示，在董事会规模较小组中，内部控制质量 ICQ 的系数比董事会规模较大组中的系数更大。这说明与董事会规模较大的公司相比，在董事会规模较小的公司中，内部控制质量的提高对企业履行社会责任的正向影响程度更大，结果表明假设 H6-3 成立。

表 6-10 是独立董事比例和内部控制的联合作用对企业履行社会责任的影响的回归结果。我们可以发现，在独立董事比例较低组中，无论是以企业社会责任总体评价 CSR-Scor 为被解释变量，还是以整体性指数评价 CSR-M、内容性指数评价 CSR-C、技术性指数评价 CSR-T、行业性指数评价 CSR-I 等分指标为被解释变量，以及采用企业社会责任等级分数评价 CSR-Cred 为被解释变量，公司内部控制质量 ICQ 的系数都不显著，但在独立董事比例较高组中，除了以社会责任的行业性指数评价 CSR-I 等分指标为被解释变量之外，当采用其他企业社会责任的衡量指标为被解释变量时，公司内部控制质量 ICQ 的系数都显著为正。这说明对于独立董事比例较低的企业而言，内部控制质量的提升对企业履行社会责任的正向作用不明显，而对于独立董事比例较高的企业而言，内部控制质量的提升对企业履行社会责任的正向作用更明显。

最后，我们进一步比较了独立董事比例高低不同的两组样本，分析内部控制对企业履行社会责任的影响的作用效果是否存在显著差异。比较发现，除了以行业性指数评价 CSR-I 分指标为被解释变量的组别之外，在其他各个衡量企业社会责任的被解释变量中，都显示在独立董事比例较高组中，内部控制质量 ICQ 的系数比独立董事比例较低组中的系数更大。这说明与独立董事比例较低的公司相比，在独立董事比例较高的公司中，内部控制质量的提高对企业履行社会责任的正向影响程度更

表6-10 独立董事比例、内部控制质量与企业社会责任

变量	CSR-Scor Tobit模型 独立董事比例低组	CSR-Scor Tobit模型 独立董事比例高组	CSR-M Tobit模型 独立董事比例低组	CSR-M Tobit模型 独立董事比例高组	CSR-C Tobit模型 独立董事比例低组	CSR-C Tobit模型 独立董事比例高组	CSR-T Tobit模型 独立董事比例低组	CSR-T Tobit模型 独立董事比例高组	CSR-I Tobit模型 独立董事比例低组	CSR-I Tobit模型 独立董事比例高组	CSR-Cred Ologit模型 独立董事比例低组	CSR-Cred Ologit模型 独立董事比例高组
ICQ	0.0022 (1.18)	0.0037* (1.90)	0.0005 (0.76)	0.0015** (2.12)	0.0012 (1.37)	0.0016* (1.69)	0.0003 (0.97)	0.0006* (1.72)	0.0001 (0.23)	0.0003 (1.05)	0.0005 (1.31)	0.0007* (1.70)
State	-0.5450 (-0.88)	-0.1481 (-0.21)	-0.2566 (-1.16)	-0.0945 (-0.38)	-0.1496 (-0.48)	0.0511 (0.14)	-0.2824*** (-2.66)	-0.1836 (-1.49)	0.0441 (0.51)	0.0386 (0.37)	-0.0469 (-0.37)	0.1852 (1.34)
Size	2.9951*** (8.91)	3.3198*** (9.92)	1.0283*** (8.71)	1.0136*** (8.52)	1.3109*** (7.98)	1.6298*** (10.01)	0.4933*** (8.07)	0.4354*** (7.38)	0.3209*** (6.43)	0.3569*** (7.47)	0.5317*** (7.92)	0.5652*** (9.10)
Lev	-4.5122** (-2.60)	-0.4303 (-0.23)	-1.8872*** (-3.06)	0.1455 (0.21)	-1.6669* (-1.91)	-0.5339 (-0.58)	-0.9602*** (-3.07)	-0.2828 (-0.87)	-0.3030 (-1.31)	0.1631 (0.65)	-0.9538** (-2.53)	-0.3912 (-1.03)
Shr1	-0.1191*** (-3.91)	-0.0393 (-1.23)	-0.0361*** (-3.24)	-0.0148 (-1.27)	-0.0522*** (-3.61)	-0.0141 (-0.95)	-0.0205*** (-3.76)	-0.0060 (-1.10)	-0.0110** (-2.51)	-0.0031 (-0.79)	-0.0207*** (-3.05)	-0.0039 (-0.64)
Growth	-0.3695 (-0.45)	-1.0320 (-1.45)	-0.1662 (-0.60)	-0.2002 (-0.76)	-0.3314 (-0.82)	-0.6941* (-1.90)	0.0994 (0.62)	-0.1524 (-1.16)	0.0590 (0.53)	-0.0114 (-0.10)	0.0337 (0.19)	-0.0970 (-0.65)
Roe	0.3761 (0.10)	-1.2957 (-0.35)	-0.9853 (-0.77)	-2.0389 (-1.50)	1.8233 (0.98)	1.6504 (0.88)	-0.7462 (-1.20)	-0.2931 (-0.48)	-0.3519 (-0.72)	-0.8050 (-1.54)	0.5517 (0.75)	-0.0322 (-0.04)
Cfo	5.7772 (1.44)	2.1377 (0.52)	-1.6950 (-1.14)	0.5186 (-0.34)	2.0040 (1.02)	1.4282 (0.69)	1.2626* (1.77)	0.2326 (0.31)	1.5074*** (2.80)	0.5396 (0.92)	0.2657 (0.31)	0.0190 (0.02)
Mshare	-4.6425 (-1.40)	0.0086 (0.01)	-0.8679 (-0.77)	-0.4206 (-0.34)	-2.7252 (-1.61)	-0.4221 (-0.26)	-0.5206 (-0.94)	0.4640 (0.86)	-1.0678** (-2.25)	0.5310 (1.19)	-0.3199 (-0.46)	-0.0877 (-0.13)
LnComp	0.4973 (0.76)	-0.0648 (-0.13)	0.2062 (0.94)	-0.0223 (-0.17)	0.3125 (0.94)	-0.0875 (-0.35)	0.0356 (0.55)	0.0680 (0.95)	-0.0570 (-1.02)	-0.0274 (-0.29)	0.1788 (1.53)	0.0090 (0.07)
Shr2-5	0.1584*** (5.23)	0.0633* (1.85)	0.05111*** (4.53)	0.0223* (1.78)	0.0766*** (5.26)	0.0250 (1.58)	0.0201*** (3.76)	0.0076 (1.27)	0.0107*** (2.61)	0.0055 (1.43)	0.0291*** (4.17)	0.0058 (0.86)
Dual	-0.0087 (-0.01)	-0.9388 (-1.25)	-0.0412 (-0.15)	-0.3748 (-1.31)	0.1500 (0.38)	-0.2422 (-0.66)	-0.1462 (-1.10)	-0.3059** (-2.54)	0.0497 (0.47)	-0.1223 (-1.24)	0.0478 (0.31)	0.0009 (0.01)

表6-10（续）

	(1)	(2)	(3)	(4)	(5)	(6)	(7)	(8)	(9)	(10)	(11)	(12)
Board	-0.007 8 (-0.04)	0.686 3*** (4.67)	-0.001 6 (-0.02)	0.194 4*** (3.79)	-0.025 8 (-0.28)	0.348 8*** (4.77)	0.016 8 (0.44)	0.066 0** (2.50)	-0.024 9 (-0.93)	0.066 0*** (3.02)	0.000 6 (0.02)	0.127 2*** (4.63)
Age	-0.742 0 (-1.39)	-2.054 7*** (-3.68)	-0.179 8 (-0.89)	-0.790 4*** (-3.86)	-0.398 9 (-1.55)	-0.964 6*** (-3.55)	-0.090 0 (-0.98)	-0.315 0*** (-2.92)	-0.096 2 (-1.49)	-0.044 3 (-0.58)	-0.142 4 (-1.26)	-0.376 0*** (-3.47)
List	1.217 7** (2.23)	3.360 3*** (5.09)	0.810 6*** (4.14)	1.321 0*** (5.58)	0.405 9 (1.50)	1.613 4*** (4.87)	0.101 6 (1.08)	0.236 2** (2.22)	-0.085 7 (-1.13)	0.203 7** (2.16)	0.246 5** (2.15)	0.709 3*** (5.56)
Market	-1.046 4*** (-3.49)	-0.216 7 (-0.61)	-0.416 5*** (-3.89)	-0.076 0 (-0.58)	-0.387 7** (-2.54)	-0.060 3 (-0.36)	-0.210 9*** (-3.92)	-0.078 6 (-1.08)	-0.058 9 (-1.41)	-0.014 9 (-0.33)	-0.221 1*** (-3.30)	-0.060 1 (-0.86)
Legal	0.316 1** (2.26)	0.030 9 (0.20)	0.134 3*** (2.67)	-0.000 9 (-0.02)	0.131 3* (1.87)	0.043 8 (0.59)	0.071 6*** (2.90)	0.006 7 (0.23)	-0.014 6 (-0.81)	-0.007 4 (-0.35)	0.078 2** (2.54)	0.025 6 (0.81)
Trust	0.020 3** (2.58)	0.033 7*** (4.37)	0.005 6** (2.00)	0.011 7*** (3.98)	0.008 4** (2.18)	0.012 7*** (3.45)	0.002 6* (1.95)	0.006 5*** (4.88)	0.004 9*** (5.16)	0.003 7*** (3.61)	0.002 3 (1.43)	0.004 2*** (2.78)
Media1	0.579 1** (2.35)	0.361 8 (1.35)	0.195 1** (2.21)	0.147 3 (1.55)	0.293 3** (2.40)	0.175 7 (1.34)	0.070 5 (1.64)	0.052 7 (1.16)	0.008 9 (0.27)	0.033 4 (0.94)	0.126 8*** (2.62)	0.040 2 (0.79)
Year	控制	控制	控制	控制	控制	控制	控制	控制	控制	控制	控制	控制
截距	-37.063*** (-3.76)	-52.071*** (-5.64)	-12.252*** (-3.60)	-13.938*** (-4.47)	-18.508*** (-3.75)	-27.147*** (-5.77)	-4.402*** (-3.14)	-5.226*** (-3.35)	-5.019*** (-4.25)	-4.911*** (-3.46)		
N	1 367	1 315	1 367	1 315	1 367	1 314	1 366	1 313	1 078	1 062	1 353	1 303
Pseu-R²	0.052 0	0.057 8	0.095 0	0.091 6	0.053 6	0.053 0	0.074 7	0.071 4	0.125 7	0.131 1	0.100 2	0.107 5
F/Wald值	21.36***	20.69***	32.50***	29.96***	13.67***	18.42***	6.55***	8.30***	15.68***	16.90***	466.10***	557.08***
	Chi2值=26.40 (p=0.000 0)		Chi2值=15.63 (p=0.000 0)		Chi2值=28.44 (p=0.000 0)		Chi2值=19.79 (p=0.000 0)		Chi2值=27.88 (p=0.000 0)		Chi2值=32.85 (p=0.000 0)	
	不同独立董事比例组别的比较检验						不同独立董事比例组别中的ICQ系数的比较检验					

附注：括号内给出的t/z值都经过White异方差调整，***、**、* 分别表示在1%、5%、10%水平下显著。

大，这进一步支持了 H6-4 成立。

6.4.5 内部规则对企业社会责任的影响：基于最终控制人特征的进一步分析

6.4.5.1 内部控制对企业社会责任履行影响的回归结果分析：基于最终控制人特征视角

近年来很多文献对国有企业和非国有企业的社会责任履行情况的差异进行了讨论：冯丽丽等（2011）发现与非国有企业相比，国有企业履行社会责任的情况更好[196]；姚海琳等（2012）和辛宇等（2013）发现，与地方国企相比而言，中央国企社会责任履行的情况更好[228-229]；但也有研究结果表明，与国有企业相比，非国有企业履行社会责任的情况更好[342]。而关于企业最终控制人特征差异是否影响内部控制与企业履行社会责任之间的关系：李志斌（2014）发现内部控制能促进企业社会责任的履行，与非国有企业相比，内部控制对国有企业的社会责任履行的正面促进作用显著更强[140]，但他没有进一步分析和检验在地方国有企业和中央国有企业之间，内部控制对企业社会责任履行的作用是否存在显著差异。与上述不一致的研究结论表明，企业最终控制人的特征不同，履行社会责任的情况也存在较大差异，特别是在最终控制人特征不同的企业中，关于内部控制对企业社会责任履行情况影响的研究还不多见。如内部控制对地方国有企业和中央国有企业社会责任的履行的影响是否存在显著差别还不得而知。因此企业最终控制人特征如何影响内部控制与企业社会责任的履行情况目前仍是一个有待检验的重要问题。基于此，本书进一步检验了在企业最终控制人特征不同的情况下，内部控制对企业履行社会责任的影响是否存在显著差异。

首先，根据企业最终控制人属性，我们将企业分为国有控股企业和非国有控股企业两类。表 6-11 报告了国有控股企业和非国有控股企业的内部控制对企业履行社会责任的影响的回归结果。我们可以发现，在非国有控股企业组中，无论是以企业社会责任总体评价 CSR-Scor 为被解释变量，还是以整体性指数评价 CSR-M、内容性指数评价 CSR-C、技术性指数评价 CSR-T、行业性指数评价 CSR-I 等分指标为被解释变量，以及采用社会责任等级分数评价 CSR-Cred 为被解释变量，公司内部控制质量 ICQ 的系数都不显著；在国有控股企业组中，除了以行业性指数评价 CSR-I 等分指标为被解释变量之外，当采用以企业社会责任总体评价 CSR-Scor 为被解

表 6-11 内部控制质量、最终控制人属性与企业社会责任

变量	CSR-Scor Tobit 模型		CSR-M Tobit 模型		CSR-C Tobit 模型		CSR-T Tobit 模型		CSR-I Tobit 模型		CSR-Cred Ologit 模型	
	非国有控股企业组	国有控股企业组	非国有控股企业组	国有控股企业组	非国有控股企业组	国有控股企业组	非国有控股企业组	国有控股企业组	非国有控股企业组	国有控股企业组	非国有控股企业组	国有控股企业组
ICQ	0.000 5 (0.30)	0.004 9** (2.41)	-0.000 2 (-0.33)	0.001 8** (2.28)	0.000 8 (0.89)	0.002 2** (2.29)	-0.000 4 (-0.02)	0.000 5* (1.70)	-0.000 2 (-0.60)	0.000 5** (2.02)	-0.000 1 (-0.02)	0.001 0*** (2.87)
Size	2.332 3*** (5.08)	3.460 9*** (11.93)	0.702 3*** (4.38)	1.107 3*** (10.91)	1.209 2*** (5.25)	1.600 4*** (11.29)	0.225 4*** (2.84)	0.534 8*** (10.34)	0.333 7*** (5.04)	0.345 5*** (7.68)	0.466 5*** (4.77)	0.570 0*** (10.94)
Lev	-2.784 9 (-1.45)	-0.570 0 (-0.34)	-1.149 9 (-1.63)	-0.149 9 (-0.25)	-1.464 2 (-1.55)	-0.130 5 (-0.16)	-0.193 0 (-0.56)	-0.535 5* (-1.80)	-0.447 7 (-1.56)	0.160 0 (0.78)	-0.928 7** (-2.03)	-0.250 4 (-0.82)
Shr1	-0.114 2*** (-3.25)	-0.055 5** (-1.96)	-0.033 4** (-2.61)	-0.019 6* (-1.91)	-0.060 5*** (-3.59)	-0.018 7 (-1.40)	-0.015 7** (-2.51)	-0.010 3** (-2.05)	-0.005 2 (-1.09)	-0.006 8* (-1.80)	-0.024 8*** (-3.13)	-0.007 4 (-1.56)
Growth	0.076 0 (0.10)	-1.337 2* (-1.89)	0.068 9 (0.26)	-0.374 0 (-1.47)	-0.288 7 (-0.75)	-0.777 7** (-2.16)	0.068 6 (0.41)	-0.120 8 (-0.97)	0.247 1** (2.13)	-0.108 3 (-1.06)	0.073 7 (0.38)	-0.119 6 (-0.84)
Roe	3.383 2 (0.80)	-0.005 0 (-0.01)	-0.465 3 (-0.30)	-1.376 3 (-1.17)	4.839 5** (2.30)	1.500 2 (0.88)	-0.444 6 (-0.61)	-0.117 4 (-0.21)	-0.625 1 (-1.07)	-0.437 5 (-0.85)	1.527 6* (1.65)	0.194 7 (0.33)
Cfo	-3.706 8 (-0.78)	6.086 3 (1.62)	-1.969 4 (-1.19)	1.398 9 (1.00)	-1.943 3 (-0.82)	2.423 3 (1.29)	-0.533 4 (-0.61)	1.277 3* (1.89)	-0.203 4 (-0.30)	1.736 8*** (3.32)	-0.465 5 (-0.46)	0.132 4 (0.18)
Mshare	-5.700 8** (-2.35)	-3.359 6 (-0.29)	-1.854 8** (-2.11)	-0.221 6 (-0.05)	-2.924 9** (-2.41)	-2.756 9 (-0.43)	-0.607 0 (-1.51)	-0.825 7 (-0.55)	-0.340 2 (-0.94)	-1.327 9 (-1.07)	-0.787 6 (-1.32)	0.654 4 (0.25)
LnComp	-0.162 4 (-0.29)	0.392 9 (0.69)	-0.067 6 (-0.37)	0.165 0 (1.01)	-0.059 5 (-0.22)	0.154 4 (0.51)	0.016 0 (0.27)	0.101 0 (1.27)	-0.046 9 (-0.80)	-0.029 2 (-0.25)	0.065 6 (0.76)	0.113 3* (1.73)
Shr2-5	0.147 4*** (3.86)	0.082 7*** (2.99)	0.046 5*** (3.38)	0.030 6*** (2.99)	0.077 4*** (4.21)	0.032 7** (2.48)	0.019 4*** (2.89)	0.010 6** (2.14)	0.005 6 (1.09)	0.009 1*** (2.73)	0.032 8*** (3.87)	0.012 0*** (2.58)
Dual	0.597 6 (0.85)	-1.384 6* (-1.75)	0.222 4 (0.84)	-0.561 6* (-1.91)	0.361 2 (1.08)	-0.370 2 (-0.92)	-0.105 4 (-0.84)	-0.350 3*** (-2.76)	0.049 6 (0.48)	-0.139 1 (-1.30)	0.032 3* (1.93)	-0.259 2* (-1.72)
Board	1.000 4*** (4.79)	0.219 8 (1.46)	0.299 5*** (3.96)	0.059 0 (1.10)	0.543 6*** (5.13)	0.095 8 (1.32)	0.100 4*** (2.81)	0.038 1 (1.38)	0.037 8 (1.26)	0.020 1 (0.94)	0.297 9*** (6.53)	0.020 9 (0.88)

表6-11（续）

Indep												
Indep	10.425 * (1.74)	−2.508 9 (−0.61)	4.400 5 ** (2.08)	−1.000 6 (−0.68)	4.142 5 (1.40)	−0.636 5 (−0.32)	0.504 4 (0.48)	−0.323 0 (−0.44)	1.070 8 (1.35)	−0.260 8 (−0.45)	2.819 0 ** (2.10)	−0.575 8 (−0.74)
Age	−1.192 0 ** (−1.99)	−0.674 4 (−1.33)	−0.306 4 (−1.44)	−0.275 5 (−1.45)	−0.665 6 ** (−2.21)	−0.339 0 (−1.40)	−0.124 8 (−1.27)	−0.089 5 (−0.97)	−0.001 2 (−0.01)	−0.052 2 (−0.84)	0.694 0 *** (4.29)	0.322 3 *** (3.13)
List	2.676 6 *** (3.66)	1.594 6 *** (2.99)	1.136 0 *** (4.46)	0.877 5 *** (4.53)	1.049 1 *** (2.88)	0.779 4 *** (2.89)	0.293 7 ** (2.31)	−0.020 6 (−0.23)	0.185 2 * (1.70)	−0.002 2 (−0.33)	−0.155 0 (−1.08)	−0.172 8 * (−1.91)
Market	−0.546 2 (−1.49)	−0.532 8 * (−1.69)	−0.069 3 (−0.53)	−0.274 2 ** (−2.29)	−0.395 7 ** (−2.22)	−0.108 6 (−0.72)	−0.026 8 (−0.42)	−0.178 0 *** (−2.73)	−0.045 8 (−0.97)	−0.036 3 (−0.87)	−0.139 7 (−1.63)	−0.083 8 (−1.42)
Legal	0.223 1 (1.54)	0.152 2 (0.96)	0.043 0 (0.81)	0.076 9 (1.31)	0.168 4 ** (2.42)	0.055 1 (0.73)	0.015 5 (0.62)	0.064 4 ** (2.12)	−0.010 6 (−0.55)	−0.007 2 (−0.35)	0.069 1 ** (2.04)	0.025 2 (0.85)
Trust	0.017 4 ** (2.19)	0.026 2 *** (3.26)	0.005 3 * (1.82)	0.008 5 (2.87)	0.006 0 (1.56)	0.010 9 *** (2.81)	0.004 2 *** (2.92)	0.002 9 (1.98)	0.004 5 *** (3.97)	0.003 3 *** (3.28)	0.000 8 (0.53)	0.004 1 *** (2.83)
Media1	1.140 1 *** (4.46)	−0.087 9 (−0.38)	0.469 8 *** (5.20)	−0.024 0 (−0.29)	0.439 6 *** (3.43)	−0.009 4 (−0.08)	0.157 2 *** (3.45)	−0.011 3 (−0.27)	0.072 4 * (1.78)	−0.006 1 (−0.20)	0.197 2 *** (3.16)	−0.016 4 (−0.40)
Year	控制	控制	控制	控制	控制	控制	控制	控制	控制	控制	控制	控制
截距	−35.678 *** (−3.12)	−54.533 *** (−6.15)	−9.166 ** (−2.35)	−16.305 *** (−5.61)	−21.368 *** (−3.73)	−26.838 *** (−5.91)	−1.587 (−0.84)	−6.859 *** (−4.94)	−6.950 *** (−3.88)	−6.982 *** (−4.70)		
N	873	1 809	873	1 809	873	1 808	871	1 808	714	1 426	865	1 791
Pseu-Rsq	0.062 7	0.053 5	0.113 7	0.089 6	0.074 2	0.055 8	0.066 4	0.070 8	0.108 1	0.128 5	0.139 2	0.096 7
F/Wald 值	14.94 ***	29.84 ***	24.40 ***	37.85 ***	14.37 ***	37.38 ***	7.18 ***	19.47 ***	35.87 ***	62.34 ***	465.09 ***	730.94 ***
不同最终控制人属性组别中的 ICQ 系数的比较检验	Chi2 值 = 40.96 (p = 0.000 0)		Chi2 值 = 17.02 (p = 0.000 0)		Chi2 值 = 48.01 (p = 0.000 0)		Chi2 值 = 33.17 (p = 0.000 0)		Chi2 值 = 54.30 (p = 0.000 0)		Chi2 值 = 54.54 (p = 0.000 0)	

附注：括号内给出的 t/z 值都经过 White 异方差调整，***、**、* 分别表示在 1%、5%、10%水平下显著。

释变量，以整体性指数评价 $CSR\text{-}M$、内容性指数评价 $CSR\text{-}C$、技术性指数评价 CSR $\text{-}T$ 以及以企业社会责任等级分数评价 $CSR\text{-}Cred$ 为被解释变量时，内部控制质量 ICQ 的系数都显著为正。这说明对于非国有控股企业而言，内部控制质量的提升对企业履行社会责任的正向作用不明显，而对于国有控股而言，内部控制质量的提升对企业履行社会责任的正向作用更明显。

其次，我们进一步比较了国有控股企业和非国有控股企业两组样本，分析内部控制对企业履行社会责任影响的作用效果是否存在显著差异。比较发现，除了以社会责任的行业性指数评价 $CSR\text{-}I$ 分指标为被解释变量的组别之外，在其他各个衡量企业社会责任的被解释变量中，都显示，在国有控股企业组中，内部控制质量 ICQ 的系数比非国有控股企业组中的系数更大。这说明与非国有控股企业相比，在国有控股企业中，内部控制质量的提高对企业履行社会责任的正向影响程度更大。

然后，国资委 2007 年出台的关于中央企业履行社会责任的指导意见，可能使得地方政府控股的国有企业和中央政府控股的国有企业对社会责任的履行存在差异。因此对国有控股企业最终控制人层次，本书分为地方国有控股企业和中央国有控股企业两类，进一步检验地方国有控股企业和中央国有控股企业的内部控制对企业履行社会责任的影响，表 6-12 报告了相应的回归结果。我们可以发现，在地方国有控股企业的组别中，无论是以企业社会责任总体评价 $CSR\text{-}Scor$ 为被解释变量，还是以整体性指数评价 $CSR\text{-}M$、内容性指数评价 $CSR\text{-}C$、技术性指数评价 $CSR\text{-}T$、行业性指数评价 $CSR\text{-}I$ 等分指标解释变量，以及采用社会责任等级分数评价 $CSR\text{-}Cred$ 为被解释变量，公司内部控制质量 ICQ 的系数都不显著；在中央国有控股企业的组别中，除了行业性指数评价 $CSR\text{-}I$ 等分指标为被解释变量之外，当采用以企业社会责任总体评价 $CSR\text{-}Scor$ 为被解释变量，以整体性指数评价 $CSR\text{-}M$、内容性指数评价 $CSR\text{-}C$、技术性指数评价 $CSR\text{-}T$ 及以企业社会责任等级分数评价 $CSR\text{-}Cred$ 为被解释变量时，内部控制质量 ICQ 的系数都显著为正。这说明对于地方国有控股企业而言，内部控制质量提升对企业履行社会责任的正向作用不明显，而对于中央国有控股企业而言，内部控制质量的提升对企业履行社会责任的正向作用更明显。

最后，我们进一步比较了地方国有控股企业和中央国有控股企业两组样本，分析内部控制对企业履行社会责任的影响的作用效果是否存在显著差异。比较发现，除了以行业性指数评价 $CSR\text{-}I$ 分指标为被解释变量的组别之外，在其他各个衡量企

表 6-12　内部控制质量、最终控制人层级与企业社会责任

变量	CSR-Scor Tobit 模型 地方国有控股企业组	CSR-Scor Tobit 模型 中央国有控股企业组	CSR-M Tobit 模型 地方国有控股企业组	CSR-M Tobit 模型 中央国有控股企业组	CSR-C Tobit 模型 地方国有控股企业组	CSR-C Tobit 模型 中央国有控股企业组	CSR-T Tobit 模型 地方国有控股企业组	CSR-T Tobit 模型 中央国有控股企业组	CSR-I Tobit 模型 地方国有控股企业组	CSR-I Tobit 模型 中央国有控股企业组	CSR-Cred Ologit 模型 地方国有控股企业组	CSR-Cred Ologit 模型 中央国有控股企业组
ICQ	0.001 1 (0.42)	0.009 8*** (3.23)	-0.000 3 (-0.25)	0.004 4*** (4.10)	0.001 3 (1.08)	0.003 6** (2.39)	-0.000 1 (-0.27)	0.001 2** (2.02)	0.000 3 (1.05)	0.000 6 (1.28)	0.000 4 (0.83)	0.001 8*** (2.60)
Size	2.834 9*** (7.34)	4.277 4*** (9.14)	0.933 3*** (6.85)	1.316 5*** (7.93)	1.267 2*** (6.84)	1.994 4*** (8.49)	0.478 8*** (6.69)	0.683 6*** (8.36)	0.262 3*** (4.62)	0.464 7*** (6.59)	0.622 2*** (7.49)	0.758 8*** (7.35)
Lev	0.438 4 (0.22)	-4.778 3* (-1.66)	-0.029 1 (-0.04)	-1.244 1 (-1.16)	0.469 7 (0.47)	-2.241 4 (-1.63)	-0.351 2 (-0.99)	-1.575 2*** (-2.95)	0.487 1* (1.88)	-0.680 4* (-1.75)	-0.218 9 (-0.54)	-1.032 6 (-1.60)
Shr1	-0.105 7*** (-2.75)	-0.059 9 (-1.48)	-0.040 1*** (-2.92)	-0.017 9 (-1.22)	-0.045 1** (-2.46)	-0.012 2 (-0.63)	-0.011 9* (-1.77)	-0.020 8*** (-2.85)	-0.005 2 (-0.97)	-0.013 4** (-2.27)	-0.017 6** (-2.33)	-0.012 4 (-1.34)
Growth	-0.949 7 (-1.17)	-2.786 9* (-1.91)	-0.190 1 (-0.61)	-1.009 2** (-2.18)	-0.591 0 (-1.44)	-1.449 4** (-2.04)	-0.090 6 (-0.65)	-0.343 2 (-1.23)	-0.181 5 (-1.64)	0.065 4 (0.29)	-0.031 0 (-0.19)	-0.589 6** (-2.02)
Roe	0.090 2 (0.02)	9.219 2 (1.40)	-0.888 4 (-0.68)	0.632 8 (0.27)	1.130 3 (0.59)	6.715 3** (2.15)	-0.206 7 (-0.33)	1.820 9 (1.52)	-0.184 9 (-0.33)	0.086 3 (0.09)	-0.014 3 (-0.02)	3.120 1** (2.17)
Cfo	8.936 4** (2.16)	9.719 7 (1.33)	2.298 7 (1.51)	3.201 9 (1.18)	4.824 5** (2.23)	2.038 7 (0.59)	1.802 0** (2.37)	1.059 3 (0.82)	1.173 1* (1.90)	2.955 6*** (2.78)	0.625 0 (0.68)	0.573 8 (0.38)
Mshare	-0.973 8 (-0.08)	-13.065 (-0.75)	0.679 3 (0.13)	-4.426 0 (-0.77)	-3.355 9 (-0.55)	-4.439 4 (-0.52)	1.420 0 (0.96)	-7.167 9* (-1.78)	-0.889 4 (-0.72)	-2.647 2 (-1.03)	-0.095 8 (-0.03)	-1.752 7 (-0.51)
LnComp	-0.165 4 (-0.28)	3.524 4*** (4.14)	-0.027 4 (-0.18)	1.358 3*** (4.40)	-0.143 4 (-0.47)	1.667 0*** (3.93)	0.046 9 (0.55)	0.432 0*** (2.91)	-0.097 1 (-0.73)	0.306 7** (2.40)	-0.072 6 (-0.42)	0.691 8*** (3.83)
Shr2-5	0.142 3*** (3.70)	0.083 5** (2.32)	0.057 9*** (4.08)	0.023 9* (1.80)	0.055 5*** (3.01)	0.037 2** (2.19)	0.015 0** (2.18)	0.013 3* (1.88)	0.010 0** (2.09)	0.012 8*** (2.71)	0.020 1** (2.53)	0.016 3* (1.77)
Dual	-0.290 9 (-0.30)	-3.268 7** (-2.40)	-0.224 5 (-0.63)	-1.233 0*** (-2.71)	0.258 5 (0.54)	-1.362 7* (-1.83)	-0.241 6 (-1.58)	-0.587 1*** (-2.19)	-0.056 7 (-0.44)	-0.188 6 (-0.86)	-0.107 3 (-0.57)	-0.522 6 (-1.57)

表6-12（续）

Board	0.559 5*** (3.09)	-0.051 5 (-0.22)	0.189 7*** (2.97)	-0.053 6 (-0.63)	0.226 1** (2.55)	0.030 2 (0.28)	0.092 8*** (2.80)	-0.028 9 (-0.64)	0.052 8** (2.07)	-0.027 3 (-0.75)	0.052 8 (1.58)	0.003 1 (0.07)
Indep	-13.572*** (-3.11)	12.844 (1.61)	-5.251 3*** (-3.40)	4.414 1 (1.49)	-5.620 2** (-2.46)	6.865 6* (1.84)	-1.528 0* (-1.83)	0.514 0 (0.35)	-0.735 8 (-1.15)	-0.052 3 (-0.04)	1.788 0* (1.95)	2.735 3* (1.67)
Age	0.411 3 (0.58)	-0.774 5 (-1.08)	0.241 6 (0.92)	-0.517 0** (-1.99)	0.005 6 (0.02)	-0.174 8 (-0.50)	0.120 0 (0.89)	-0.226 9* (-1.68)	0.004 2 (0.05)	-0.033 9 (-0.31)	0.068 1 (0.48)	676 8*** (3.55)
List	0.295 8 (0.44)	2.919 7*** (3.36)	0.499 6** (2.06)	1.163 6*** (3.66)	0.065 6 (0.19)	1.528 8*** (3.44)	-0.258 7** (-2.24)	0.284 4* (1.93)	0.005 8 (0.06)	-0.056 8 (-0.44)	-0.006 9 (-0.05)	-0.207 5 (-1.33)
Market	-0.928 2** (-2.50)	-0.155 2 (-0.22)	-0.368 2** (-2.57)	-0.229 8 (-0.91)	-0.366 6** (-2.07)	0.249 5 (0.73)	-0.234 1*** (-2.90)	-0.118 3 (-0.98)	-0.023 5 (-0.49)	-0.160 1 (-1.61)	-0.101 2 (-1.35)	-0.144 0 (-0.93)
Legal	0.299 8* (1.78)	-0.429 5 (-1.08)	0.120 9* (1.91)	-0.088 6 (-0.62)	0.140 0* (1.72)	-0.304 6 (-1.64)	0.083 5** (2.45)	-0.046 1 (-0.68)	-0.007 3 (-0.33)	0.034 4 (0.59)	0.036 1 (1.06)	-0.051 9 (-0.56)
Trust	0.032 0*** (3.22)	0.038 5** (2.28)	0.008 8** (2.42)	0.012 7** (2.05)	0.015 8*** (3.31)	0.016 8** (2.12)	0.003 4* (1.91)	0.007 1** (2.38)	0.003 5*** (2.74)	0.001 8 (0.71)	0.005 7** (2.86)	0.007 4* (1.77)
Media1	-0.507 3* (-1.80)	-0.798 1** (-2.03)	-0.140 2 (-1.38)	-0.324 4** (-2.37)	-0.236 4* (-1.67)	-0.306 7 (-1.56)	-0.086 6* (-1.67)	-0.083 9 (-1.19)	-0.034 7 (-0.98)	-0.039 5 (-0.69)	-0.109 5** (-2.02)	-0.100 8 (-1.13)
Year	控制	控制	控制	控制	控制	控制	控制	控制	控制	控制	控制	控制
截距	-30.641*** (-2.95)	-107.48*** (-8.02)	-9.286*** (-2.72)	-32.968*** (-7.26)	-13.515** (-2.55)	-54.900*** (-8.29)	-4.518** (-2.57)	-14.094*** (-5.56)	-4.717*** (-2.71)	-9.878*** (-4.66)		
N	1 145	664	1 145	664	1 144	664	1 144	664	885	541	1 133	658
Pseu-Rsq	0.050 3	0.094 7	0.089 6	0.135 3	0.053 6	0.107 3	0.061 9	0.129 7	0.111 9	0.176 4	0.096 2	0.157 8
F/Wald值	16.51***	34.99***	23.26***	29.63***	12.65***	46.28***	7.57***	13.56***	28.84***	21.73***	436.40***	2.79*
不同最终控制人层级组别中的ICQ系数的比较检验	Chi2值=41.75 (p=0.000 0)		Chi2值=33.29 (p=0.000 0)		Chi2值=40.17 (p=0.000 0)		Chi2值=30.71 (p=0.000 0)		Chi2值=30.71 (p=0.000 0)		Chi2值=77.50 (p=0.000 0)	

附注：括号内给出的t/z值都经过White异方差调整，***、**、* 分别表示在1%、5%、10%水平下显著。

业履行社会责任的被解释变量中，都显示在中央国有控股企业组中，内部控制质量 *ICQ* 的系数比地方国有控股企业组中的系数更大。这说明与地方国有控股企业相比，在中央国有控股企业中，内部控制质量的提高对企业履行社会责任的正向影响程度更大。

6.4.5.2 股权集中度和内部控制联合对企业社会责任履行影响的回归结果分析：基于最终控制人特征视角

这一节重点检验公司治理和内部控制的联合作用对企业履行社会责任的影响。具体而言，这一节主要检验在企业最终控制人特征不同的情况下，股权集中度和内部控制的联合作用对企业履行社会责任是否存在显著影响。经过检验发现，在股权集中度较低的组别中，无论是非国有控股企业组，还是国有控股企业组，以企业社会责任的各个衡量指标为被解释变量时，公司内部控制质量 *ICQ* 的系数都不显著（限于篇幅限制没有报告）。这表明对于国有控股企业和非国有控股企业组而言，较低的股权集中度没有促进内部控制对企业履行社会责任的正向作用的发挥。

表 6-13 报告了在股权集中度较高的组别中，内部控制对最终控制人特征不同的企业履行社会责任情况的影响的回归结果。我们可以发现，在非国有控股企业组中，无论是以企业社会责任总体评价 *CSR-Scor* 为被解释变量，还是以整体性指数评价 *CSR-M*、内容性指数评价 *CSR-C*、技术性指数评价 *CSR-T*、行业性指数评价 *CSR-I* 等分指标为被解释变量，以及采用社会责任等级分数评价 *CSR-Cred* 为被解释变量，内部控制质量 *ICQ* 的系数都不显著；在国有控股企业组中，除了以技术性指数评价 *CSR-T* 和行业性指数评价 *CSR-I* 等分指标为被解释变量之外，当采用其他企业社会责任的衡量指标为被解释变量时，内部控制质量 *ICQ* 的系数都显著为正。这说明对于股权集中度较高的非国有控股企业而言，内部控制质量的提高对企业履行社会责任的正向作用不明显，而对于股权集中度较高的国有控股企业而言，内部控制质量的提高对企业履行社会责任的正向作用更明显。

另外，我们比较了国有控股企业和非国有控股企业两组样本，分析内部控制对企业履行社会责任的影响的作用效果是否存在显著差异。比较发现，在其他各个衡量企业社会责任的被解释变量中，都显示，在国有控股企业组中，内部控制质量 *ICQ* 的系数比非国有控股企业组中的系数更大。这说明与非国有控股企业相比，股权集中度更高的国有控股企业内部控制质量的提高对企业履行社会责任的正向作用更大。

表6-13　　股权集中度、内部控制质量、最终控制人属性与企业社会责任

变量	CSR-Scor Tobit模型 股权集中度高组		CSR-M Tobit模型 股权集中度高组		CSR-C Tobit模型 股权集中度高组		CSR-T Tobit模型 股权集中度高组		CSR-I Tobit模型 股权集中度高组		CSR-Cred Ologit模型 股权集中度高组	
	非国有控股企业组	国有控股企业组	非国有控股企业组	国有控股企业组	非国有控股企业组	国有控股企业组	非国有控股企业组	国有控股企业组	非国有控股企业组	国有控股企业组	非国有控股企业组	国有控股企业组
ICQ	-0.000 9 (-0.33)	0.006 2** (2.10)	-0.000 2 (-0.17)	0.002 3** (2.12)	-0.000 1 (-0.10)	0.002 7* (1.93)	-0.000 1 (-0.24)	0.000 7 (1.34)	-0.000 7 (-1.49)	0.000 6 (1.59)	-0.000 1 (-0.13)	0.001 1** (2.22)
Size	2.406 2*** (2.97)	3.952 8*** (9.84)	0.781 7*** (2.72)	1.224 5*** (8.69)	1.313 2*** (3.17)	1.873 0*** (9.63)	0.252 8* (1.73)	0.579 3*** (8.00)	0.326 3*** (3.05)	0.431 5*** (7.41)	0.557 8*** (3.11)	0.625 5*** (9.02)
Lev	-5.034 7 (-1.61)	1.250 1 (0.48)	-2.729 9** (-2.29)	0.492 2 (0.52)	-1.349 1 (-0.84)	0.925 4 (0.75)	-0.475 5 (-0.90)	-0.390 0 (-0.81)	-1.174 2*** (-2.65)	0.078 8 (0.24)	-1.013 5 (-1.28)	-0.076 7 (-0.17)
Growth	1.180 7 (0.86)	-1.847 2** (-2.03)	0.313 3 (0.64)	-0.460 6 (-1.43)	0.452 3 (0.63)	-1.193 8*** (-2.63)	0.118 2 (0.53)	-0.225 1 (-1.35)	0.401 6** (2.47)	-0.148 3 (-1.14)	0.345 1 (1.06)	-0.301 9* (-1.69)
Roe	7.915 6 (1.07)	1.017 0 (0.22)	1.103 4 (0.38)	-1.015 2 (-0.64)	5.774 2 (1.59)	1.632 1 (0.71)	1.048 0 (0.81)	0.311 2 (0.39)	0.623 2 (0.79)	-0.092 4 (-0.13)	0.864 9 (0.57)	0.393 1 (0.49)
Cfo	-17.052** (-2.02)	6.415 1 (1.20)	-5.276 5* (-1.72)	1.418 4 (0.70)	-9.514 4** (-2.25)	2.992 6 (1.17)	-2.405 2 (-1.63)	1.193 8 (1.23)	-1.099 9 (-0.98)	1.895 8*** (2.69)	-3.802 9** (-2.04)	0.477 7 (0.50)
Mshare	-6.309 4* (-1.91)	-4.056 8 (-0.12)	-2.735 4** (-2.18)	3.944 0 (0.23)	-2.425 0 (-1.42)	-11.117 (-0.63)	-1.457 9** (-2.50)	-4.496 7 (-0.67)	0.123 5 (0.31)	-4.171 5 (-0.60)	-0.305 4 (-0.33)	2.892 8 (0.24)
LnComp	-0.958 7* (-1.83)	-0.312 3 (-0.41)	-0.320 2** (-2.06)	0.016 0 (0.07)	-0.512 3 (-2.08)	-0.198 3 (-0.50)	0.000 2 (0.01)	0.020 8 (0.20)	-0.080 5 (-0.88)	-0.171 9 (-1.35)	-0.133 5 (-1.46)	0.019 8 (0.19)
Shr2-5	0.015 6 (0.32)	0.067 7** (2.20)	0.002 0 (0.10)	0.026 6** (2.36)	0.005 9 (0.26)	0.025 1* (1.73)	-0.004 6 (-0.55)	0.012 2** (2.21)	0.005 4 (1.01)	0.006 7* (1.84)	0.013 6 (1.21)	0.007 9 (1.48)
Dual	1.712 7 (1.27)	-0.032 8 (-0.03)	1.048 3* (1.95)	-0.101 4 (-0.21)	0.491 8 (0.76)	0.251 2 (0.40)	-0.065 1 (-0.29)	-0.174 6 (-0.76)	0.074 1 (0.43)	0.022 4 (0.14)	0.528 8 (1.55)	0.080 0 (0.34)
Board	0.467 0 (1.16)	0.196 3 (0.90)	0.179 9 (1.13)	0.043 0 (0.56)	0.243 8 (1.32)	0.080 2 (0.78)	0.042 3 (0.59)	0.020 0 (0.48)	-0.031 6 (-0.74)	0.047 1 (1.63)	0.158 8** (1.99)	0.017 6 (0.54)

表6-13（续）

$Indep$	14.424	8.293 4	6.382 0	2.485 7	4.657 1	4.025 9	1.475 7	1.135 1	2.473 8**	0.822 3	2.721 9	0.962 6
	(1.45)	(1.38)	(1.76)	(1.17)	(0.95)	(1.38)	(0.84)	(1.06)	(2.04)	(1.02)	(1.20)	(0.90)
Age	0.259 6	-1.370 2**	-0.057 6	-0.553 4**	0.098 7	-0.700 1**	-0.040 6	-0.169 6	0.371 5***	-0.081 3	0.745 3**	0.531 0***
	(0.28)	(-2.06)	(-0.16)	(-2.24)	(0.21)	(-2.22)	(-0.27)	(-1.50)	(2.79)	(-1.01)	(2.44)	(3.52)
$List$	1.131 8	2.332 9***	0.164 9	1.081 4***	0.758 9	1.266 2***	0.028 8	0.153 4	0.059 9	-0.018 3	0.202 0	-0.282 9**
	(0.93)	(3.03)	(0.38)	(3.83)	(1.22)	(3.30)	(0.15)	(1.19)	(0.36)	(-0.16)	(0.83)	(-2.45)
$Market$	-2.259 4***	-1.642 1***	-0.679 8***	-0.644 5***	-1.191 4***	-0.729 4***	-0.297 8***	-0.292 4***	-0.168 5***	-0.078 3	-0.526 5***	-0.299 0***
	(-4.69)	(-3.15)	(-3.78)	(-3.35)	(-5.26)	(-2.99)	(-3.28)	(-3.32)	(-2.74)	(-1.19)	(-4.22)	(-3.28)
$Legal$	0.630 1***	0.449 3*	0.164 2**	0.191 9**	0.398 6***	0.220 2**	0.057 0	0.083 9**	0.030 6	0.003 6	0.147 1***	0.089 0**
	(3.09)	(1.90)	(2.08)	(2.18)	(4.08)	(1.96)	(1.62)	(2.23)	(1.14)	(0.12)	(2.83)	(2.04)
$Trust$	0.037 7***	0.022 3**	0.013 1**	0.006 2	0.013 1*	0.008 5*	0.010 1***	0.003 9**	0.005 6***	0.002 7*	0.003 7	0.001 8
	(2.67)	(2.12)	(2.41)	(1.56)	(1.94)	(1.67)	(4.04)	(2.27)	(3.24)	(1.97)	(1.28)	(0.90)
$Media1$	0.553 2	-0.203 5	0.277 8*	-0.018 4	0.138 3	-0.067 5	0.074 7	-0.010 0	0.019 7	-0.074 9*	0.044 4	0.027 5
	(1.23)	(-0.65)	(1.74)	(-0.16)	(0.57)	(-0.45)	(1.00)	(-0.17)	(0.33)	(-1.79)	(0.39)	(0.49)
$Year$	控制	控制	控制	控制	控制	控制	控制	控制	控制	控制	控制	控制
截距	1.685	-59.575***	4.527	-19.253***	-5.505	-27.425***	1.491 0	-7.683***	-3.825	-4.474**		
	(0.09)	(-5.15)	(0.71)	(-4.85)	(-0.61)	(-4.61)	(0.49)	(-4.06)	(-1.46)	(-2.38)		
N	299	1 040	299	1 040	299	1 039	298	1 039	257	838	296	1 029
$Pseu$-Rsq	0.061 5	0.060 5	0.101 3	0.095 0	0.076 2	0.067 3	0.089 8	0.087 6	0.166 0	0.137 6	0.122 2	0.102 1
F/$Wald$值	38.97***	28.25***	96.73***	31.23***	28.85***	35.67***	4.91***	17.57***	2.11*	72.42***	132.34***	451.11***

股权集中度较高情况下不同最终控制人属性组别中的 ICQ 系数的比较检验

Chi2值=30.01 (p=0.000 0)		Chi2值=14.11 (p=0.000 0)		Chi2值=32.51 (p=0.000 0)		Chi2值=27.65 (p=0.000 0)		Chi2值=32.21 (p=0.000 0)		Chi2值=46.80 (p=0.000 0)	

附注：括号内给出的 t/z 值都经过 White 异方差调整，***、**、* 分别表示在 1%、5%、10%水平下显著。

按层级将企业最终控制人分为地方国有控股企业和中央国有控股企业两类后，检验发现，在股权集中度较低的组别中，无论是地方国有控股企业组，还是中央国有控股企业组，以企业社会责任的各个衡量指标为被解释变量时，公司内部控制质量 ICQ 的系数都不显著（限于篇幅限制没有报告）。这表明对于地方国有控股企业和中央国有控股企业而言，较低的股权集中度没有促进内部控制对企业履行社会责任的正向作用的发挥。而在股权集中度较高组中，表 6-14 报告了地方国有控股企业和中央国有控股企业的内部控制对企业履行社会责任的影响的回归结果。我们可以发现，在地方国有控股企业组中，无论是以企业社会责任总体评价 $CSR\text{-}Scor$ 为被解释变量，还是以整体性指数评价 $CSR\text{-}M$、内容性指数评价 $CSR\text{-}C$、技术性指数评价 $CSR\text{-}T$、行业性指数评价 $CSR\text{-}I$ 等分指标为被解释变量，以及采用社会责任等级分数评价 $CSR\text{-}Cred$ 为被解释变量，内部控制质量 ICQ 的系数都不显著；但在中央国有控股企业组中，除了以社会责任行业性指数评价 $CSR\text{-}I$ 等分指标为被解释变量之外，当采用其他企业社会责任衡量指标为被解释变量时，公司内部控制质量 ICQ 的系数都显著为正。这说明对于股权集中度更高的地方国有控股企业而言，内部控制质量的提高对企业履行社会责任的正向影响不明显，而在股权集中度更高的中央国有控股企业内部控制质量的提高对企业履行社会责任的正向影响更明显。

我们进一步比较了地方国有控股企业和中央国有控股企业两组样本，分析内部控制对企业履行社会责任的影响的作用效果是否存在显著差异。比较发现，在其他各个衡量企业社会责任的被解释变量中，都显示，在中央国有控股企业组中，内部控制质量 ICQ 的系数比地方国有控股企业组中的系数更大。这说明与地方国有控股企业相比，股权集中度更高的中央国有控股企业内部控制质量的提高对企业履行社会责任的正向影响程度更大。

6.4.5.3 董事会效率和内部控制联合对企业社会责任履行影响的回归结果分析：基于最终控制人特征视角

这一节主要检验在企业最终控制人特征不同的情况下，董事会效率和内部控制的联合作用对企业履行社会责任的情况是否存在显著影响。

表 6-14　股权集中度、内部控制质量、最终控制人层级与企业社会责任

变量	CSR-Scor Tobit 模型 股权集中度中度高组 地方国有控股企业组	CSR-Scor 中央国有控股企业组	CSR-M Tobit 模型 股权集中度中度高组 地方国有控股企业组	CSR-M 中央国有控股企业组	CSR-C Tobit 模型 股权集中度中度高组 地方国有控股企业组	CSR-C 中央国有控股企业组	CSR-T Tobit 模型 股权集中度中度高组 地方国有控股企业组	CSR-T 中央国有控股企业组	CSR-I Tobit 模型 股权集中度中度高组 地方国有控股企业组	CSR-I 中央国有控股企业组	CSR-Cred Ologit 模型 股权集中度中度高组 地方国有控股企业组	CSR-Cred 中央国有控股企业组
ICQ	0.000 9 (0.22)	0.007 9** (2.30)	-0.000 5 (-0.36)	0.003 6*** (2.99)	0.001 5 (0.80)	0.002 8* (1.67)	-0.000 2 (-0.24)	0.001 0* (1.65)	0.000 3 (0.77)	0.000 6 (0.99)	0.000 1 (0.23)	0.001 3* (1.74)
Size	3.270 3*** (5.70)	4.012 6*** (7.02)	0.973 5*** (4.81)	1.222 9*** (5.97)	1.541 3*** (5.63)	1.889 2*** (6.79)	0.479 2*** (4.65)	0.640 8*** (5.91)	0.384 4*** (5.07)	0.455 8*** (4.74)	0.620 0*** (5.38)	0.717 5*** (5.26)
Lev	3.300 1 (1.08)	-9.492 9** (-2.34)	0.980 0 (0.90)	-2.781 4* (-1.77)	1.984 6 (1.30)	-4.346 6** (-2.35)	0.207 8 (0.37)	-2.453 8*** (-3.05)	0.389 2 (0.99)	-1.280 4** (-2.23)	0.151 6 (0.23)	-2.327 1*** (-2.68)
Growth	-2.468 9** (-2.39)	-1.345 1 (-0.79)	-0.597 7 (-1.54)	-0.534 8 (-0.98)	-1.473 0** (-2.83)	-0.915 8 (-1.12)	-0.372 8** (-2.05)	-0.025 0 (-0.07)	-0.338 6** (-2.55)	0.224 9 (0.88)	-0.472 2** (-2.20)	-0.384 4 (-1.05)
Roe	0.260 4 (0.05)	7.902 5 (1.03)	-0.337 0 (-0.19)	0.051 8 (0.02)	0.384 8 (0.14)	5.514 6 (1.53)	0.256 0 (0.28)	1.896 4 (1.27)	0.164 5 (0.22)	0.183 3 (0.15)	-0.553 7 (-0.54)	2.843 3 (1.59)
Cfo	10.368* (1.73)	12.797 (1.41)	2.209 4 (1.01)	5.089 7 (1.48)	6.666 2** (2.17)	3.322 5 (0.80)	1.927 5* (1.71)	0.642 3 (0.38)	1.733 6* (1.92)	3.052 3** (2.31)	1.708 1 (1.30)	1.186 8 (0.64)
Mshare	775.51** (2.44)	-86.908** (-2.24)	317.79** (2.50)	-25.955 (-1.36)	333.52** (2.35)	-52.729*** (-3.02)	100.71* (1.77)	-18.449** (-2.33)	19.125 (0.72)	-7.558 8 (-1.07)	143.69*** (2.84)	-10.937 (-1.34)
LnComp	-1.533 6*** (-4.86)	5.042 0*** (4.31)	-0.406 6*** (-3.93)	1.881 2*** (4.43)	-0.811 0*** (-3.77)	2.438 1*** (4.28)	-0.121 3** (-2.08)	0.715 2*** (3.36)	-0.341 1*** (-6.06)	0.421 5** (2.32)	-0.256 5*** (-4.88)	1.132 9*** (4.11)
Shr2-5	0.203 8*** (4.70)	0.055 1 (1.35)	0.086 3*** (5.22)	0.016 7 (1.11)	0.080 2*** (4.00)	0.021 0 (1.06)	0.028 1*** (3.56)	0.010 4 (1.27)	0.012 4** (2.30)	0.007 1 (1.34)	0.035 1*** (3.91)	0.012 3 (1.16)
Dual	1.132 4 (0.61)	-1.208 6 (-0.79)	0.006 4 (0.01)	-0.440 1 (-0.85)	1.201 0 (1.37)	-0.410 1 (-0.50)	-0.009 9 (-0.03)	-0.381 1 (-1.08)	0.177 2 (0.71)	-0.137 4 (-0.55)	0.129 7 (0.37)	0.030 6 (0.08)
Board	0.690 5** (2.47)	-0.329 8 (-1.21)	0.251 2*** (2.60)	-0.170 5* (-1.70)	0.272 2** (2.05)	-0.120 6 (-0.94)	0.093 8* (1.79)	-0.066 5 (-1.17)	0.080 3** (2.26)	-0.019 6 (-0.44)	0.092 0* (1.84)	-0.068 0 (-1.24)

表6-14（续）

	(1)	(2)	(3)	(4)	(5)	(6)	(7)	(8)	(9)	(10)	(11)	(12)
Indep	-7.038 3 (-0.97)	12.447 (1.31)	-3.643 2 (-1.51)	3.436 8 (0.99)	-2.394 7 (-0.63)	5.948 4 (1.32)	-0.616 2 (-0.50)	0.536 2 (0.30)	0.223 3 (0.24)	0.228 7 (0.16)	-0.943 8 (-0.61)	2.538 0 (1.21)
Age	-0.320 9 (-0.34)	0.069 8 (0.08)	0.082 0 (0.24)	-0.251 5 (-0.81)	-0.492 0 (-1.07)	0.082 2 (0.20)	0.107 8 (0.66)	-0.091 5 (-0.57)	-0.113 0 (-1.02)	0.083 7 (0.68)	0.430 9 * (1.87)	0.314 7 (1.19)
List	2.037 4 * (1.89)	0.918 6 (0.81)	1.088 0 *** (2.84)	0.557 3 (1.33)	1.037 9 * (1.92)	0.445 0 (0.80)	-0.012 5 (-0.07)	0.156 9 (0.76)	0.098 1 (0.63)	-0.330 2 * (-1.86)	-0.139 5 (-0.76)	-0.042 3 (-0.21)
Market	-2.114 9 *** (-3.59)	-0.862 9 (-0.92)	-0.812 5 *** (-3.75)	-0.369 7 (-1.09)	-0.970 4 *** (-3.45)	-0.356 9 (-0.80)	-0.371 4 *** (-3.74)	-0.138 8 (-0.79)	-0.053 2 (-0.67)	-0.160 3 (-1.22)	-0.361 0 *** (2.92)	-0.312 2 (-1.41)
Legal	0.655 3 *** (2.61)	-0.445 0 (-0.87)	0.276 2 *** (2.98)	-0.126 1 (-0.66)	0.299 2 ** (2.44)	-0.164 5 (-0.70)	0.120 0 *** (2.96)	-0.099 6 (-1.07)	0.007 6 (0.22)	-0.012 9 (-0.17)	0.123 8 ** (2.23)	-0.072 6 (-0.60)
Trust	0.016 9 (1.24)	0.051 8 ** (2.37)	0.001 8 (0.37)	0.018 4 ** (2.20)	0.009 9 (1.45)	0.016 6 * (1.65)	0.003 0 (1.26)	0.011 6 *** (2.87)	0.000 7 (0.41)	0.004 5 (1.28)	0.001 0 (0.32)	0.009 9 * (1.86)
Media1	-0.462 5 (-1.11)	-0.502 9 (-1.06)	-0.075 6 (-0.50)	-0.149 1 (-0.90)	-0.260 9 (-1.30)	-0.149 7 (-0.64)	-0.048 0 (-0.60)	-0.027 9 (-0.30)	-0.041 9 (-0.78)	-0.142 8 * (-1.88)	-0.088 4 (-1.06)	0.043 8 (0.40)
Year	控制	控制	控制	控制	控制	控制	控制	控制	控制	控制	控制	控制
截距	-27.245 ** (-2.13)	-127.08 *** (-8.38)	-8.054 * (-1.81)	-41.105 *** (-7.61)	-11.192 * (-1.70)	-63.130 *** (-8.50)	-3.932 9 * (-1.70)	-17.523 *** (-6.46)	-1.420 3 (-0.73)	-11.692 *** (-4.60)		
N	583	457	583	457	582	457	582	457	467	371	576	453
Pseu-Rsq	0.059 6	0.101 9	0.103 0	0.145 1	0.066 4	0.113 8	0.083 9	0.135 8	0.141 6	0.178 7	0.106 4	0.176 7
F/Wald值	13.15 ***	38.27 ***	19.40 ***	26.23 ***	9.77 ***	51.55 ***	13.66 ***	10.27 ***	46.72 ***	14.13 ***	288.64 ***	233.27 ***
	Chi2值=28.67 (p=0.000 0)		Chi2值=21.66 (p=0.000 0)		Chi2值=31.49 (p=0.000 0)		Chi2值=19.77 (p=0.000 0)		Chi2值=11.38 (p=0.000 0)		Chi2值=59.47 (p=0.000 0)	

股权集中度较高情况下不同最终控制人层级组别中的ICQ系数的比较检验

附注：括号内给出的 t/z 值都经过 White 异方差调整，***、**、* 分别表示在1%、5%、10%水平下显著。

具体而言，首先检验在企业最终控制人特征不同的情况下，董事会规模和内部控制的联合作用对企业社会责任的履行是否存在显著影响。检验发现，在董事会规模较大的组别中，无论是非国有控股企业组，还是国有控股企业组，以企业社会责任的各个衡量指标为被解释变量时，公司内部控制质量 ICQ 的系数都不显著（限于篇幅限制没有报告）。这表明对于国有控股企业和非国有控股企业组而言，较大的董事会规模没有促进内部控制对企业履行社会责任的正向作用的发挥；在董事会规模较小组中，表 6-15 报告了相应的回归结果。我们可以发现，在非国有控股企业组中，无论是以企业社会责任总体评价 $CSR\text{-}Scor$ 为被解释变量，还是以整体性指数评价 $CSR\text{-}M$、内容性指数评价 $CSR\text{-}C$、技术性指数评价 $CSR\text{-}T$、行业性指数评价 $CSR\text{-}I$ 等分指标为被解释变量，以及采用社会责任等级分数评价 $CSR\text{-}Cred$ 为被解释变量，内部控制质量 ICQ 的系数都不显著；在国有控股企业组中，除了以技术性指数评价 $CSR\text{-}T$ 和行业性指数评价 $CSR\text{-}I$ 等分指标为被解释变量之外，当采用以社会责任总体评价 $CSR\text{-}Scor$、整体性指数评价 $CSR\text{-}M$、内容性指数评价 $CSR\text{-}C$ 以及采用社会责任等级分数评价 $CSR\text{-}Cred$ 为被解释变量时，内部控制质量 ICQ 的系数都显著为正。这说明在董事会规模更小的非国有控股企业中，内部控制质量的提升对企业社会责任的正向作用更不明显，而在董事会规模更小的国有控股企业中，内部控制质量的提升对企业社会责任的正向作用更明显。

我们比较了国有控股企业和非国有控股企业两组样本，分析内部控制对企业履行社会责任的影响的作用效果是否存在显著差异。比较发现，在其他各个衡量企业社会责任的被解释变量中，都显示在国有控股企业组中，内部控制质量 ICQ 的系数比非国有控股企业组中的系数更大。这说明与非国有控股企业相比，董事会规模更小的国有控股企业内部控制质量的提高对企业履行社会责任的正向影响程度更大。

对企业最终控制人按层级分为地方国有控股企业和中央国有控股企业两类后，检验发现，在董事会较大的组别中，无论是地方国有控股企业组，还是中央国有控股企业组，以企业社会责任的各个衡量指标为被解释变量时，公司内部控制质量 ICQ 的系数都不显著（限于篇幅限制没有报告）。这表明对于地方国有控股企业和中央国有控股企业而言，较大的董事会规模没有促进内部控制对企业履行社会责任的正向作用的发挥。而在董事会规模较小组中，表 6-16 报告了相应的回归结果，我们可以发现，在地方国有控股企业组中，无论是社会责任总体评价 $CSR\text{-}Scor$ 为被

表6-15　董事会规模、内部控制质量、最终控制人属性与企业社会责任

变量	CSR-Scor 模型 Tobit 董事会规模小组 非国有控股企业组	国有控股企业组	CSR-M 模型 Tobit 董事会规模小组 非国有控股企业组	国有控股企业组	CSR-C 模型 Tobit 董事会规模小组 非国有控股企业组	国有控股企业组	CSR-T 模型 Tobit 董事会规模小组 非国有控股企业组	国有控股企业组	CSR-I 模型 Tobit 董事会规模小组 非国有控股企业组	国有控股企业组	CSR-Cred 模型 Ologit 董事会规模小组 非国有控股企业组	国有控股企业组
ICQ	0.002 4 (0.79)	0.010 9*** (3.04)	0.000 7 (0.62)	0.004 6*** (4.01)	0.001 8 (1.11)	0.004 9*** (2.66)	0.000 2 (0.31)	0.001 3* (1.68)	-0.000 6 (-1.36)	0.000 4 (0.88)	0.000 2 (0.27)	0.001 6** (2.05)
Size	1.136 5 (1.17)	4.020 7*** (6.35)	0.357 9 (1.10)	1.096 7*** (4.53)	0.610 0 (1.26)	2.075 5*** (6.69)	0.085 3 (0.47)	0.597 3*** (4.99)	0.207 8 (1.54)	0.401 8*** (5.39)	0.143 0 (0.68)	0.887 2*** (6.21)
Lev	-4.045 1 (-1.08)	-4.332 3 (-1.39)	-2.258 5* (-1.66)	-1.301 3 (-1.07)	-1.589 1 (-0.89)	-2.005 8 (-1.24)	-0.787 2 (-1.17)	-1.529 7*** (-2.75)	-0.250 2 (-0.48)	0.000 5 (0.01)	-0.415 0 (-0.45)	-0.816 4 (-1.04)
Shr1	0.112 4* (1.68)	-0.098 3 (-1.56)	0.035 9 (1.53)	-0.029 1 (-1.16)	0.041 3 (1.24)	-0.041 8 (-1.45)	0.012 8 (1.12)	-0.001 0 (-0.09)	0.014 0 (1.32)	-0.024 7*** (-3.64)	0.015 3 (0.85)	-0.021 4* (-1.70)
Growth	0.952 4 (0.58)	-4.054 2*** (-2.94)	0.166 6 (0.27)	-1.180 6** (-2.36)	0.553 0 (0.75)	-2.484 7*** (-3.34)	-0.039 7 (-0.14)	-0.622 8** (-2.31)	0.365 6* (1.66)	-0.075 4 (-0.30)	0.054 9 (0.13)	-0.301 9* (-1.69)
Roe	6.936 5 (0.77)	5.830 1 (0.89)	0.466 2 (0.14)	1.084 0 (0.44)	7.222 7* (1.67)	3.747 3 (1.11)	0.006 7 (0.01)	0.046 5 (0.05)	-1.260 7 (-1.08)	0.868 0 (0.83)	3.946 1** (2.06)	-0.620 3* (-1.67)
Cfo	-8.633 8 (-0.98)	-12.863** (-2.00)	-4.518 8 (-1.49)	-5.092 2** (-2.12)	-5.366 6 (-1.23)	-4.282 5 (-1.17)	-1.348 4 (-0.84)	-1.703 0 (-1.50)	0.809 9 (0.66)	-1.071 8 (-0.99)	-1.276 8 (-0.66)	1.262 1 (0.76)
Mshare	-2.833 1 (-0.60)	-35.382** (-2.07)	-1.349 6 (-0.80)	-8.904 5 (-1.42)	-1.530 6 (-0.66)	-22.144*** (-2.59)	-0.120 5 (-0.15)	-2.380 1 (-0.89)	0.516 1 (0.80)	-4.420 4** (-2.19)	-0.799 9 (-0.70)	-3.463 1* (-1.94)
LnComp	-0.248 3 (-0.48)	0.990 0 (0.99)	-0.104 2 (-0.55)	0.430 5 (1.13)	-0.183 3 (-0.75)	0.285 2 (0.57)	0.070 4 (0.82)	0.336 0** (2.24)	0.014 4 (0.37)	-0.204 1 (-1.57)	0.055 9 (0.44)	-5.570 4 (-1.16)
Shr2-5	-0.066 1 (-0.80)	0.087 2 (1.46)	-0.017 6 (-0.61)	0.028 9 (1.21)	-0.016 4 (-0.40)	0.035 7 (1.39)	-0.002 6 (-0.18)	0.003 2 (0.32)	-0.016 5 (-1.29)	0.016 2*** (2.86)	-0.000 6 (-0.03)	0.006 4 (0.03)
Dual	-0.458 2 (-0.33)	-2.010 5 (-1.35)	-0.227 0 (-0.44)	-0.954 4 (-1.64)	-0.080 2 (-0.12)	-0.485 1 (-0.60)	-0.243 9 (-1.05)	-0.489 0** (-2.06)	0.033 3 (0.17)	-0.042 2** (-2.22)	0.288 1 (0.88)	0.010 5 (0.98)

表6-15（续）

	(1)	(2)	(3)	(4)	(5)	(6)	(7)	(8)	(9)	(10)	(11)	(12)
Indep	7.131 1 (0.48)	-4.761 0 (-0.53)	6.084 5 (1.21)	-2.915 6 (-0.85)	-1.170 1 (-0.17)	-0.564 7 (-0.13)	0.211 0 (0.09)	0.662 9 (0.40)	0.524 7 (0.25)	-1.010 7 (-0.86)	0.966 0 (0.32)	-0.518 4 (-1.49)
Age	-1.833 7 (-1.57)	-2.420 0** (-2.08)	-0.273 5 (-0.65)	-0.946 5** (-2.15)	-1.266 1** (-2.07)	-1.278 6** (-2.23)	-0.114 2 (-0.61)	-0.212 3 (-1.10)	0.069 0 (0.37)	-0.117 5 (-0.88)	-0.298 1 (-0.78)	-2.638 2 (-1.37)
List	-0.886 7 (-0.51)	6.429 6*** (5.55)	-0.106 0 (-0.19)	2.176 7*** (4.97)	-0.724 1 (-0.84)	3.643 1*** (5.89)	-0.439 0 (-1.19)	0.439 3** (2.52)	0.184 2 (0.82)	0.639 7*** (3.41)	-0.361 6 (-1.10)	1.609 3** (5.36)
Market	-0.314 8 (-0.45)	-1.630 3** (-2.01)	0.040 5 (0.17)	-0.601 5** (-2.09)	-0.351 1 (-1.03)	-0.764 5* (-1.83)	0.054 4 (0.43)	-0.271 8* (-1.94)	0.050 1 (0.50)	-0.052 3 (-0.63)	0.006 4 (0.04)	-0.710 9*** (-2.74)
Legal	0.007 6 (0.02)	0.616 0** (1.96)	-0.057 0 (-0.57)	0.208 5* (1.80)	0.099 9 (0.68)	0.304 9* (1.90)	-0.055 9 (-1.05)	0.122 1** (2.42)	-0.023 1 (-0.47)	0.034 5 (0.89)	-0.004 8 (-0.07)	-0.371 8** (-2.05)
Trust	0.040 8** (2.25)	0.023 8* (1.74)	0.015 5*** (2.47)	0.008 1 (1.59)	0.016 0* (1.85)	0.011 4* (1.65)	0.009 4*** (2.65)	0.001 1 (0.48)	0.005 7 (2.74)	0.001 2 (0.70)	0.004 6 (1.33)	0.159 9** (2.00)
Media1	1.097 8* (1.81)	-1.720 5*** (-3.37)	0.346 3* (1.70)	-0.477 4** (-2.37)	0.586 7* (1.95)	-0.914 1*** (-3.60)	0.056 3 (0.52)	-0.174 3* (-1.81)	0.141 7 (1.60)	-0.077 0 (-1.24)	0.226 4* (1.68)	0.002 8 (0.80)
Year	控制	控制	控制	控制	控制	控制	控制	控制	控制	控制	控制	控制
截距	-1.219 2 (-0.05)	-64.521*** (-3.59)	-1.005 9 (-0.13)	-16.567** (-2.42)	-0.651 6 (-0.05)	-33.098*** (-3.84)	-0.264 6 (-0.06)	-10.968*** (-3.27)	-2.681 9 (-0.88)	-1.189 1 (-0.56)		
N	259	259	259	313	299	313	258	313	204	247	257	310
Pseu-R²	0.065 0	0.095 5	0.128 7	0.133 9	0.084 8	0.103 6	0.066 4	0.140 7	0.178 4	0.214 1	0.158 1	0.169 2
F/Wald值	197.23***	4.25***	91.15***	2.01**	110.46***	3.46***	25.52***	3.51***	68.42**	2.01*	151.81***	215.17***
董事会规模较小情况下不同最终控制人属性组别中的 ICQ 系数的比较检验	Chi2值=11.82 (p=0.000 0)		Chi2值=8.96 (p=0.000 1)		Chi2值=13.45 (p=0.000 0)		Chi2值=9.04 (p=0.000 0)		Chi2值=6.34 (p=0.001 9)		Chi2值=19.50 (p=0.000 1)	

附注：括号内给出的 t/z 值都经过 White 异方差调整，***、**、* 分别表示在 1%、5%、10% 水平下显著。

表6-16 董事会规模、内部控制质量、最终控制人层级与企业社会责任

变量	CSR-Scor		CSR-M		CSR-C		CSR-T		CSR-I		CSR-Cred	
	Tobit 模型		Tobit 模型		Tobit 模型		Tobit 模型		Tobit 模型		Ologit 模型	
	董事会规模低组		董事会规模低组		董事会规模低组		董事会规模低组		董事会规模低组		董事会规模低组	
	地方国有控股企业组	中央国有控股企业组	地方国有控股企业组	中央国有控股企业组	地方国有控股企业组	中央国有控股企业组	地方国有控股企业组	中央国有控股企业组	地方国有控股企业组	中央国有控股企业组	地方国有控股企业组	中央国有控股企业组
ICQ	0.011 8*** (2.96)	0.010 2* (1.78)	0.003 7*** (2.68)	0.004 8** (2.25)	0.006 6*** (3.49)	0.004 4* (1.70)	0.001 8*** (2.83)	0.000 7 (0.70)	0.000 1 (0.17)	0.000 4 (0.54)	0.002 6** (2.38)	0.001 3 (0.84)
$Size$	2.711 7*** (3.54)	3.762 3*** (3.52)	0.631 4* (2.25)	0.708 1 (1.57)	1.491 2*** (3.76)	2.313 7*** (4.13)	0.300 1*** (3.46)	0.424 8*** (2.71)	0.360 8* (2.50)	0.488 1*** (3.44)	0.727 4*** (2.88)	1.216 4*** (3.05)
Lev	-0.709 8 (-0.22)	5.035 0 (0.56)	-0.622 7 (-0.51)	4.414 7 (1.19)	-0.167 4 (-0.09)	-1.217 9 (-0.29)	0.463 3 (0.96)	-0.524 0 (-0.38)	-0.462 2 (-0.87)	0.533 0 (0.51)	-0.155 7 (-0.15)	-1.291 8 (-0.39)
$Shr1$	-0.160 1* (-1.70)	-0.069 2 (-0.62)	-0.066 7** (-2.11)	0.005 7 (0.12)	-0.045 8 (-0.93)	-0.046 0 (-0.89)	-0.016 7 (-1.17)	0.007 4 (0.40)	-0.026 0** (-2.13)	-0.030 3** (-2.36)	-0.022 8 (-0.72)	-0.012 6 (-0.37)
$Growth$	-3.316 2*** (-2.60)	-5.673 8* (-1.68)	-0.648 6 (-1.52)	-2.732 7** (-2.04)	-2.381 5*** (-3.33)	-2.070 0 (-1.16)	-0.500 0* (-1.85)	-1.448 8** (-2.30)	-0.055 5 (-0.20)	-0.387 4 (-0.71)	-0.543 8 (-1.51)	-1.151 2 (-0.93)
Roe	-1.468 8 (-0.19)	17.758 (1.31)	-2.359 8 (-0.85)	7.130 0 (1.28)	0.589 8 (0.14)	11.743* (1.68)	-0.920 6 (-0.82)	1.982 2 (0.82)	0.076 8 (0.06)	2.686 3 (1.03)	0.359 9 (0.16)	9.307 4** (2.21)
Cfo	-5.982 6 (-0.87)	18.225 (0.87)	-2.233 3 (-0.94)	6.589 5 (0.81)	-0.981 2 (-0.24)	3.368 7 (0.33)	-0.988 3 (-0.83)	3.906 9 (1.17)	0.081 4 (0.07)	4.047 4 (1.60)	-2.389 6 (-1.12)	-2.885 9 (-0.41)
$Mshare$	-28.754 (-1.30)	-61.854 (-1.43)	-6.398 7 (-0.85)	-14.425 (-0.82)	-24.879** (-2.21)	-37.291* (-1.75)	-0.083 0 (-0.03)	-13.565* (-1.80)	-2.274 5 (-0.95)	-1.382 4 (-0.26)	-4.815 0 (-0.66)	-14.415 (-1.00)
$LnComp$	0.748 3 (0.75)	-0.509 7 (-0.26)	0.405 3 (1.14)	0.046 7 (0.06)	0.030 0 (0.05)	-0.686 0 (-0.68)	0.326 0* (1.94)	0.395 6 (1.32)	-0.181 6 (-1.23)	-0.503 1* (-1.80)	-0.176 8 (-0.63)	-0.327 0 (-0.67)
$Shr2-5$	0.148 4 (1.32)	0.114 3 (1.52)	0.063 9* (1.65)	0.035 3 (1.13)	0.036 2 (0.65)	0.065 4** (2.12)	0.023 6 (1.39)	-0.003 0 (-0.20)	0.024 7* (1.93)	0.004 9 (0.53)	0.002 9 (0.07)	0.035 1* (1.66)
$Dual$	0.429 2 (0.23)	-4.305 1 (-1.14)	-0.033 0 (-0.05)	-1.720 7 (-1.26)	0.768 2 (0.79)	-1.320 7 (-0.72)	-0.156 6 (-0.61)	-0.861 6 (-1.25)	-0.155 6 (-0.72)	-0.640 1 (-1.46)	-0.079 3 (-0.14)	-1.217 9 (-0.84)

表6-16(续)

Indep	-30.044*** (-2.76)	26.643 (1.33)	-13.208*** (-3.40)	5.987 2 (0.78)	-11.614** (-2.08)	17.311* (1.81)	-3.803 6* (-1.73)	4.374 4 (1.20)	-3.152 8** (-2.51)	-2.442 5 (-0.99)	-4.601 5 (-1.45)	5.449 9 (0.99)
Age	-0.047 2 (-0.03)	-0.279 6 (-0.16)	0.192 5 (0.30)	-0.354 7 (-0.52)	-0.516 5 (-0.59)	-0.000 1 (-0.01)	0.217 9 (0.86)	-0.033 7 (-0.11)	0.023 2 (0.12)	0.238 3 (0.89)	1.327 1*** (3.26)	2.813 4*** (2.67)
List	4.902 3*** (3.41)	12.330*** (4.17)	1.618 5*** (3.18)	4.448 7*** (3.74)	3.257 5*** (3.90)	5.560 4*** (3.96)	0.231 5 (1.10)	1.817 2*** (3.49)	0.586 1** (2.23)	0.605 2* (1.96)	-0.769 7 (-1.30)	0.060 5 (0.12)
Market	-1.361 4 (-1.24)	0.832 1 (0.59)	-0.299 0 (-0.86)	-0.015 7 (-0.03)	-1.014 8* (-1.67)	1.015 1 (1.35)	-0.200 5 (-1.13)	-0.326 9 (-1.23)	0.085 5 (0.74)	0.146 1 (0.78)	-0.327 8 (-0.87)	0.069 3 (0.13)
Legal	0.547 8 (1.36)	-1.386 4 (-1.44)	0.129 0 (0.95)	-0.552 9 (-1.44)	0.357 2* (1.67)	-0.665 8 (-1.48)	0.110 2* (1.79)	-0.032 7 (-0.21)	0.019 4 (0.40)	-0.135 4 (-1.15)	0.138 0 (1.06)	-0.133 5 (-0.36)
Trust	0.014 2 (0.86)	0.142 3** (2.54)	0.004 2 (0.71)	0.060 2*** (2.82)	0.007 0 (0.84)	0.054 6** (2.12)	0.000 1 (0.02)	0.018 2* (1.95)	-0.000 4 (-0.20)	0.011 5* (1.82)	0.000 5 (0.10)	0.020 8 (1.07)
Media1	-1.881 2*** (-2.91)	-2.558 3** (-2.50)	-0.584 9** (-2.57)	-0.618 7 (-1.48)	-0.816 1** (-2.39)	-1.787 6*** (-3.53)	-0.269 5* (-1.93)	-0.031 9 (-0.18)	-0.087 4 (-1.19)	0.015 7 (0.13)	-0.274 2 (-1.36)	-0.819 0** (-2.29)
Year	控制	控制	控制	控制	控制	控制	控制	控制	控制	控制	控制	控制
截距	-28.786 (-1.21)	-49.932 (-1.45)	-4.861 (-0.58)	-4.740 (-0.34)	-12.944 (-1.08)	-37.013*** (-2.26)	-5.931 7 (-1.29)	-8.451 (-1.58)	-3.443 5 (-1.37)	0.734 8 (0.18)		
N	204	109	204	109	204	109	204	109	151	96	203	107
Pseu-Rsq	0.077 7	0.146 9	0.142 2	0.183 6	0.076 4	0.172 2	0.130 4	0.244 7	0.192 3	0.244 2	0.142 2	0.273 0
*F/Wald*值	104.78***	2.54**	129.83***	2.02*	55.92***	1.99*	16.37***	1.92*	7.77***	1.90*	2.88***	1.90*

董事会规模较小情况下不同最终控制人层级组别中的 *ICQ* 系数的比较检验

Chi2值=23.61 (p=0.000 0)	Chi2值=25.06 (p=0.000 0)	Chi2值=18.01 (p=0.000 0)	Chi2值=12.49 (p=0.000 0)	Chi2值=7.47 (p=0.000 0)	Chi2值=39.86 (p=0.000 0)

附注: 括号内给出的t/z值都经过White异方差调整,***、**、* 分别表示在1%、5%、10%水平下显著。

解释变量，还是以整体性指数评价 CSR-M、内容性指数评价 CSR-C、技术性指数评价 CSR-T、行业性指数评价 CSR-I 等分指标为被解释变量，以及采用社会责任等级分数评价 CSR-Cred 为被解释变量，内部控制质量 ICQ 的系数都不显著；但在中央国有控股企业组中，除了以行业性指数评价 CSR-I 等分指标为被解释变量之外，当采用以企业社会责任总体评价 CSR-Scor、整体性指数评价 CSR-M、内容性指数评价 CSR-C、技术性指数评价 CSR-T 以及社会责任等级分数评价 CSR-Cred 为被解释变量时，内部控制质量 ICQ 的系数都显著为正。这说明在董事会规模更小的地方国有控股企业中，内部控制质量的提升对企业社会责任的正向作用不明显，而在董事会规模更小的中央国有控股企业中，内部控制质量提升对企业履行社会责任的正向作用更明显。

进一步检验在企业最终控制人特征不同的情况下，独立董事比例和内部控制的联合作用对企业社会责任的履行是否存在显著影响。检验发现，在独立董事比例较低的组别中，无论是非国有控股企业组，还是国有控股企业组，以企业社会责任的各个衡量指标为被解释变量时，公司内部控制质量 ICQ 的系数都不显著（限于篇幅限制没有报告）。这表明对于国有控股企业和非国有控股企业组而言，较低的独立董事比例没有促进内部控制对企业履行社会责任的正向作用的发挥。而在独立董事比例较高组中，表 6-17 报告了相应的回归结果。我们可以发现，在非国有控股企业组中，无论是以企业社会责任总体评价 CSR-Scor 为被解释变量，还是以整体性指数评价 CSR-M、内容性指数评价 CSR-C、技术性指数评价 CSR-T、行业性指数评价 CSR-I 等分指标为被解释变量，以及采用社会责任等级分数评价 CSR-Cred 为被解释变量，内部控制质量 ICQ 的系数都不显著，但在国有控股企业组中，在各个衡量企业社会责任的被解释变量中，内部控制质量 ICQ 的系数都显著为正。这说明在独立董事比例更高的非国有控股企业中，内部控制质量的提升对企业履行社会责任的正向作用更不明显，而在独立董事比例更高的国有控股企业中，内部控制质量的提升对企业履行社会责任的正向作用更明显。

另外，我们进一步比较国有控股企业和非国有控股企业两组样本，分析内部控制对企业履行社会责任的影响的作用效果是否存在显著差异。比较发现，在其他各个衡量企业社会责任的被解释变量中，都显示在国有控股企业组中，内部控制质量 ICQ 的系数比非国有控股企业组中的系数更大。这说明与非国有控股企业相比，独

表6-17 独立董事比例、内部控制质量、最终控制人属性与企业社会责任

注：各模型均为"独立董事比例高组"。

变量	CSR-Scor Tobit模型 非国有控股企业组	CSR-Scor Tobit模型 国有控股企业组	CSR-M Tobit模型 非国有控股企业组	CSR-M Tobit模型 国有控股企业组	CSR-C Tobit模型 独立董事控股组	CSR-C Tobit模型 国有控股企业组	CSR-T Tobit模型 独立董事控股组	CSR-T Tobit模型 国有控股企业组	CSR-I Tobit模型 独立董事控股组	CSR-I Tobit模型 国有控股企业组	CSR-Cred Ologit模型 非国有控股企业组	CSR-Cred Ologit模型 国有控股企业组
ICQ	−0.000 3 (−0.11)	0.007 8*** (2.95)	−0.000 2 (−0.15)	0.002 9*** (3.33)	0.000 4 (0.25)	0.003 5*** (2.61)	−0.000 4 (−0.82)	0.001 3* (2.26)	−0.000 3 (−0.85)	0.000 7* (1.86)	−0.000 1 (−0.01)	0.001 4** (2.46)
Size	2.373 4*** (3.24)	3.370 2*** (8.57)	0.731 4*** (2.96)	1.010 8*** (7.17)	1.338 4*** (3.63)	1.625 2*** (8.51)	0.169 4 (1.35)	0.468 1*** (6.67)	0.361 6*** (3.43)	0.340 1*** (6.13)	0.391 1 (1.98)	0.587 0*** (7.75)
Lev	−4.126 7 (−1.29)	4.707 1* (1.94)	−1.731 1 (−1.46)	2.288 6*** (2.57)	−2.269 4 (−1.47)	1.487 2 (1.26)	−0.672 7 (−1.21)	0.451 6 (1.04)	−0.801 6 (−1.63)	0.825 8*** (2.75)	−0.605 2 (−0.71)	0.107 6 (0.23)
Shr1	−0.093 8* (−1.87)	−0.013 8 (−0.34)	−0.025 4 (−1.40)	−0.008 2 (−0.55)	−0.056 1** (−2.26)	0.002 0 (0.10)	−0.013 6* (−1.73)	−0.003 5 (−0.51)	−0.000 8 (−0.12)	−0.002 5 (−0.47)	−0.018 2 (−1.51)	−0.001 6 (−0.20)
Growth	0.072 1 (0.07)	−1.602 5* (−1.68)	0.283 9 (0.69)	−0.452 8 (−1.30)	−0.195 2 (−0.38)	−1.042 4** (−2.10)	−0.168 7 (−0.87)	−0.170 4 (−0.97)	0.196 8 (1.33)	−0.073 6 (−0.51)	−0.019 4 (−0.07)	−0.117 3 (−0.65)
Roe	−11.172* (−1.95)	1.393 4 (0.27)	−5.755 0*** (−2.69)	−0.834 6 (−0.46)	−1.754 2 (−0.62)	1.940 5 (0.77)	−1.882 3* (−1.94)	0.338 5 (0.39)	−2.592 2*** (−2.97)	0.059 5 (0.08)	−1.152 2 (−0.74)	278.4 (0.28)
Cfo	−6.161 5 (−0.90)	−1.106 0 (−0.20)	−3.386 1 (−1.41)	−1.422 1 (−0.71)	−2.683 2 (−0.81)	−0.405 1 (−0.15)	−0.839 7 (−0.68)	0.067 3 (0.07)	−1.324 2 (−1.26)	0.780 9 (1.03)	−0.382 0 (−0.23)	−1.379 6 (−1.30)
Mshare	−1.959 2 (−0.53)	−16.597 (−1.01)	−1.099 4 (−0.81)	−4.528 9 (−0.70)	−1.084 7 (−0.61)	−9.694 2 (−1.10)	0.090 9 (0.15)	−2.549 1 (−1.39)	0.611 0 (1.17)	−1.482 0 (−0.82)	−0.524 7 (−0.54)	−2.327 1 (−0.51)
LnComp	−0.181 9 (−0.28)	0.154 7 (0.24)	−0.094 6 (−0.44)	0.064 9 (0.36)	−0.153 9 (−0.46)	−0.009 4 (−0.03)	0.093 9 (0.90)	0.096 5 (1.01)	0.038 3 (0.82)	−0.027 5 (−0.19)	0.080 9 (0.22)	−0.022 9 (−0.12)
Shr2-5	0.135 6*** (2.43)	0.053 9 (1.36)	0.043 0** (2.13)	0.023 8 (1.61)	0.072 2*** (2.62)	0.014 1 (0.78)	0.021 9** (2.42)	0.005 5 (0.78)	0.005 7 (0.75)	0.007 8* (1.70)	0.023 2* (1.82)	0.004 7 (0.58)
Dual	0.726 9 (0.65)	−2.390 3** (−2.21)	0.300 5 (0.71)	−0.949 9** (−2.32)	0.369 3 (0.71)	−0.695 8 (−1.27)	−0.089 1 (−0.49)	−0.585 0*** (−3.41)	0.055 1 (0.35)	−0.274 7** (−2.06)	0.461 8* (1.65)	−0.477 8** (−2.14)

表6-17（续）

Board	1.152 6*** (5.23)	0.304 6*** (3.83)	0.483 5** (2.46)	0.137 6** (2.01)	0.654 4*** (6.13)	0.220 7** (2.25)	0.137 0*** (3.63)	0.047 7 (1.30)	0.050 0 (1.49)	-0.065 4** (-2.31)	0.313 5*** (5.21)	0.054 8 (1.57)
Age	-1.302 3 (-1.58)	-0.370 2 (-1.23)	-1.374 3* (-1.83)	-0.656 2** (-2.44)	-0.752 8* (-1.78)	-0.626 7* (-1.71)	-0.095 3 (-0.67)	-0.209 8 (-1.51)	0.105 1 (0.71)	-0.021 4 (-0.22)	0.552 0* (1.94)	0.818 9*** (5.15)
List	1.501 5 (1.23)	0.455 7 (1.07)	4.013 4*** (5.00)	1.616 9*** (5.50)	0.689 3 (1.14)	2.044 2*** (5.03)	-0.047 7 (-0.21)	0.241 8* (1.81)	0.078 2 (0.43)	0.200 9* (1.75)	-0.235 2 (-1.14)	-0.283 0* (-1.93)
Market	-0.332 8 (-0.55)	0.127 4 (0.58)	-0.351 5 (-0.78)	-0.206 3 (-1.20)	-0.416 8 (-1.42)	0.013 0 (0.06)	0.032 7 (0.35)	-0.171 3* (-1.71)	-0.005 3 (-0.07)	-0.054 4 (-0.91)	-0.071 9 (-0.41)	-0.052 1 (-0.58)
Legal	0.169 9 (0.69)	-0.041 6 (-0.47)	-0.045 3 (-0.21)	0.009 1 (0.11)	0.201 3* (1.71)	-0.038 9 (-0.38)	-0.019 5 (-0.50)	0.036 1 (0.84)	0.001 8 (0.05)	-0.015 1 (-0.51)	0.048 2 (0.65)	0.000 7 (0.02)
Trust	0.030 6** (2.48)	0.011 2** (2.51)	0.041 6*** (3.81)	0.013 6*** (3.28)	0.011 6* (1.95)	0.017 3*** (3.34)	0.007 9*** (3.45)	0.005 8*** (3.01)	0.004 1** (2.39)	0.004 4*** (3.02)	0.003 8 (1.40)	0.005 9*** (2.79)
Media1	1.156 5*** (2.68)	0.493 9*** (3.26)	-0.253 7 (-0.76)	-0.068 0 (-0.58)	0.465 4** (2.18)	-0.102 6 (-0.63)	0.126 2* (1.77)	-0.008 4 (-0.14)	0.105 3* (1.67)	-0.021 4 (-0.48)	0.179 5* (1.65)	-0.059 3 (-0.95)
Year	控制	控制	控制	控制	控制	控制	控制	控制	控制	控制	控制	控制
截距	-38.956*** (-2.27)	-9.705* (-1.65)	-59.106*** (-4.85)	-16.334*** (-4.06)	-25.111*** (-3.00)	-28.780*** (-4.68)	-2.486 1 (-0.84)	-6.618*** (-3.27)	-6.598*** (-2.51)	-4.574 1** (-2.19)		
N	419	419	896	896	419	895	418	895	343	719	415	888
Pseu-Rsq	0.070 6	0.120 2	0.062 0	0.095 3	0.088 4	0.068 3	0.079 0	0.080 9	0.130 5	0.143 3	0.153 1	0.111 9
F/Wald值	12.41***	17.85***	136.18***	135.49*	13.58***	96.45***	4.43***	51.95***	16.27***	41.60***	268.92***	417.89***

独立董事比例较高情况下不同最终控制人属性组别中的ICQ系数的比较检验

Chi2值=23.76 (p=0.000 0)	Chi2值=11.62 (p=0.000 1)	Chi2值=25.68 (p=0.000 0)	Chi2值=19.83 (p=0.000 0)	Chi2值=27.11 (p=0.000 0)	Chi2值=35.16 (p=0.000 0)

附注：括号内给出的t/z值都经过White异方差调整，***、**、*分别表示在1%、5%、10%水平下显著。

立董事比例更大的国有控股企业内部控制质量的提高对企业履行社会责任的正向影响程度更大。

对企业最终控制人按层级分为地方国有控股企业和中央国有控股企业两类后，检验发现，在独立董事比例较低的组别中，无论是地方国有控股企业组，还是中央国有控股企业组，以企业社会责任的各个衡量指标为被解释变量时，公司内部控制质量 ICQ 的系数都不显著（限于篇幅限制没有报告）。这表明对于独立董事比例较低的地方国有控股企业和中央国有控股企业中，内部控制的质量的提高对企业履行社会责任的正向作用不明显。而在独立董事比例较高组中，表 6-18 报告了相应的回归结果。我们可以发现，在地方国有控股企业组中，无论是以企业社会责任总体评价 CSR-Scor 为被解释变量，还是以整体性指数评价 CSR-M、内容性指数评价 CSR-C、技术性指数评价 CSR-T、行业性指数评价 CSR-I 等分指标为被解释变量，以及采用社会责任等级分数评价 CSR-Cred 为被解释变量，内部控制质量 ICQ 的系数都不显著，但在中央国有控股企业组中，在各个衡量企业社会责任的被解释变量中，公司内部控制质量 ICQ 的系数都显著为正。这说明在独立董事比例更高的非国有控股企业中，内部控制质量的提升对企业履行社会责任的正向作用更不明显，而在独立董事比例更高的国有控股企业中，内部控制质量的提升对企业履行社会责任的正向作用更明显。

我们比较了地方国有控股企业和中央国有控股企业两组样本，分析内部控制对企业履行社会责任的影响的作用效果是否存在显著差异。比较发现，在其他各个衡量企业社会责任的被解释变量中，都显示在中央国有控股企业组中，内部控制质量 ICQ 的系数比地方国有控股企业组中的系数更大。这说明与地方国有控股企业相比，独立董事比例更大的中央国有控股企业内部控制质量的提高对企业履行社会责任的正向影响程度更大。

表6-18 独立董事比例、内部控制质量、最终控制人层级与企业社会责任

| 变量 | CSR-Scor Tobit 模型 | | CSR-M Tobit 模型 | | CSR-C Tobit 模型 | | CSR-T Tobit 模型 | | CSR-I Tobit 模型 | | CSR-Cred Ologit 模型 | |
| | 独立董事比例高组 | | 独立董事比例高组 | | 独立董事比例高组 | | 独立董事比例高组 | | 独立董事比例高组 | | 独立董事比例高组 | |
	地方国有控股企业组	中央国有控股企业组	地方国有控股企业组	中央国有控股企业组	地方国有控股企业组	中央国有控股企业组	地方国有控股企业组	中央国有控股企业组	地方国有控股企业组	中央国有控股企业组	地方国有控股企业组	中央国有控股企业组
ICQ	0.004 6 (1.26)	0.011 7*** (2.62)	0.001 5 (1.19)	0.004 9*** (3.20)	0.002 2 (1.31)	0.004 9** (2.29)	0.000 8 (1.30)	0.001 8* (1.89)	0.000 2 (0.59)	0.001 1* (1.80)	0.001 2 (1.62)	0.002 1* (1.77)
Size	2.451 4*** (4.52)	4.799 6*** (7.30)	0.732 9*** (3.73)	1.393 3*** (5.88)	1.092 0*** (4.28)	2.400 4*** (6.81)	0.374 3*** (3.81)	0.606 3*** (5.26)	0.337 5*** (4.85)	0.535 7*** (5.23)	0.521 1*** (4.40)	0.972 9*** (6.11)
Lev	3.447 6 (1.35)	1.540 2 (0.28)	1.441 1 (1.50)	3.121 3 (1.60)	1.326 8 (1.06)	-1.548 0 (-0.58)	0.134 0 (0.29)	-0.242 0 (-0.25)	1.086 8*** (3.23)	-0.723 4 (-0.97)	0.142 5 (0.26)	-0.859 1 (-0.66)
Shr1	0.000 1 (0.01)	-0.088 8 (-1.40)	-0.009 1 (-0.45)	-0.025 1 (-1.09)	0.003 2 (0.11)	-0.023 2 (-0.76)	0.008 2 (0.89)	-0.025 7** (-2.42)	0.009 3 (1.24)	-0.023 6** (-2.50)	-0.007 8 (-0.64)	-0.015 1 (-0.91)
Growth	-2.057 6** (-2.06)	-3.511 2* (-1.87)	-0.458 3 (-1.15)	-1.377 8** (-2.20)	-1.427 9*** (-2.83)	-1.542 6 (-1.54)	-0.204 5 (-1.04)	-0.625 3* (-1.92)	-0.167 3 (-1.09)	-0.099 0 (-0.31)	-0.267 4 (-1.30)	-0.450 2 (-1.16)
Roe	1.324 4 (0.25)	17.674 (1.53)	-0.574 3 (-0.29)	2.383 4 (0.60)	1.736 8 (0.65)	10.602* (1.90)	0.102 4 (0.12)	3.655 3* (1.66)	0.392 2 (0.54)	1.247 4 (0.65)	0.021 6 (0.02)	4.307 4 (1.62)
Cfo	6.224 3 (1.05)	11.028 (1.11)	1.210 4 (0.56)	3.374 6 (0.91)	3.809 7 (1.22)	3.299 7 (0.68)	1.134 8 (0.98)	2.465 0 (1.36)	0.797 4 (0.97)	1.117 3 (0.68)	0.336 6 (0.25)	-0.758 2 (-0.36)
Mshare	-13.779 (-0.69)	-27.907 (-1.02)	-6.198 3 (-0.76)	-0.642 7 (-0.06)	-9.983 0 (-0.97)	-13.030 (-1.00)	2.278 2 (1.00)	-17.696*** (-3.26)	-0.372 4 (-0.19)	-2.514 7 (-0.59)	-5.706 5 (-0.95)	-4.279 4 (-0.59)
LnComp	-0.360 5 (-0.57)	2.726 5* (1.94)	-0.094 2 (-0.54)	1.051 8* (2.13)	-0.290 3 (-0.89)	1.300 7* (1.80)	0.027 5 (0.30)	0.576 0** (2.38)	-0.072 0 (-0.45)	0.029 5 (0.13)	-0.198 6* (-1.75)	0.503 0 (1.43)
Shr2-5	0.087 8 (1.57)	0.032 7 (0.68)	0.042 5** (2.09)	0.009 4 (0.48)	0.031 1 (1.14)	0.004 6 (0.22)	0.001 9 (0.21)	0.008 7 (0.87)	0.001 8 (0.28)	0.010 6* (1.66)	0.014 4 (1.13)	0.008 1 (0.68)
Dual	0.399 6 (0.31)	-5.378 5*** (-3.00)	-0.124 2 (-0.26)	-1.791 0** (-2.59)	0.793 6 (1.20)	-2.216 3** (-2.35)	-0.182 8 (-0.85)	-1.091 2*** (-3.04)	-0.131 0 (-0.85)	-0.201 1 (-0.61)	-0.039 8 (-0.12)	-0.990 8** (-2.38)

表6-18（续）

Board	0.915 6*** (3.88)	0.478 7 (1.55)	0.288 3*** (3.55)	0.125 1 (1.12)	0.440 7*** (3.66)	0.198 8 (1.31)	0.109 1** (2.46)	0.029 2 (0.49)	0.072 9** (2.21)	0.116 2** (2.21)	0.118 0** (2.37)	0.062 2 (0.97)
Age	−2.407 0** (−2.23)	0.511 2 (0.47)	−0.715 8* (−1.88)	−0.184 9 (−0.46)	−1.407 3*** (−2.70)	0.501 0 (0.96)	−0.302 7 (−1.41)	−0.229 8 (−1.09)	−0.157 0 (−1.18)	0.245 1 (1.55)	0.579 2*** (3.05)	1.283 5*** (3.42)
List	2.197 1** (2.39)	5.174 4*** (3.52)	1.079 7*** (3.12)	1.946 4*** (3.50)	1.191 5** (2.54)	2.505 6*** (3.38)	−0.113 8 (−0.62)	0.564 1** (2.26)	0.028 1 (0.20)	0.174 5 (0.78)	−0.535 3** (−2.50)	0.224 2 (0.90)
Market	−0.474 1 (−0.91)	0.596 5 (0.60)	−0.153 0 (−0.76)	−0.000 4 (−0.01)	−0.168 0 (−0.68)	0.537 6 (1.12)	−0.172 9 (−1.32)	−0.082 2 (−0.51)	−0.035 5 (−0.54)	0.086 0 (0.61)	−0.063 3 (−0.56)	−0.081 0 (−0.37)
Legal	−0.078 0 (−0.32)	−1.137 8** (−2.42)	−0.013 1 (−0.15)	−0.345 3** (−2.01)	−0.042 7 (−0.37)	−0.531 5** (−2.39)	0.032 7 (0.65)	−0.143 2* (−1.72)	−0.025 4 (−0.77)	−0.096 0 (−1.36)	−0.005 2 (−0.10)	−0.087 8 (−0.77)
Trust	0.038 8** (2.86)	0.088 5*** (4.66)	0.009 7* (1.94)	0.031 1*** (4.57)	0.019 9*** (3.07)	0.034 3*** (3.66)	0.005 2** (2.18)	0.014 7*** (4.06)	0.003 8** (2.06)	0.007 7** (2.45)	0.000 6** (2.15)	0.012 4** (2.47)
Media1	−0.663 8* (−1.67)	−2.068 9*** (−3.61)	−0.181 4 (−1.29)	−0.732 1*** (−3.51)	−0.290 3 (−1.46)	−0.988 5*** (−3.56)	−0.082 6 (−1.19)	−0.219 0** (−1.98)	−0.087 3 (−1.58)	−0.076 0 (−0.85)	−0.112 3 (−1.45)	−0.423 3*** (−3.42)
Year	控制	控制	控制	控制	控制	控制	控制	控制	控制	控制	控制	控制
截距	−25.518 (−1.57)	−117.12*** (−5.55)	−7.020 8 (−1.29)	−34.766*** (−4.69)	−9.150 6 (−1.16)	−62.574*** (−5.89)	−2.842 3 (−1.00)	−14.901*** (−4.04)	−3.881 7 (−1.39)	−10.315*** (−2.97)		
N	584	312	584	312	583	312	583	312	457	262	579	309
Pseu-R²	0.053 8	0.114 2	0.089 2	0.153 3	0.061 2	0.135 3	0.060 1	0.162 0	0.143 8	0.191 1	0.110 3	0.188 2
F/Wald 值	103.03***	21.20***	140.77***	22.80***	76.70***	35.33***	24.72***	231.73***	10.99***	17.87*	100.26***	297.65***
	Chi2 值 =49.18 (p= 0.000 0)		Chi2 值 =42.38 (p= 0.000 0)		Chi2 值 =44.38 (p= 0.000 0)		Chi2 值 =30.16 (p= 0.000 0)		Chi2 值 =19.92 (p= 0.000 0)		Chi2 值 =89.94 (p= 0.000 0)	

独立董事比例较高情况下不同最终控制人层级组别中的 ICQ 系数的比较检验

附注：括号内给出的 t/z 值都经过 White 异方差调整，***、**、* 分别表示在1%、5%、10%水平下显著。

6.4.6　稳健性检验

为了使上述结论更为可靠，本章还进行了以下几方面的稳健性检验。

第一，已有研究指出，2008 年受汶川大地震这样一个突发性灾难事件的影响，可能造成企业社会责任活动呈现非常规状态[298]。同时考虑到润灵环球（RKS）中的企业社会责任的行业性指数评价 *CSR-I* 分指标是在 2008 年上市公司履行企业社会责任评价指数的基础上于 2009 年新增的，为了使评价企业社会责任履行情况的评价指标更具有可比性，本章剔除了 2009 年的数据重新进行检验，发现回归结果没有出现重大异常变化。

第二，本章借鉴李志斌（2014）[140] 的做法，利用社会贡献率的定义构建企业社会责任指数，重新进行检验，回归结果发现，除极少数结果不显著外，主要的回归结果没有发生变化。

第三，考虑到当前中国企业在 IPO 过程中，可能为了成功上市而向资本市场传递更多的社会责任信息以树立良好的声誉和形象，因此本章剔除当年 IPO 的样本重新进行检验，发现回归结果没有出现重大异常变化。

第四，已有的研究指出，激烈的产品市场竞争可能会部分替代公司治理机制而对企业社会责任的履行产生一定的促进作用。因此本章借鉴张正勇（2012）[151] 的做法，采用上市公司所处行业的赫芬达尔指数 *Indhf* 来衡量公司所处行业的产品市场竞争程度，在回归分析中进一步增加了赫芬达尔指数 *Indhf* 后发现，结果没有发生重大变化。

6.5　本章小结

首先，本章结合当前我国的企业公司治理机制的相关特征，根据已有的研究结论，选择内部控制和公司治理机制（主要是股权集中度和董事会效率）等作为检验内部规则是否是推进企业社会责任履行的重要内部因素。

其次，在此基础上，以中国 2009—2013 年上市公司为研究样本，实证检验了内部控制及其与公司治理机制的联合作用对企业社会责任履行情况的影响，结果发现内部规则显著影响了企业社会责任的履行情况。具体而言：第一，在内部控制方面，发现内部控制对企业社会责任的履行存在显著的正向推动作用，即企业的内部控制质量越高，企业履行社会责任的情况越好。第二，在公司治理机制和内部控制的联合作用方面，发现不同治理机制下的内部控制对企业社会责任履行情况的影响存在显著差异。针对股权集中度来说，在股权集中度较低的企业中，内部控制质量的提升对企业履行社会责任的正向推进作用不明显，而在股权集中度较高的企业中，内部控制质量的提升对企业履行社会责任的正向推进作用更明显，并且与股权集中度较低的公司相比，在股权集中度较高的公司中，内部控制质量的提高对企业履行社会责任的正向推进作用更大；针对董事会规模来说，在董事会规模较大的企业中，内部控制质量的提升对企业履行社会责任的正向推进作用不明显，而在董事会规模较小的企业中，内部控制质量的提升对企业履行社会责任的正向推进作用更明显，并且与董事会规模较大的公司相比，在董事会规模较小的公司中，内部控制质量的提高对企业履行社会责任的正向推进作用更大；针对独立董事比例来说，在独立董事比例较低的企业中，内部控制质量的提升对企业履行社会责任的正向推进作用不明显，而在独立董事比例较高的企业中，内部控制质量的提升对企业履行社会责任的正向推进作用更明显，并且与独立董事比例较低的公司相比，在独立董事比例较高的公司中，内部控制质量的提高对企业履行社会责任的正向推进作用更大。

最后，本章检验了上述内部规则对最终控制人特征不同的企业的企业社会责任履行情况的影响是否存在显著差异，结果发现对于最终控制人特征不同的企业而言，内部规则对企业社会责任的履行情况的影响存在显著差异。具体而言：第一，在内部控制方面，对于非国有控股企业而言，内部控制质量的提升对企业履行社会责任的正向推进作用不明显，而对于国有控股而言，内部控制质量的提升对企业履行社会责任的正向推进作用更明显，并且与非国有控股企业相比，内部控制质量的提升对国有控股企业履行社会责任的正向推进作用更大；将国有控股企业分为地方国有控股企业和中央国有控股企业后，发现对于地方国有控股企业而言，内部控制质量的提升对企业履行社会责任的正向推进作用不明显，而对于中央国有控股企业而言，内部控制质量的提升对企业履行社会责任的正向推进作用更明显，并且与地方国有控股企业相比，内部控制质量的提升对中央国有控股企业履行社会责任的正向推进作用更大。第二，在公司治理机制和内部控制的联合作用方面，针对股权集中度来说，在股权集中度较低的情况下，无论是非国有控股企业组，还是国有控股企业组，内部控制质量的提升对企业履行社会责任的正向推进作用不明显，而在股权集中度较高的情况下，对于非国有控股企业而言，内部控制质量的提升对企业履行社会责任的正向推进作用不明显，而对于国有控股而言，内部控制质量的提升对企业履行社会责任的正向推进作用更明显，并且与非国有控股企业相比，内部控制质量的提升对国有控股企业履行社会责任的正向推进作用更大；将国有控股企业分为地方国有控股企业和中央国有控股企业后，发现在股权集中度较低的情况下，无论是在地方国有控股企业组中，还是在中央国有控股企业组中，内部控制质量的提升对企业履行社会责任的正向推进作用不明显，而在股权集中度较高的情况下，对于地方国有控股企业而言，内部控制质量的提升对企业履行社会责任的正向推进作用不明显，而对于中央国有控股而言，内部控制质量的提升对企业履行社会责任的正向推进作用更明显，并且与地方国有控股企业相比，内部控制质量的提升对中央国有控股企业履行社会责任的正向推进程度更大。第三，针对董事会规模来说，在董事会规模较大的情况下，无论是在非国有控股企业组中，还是在国有控股企业组中，内部控制质量的提升对企业履行社会责任的正向推进作用不明显，而在董事会规模较小的情况下，对于非国有控股企业而言，内部控制质量的提升对企业履行社会责任的正向推进作用不明显，而对于国有控股而言，内部控制质量的提升对企业履行社会责任的正向推进作用更明显，并且与非国有控股企业相比，内部控制质量的提升对国有控股企业履行社会责任的正向推进程度更大；将国有控股企业分为地方国有控股企业和中央国有控股企业后，发现在董事会规模较大的情况下，无论是地方国有控股企业组，还是中央国有控股企业组，内部控制质量的提升对企业履行社会责任的正向推进作用不明显，而在董事会规模较小的情况下，对于地方国有控股企业而言，内部控制质量的提升对企业履行社会责任的正向推进作用不明显，而对于中央国有控股而言，内部控制质量的提升对企业履行社会责任的正向推进作用更明显，并且与地方国有控股企业相比，内部控制质量的提升对中央国有控股企业履行社会责任的正向推进程度更大。第四，针对独立董事比例来说，在独立董事比例较低的情况下，无论是非国有控股企业组，还是国有控股企业组，内部控制质量的提升对企业履行社会责任的正向推进作用不明显，而在独立董事比例较高的情况下，对于非国有控股企业而言，内部控制质量的提升对企业履行社会责任的正向推进作用不明显，而对于国有控股而言，内部控制质量的提升对企业履行社会责任的正向推进作用更明显，并且与非国有控股企业相比，内部控制质量的提升对国有控股企业履行社会责任的正向推进程度更大；将国有控股企业分为地方国有控股企业和中央国有控股企业后，发现在独立董事比例较低的情况下，无论是在地方国有控股企业组中，还是在中央国有控股企业组中，内部控制质量的提升对企业履行社会责任的正向推进作用不明显，而在独立董事比例较高的情况下，对于地方国有控股企业而言，内部控制质量的提升对企业履行社会责任的正向推进作用不明显，而对于中央国有控股而言，内部控制质量的提升对企业履行社会责任的正向推进作用更明显，并且与地方国有控股企业相比，内部控制质量的提升对中央国有控股企业履行社会责任的正向推进程度更大。

上述实证结果表明，本书认为内部规则对企业社会责任履行情况的影响存在着如下两个问题：第一，推进企业更好地履行社会责任除了需要进一步完善企业所处的外部制度环境，还需要考虑企业内部控制和公司治理机制的影响。内部控制是实现公司治理的基础，因此增强内部控制制度建设能够使企业社会责任的履行规范化和常态化，而公司治理结构为内部控制制度的建设和企业社会责任的履行创造了良好的环境，进而更有助于发挥内部控制在促进企业社会责任履行的规范化和可持续性方面的直接作用。因此，企业需要进一步加快内部控制制度体系的完善，从根本上规范和提升企业履行社会责任的水平。第二，最终控制人特征不同的企业在效用函数分布、政府干预强度、所有权行使动机和形式方式以及约束条件等方面存在明显的差异，使得它们在企业社会责任履行情况上存在显著差异，政府及监管部门在出台相关措施时，需要分别考虑上述差异造成的影响，这样才能有的放矢，提高监管效率。

第七章 企业社会责任推进
机制的实现路径研究

当前越来越多的企业意识到，履行社会责任并不必然意味着是低效益经营，恰恰相反，这能反映企业经营管理能力和经济绩效的提高。特别是随着经济全球化的进一步深入，市场竞争进一步加剧，企业希望通过改善生产技术和提高产品质量来提升竞争力的空间已经越来越小，而通过更好地履行社会责任来树立良好的企业信誉和形象越来越成为企业提升竞争力的关键因素之一。由前文的分析可以看出，推进企业履行社会责任可以从外部规则和内部规则两个方面进行，由此，紧接着就需要解决两个问题：一是在外部制度因素层面上，如何完善相关的制度环境，为企业更好地履行社会责任提供充分的激励与约束机制；二是从企业内部治理层面上，如何建立与企业社会责任相适应的治理模式，以促使企业更好地承担社会责任和加强企业对社会责任履行的管理。只有解决了这两个问题，才能够推动企业社会责任的发展。

7.1 完善企业社会责任推进机制的外部制度环境

7.1.1 改善法律制度环境

随着社会经济的发展和公民意识的觉醒，企业能否更好地承担社会责任越来越受到各界人士的关注，从西方国家的司法实践也可以看出，通过法律制度将部分企业社会责任固化已是必然趋势，表明未来通过法律制度加强对企业履行社会责任行为的约束是不可阻挡的。但我国如果仅仅依靠少数的法律制度，如只依靠《中华人民共和国公司法》是无法实现对企业履行社会责任的约束和监督的，还需要出台相关法律进行配合。比如美国除了在其本国的《公司法》中加入了企业需要履行的社会责任的内容外，还出台了《联邦水污染控制法》《社区责任和了解权利法案》等相关配套法律制度，日本近年来也陆续颁布了《环境基本法》《节能法》《再循环法》等。

中国自改革开发以来，也出台了相关的法律来要求企业必须承担一定的社会责任，如《中华人民共和国环境保护法》对企业应履行的环境保护责任有明确规定，《中华人民共和国消费者权益保护法》对企业需要保护消费者的合法权利有明确规定，《中华人民共和国公司法》《中华人民共和国劳动保护法》等对企业需要维护员工合法权益有明确规定等。但现有的关于约束企业履行社会责任方面的法律制度还存在如下不完善的地方：第一，相关的法律法规过于分散，没有一个相对完整和系统的法律制度来规定企业应如何维护利益相关者的权利，造成发生利益冲突时，没有统一和一致的法律制度来进行判决，难以提高法律的执行效率；第二，近年来媒体频繁曝光的企业社会责任缺失案例表明，相关执法部门的执法效率低下，可能在一定程度上纵容了企业违规行为的发生[187]。

因此，目前首先需要进一步完善相关的法律法规，如完善《中华人民共和国消费者权益保护法》《中华人民共和国环境保护法》及其他与之相关的法律制度等方面的建设。在《中华人民共和国消费者权益保护法》方面，经过几次修订后，2014年新修订的《中华人民共和国消费者权益保护法》第49条虽然相对于之前的法律规定提高了惩罚性赔偿额度，进一步保护了消费者的赔偿请求权，有助于对不法经营者形成一定的约束力，但还是存在惩罚赔偿力度过低的问题。从绝对数量上来看，尽管目前的"三倍"相对于过去的"一倍"已经有了一定程度的提高，仅就第49条而言，惩罚性赔偿额度可能还不足以震慑不法经营者，需要加大处罚力度，增加惩罚性赔偿额度。只有让不法经营者的违法成本远高于违法获利，才能更好地激励和约束经营者。鼓励企业通过诚信经营来获取收益，真正保护广大消费者的合法权益。在《中华人民共和国环境保护法》方面，随着社会的发展，目前的污染已不再局限于过去的几种固有形式，虽然2015年1月1日开始正式实施的《中华人民共和国环境保护法》已经做出了诸多创新，被认为是中国历史上最严的专业行政法。但需要强调的是，首先，目前该法案的实施还存在一些问题，如《中华人民共和国环境保护法》仍然不是环境基本法，其法律效力等级并不高于《中华人民共和国农业法》《中华人民共和国森林法》《中华人民共和国草原法》《中华人民共和国水法》

等专项法律，因此其权威性也不可能超越这些专项法律。这可能导致的一个问题就是在其实施过程中，其他专项职能部门还是会以适用已有专项法为由而拒绝执行《中华人民共和国环境保护法》的相关要求，这可能在一定程度上影响其实施效果。其次，《中华人民共和国环境保护法》仍规定环境保护部门对环境保护工作实施统一监督管理，其他具有环境保护监督管理职责的部门对资源保护、污染防治等环境保护工作实施监督管理，但上述统一监督管理在现实中并没有一个确切的操作标准。由于该法律效力等级不高，以及与环境保护相关的法律法规在立法过程中缺乏统一的指导原则、方法、措施及手段，很可能在具体的环境监督和管理过程中，各部门会强化本部门的资源保护和污染防治工作而出现相互抵触甚至否定对环保部门的统一指导和监督的情形。最后，当前在实际的环境监管工作中，时常因为一些地方政府的干预而导致环保部门不敢严格执法。这就需要在中国特色社会主义制度之下进一步加强立法创新，同时开展生态文明体制改革，强化环境保护部门的统一监管职责，协调各部门之间的环境保护职责，充分发挥社会公众的参与和监督作用来制衡地方政府、地方党委及企业，从而及时发现和有效处理违法行为。

另外，要让企业更好地履行社会责任，除上述几部法律之外，还需要进一步完善这个体系内更多的法律法规，如进一步贯彻和完善《中华人民共和国工会法》，落实《中华人民共和国劳动法》和《中华人民共和国劳动合同法》，完善《中华人民共和国产品质量法》《中华人民共和国食品安全法》。必须在结合中国经济发展实际和国家性质的前提下，构建和完善符合中国国情的，与企业社会责任相关的法律制度，有效督管企业履行社会责任，而不只是停留在理论发展阶段，使得企业社会责任的履行情况能够随着法律制度环境的完善而逐渐提高，进而帮助企业建立良好的企业形象和树立被市场认可的企业品牌。

7.1.2　提高社会信任程度

当前中国社会存在信任缺乏的问题，而私人之间的特殊信任较为发达，并且这种私人之间的特殊信任并不是没有差别的，整体上表现为一个内外有别的"差序结构"。在这种内外有别的特殊信任文化下，人们典型的表现就是对"自己人"存在极高的信任，而对外人则表现出很低的信任或根本不信任。需要强调的是，虽然随着中国社会的转型和发展，这种内外有别的信息模式正在被逐渐打破，促使陌生人之间的普遍信任程度逐渐提高，但不可否认的是，中国当前的经济体制改革并没有彻底摧毁原有的经济社会结构，使得传统的儒家文化和"关系"导向的交易机制非但没有被新生的市场机制所瓦解和替代，反而是更进一步嵌入其中，特殊的信任机制仍然发挥着重要的作用，甚至起到越来越重要的作用[343]。

因此，要改变目前中国这种信任度低的现状，至少要从以下几个方面进行努力：一是进一步维护产权制度的稳定性。如果产权不能清晰界定，企业无需承担违规行为的后果，不可避免地会出现各种短期行为，特别是在一个追求商业利益的社会里，企业追求短期商业利益比不追求商业利益时对信誉的破坏更大[291]。因为不同的企业在资源获取的配置能力、价值偏好和追求等方面都存在较大差异，企业能获取的生存和发展的资源是有限的，因此企业必须要与内外部利益相关者进行资源交换和资源共享，实现优势互补以形成相互依赖的关系网络系统。企业履行社会责任不仅仅是主动关注利益相关者的利益诉求和期望，本质上也是获得内外部不同利益相关者的信任及表达合作意愿的过程和手段，而达成合作和维系合作关系的首要前提是相互之间存在信任机制。只有进一步维护企业产权制度的稳定性，才能有利于内外部不同利益相关者形成稳定的关系，进而帮助企业获得更高的和更稳定的信任。二是进一步完善和落实有效的交易系统和信息传递机制。在传统的农耕经济和乡村社会中，人们之间普遍比较熟悉，日常的沟通交流就能建立起有效的信任机制。但在市场经济时代，社会交往和市场交易更多的是在陌生人之间进行，信息不对称的可能性更大，即便是在熟人之间，很多有关个人的相关信息仍是不对称的，特别是当前社会越来越强调保护个人的隐私权。要消弭这种严重的信息不对称所带来的信任危机，需要进一步建立更加完善和便利的交易系统，更为发达和有效的信息传递技术及高度发达的中介组织。张维迎等（2002）的研究发现，在中国当前的转型经济环境下，交通设施的改善对一个地区的信任程度有重要的影响，特别是对于人口密度大的地区和城市而言，这种作用尤其明显。先进的信息传递技术和高度发达的中介组织有助于减少信息不对称程度，从而回避逆向选择并改进市场交易模式，维护交易的稳定运行和扩展交易范围。已有的研究也显示，在转型经济体中，即便是没有完善的法律保护体系，高效的社会关系网络和发达的中介组织在维护市场交易和传递交易信息中也能发挥重要的作用。具体来说，一方面高效的社会关系网络和发达的中介组织能帮助企业寻找交易伙伴并提供相关的可靠信息，即使在没有过往交易关系的条件下，也能帮助企业了解潜在的交易伙伴是否存在违规经营和违约的记录，进而有助于企业与潜在交易伙伴之间建立起一定的信任关系[344]；另一方面企业可以通过社会关系网络和中介组织来收集或传播有关交易伙伴的商业纠纷信息，从而让市场和其他交易主体对不守信者实施孤立、歧视甚至将其淘汰出局，进而帮助维护信任关系[345]；此外社会关系网络和中介组织还可以通过直接调解和处理企业间的商业纠纷而直接维护信任关系[346]。

7.1.3　积极发挥新闻媒体的舆论监督作用

新闻媒体通过影响企业的声誉机制进而促使企业完善公司治理机制[287]，从而减少违规行为[301]。在促进企业更好地履行社会责任方面，要更好地发挥新闻媒体对企业违规行为的舆论监督作用，以弥补法律制度无法涵盖的角落。要做好这项工作，至少要从以下几个方面做出努力：首先，可以考虑引入竞争媒体，通过设定一系列的考核指标来针对新闻媒体对市场的监督情况进行排名，对表现较为优异的新闻媒体采取各种形式的奖励，从而调动新闻媒体监督的积极性，促使企业在广大新闻媒体的舆论监督下切实有效地改善公司治理机制，同时政府监管机构和企业的内外部利益相关者也能从中受益。其次，可以考虑引导和增强新闻媒体对企业社会责任的报道力度，通过新闻媒体的舆论宣传树立典型标杆，重点宣扬企业履行社会责任的优秀做法和成功经验，帮助企业建立良好的企业形象和树立卓越的企业品牌；而对于那些履行社会责任较差或者拒绝承担应有的社会责任的企业，新闻媒体要进行深度挖掘，揭露其负面信息，批判其负面思想，清理企业履行社会责任中的伪善行为。新闻媒体通过惩恶扬善，形成正确的舆论导向，进而弘扬正能量，营造社会公民与企业都应讲道德、富有社会责任感的舆论环境，从而增强企业积极履行社会责任的良好意识。最后，有效落实和确保新闻媒体的监督质量。李培功等（2013）指出，现实中可能存在部分新闻媒体为了追求利润或者迎合利益集团的偏好，倾向于通过向读者提供趣味性和轰动性等的特定报道来操纵社会舆论，而这种追求轰动效应的动机会导致媒体报道产生偏差，这种偏差会影响微观经济主体的决策从而降低市场资源的配置效率[347]。既然新闻媒体报道能产生如此重大的影响，那么必须要确保媒体报道的质量，为此，可以考虑引入竞争媒体，或者借助政府或行业协会的力量对新闻媒体报道的公平性、客观性和影响力等方面进行评比，用行业互查或者同业评选的方式，引导新闻媒体更加负责任地、客观公正地进行报道，使得广大社会民众可以获得方向正确的、内容可靠的、影响力广泛的媒体信息，达到舆论监督的目的。另外要进一步对媒体违规行为加大打击和惩罚的力度，遏制新闻媒体与某些利益集团之间因"寻租"而产生的"合谋"行为。

7.1.4 对社会责任敏感度不同的行业进行分类引导

前文结果表明，在不同的外部制度环境下，社会责任敏感度不同的行业中的企业在履行社会责任方面存在较大差异。对于与消费者敏感性较低的行业中的企业而言，由于消费者对产品和服务的感知受到信息接触范围的限制，消费者难以在日常信息中经常接触到产品生产链的信息，因此加强和完善法律制度可以引导行业披露更多的企业社会责任信息，便于消费者了解更多企业和产品信息。对于与消费者敏感性较高的行业中的企业而言，它们能更快感受到终端消费者传导过来的压力，对消费者需求的变化更为敏感，随着终端消费者维权意识的进一步增强，它们在履行社会责任方面会更为主动和敏感，并且为了更好地吸引潜在消费者和维护已有的消费者，企业可能会通过履行更多的社会责任和披露更多的社会责任信息来传递一个积极的信号，并且以此提高人们的信任程度和增加媒体报道。这种方式有助于企业树立良好的企业形象，提高产品声誉，进而促进销售。

而对于环境敏感性较高的行业中的企业而言，由于更容易在环保问题上引起社会公众的关注和舆论监督，它们会通过减少信息披露的方式来规避媒体报道的监督。也是由于环境敏感性较高的行业的企业更容易在环保问题上引起社会的关注和监督，它们受法律的约束更强，企业一旦出现环保违规问题，也就更容易受到相关部门的调查和严惩，因此为了满足合规性，它们履行社会责任的情况会更好，同时，如果不履行环保责任，就更容易遭受信任危机。所以对这类行业中的企业而言，更好地履行社会责任有助于提高人们的信任程度，有利于企业的长远发展。对于环境敏感性较低的行业中的企业而言，其受到行业特性的影响更小，新闻媒体对企业履行社会责任的报道所产生的声誉效应与竞争优势会更大。这是提高这类企业在履行社会责任方面的积极性的重要因素之一。

对处于政府管制行业中的企业而言，由于企业面临的市场竞争相对不激烈，企业的业绩都比较好，并且具有较大的话语权，因此它们积极履行社会责任的动机不强；但由于这类企业的市场垄断地位大多是来自监管部门或是被法律赋予的，因此用加强法律约束的方式迫使其承担和履行应有的社会责任可能效果会更好。另外这类企业如果承担和履行的社会责任较少，就会更容易遭遇信任危机。提高人们的信任程度和加强新闻媒体的监督作用是促进这类企业履行社会责任比较有效的做法。

7.2 完善企业社会责任推进机制的内部治理机制

7.2.1 加强企业内部控制制度建设

政府及监管部门在推进企业履行社会责任的过程中，应当充分考虑加强内部控制制度建设对企业社会责任履行的正面积极作用。政府及监管部门应当持续推进企业加强内部控制制度建设。我国政府部门相关机构专门出台了《企业内部控制应用指引第4号——社会责任》，明确要求企业在安全生产、产品质量、环境保护、资源节约、促进就业和员工权益保护等方面加强内部控制建设。但要做好这项工作，要从以下九个方面进行：第一，企业高管应给予充分的重视。企业高管尤其是董事长或总经理的支持和承诺是企业有效履行社会责任不可或缺的重要环节，高管必须重视履行社会责任，切实做到经济效益与社会效益、短期利益与长期利益、自身发展与社会发展相互协调，实现企业与员工、企业与社会、企业与环境的健康和谐发展。因此企业必须要解决高管无视社会责任的问题，既要在遴选、任命环节严格把关，又要配合民主监督、法律制裁等，将风险消灭于萌芽期。第二，企业需要建立相应的管理机制。企业要在发展战略中考虑社会责任问题，并有明确的管理部门来负责具体工作的落实，逐步建立健全的社会责任的预算安排和考核体系。第三，企业应完善危机处理责任机制。企业需要建立危机处理责任制度，对于影响企业外部形象和自身发展的突发事件，要在第一时间做出处理，把损失降到最低；对于可能对社会公众信心、消费者选择产生重大影响的事件，应由负责人在媒体上予以说明并致歉；企业内部应保持畅通的信息沟通渠道，将平时的小问题进行及时反映、沟通并解决，避免日积月累形成大问题。第四，建立标准的社会责任报告制度。发布社会责任报告可以促使企业由内而外地审视企业服务社会的能力和水平，提升企业品牌形象和企业价值。第五，着力防范安全生产风险。企业需要建立安全规章制度和安全生产的管理机构，有效落实安全生产责任制，对出现安全生产事故的责任人必须要严格问责，在此基础上加大可安全生产的投入，特别是高危行业中的企业，更应该将安全生产放在首位，建立安全生产事故的预警机制及完善安全生产的报告机制。第六，有效控制产品质量风险。建立健全产品质量标准体系，严格进行质量控制和检查，加强产品售后服务维护等方面的工作，切实履行对产品质量的承诺，真正尊重与维护消费者的权益。第七，切实降低环境保护与资源节约的风险。当前不同的行业中的企业面临的环境保护与资源节约风险不同，但有些风险是共同的，比如环保法律法规、行业政策的限制风险，绿色消费的推崇和绿色贸易壁垒的设置风险，生产技术、管理水平的限制引起的环境风险等。企业只有准确有效地识别上述各类风险，努力转变生产和发展方式，实现清洁生产，依靠科技进步和创新来降低风险，才能获取生存和发展的空间，进而获得持续的竞争优势，否则只有被市场淘汰。第八，降低促进就业和员工权益保护的风险。企业只有通过提供公平的就业机会，加大对应聘人员的审查，才能有效地承担法律责任，降低招聘失败及人才过剩的风险，同时还必须建立科学的员工培训和晋升制度及科学合理的员工薪酬计划，切实维护员工的身心健康，以降低侵犯员工合法民主权利和人身权益的风险。第九，调动社会资源积极参与慈善事业[348]。

上述做法表明，通过有效提高内部控制制度建设和加强内部控制实施与执行来促进企业更好地履行社会责任是一项非常复杂和系统的工作。要做到将内部控制的控制程序、风险识别和持续优化有效落实到每一项社会责任的具体内容上，将企业社会责任的思想、目标、效果评价、信息披露与持续跟进等与企业内部控制的实际操作运行相结合，都不是短时间内可以完成的任务，必须持之以恒、长期坚持才能看到显著成效。

7.2.2 构建相互制衡的股权结构

构建相互制衡的股权结构必须要增强大股东之间的相互监督与制衡，减少其利用对企业高管的控制力和影响力来追求私利的机会主义行为，缓解企业与内外部利益相关者之间的利益冲突，促进企业更好地履行社会责任及披露相关的社会责任信息，优化公司治理环境和提高企业的透明度，维护企业与内外部利益相关者的利益，进而提高公司治理效率。要做好这项工作，须从以下两个方面进行努力：第一，平衡好大股东监督和股东间股权制衡力平均的矛盾。从企业的控制权视角来看，其他大股东相对于第一大股东的股权制衡能力更强，这样可能增强其他大股东相对于第一大股东的谈判能力，相应地会增强其他大股东的监督动机和能力，有助于遏制第一大股东侵害公司利益的行为，从而股权制衡对维护企业与内外部利益相关者的利益的效果就会更好。也就是说在合理的范围内，企业与内外部利益相关者的利益会随着其他大股东相对于第一大股东的股权制衡程度的提高而增加。但需要强调的是，其他大股东相对于第一大股东的股权制衡程度并不是越大就越好，股权制衡程度过高反而会给企业与内外部利益相关者的利益带来严重的负面效应，因为股权制衡程度的进一步提高，意味着第一大股东在企业中的股权比重会进一步下降，可能会削弱其积极参与公司治理的动机和能力，进而会弱化内部控制的有效性，另外这也更容易形成经理层对企业的实际控制，反过来增加代理成本，降低代理效率，最终损害企业与内外部利益相关者的利益。因此需要在大股东监督和股东间股权制衡力平均之间寻找到一种有效的平衡，以增强大股东的动力和能力去提高和完善企业的内部控制制度建设。第二，可以考虑在公司章程中建立内外部利益相关者的相机决策机制，以维护企业与内外部利益相关者的利益。这种相机决策机制主要是考虑一旦企业的利益相关者的合法利益受到损害时，企业或者利益相关者可以利用一些制度和措施来转移企业的经营权和控制权，进而在一定程度上改变企业过去的经营决策，以降低利益相关者的损失程度。比如当企业长期严重亏损或者经营情况不能得到有效改善时，股东可通过召开股东大会来变更经理层；当企业长期无法保障按时发放工资、忽视员工身体安全和健康时，员工可通过工会组织来变更经济层，或者通过相关法律制度来控制企业，以杜绝企业的股东和经理层对员工合法权益的侵害行为，等等。

7.2.3　提高董事会运行效率

董事会在企业战略决策中的实质性作用越来越重要，不同的企业的董事会在战略决策参与程度上往往存在很大的差别，这种差别是由董事会规模、结构、成员特征、公司治理模式及制度的完备程度等众多因素共同决定的。其中董事会规模无疑是董事会运行效率的重要表征之一。建立适当规模的董事会，不仅可以有效避免董事会因人数过少而引起决策失误的可能，也能减少由于董事会人数过多而导致"搭便车"的低效现象。虽然合适的董事会规模具体是多少人还没有一致的结论，但要保持适当的董事会规模，要从以下两个方面进行努力：第一，根据企业的实际情况，保持适当的董事会规模。鉴于董事会对企业的经理层具有任免权，并且对他们的决策具有监督权，这在一定程度上能约束经理层追求个人私利的机会主义行为，因此随着董事会规模的扩大，董事会对经理层的约束作用会增强，从而能在一定程度上保障企业和内外部利益相关者的利益。另外鉴于董事会的职责和任务是积极地参与企业战略方案的选择，这就要求董事会的知识结构和认知资源结构要合理，比如不同董事的知识、能力、经验、特长、个性的搭配是合理的，这样更容易形成科学的决策。因此董事会规模的扩大有利于董事会的专业知识水平和认知资源结构趋于合理，有助于企业战略决策的科学化。但随着董事会规模的进一步增大，董事会可能出现意见协调困难的问题，董事之间越来越难以高效地交换意见，以致于影响企业经营决策的科学性和合理性。规模越大的董事会，董事们之间越容易相互推诿，无法切实履行对经理层的监督和制约职能，进而越容易引发内部控制失效；而且董事会的规模越大，企业在协调、沟通和制定决策上的难度也越大，导致董事会对经理层的监督和约束的能力下降，代理问题会进一步增加[334]；并且当董事会的规模扩大时，除了董事会的专业知识水平会增加之外，董事会成员之间的联盟成本也会随之增加，它的增加将会超过专业知识水平增加带来的收益，进而会降低董事会的决策效率[335]，同时董事会成员之间的联盟成本的增加客观上为 CEO 或董事长掌握董事会提供了可能[336]。而 CEO 或董事长在董事会中的话语权越来越大时，其更有可能超越企业的内部控制，使得内部控制无法对其谋取个人私利的行为形成有效制约，这将最终影响公司和内外部利益相关者的利益。因此需要在董事会规模和公司决策效率之间寻找到一种有效的平衡。第二，可以适当地调整和扩大董事会成员的来源结构，如可以考虑建立相应的董事列席制度，保障内外部利益相关者都能够有平等的机会参与企业决策的表决，从而提高企业决策的科学性和有效性，还可以引入代表关键供应商和客户利益的董事、代表社会和环境的董事等。

设立独立董事是为了利用独立董事的专业知识和中立的态度对上市公司进行专业监督和提供信息咨询。从国内引入独立董事的初衷来看，这是为了遏制屡禁不止的大股东掏空行为[349]。证监会引入独立董事的目的是为了进一步约束大股东的掏空行为，并且这无疑有助于维护企业和内外部利益相关者的利益，但是拥有控制权的大股东可能不会轻易地放弃控制权收益，因此他们就会调整董事会中的独立董事比例，从而削弱独立董事的监督职能。为了提高独立董事的监督能力，要从以下两个方面进行努力：第一，进一步完善独立董事制度。尽可能地让能代表企业内外部利益相关者利益的独立董事进入董事会，参与董事会治理，有效监督和约束大股东的掏空行为，提高公司治理效率，维护全体股东和利益相关者的利益。由于当前国内很多公司的独立董事主要是高校教授、律师事务所的律师、会计师事务所的审计师和其他相关方面的专家等担任，这些专业人士的日常工作都很忙碌，因此企业必须严格控制董事会中非常忙碌的独立董事的人数，促使现任独立董事有足够的时间与精力积极参与公司的经营决策，积极地从内外部利益相关者的角度出发，对企业的社会责任决策及其相关的社会责任信息披露发表客观公允的意见，充分发挥独立董事的监督作用。第二，政府及监管部门需要对公司独立董事兼职的最高数量进行合理的强制规定，从制度上保障独立董事履行诚信与勤勉义务，认真履行职责，维护公司整体利益。目前《关于在上市公司建立独立董事制度的指导意见》（以下简称《意见》）中明确提出，独立董事同时兼职的数量原则上最多不超过 5 家。但由于该《意见》并不是一个强制规定，现实中确实有些独立董事的兼职数量会超过上述规定的最高数量，尽管有些独立董事可能兼职数量少于《意见》规定的上限，但他们时常无法参与公司重要决策的表决，这可能也会影响独立董事监督职能的有效发挥。

7.2.4 对最终控制人特征不同的企业进行分类引导

前文研究表明，对最终控制人特征不同的企业而言，其社会责任的履行情况在不同的内部治理机制下有所差异。对于非国有控股企业而言，用提升其内部控制质量的方式来推进企业社会责任的履行的效果并不明显，可以考虑用其他方式来推进；对于国有控股企业而言，可以用进一步提升其内部控制质量的方式来推进企业社会责任的履行；对于地方国有控股企业而言，用提升其内部控制质量的方式来推进企业社会责任的履行的效果并不明显，可以考虑用其他方式来推进；对于中央国有控股企业而言，可以考虑进一步用提升其内部控制质量的方式来推进企业社会责任的履行。

对于股权集中度较低的非国有控股企业和国有控股企业而言，用提升其内部控制质量的方式来推进企业社会责任的履行的效果并不明显，可以考虑用其他方式来推进；对于股权集中度较高的非国有控股企业而言，用提升其内部控制质量的方式来推进企业社会责任的履行的效果并不明显，可以考虑用其他方式来推进；对于股权集中度较高的国有控股企业而言，可以考虑进一步用提升其内部控制质量的方式来推进企业社会责任的履行；对于股权集中度较高的地方国有控股企业而言，用提升其内部控制质量的方式来推进企业社会责任的履行的效果并不明显，可以考虑用其他方式来推进；对于股权集中度较高的中央国有控股企业而言，可以用进一步提升其内部控制质量的方式来推进企业社会责任的履行。

对于董事会规模较大的非国有控股企业和国有控股企业而言，用提升其内部控制质量的方式来推进企业社会责任的履行的效果并不明显，可以考虑用其他方式来推进；对于董事会规模较小的非国有控股企业而言，用提升其内部控制质量的方式来推进企业社会责任的履行的效果并不明显，可以考虑用其他方式来推进；对于董事会规模较小的国有控股企业而言，可以用进一步提升其内部控制质量的方式来推进企业社会责任的履行；对于董事会规模较小的地方国有控股企业而言，用提升其内部控制质量的方式来推进企业社会责任的履行的效果并不明显，可以考虑用其他方式来推进；对于董事会规模较小的中央国有控股企业而言，可以用进一步提升其内部控制质量的方式来推进企业社会责任的履行。

对于独立董事比例较低的非国有控股企业和国有控股企业而言，用提升其内部控制质量的方式来推进企业社会责任的履行的效果并不明显，可以用其他方式来推进；对于独立董事比例较高的非国有控股企业而言，用提升其内部控制质量的方式来推进企业社会责任的履行的效果并不明显，可以考虑用其他方式来推进；对于独立董事比例较高的国有控股企业而言，可以用进一步提升其内部控制质量的方式来推进企业社会责任的履行；对于独立董事比例较高的地方国有控股企业而言，用提升其内部控制质量的方式来推进企业社会责任的履行的效果并不明显，可以考虑用其他方式来推进；对于独立董事比例较高的中央国有控股企业而言，可以用进一步提升其内部控制质量的方式来推进企业社会责任的履行。

7.3　本章小结

如上文分析，企业社会责任推进机制的实现路径可以从外部规则和内部规则两个方面展开。本章结合了前文的理论分析和实证检验结果，从外部制度因素层面和企业内部治理层面两个方面提出了相关的建议。

在外部制度因素方面，促进企业履行社会责任要从完善法律制度、提高社会信任程度和加强新闻媒体监督几方面进行。在完善法律制度环境方面，首先需要进一步完善相关的法律法规如《中华人民共和国消费者权益保护法》《中华人民共和国环境保护法》及其他相关法律制度等方面建设；其次可以考虑在企业社会责任方面增设一部专门的法律制度，对企业社会责任的对象、内容、范围、责任及不履行社会责任可能受到的相关惩罚和制裁给出详细条款和司法解释及具体的量刑标准，同时提高执法部门的执行效率，为企业社会责任的履行构筑强力约束机制。在提高社会信任方面，首先要维护企业产权制度的稳定性，增强利益相关者对企业的稳定预期，进而提高信任程度；其次要进一步完善和落实有效的交易系统和信息传递机制，降低信息不对称程度，从而规避逆向选择并改进市场交易模式，维护交易的稳定运行性和扩展交易范围，进而帮助建立和提高社会信任程度。在积极发挥新闻媒体的舆论监督方面，首先可以考虑引入竞争媒体，调动新闻媒体监督的积极性；然后可以考虑引导新闻媒体加强对社会责任方面的报道力度，通过新闻媒体的惩恶扬善，形成正确的舆论导向，进而弘扬正能量，塑造讲道德、富有社会责任感的舆论环境，引导企业增强履行社会责任的正面意识；最后需要确保新闻媒体的监督质量，加大打击媒体违规行为的力度和提高惩罚的力度，遏制一些新闻媒体与某些利益集团之间的"合谋"行为。需要强调的是，鉴于处于社会责任敏感度不同的行业中的企业，其社会责任的履行情况在不同的外部制度环境下有所差异，因此需要根据具体的影响程度进行分类引导。

在内部治理机制方面，要从加强企业内部控制制度建设、构建相互制衡的股权结构和提高董事会运行效率几方面来进行。在加强企业内部控制建设方面，可以从加强企业高管的认识、完善企业社会责任履行的管理机制和责任危机处理机制、建立良好的社会责任报告制度、着力防范安全生产风险和控制产品质量风险、切实降低环境保护与资源节约的风险、就业和员工权益保护的风险及关注慈善事业等方面着手；在构建相互制衡的股权结构方面，企业需要平衡好大股东监督和股东间股权制衡力平均的矛盾，另外可以考虑在公司章程中建立内外部利益相关者的相机决策机制，以维护企业与内外部利益相关者的利益；在提高董事会运行效率方面，企业需要根据实际情况，保持适当的董事会的规模，同时可以考虑适当调整和扩大董事会成员的来源，如可以考虑建立相应的董事列席制度，保障内外部利益相关者都能够有平等的机会参与企业决策的表决，从而提高企业决策的科学性和有效性；另外需要进一步完善独立董事制度，同时要尽量减少现任独立董事的兼职数量，以确保独立董事有足够的时间和精力来高效地履行应有的监督职责。

第八章 研究结论与展望

8.1 研究结论

本书以利益相关者为分析主线，深入剖析利益相关者在推动企业履行社会责任过程中的行为与作用，通过对利益相关者理论、契约理论、资源依赖理论和新制度主义理论等基础理论的系统梳理，以及对企业社会责任及其推进机制的相关文献进行回顾，运用案例研究、博弈分析及实证检验等方法，对企业社会责任推进机制这一问题进行了全面系统的理论研究。本书主要是围绕何为企业社会责任的本质、中国企业社会责任的推进机制，如何构建中国企业社会责任推进机制及符合中国国情的企业社会责任推进机制的实现路径是什么这三个基本问题展开深入研究。具体而言，本书的主要研究如下。

（1）通过重新界定企业社会责任概念，定位社会责任推动机制并认识其本质。现有研究主要是从单一价值维度、具体项目或活动及单个利益相关者的角度分析和回答了企业应该如何履行社会责任，并没有对利益相关者影响企业社会责任的推进机制的作用机理进行全面分析和论证。本书首先阐述了哲学、经济学、管理学、社会学等学科关于企业社会责任的思考，并以系统论思想为基础，对企业社会责任的概念进行了重新界定，在此基础上进一步界定了企业社会责任推进机制，然后以利益相关者理论、契约理论、资源依赖理论和新制度理论等相关理论为依据，探讨内外部不同的利益相关者在企业社会责任推动机制中的作用，找到了利益相关者和企业社会责任演化与推进机制的内在逻辑联系。

（2）通过挖掘中国企业社会责任推进机制存在的问题的深层动因，构建企业社会责任推进动力机制的分析框架。目前关于企业社会责任的动力机制的研究更多的是从企业规模、所在行业、盈利能力等企业个体层面的因素对企业履行社会责任的影响进行分析，缺乏有力的理论框架支撑和足够的实证检验，较少关注企业是如何在他们的组织与社会环境及其所在的具体约束中来履行社会责任的。本书首先通过对安德公司的社会责任履行现状、遭遇问题及可能的原因进行案例分析，另外从总体上初步分析了当前国内企业履行社会责任的现状及潜在问题，通过两方面的结合对中国企业社会责任履行的总体状况进行把握，进一步从社会、政府和企业三个角度对企业履行社会责任推进过程中的现状和成因进行分析，总结出当前推进机制中存在的内部和外部两个方面的问题，在此基础上，通过借鉴演化经济学的基本思想，构建了中国企业社会责任推进动力机制的分析框架。

（3）通过界定利益相关者并且对其进行分类，然后采取聚类分析识别不同利益相关者的利益诉求，找出影响企业社会责任的关键利益相关者，揭示关键利益相关者在企业社会责任推进动力机制中的内在作用机理。国内外大多数学者更多的是基于单个利益相关者的角度研究某一因素对企业社会责任的影响，缺乏从整体角度来审视这一问题，并且简单地通过单一视角来分析和判断某一因素是否对企业社会责任产生影响，因而无法确定各种因素的影响程度，不能全面系统地揭示履行关键利益相关者在企业社会责任推进机制中的内在作用机理。本书进一步从合同关系存续视角和所有权的视角对利益相关者进行分析，然后通过聚类分析识别关键利益相关者的利益诉求，在此基础上借鉴 Hayek 的"社会秩序二元观"思想，运用演化博弈探讨了在"外部规则"的约束下，非强制性外部相关者、股东利益一致相关者在社会责任推进机制中的路径选择行为，同时运用动态博弈模型探讨了在"内部规则"的约束下，政府和企业在社会责任推进机制中的路径选择行为，在进行均衡稳定分析的基础上，找到了企业社会责任推进机制的实现路径，为建立中国企业社会责任推进动力机制与其实现路径奠定了重要的理论基础。

（4）本书立足于中国当前转型经济环境中独特的制度背景，分别从外部制度环境和内部公司治理机制两个方面对企业社会责任的履行状况进行了实证检验。国内现有的针对企业社会责任推进机制及其实现路径进行分析的文献多数是规范分析，很少有研究对其可行性和有效性进行验证。本书依据企业社会责任推进动力机制的分析框架，一方面以法制环境（对应正式制度）及信任程度和媒体报道（对应非正式制度）为外部规则，另一方面以内部控制、股权集中度和董事会效率为内部规则，通过实证研究分析和检验关键的外部制度环境因素和内部公司治理机制因素对上市公司社会责任履行情况的影响，挖掘和揭示了影响中国企业社会责任履行状况的关键因素及其作用机理，并通过分析来评价相应的结果，提炼出符合中国国情的企业社会责任推进机制的有效实现路径。

8.2　研究展望

本书针对企业社会责任推进机制进行了深入分析和探讨，为如何有效地推进企业履行社会责任提供理论依据。从实践上看，本书有助于明确利益相关者参与企业社会责任的具体工作和作用，有助于维护企业和内外部利益相关者之间的利益和联系，从而保证和推进企业更好地履行社会责任，实现可持续发展。但限于本人研究水平，本书至少在以下六个方面存在局限与不足，需要在今后工作和学习中进行进一步探讨和完善。

（1）本书运用演化博弈分析了在"外部规则"的约束下，非强制性外部相关者、股东利益一致相关者在社会责任推进机制中的行为选择，以及运用动态博弈模型探讨了在"内部规则"的约束下，政府和企业在社会责任推进机制中的行为选择，得出两个稳定状态：合作状态和不合作状态，并且认为在较长时间内这两种状态可能是共存的。但需要强调的是，本书并没有研究可以通过哪些具体措施去减少不合作状态，因此未来的研究需要更深入地探讨如何从不理想的状态中跳出来以便接近现实中真正的状态。

（2）本书在实证研究中采用独立的第三方社会责任评级机构润灵环球（RKS）公布的企业社会责任评级数据，尽管该数据所反映的企业社会责任信息水平比较专业与权威，并且已经被众多研究所证明，但由于其提供的数据最早只能从 2009 年开始（是基于企业 2008 年的相关信息所进行的综合性评级），因此 2008 年之前的企业社会责任评级数据无法获取，这在一定程度上影响了本书研究结论的科学性。

（3）本书仅仅选择了法律制度、社会信任程度和媒体监督等少数制度因素来考察外部制度环境对企业社会责任履行情况的影响，但实际上企业所处的外部制度环境还包括地区经济发展水平、市场化发育程度、政府干预程度、要素市场发育程度等，由于本书没有考察这些方面对企业社会责任履行情况的影响，因此未来的研究需要进一步从上述这些方面展开分析和检验。另外，本书仅仅从内部控制、股权集中度和董事会效率等少数几个内部治理机制要素来考察内部公司治理机制对企业社会责任履行情况的影响，但实际上企业内部的公司治理机制还包括股权结构、董事会构成、监事会、高管特征等方面的内容，由于本书没有考察这些方面对企业社会责任履行情况的影响，因此未来的研究需要进一步从上述这些方面展开分析和检验。虽然本书在分析内部控制、股权集中度和董事会效率等几个内部治理机制要素对企业社会责任履行情况的影响时，控制了外部制度环境的潜在影响，但是本书并没有分析和考察外部制度环境与内部公司治理的联合对企业社会责任履行情况的影响，因此未来的研究也需要从这个视角展开进一步的分析和检验。

（4）本书在探讨正式制度影响企业社会责任的履行情况时，采用了樊纲等（2011）[312]公布的"市场中介组织和法律制度环境的发育程度指数"来衡量企业所处省级行政区域的法律制度环境，但由于该指数仅仅是基于各个省级行政区域层面，而上市公司的注册地往往是地区的，这可能在一定程度上影响了本书的研究结论；在探讨非正式制度影响企业社会责任的履行情况时，采用了张维迎等（2002）[291]公布的"中国企业家调查系统"2000年全国问卷调查数据反映的中国各个省级行政区域的信任指数，由于该数据是2000年的调查结果，而近年来中国社会的变化巨大，呈现越来越复杂的趋势，因此该数据可能不能准确全面地反映当前中国的信任指数，这对本书的实证结论会产生一定的影响；另外，本书针对媒体关注对企业履行社会责任的影响的研究只选择了权威性的报纸媒体，这种媒体类型单一，不能全面反映当前整个新闻媒体对上市公司的关注情况，这在一定程度上可能影响了本书研究结论的科学性。因此未来的研究一方面要深入考察媒体报道的内容，如正面报道、负面报道和其他一般性报道是否会影响企业社会责任的履行情况，以及其作用效果是否存在显著差别；另一方面需要进一步扩大新闻媒体的选择范围，如增加电视、广播、网络、杂志，以及其他一些新媒体如微博等，尽管这些媒体自身在信息的保存、查找、公信力、覆盖面、时效性等方面都有一定的缺陷，但它们的关注、报道和评论所产生的影响力和影响程度越来越大，影响和改变企业行为的可能性也是越来越大。

（5）本书在实证检验中分别考察了外部制度环境和内部公司治理机制对企业社

会责任履行情况的影响，但没有进一步考察外部规则和内部规则的联合作用对企业社会责任履行情况的影响，而在现实中，推进企业履行社会责任更多的是受到外部规则和内部规则联合的作用，因此在未来的研究中，作者会进一步从外部制度环境和内部公司治理机制的联合作用视角来考察其对企业社会责任履行状况的影响。

（6）尽管本书在实证分析中都采取了相关的方法来减少内生性问题对研究结论造成的困扰，但由于经验结论可能是现实生活中多种因素相互作用的结果，而本书又无法一一识别和逐个剥离出这些因素，因此实证结论是否真正地反映了或者从多大程度上反映了外部制度环境和内部公司治理机制对企业社会责任履行状况的影响，需要通过更多的理论分析和实证研究来证明。

参考文献

［1］肖红军，张俊生，李伟阳. 企业伪企业社会责任研究 ［J］. 中国工业经济，2013（6）：109-121.

［2］高勇强，陈亚静，张云均. "红邻巾"还是"绿领巾"：民营企业慈善捐赠动机研究 ［J］. 管理世界，2012（8）：106-114.

［3］李凯，等. 中国企业社会责任公共政策的演进与发展 ［M］. 北京：中国经济出版社，2014：2-8.

［4］董进才，黄纬. 企业社会责任理论研究综述与展望 ［J］. 财经论丛，2011（1）：112-116.

［5］班纳吉. 企业社会责任：经典观点与理念的冲突 ［M］. 柳学永，叶素贞，译. 北京：经济管理出版社，2014：1-8.

［6］匡海波. 企业社会责任 ［M］. 北京：清华大学出版社，2010：47-52.

［7］刘凤军，等. 中外企业社会责任研究综述 ［J］. 经济研究参考，2009（12）：37.

［8］高宝玉，等. 中国地方政府推进企业社会责任政策概览 ［M］. 北京：经济管理出版社，2012：1-10.

［9］黄邦汉. 企业社会责任概论 ［M］. 北京：高等教育出版社，2010：232.

［10］CARROLL A B. A Three-Dimensional Conceptual Model of Corporate perform-ance Business and Society Review ［J］. Academy of Management Review，1979，4（4）：497-505.

［11］尹亚军. 企业社会责任的界说及其他——基于主体间性的哲学视角解读 ［J］. 西部法学评论，2013（3）：89-97.

［12］曹钰. 企业社会责任的哲学内涵解读 ［J］. 宿州学院学报，2006，21（2）：30-32.

[13] 胡慧华. 企业社会责任的哲学思考及建构可能途径——以中国传统文化的视野 [J]. 兰州学刊, 2010 (1): 16-19.

[14] 朱宁峰. 论企业社会责任共同体构建的哲学基础 [J]. 绍兴文理学院院学报, 2014, 34 (1): 42-46.

[15] 林军. 企业社会责任的制度经济学思考 [J]. 甘肃省经济管理干部学院学报, 2008, 21 (4): 56-59.

[16] 夏恩君. 关于企业社会责任的经济学分析 [J]. 北京理工大学学报 (社会科学版), 2001, 3 (1): 14-17.

[17] 王晶晶, 范飞龙. 企业社会责任的经济学分析 [J]. 皖西学院学报, 2003, 19 (3): 52-56.

[18] 黄世贤. 企业社会责任的经济学思考 [J]. 江西社会科学, 2006 (6): 135-140.

[19] 李志强, 郑琴琴. 利益相关者对企业社会责任履行的影响——基于成本收益的经济学分析 [J]. 企业经济, 2012 (3): 15-20.

[20] 李振国, 经立. 基于管理学框架的零售企业社会责任研究 [J]. 时代金融, 2012 (9): 92-94.

[21] 黄志坚, 富年, 吴健辉, 等. 从管理学和经济学理论视角分析企业社会责任内涵演变 [J]. 商业时代, 2012 (10): 97-98.

[22] 李玮. 企业承担社会责任的管理学分析 [J]. 中共郑州市委党校学报, 2009 (4): 97-98.

[23] 肖日葵. 经济社会学视角下的企业社会责任分析 [J]. 河南大学学报 (社会科学版), 2010, 50 (2): 67-71.

[24] 宁凌. 企业社会责任的经济、社会学分析及我国企业的社会责任 [J]. 南方经济, 2000 (6): 20-23.

[25] 胡晨. 企业社会责任的经济社会学分析 [J]. 企业家天地 (理论版), 2008 (7): 22-23.

[26] 苗东升. 系统科学大学讲稿 (第一版) [M]. 北京: 中国人民大学出版社, 2007: 14-56.

[27] GROSSMAN S J, HART O D. The Costs and Benefits of Ownership: A Theory

of Vertical and Lateral Integration [J]. Journal of Political Economy, 1986, 94 (4): 691-719.

[28] DONALDSON T, DUNFEE T W. Integrative Social Contracts Theory: A Communitarian Conception of Economic Ethics [J]. Economics and Philosophy, 1995, 11 (1): 85-112

[29] 陈宏辉, 贾生华. 企业社会责任观的演进与发展: 基于综合性社会契约的理解 [J]. 中国工业经济, 2003 (12): 85-92.

[30] FREEMAN R E. Strategic management: A Stakeholder Approach [M]. Cambridge, Mass.: Cambridge University Press, 1984.

[31] JENSEN C M, MECKLING W H. Theory of the Firm: Managerial Behavior, Agency Costs and Ownership Structure [J]. Journal of Financial Economics, 1976, 3 (4): 305-360.

[32] JAWAHAR I M. Toward a Descriptive Stakeholder Theory: An Organizational Life Cycle Approach [J]. Academy of Management Review, 2001, 26 (3): 397-414.

[33] ROWLEY T J. Moving Beyond Dyadic Ties: A Network Theory of Stakeholder Influences [J]. Academy of Management Review, 1997, 22 (4): 887-910.

[34] WADDOCK S A, GRAVES S B. Quality of Management and Quality of Stakeholder Relations: Are they Synonymous? [J]. Business and Society, 1997, 36 (36): 250-279

[35] CHARKHAM J. Corporate Governance: Lessons from Abroad [J]. European Business Journal, 1992, 4 (2): 8-16.

[36] MITCHELL R K, AGLE B R, WOOD D J. Toward a Theory of Stakeholder Identification and Salience: Defining the Principle of Who and What Really Counts [J]. Academy of Management Review, 1997, 22 (4): 853-886.

[37] 王世权, 李凯. 企业社会责任解构: 逻辑起点、概念模型与契约要义 [J]. 外国经济与管理, 2009, 31 (6): 25-31.

[38] 李淑英. 社会契约论视野中的企业社会责任 [J]. 中国人民大学学报, 2007, 21 (2): 51-57.

[39] NORTH D C. Institutions, Institutional Change and Economic Performance

［M］. Cambridge, Mass.: Cambridge University Press, 1990.

［40］QUINN D P, JONES T M. An Agent Morality View of Business Policy ［J］. Academy of Management Review, 1995, 20 (1): 22-42.

［41］CARROLL A B. The Pyramid of Corporate Social Responsibility: Toward the Moral Management of Organization Stakeholders ［J］. Business Horizons, 1991, 78 (34): 39-48.

［42］PFEFFER J, SALANCIK G R. The External Control if Organization: A Resource Dependence Perspective ［M］. Palo Alto: Stanford Business Books, 1978.

［43］RAJAN R, ZINGALES L. Power in A Theory of the Firm ［J］. Quarterly Journal of Economic, 1998, 113 (2): 387-432.

［44］RAJAN R, ZINGALES L. The Governance of The New Enterprise ［J］. Nber Working Paper, 2000.

［45］WERNERFELT B. A Resource-Based View of the Firm ［J］. Strategic Management Journal, 1984, 5 (5): 171-180.

［46］BARNEY J B. Firm Resource and Sustained Competitive Advantage ［J］. Journal of Management, 1991, 17 (1): 99-120.

［47］TEECE D J, PISANO G, SHUEN A. Dynamic Capabilities and Strategic Management ［J］. Strategic Management Journal, 1997, 18 (7): 509-533.

［48］FREEMAN R E. Divergent Stakeholder Theory ［J］. Academy of Management Review, 1999, 24 (2): 233-236.

［49］LOVETT S, LEE C S, KALI R. Guanxi Versus the Market Ethis and Efficiency ［J］. Journal of International Business Studies, 1999, 30 (2): 231-248.

［50］张建君, 张志学. 中国民营企业家的政治战略 ［J］. 管理世界, 2005 (7): 94-105.

［51］HAHN R, KUHNEN M. Determinants of Sustainability Reporting: A Review of Results, Trends, Theory, and Opportunities in An Expanding Field of Research ［J］. Journal of Cleaner Production, 2013, 59 (59): 5-21.

［52］MEYER J W, ROWEN B. Institutional Organizations: Formal Structure as Myth and Ceremony ［J］. American Journal of Sociology, 1977, 83 (2): 340-363.

［53］ DIMAGGIO P J, POWELL P J. The Iron Cage Revisited Institutional Isomor-phism and Collective Rationality in Organizational Fields ［J］. American Journal of Sociolo-gy, 1983, 48 (2): 147-160.

［54］ MEYER J W, SCOTT W R. Centralization and The Legitimacy Problems of Lo-cal Government ［M］. In Meyer and Scott (Eds.). Organiztional environments: ritual and rationality. Beverly Hills, CA: Sage, 1983: 199-215.

［55］ SCOTT W R. Institutions and Organizations ［M］. Thousand Oaks, CA: Sage Publications, 2001.

［56］ HOFFMAN R C. Corporate Social Responsibility in the 1920s: An Institutional Perspective ［J］. Journal of Management History, 2013, 13 (1): 55-73.

［57］ SHELDON O. The Philosophy of Management ［M］. London: Pitman and Sons Ltd., 1924.

［58］ BOWEN H R. Social Responsibilities of the Businessman ［M］. New York: Harper, 1953: 31.

［59］ FREDERICK W C. The Growing Concern over Business Responsibility ［J］. California Management Review, 1960, 2 (4): 54-61.

［60］ FRIEDMAN M. Capitalism and Freedom ［M］. Chicago: University of Chicago Press, 1962.

［61］ DAVIS K. Business and Society: Environment and Responsibility ［M］. 3th Edition, New York: McGraw-Hill, 1975.

［62］ CED (Committee for Economic Development). Social responsibilities of busi-ness corporations ［M］. New York: NY, 1971.

［63］ 彼得·F. 德鲁克. 管理: 任务、责任、实践 ［M］. 孙耀君, 译. 北京: 中国社会科学出版社, 1987: 118-125.

［64］ JONES T M. Corporate Social Responsibility Revisited Redefined ［J］. Califor-nia Management Review, 1980, 22 (3): 59-67.

［65］ CARROLL A B. Ethical Challenges for Business in the New Millennium: Cor-porate Social Responsibility and Models of Management Morality ［J］. Business Ethical Quarterly, 2000, 10 (1): 159-162.

［66］李哲松. 韩国公司法［M］. 吴日焕，译. 北京：中国政法大学出版社，2000.

［67］EU Commission. Green paper：promoting a European Framework for Corporate Social Responsibility［R］. Luxemboure：office for official publications of the European Comminities，2001：4.

［68］RODRIGUEZ P，et al. Three Lenses on the Multinational Enterprises：Politics，Corruption and Corporate Social Responsibility［J］. Journal of International Business Studies，2006：733-746.

［69］JAMALI D. The case for strategic corporate social responsibility in developing countries［J］. Business and Society Review，2007，112（1）：1-27.

［70］张明. 入世后中国企业社会责任研究［D］. 上海：复旦大学，2007.

［71］袁家方. 企业社会责任［M］. 北京：海洋出版社，1990.

［72］张彦宁. 中国企业管理年鉴［M］. 北京：企业管理出版社，1990：778.

［73］李占祥. 论企业社会责任［J］. 中国工业经济研究，1993，2：58-70.

［74］章新华. 社会主义市场经济与企业的社会责任［J］. 经营与管理，1994，4：4-6.

［75］朱慈蕴. 公司法人格否认法理研究［M］. 北京：法律出版社，1998：2.

［76］张兰霞，王志文. 企业的社会责任刍议［J］. 辽宁经济，1999，1：45.

［77］白全礼，王亚立. 企业社会责任：一种新的企业观［J］. 郑州航空工业管理学院学报，2000，3：19-22.

［78］卢代富. 国外企业社会责任界说述评［J］. 现代法学，2001，3：137-144.

［79］徐明棋. 科学发展观视角下的新金融安全观［C］//上海市社会科学界联合会. 当代中国：发展·安全·价值——第二届（2004 年度）上海市社会科学界学术年会文集（中）. 上海：上海人民出版社，2004：6.

［80］周祖城. 企业伦理学［M］. 北京：清华大学出版社，2005：41.

［81］陈贵民，雷造民. 企业社会责任的界定［M］. 北京：中国财政经济出版社，2005.

［82］吴照云. 理性看企业社会责任［C］//中国企业管理研究会，中国社会科学院管理科学研究中心. 中国企业社会责任问题学术研讨会暨中国企业管理研究会

2005 年会会议论文集. 北京：[出版者不详]，2005.

[83] 陈迅，韩亚琴. 企业社会责任分级模型及其应用 [J]. 中国工业经济，2005，9：99-105.

[84] 刘长喜. 利益相关者、社会契约与企业社会责任 [D]. 上海：复旦大学，2005.

[85] 刘俊海. 关于公司社会责任的若干问题 [J]. 理论前沿，2007，22：19-22.

[86] 陈支武. 企业社会责任理论与实践 [M]. 长沙：湖南大学出版社，2008.

[87] 王晓珍，汤丽萍，等. 企业社会责任理论研究综述 [J]. 江苏商论，2009（10）：116-118.

[88] 黎友焕. 企业社会责任 [M]. 广州：华南理工大学出版社，2010：92.

[89] 郭洪涛. 国有企业经济目标和社会目标间的权衡——基于企业社会责任发展历程的分析 [J]. 现代经济探讨，2012，3：10-13.

[90] PRESTON L, O'BANNON D. The Corporate Social-Financial Performance Relationship, A Typology and Analysis [J]. Business and Society, 1997, 36 (4)：419-429.

[91] STANWICK P A, STANKWICK S D. The Relation between Corporate Social Performance and Organizational Size, Financial Performance, and Environmental Performance：An Empirical Examination [J]. Journal of Business Ethics, 1998, 17 (2)：195-205.

[92] HARRISON J, FREEMAN R. Stakeholders, Social Responsibility and Performance：Empirical Evidence and Theoretical Perspectives [J]. Academy of Management Journal, 1999, 42 (5). 479-487.

[93] SCHNIETZ K E, EPSTEIN M J. Exploring the Financial Value of A Reputation for Corporate Social Responsibility During A Crisis [J]. Corporate Reputation Review, 2005, 7 (4)：327-345.

[94] LEV B, PETROVITS C, RADHAKRISHNAN S. Is Doing Good Good for You? How Corporate Charitable Contributions Enhance Revenue Growth [J]. Strategic Management Journal, 2010, 31 (2)：182-200.

[95] SURROCA J, TRIBO J A, WADDOCK S. Corporate Responsibility and Financial Performance: The Role of Intangible Resources [J]. Strategic Management Journal, 2010, 31 (5), 463-490.

[96] HANSEN S D, DUNFORD B B, BOSS A D, BOSS R W, ANGERMEIER I. Corporate Social Responsibility and the Benefits of Employee Trust: A Cross-Disciplinary Perspective [J]. Journal of Business Ethics, 2011, 102 (1): 29-45.

[97] MULLER A, KRAUSSL R. Doing Good Deeds in Times of Need: A Strategic Perspective on Corporate Disaster Donations [J]. Strategic Management Journal, 2011, 32 (9), 911-29.

[98] BARNETT M L, SALOMON R M. Beyond Dichotomy: The Curvilinear Relationship between Social Responsibility and Financial Performance [J]. Strategic Management Journal, 2006, 27 (11): 1101-1122.

[99] BRAMMER S, MILLINGTON A. Corporate Reputation and Philanthropy: An Empirical Analysis [J]. Journal of Business Ethics, 2005, 61 (1): 29-44.

[100] BRAMMER S, MILLINGTON A. Does It Pay to Be Different? An Analysis of the Relationship between Corporate Social and Financial Performance [J]. Strategic Management Journal, 2008, 29 (12): 1325-1343.

[101] MAKNI R, FRANCOEUR C, BELLAVANCE F. Causality Between Corporate Social Performance and Financial Performance: Evidence from Canadian Firms [J]. Journal of Business Ethics, 2009, 89 (3): 409-422.

[102] BOWMAN E H, HAIRE M. A Strategic Posture towards Corporate Social Responsibility [J]. California Management Review, 1975, 18 (2): 49-58.

[103] LANKOSKI L. Determinants of Environmental Profit: An Analysis of the Firm-level Relationship between Environmental Performance and Economic Performance [D]. Helsinki: Helsinki University of Technology, 2000.

[104] MCWILLIAMS A, SIEGEL D. Corporate Social Responsibility: A Theory of the Firm Perspective [J]. Academy of Management Review, 2001, 26 (1): 117-127

[105] MARGOLIS J D, WALSH J P. Misery Loves Companies: Rethinking Social Initiatives by Business [J]. Administrative Science Quarterly, 2003, 48 (48): 268-

305.

[106] 沈洪涛. 公司社会责任与公司财务绩效关系研究——基于相关利益者理论的分析 [D]. 厦门：厦门大学，2005.

[107] 刘长翠，孔晓婷. 社会责任会计信息披露的实证研究——来自沪市2002—2004年度的经验数据 [J]. 会计研究，2006（10）：36-43.

[108] 汪冬梅，孙召亮，王爱国. 我国上市公司社会责任与企业价值关联性分析——以房地产开发与经营业为例 [J]. 海南大学学报（人文社会科学版），2008（5）：502-506.

[109] 温素彬，方苑. 企业社会责任与财务绩效关系的实证研究——利益相关者视角的面板数据分析 [J]. 中国工业经济，2008（10）：150-160.

[110] 杨自业，尹开国. 公司社会绩效影响财务绩效的实证研究——来自中国上市公司的经验证据 [J]. 中国软科学，2009（11）：109-118.

[111] 王晓巍，陈慧. 基于利益相关者的企业社会责任与企业价值关系研究 [J]. 管理科学，2011，6：29-37.

[112] 阳秋林，黎勇平. 社会责任会计信息披露与企业市场价值的相关性研究 [J]. 财会月刊，2012，5：21-23.

[113] 张敏. 企业社会责任与财务绩效关系的实证研究 [J]. WTO 经济导刊，2012（5）：70-72.

[114] 孔龙，张鲜华. 企业社会责任绩效与企业财务绩效相关性的实证分析——基于 A 股上市公司的经验证据 [J]. 中国海洋大学学报（社会科学版），2012，4：80-84.

[115] 王倩. 企业社会责任与企业财务绩效的关系研究 [D]. 杭州：浙江大学，2014.

[116] 张维迎. 产权、激励与公司治理 [M]. 北京：经济科学出版社，2005：7.

[117] 李正. 企业社会责任与企业价值的相关性研究——来自沪市上市公司的经验证据 [J] 中国工业经济，2006，2：77-83.

[118] 李伟. 企业社会责任与财务绩效关系研究——基于交通运输行业上市公司的数据分析 [J]. 财经问题研究，2012（4）：89-94.

［119］袁昊，夏鹏，赵卓丽. 承担社会责任未必影响公司发展——从企业社会责任指向谈企业社会责任与绩效关系［J］. 华东经济管理，2004，6：34-36.

［120］朱雅琴，姚海鑫. 企业社会责任与企业价值关系的实证研究［J］. 财经问题研究，2010，2：102-106.

［121］陈玉清，马丽丽. 我国上市公司社会责任会计信息市场反应实证分析［J］. 会计研究，2005（11）：76-81.

［122］DHALIWAL D S，LI O Z，TSANG A，YANG Y G. Voluntary Nonfinancial Disclosure and the Cost of Equity Capital：The Initiation of Corporate Social Responsibility Reporting［J］. The Accounting Review，2011，86（1）：59-100.

［123］DHALIWAL D S，LI O Z，TSANG A，YANG Y G. Corporate Social Responsibility Disclosure and the Cost of Equity Capital：The Roles of Stakeholder Orientation and Financial Transparency［J］. Journal of Accounting and Pbulic Policy，2014，33（4）：328-355.

［124］李姝，赵颖，童婧. 社会责任报告降低了企业权益资本成本吗？——来自中国资本市场的经验证据［J］. 会计研究，2013（9）：64-70.

［125］何贤杰，肖土盛，陈信元. 企业社会责任信息披露与公司融资约束［J］. 财经研究，2012（8）：60-71.

［126］李志刚，施先旺，高莉贤. 企业社会责任信息披露与银行借款契约——基于信息不对称的视角［J］. 金融经济学研究，2016（1）：106-116.

［127］DHALIWAL D S，RADHAKRISHNAN S，TSANG A，YANG Y G. Nonfinancial Disclosure and Analyst Forecast Accuracy：International Evidence on Corporate Social Responsibility Disclosur［J］. The Accounting Review，2012，87（3）：723-759.

［128］何贤杰，肖土盛，朱红军. 所有权性质、治理环境与企业社会责任信息披露的经济后果：基于分析师盈利预测的研究视角［J］. 中国会计与财务研究，2013（2）：57-120.

［129］PRIOR D，SURROCA J，TRIBO J. Are Social Responsibility Managers Really Ethical? Exploring the Relationship between Earnings Management and Corporate Social Responsibility［J］. Corporate Governance An International Review，2008，16（3）：160-177.

[130] CHIH H, SHEN C, KANG F. Corporate Social Responsibility, Investoer Protection and Earnings Management: Some International Evidence [J]. Journal of Business Ethics, 2008, 79 (1): 179-198.

[131] KIM Y, PARK M S, WIER B. Is Earnings Quality Associated with Corporate Social Responsibility [J]. The Accounting Review, 2012, 87 (3): 761-796.

[132] 朱松. 企业社会责任、市场评价与盈余信息含量 [J]. 会计研究, 2011 (11): 27-34.

[133] 高莉芳, 曲晓辉, 张多蕾. 企业社会责任报告与会计信息质量——基于深市上市公司的实证研究 [J]. 财经论丛, 2011 (3): 99-105.

[134] 王霞, 徐怡, 陈露. 企业社会责任信息披露有助于甄别财务报告质量吗? [J]. 财经研究, 2014 (5): 133-144.

[135] SEN S, BHATTACHARYA C B. Does Doing Good Always Lead to Dong Better? Consumer Reaction to Corporate Social Responsibility [J]. Journal of Marketing Research, 2001, 38 (2): 225-243.

[136] SUN W, CUI K. Linking Does Corporate Social Responsibility to Firm Default Risk [J]. European Management Journal, 2014, 32 (2): 275-287.

[137] BOWMAN E H, HAIRE M. A Strategic Posture toward Corporate Social Responsibility [J]. California Management Review, 1975, 18 (2): 49-58.

[138] INGRAM R W. An Investigation of the Infornmation Content of (certain) Social Responsibility Disclosures [J]. Journal of Accounting Research, 1978, 16 (2): 270-285.

[139] ABBOTT W F, MONSEN R. On the Measure of Corporate Social Responsibility: Self-reported Disclosure as a Measure of Corporate Social Involvement [J]. Academy of Management Journal, 1979, 22 (3): 501-515.

[140] 李志斌. 内部控制、实际控制人性质与社会责任履行——来自中国上市公司的经验证据 [J]. 经济经纬, 2014 (9): 109-114.

[141] MOSKOWITZ M. Choosing Socially Responsible Stocks [J]. Business and Social Review, 1972, 1: 501-515.

[142] PATTEN D M. Intra-industry Environmental Disclosures in Response to the

Alaskan Oil Spill: A Note on Legitimacy Theory [J]. Accounting, Organizations and Society, 1992, 17 (5): 471-475.

[143] 沈洪涛, 李余晓璐. 我国重污染行业上市公司环境信息披露现状分析 [J]. 证券市场导报财经论丛, 2010 (6): 51-57.

[144] 山立威, 甘犁, 郑涛. 公司捐款与经济动机——汶川地震后中国上市公司捐款的实证研究 [J]. 经济研究, 2008 (11): 51-60.

[145] 贾明, 张喆. 高管的政治关联影响公司慈善行为吗? [J]. 管理世界, 2010 (4): 99-113

[146] 高勇强, 何晓斌, 李路路. 民营企业家社会身份、经济条件与企业慈善捐款 [J]. 经济研究, 2011 (12): 111-123.

[147] 张敏, 马黎珺, 张雯. 企业慈善捐款的政企纽带效应——基于我国上市公司的经验证据 [J]. 管理世界, 2013 (7): 163-171.

[148] 戴亦一, 潘越, 冯舒. 中国企业的慈善捐款是一种"政治献金"吗? ——来自市委书记更替的证据 [J]. 经济研究, 2014 (2): 74-86.

[149] ACQUAAH M. Managerial Social Capital, Strategic Orientation and Organizational Performance in an Emerging Economy [J]. Strategic Management Journal, 2007, 28 (12): 1235-1255.

[150] 李海芹, 张子刚. CSR 对企业声誉及顾客忠诚影响的实证研究 [J]. 南开管理评论, 2010, 13 (1): 90-98.

[151] 张正勇. 产品市场竞争、公司治理与社会责任信息披露——来自中国上市公司社会责任报告的经验证据 [J]. 山西财经大学学报, 2012 (4): 67-76.

[152] SCHULER F D, Cording M. A Corporate Social Performance-Corporate Financial Performance Behavioral Model for Consumers [J]. Academyof Management Review, 2006, 31 (3): 540-558.

[153] LANIS R, Richardson G. Corporate Social Responsibility and Tax Aggressiveness: An Empirical Analysis [J]. Journal of Accounting and Public Policy, 2012, 31 (1): 540-558.

[154] 国际认证联盟 [EB/OL]. (2009-01-12). http: //www. isoyes. com.

[155] FRIEDMAN M. The Social Responsibility of Business Is to Increase Its Profits

［J］. New York Times Magazine, 2006, 32（6）: 173-178.

［156］PHILIP M, BRADLEY G. Stages of Corporate Citizenship ［J］. California Management Review, 2006, 48（2）: 104-123.

［157］张慧玲. SA8000: 社会责任标准 ［J］. 中外企业文化, 2004（7）: 36-38.

［158］姚江舟, 李键. 企业如何化社会责任为竞争力 ［EB/OL］. （2006-11-14）. http: //www. wccep. com/Html/ 20061114215019-1. html.

［159］周国银, 张少标. SA8000: 2001 社会责任国际标准实施指南 ［M］. 深圳: 海天出版社, 2002.

［160］朱乾宇. 西方国家企业社会责任借鉴 ［J］. 科技进步与对策, 2003（18）: 126-128.

［161］周中胜, 何德旭, 李正. 制度环境与企业社会责任履行: 来自中国上市公司的经验证据 ［J］. 中国软科学, 2012（10）: 59-68.

［162］权小锋, 吴世农, 尹洪英. 企业社会责任与股价崩盘风险: "价值利器" 或 "自利工具"? ［J］. 经济研究, 2015（11）: 49-64.

［163］PATTEN D M. Exposure, Legitimacy and Social Disclosure ［J］. Journal of Accounting and Public Policy, 1991, 10（4）: 297-308.

［164］BANERJEE S B. Managerial Perceptions of Corporate Environmentalism: Interpretations from Industry and Strategic Implications for Organizations ［J］. Journal of Management Studies, 2001, 38（4）: 489-513.

［165］MCWILLIAMS E. The Impact of Corporate Characteristics on Social Responsibility Disclosure: A Typology and Frequency-Based Analysis ［J］. Accounting, Organizations and Society, 2001, 12（2）: 111-122.

［166］LEPOUTRE J, HEENE A. Investigating the Impact of Firm Size on Small Business Social Responsibility: ACritical Review ［J］. Journal of Business Ethics, 2006, 67（3）: 257-273.

［167］BAUMANN P D, WICKERT C, SPENCE L J, SCHERER A G. Organizing Corporate Social Responsibility in Small and Large Firms: Size Matters ［J］. Journal of Business Ethics, 2013, 115（4）: 693-705.

[168] 沈洪涛. 公司特征与企业社会责任信息披露: 来自我国上市公司的经验证据 [J]. 会计研究, 2007 (3): 9-17.

[169] 黄群慧, 彭华岗, 钟宏武, 张蒽. 中国 100 强企业社会责任发展状况评价 [J]. 中国工业经济, 2009 (10): 23-35.

[170] 郭毅, 苏欣. 供应链社会责任管理与零售业的可持续发展 [J]. 北京工商大学 (社会科学版), 2012 (4): 12-16.

[171] 郭毅, 丰乐明, 刘寅. 企业规模、资本结构与供应链社会责任风险 [J]. 科研管理, 2013 (6): 84-90.

[172] MCGUIRE J B, SUNDGREN A, SCHNEEWEIS T. Corporate Social Responsibility and Firm Financial Performance [J]. Academy of Management Journal, 1988, 31 (4): 854-872.

[173] ORLITZKY M, BENJAMIN J D. Corporate Social Performance and Firm Risk: A Meta-Analysis Review [J]. Business and Society, 2001, 40 (4): 369-396.

[174] ANDRIKOPOULOS A, KRIKLAN N. Environmental Disclosure and Financial Characteristics of the Firm: The Case of Denmark [J]. Corporate Social Responsibility and Environmental Management, 2013, 20 (1): 55-64.

[175] ENG L L, MARK Y T. Corporate Governance and Voluntary Disclosure [J]. Journal of Accounting and Public Policy, 2003, 22 (4): 325-345.

[176] 刘长翠, 孔晓婷. 社会责任会计信息披露的实证研究——来自沪市 2002—2004 年度的经验数据 [J]. 会计研究, 2006 (10): 36-43.

[177] 杨忠智, 乔印虎. 行业竞争属性、公司特征与社会责任关系研究——基于上市公司的实证分析 [J]. 科研管理, 2013 (3): 58-67.

[178] 陈文婕. 论企业社会责任信息披露影响因素 [J]. 财经理论与实践, 2010 (166): 96-100.

[179] ROBERTS R W. Determinants of Corporate SocialResponsibility Disclosure: An Application of Stakeholder Theory [J]. Accounting, Organization and Society, 1992, 17 (6): 595-612.

[180] LEE E P, O'BANNON D P. The Corporate Social-Financial Performance Relationship: A Typology and Analysis [J]. Business and Society, 1997, 36 (4): 419-

429.

[181] HOOGHIEMSTRA R. Corporate Communication and Impression Management：New Perspectives Why Companies Engage in Corporate Social Reporting [J]. Journal of Business Ethics，2013，27（1-2）：55-68.

[182] CARACUEL J A，MANDOJANA N O. Green Innovation and Financial Performance：An Institutional Approach [J]. Organization and Evninronment，2013，26（4）：365-385.

[183] KANG J. The Relationship between Corporate Diversifaction and Corporate Social Performance [J]. Strategic Management Journal，2013，34（1）：94-109.

[184] JULIAN S D，DANKWA O J C. Financial Resource Availability and Corporate Social Responsibility Expenditures in a sub-Saharan Economy：The Institutional Difference Hypothesis [J]. Strategic Management Journal，2013，34（11）：1314-1330.

[185] 鞠芳辉，谢子远，宝贡敏. 企业社会责任的实证——基于消费者选择的分析 [J]. 中国工业经济，2005（9）：91-98.

[186] 张川，娄祝坤，詹丹碧. 政治关联、财务绩效与企业社会责任——来自中国化工行业上市公司的证据 [J]. 管理评论，2014（1）：130-139.

[187] 张兆国，靳小翠，李庚秦. 企业社会责任与财务绩效之间交互跨期影响实证研究 [J]. 会计研究，2013（8）：32-39.

[188] PORTA L，SHLEIFER F，VISHNY R. Law and Finance [J]. Journal of Political Economy，1998，106（6）：1113-1155.

[189] HILLMAN A J，KLEIN G D. Shareholder Value，Stakeholder Management amd Social Issues：What's the Bottom Line? [J]. Strategic Management Journal，2001，22（2）：125-139.

[190] WALLS，JUDITH L，BERRONE，PHILLIP H. Corporate Governance and Environmental Performance：Is There Really a Link? [J]. Strategic Management Journal，2012，33（8）：885-913.

[191] DAM L，SCHOLTENS B. Ownership Concentration and CSR Policy of European Multinational Enterprises [J]. Journal of Business Ethics，2013，118（1）：117-126.

［192］宋建波，李爱华.企业社会责任的公司治理因素研究［J］.财经问题研究，2010（5）：23-29.

［193］谢文武.公司治理环境对企业社会责任的影响分析［J］.现代财经，2011（1）：91-97.

［194］肖作平，杨娇.公司治理对公司社会责任的影响分析——来自中国上市公司的经验证据［J］.证券市场导报，2011（6）：34-40.

［195］王勇，刘文纲.零售业上市公司社会责任信息披露质量及其影响因素分析［J］.北京工商大学学报（社会科学版），2012（3）：17-22.

［196］冯丽丽，林芳，许家林.产权性质、股权集中度与企业社会责任履行［J］.山西财经大学学报，2011（9）：100-107.

［197］井润田，张远.基于股权结构的合资企业社会责任研究［J］.管理评论，2009（19）：101-108.

［198］王海妹，吕晓静，林晚发.外资参股和高管、机构持股对企业社会责任的影响——基于中国A股上市公司的实证研究［J］.会计研究，2014（8）：81-87.

［199］WANG J, DEWHIRST H D. Boards of Directs and Stakeholder Orientation ［J］. Journal of Business Ethics, 1992, 11（2）：115-123.

［200］JOHNSON R D, GREENING D W. The Effects of Corporate Governance and Institutional Ownership Types on Corporate Social Performance ［J］. Academy of Management Journal, 1999, 42（5）：564-576.

［201］HANIFFA R M, COOK T E. The Impact of Cluture and Governance on Corporate Social Reporting ［J］. Journal of Accounting and Public Policy, 2005, 24（1）：391-430.

［202］MILLKEN F J, MARTINS L L. Searching for Common Threads：Understanding the Multiple Effects of Diversity in Organizational Groups ［J］. Academy of Management Review, 1996, 21（21）：402-433.

［203］RICART J, RODRIGUEZ M, SANCHEZ P. Sustainability in the Boardroom：An Empirical Investigation of Dow Jones Sustainability World Index Leaders ［J］. Corporate Governance, 2005, 5（3）：24-41.

［204］FAUVER L, FUERST M E. Does Good Corporate Governance Include Employee Representation? Evidence from German Corporate Boards [J]. Journal of Financial Economics, 2006, 82 (3): 673-710.

[205] WANG J, COFFEY B S. Board Composition and Corporate Philanthropy [J]. Journal of Business Ethics, 1992, 11 (10): 771-778.

[206] IBRAHIM N A, ANGELIDIS J P. Effect of Board Members' Gender on Corporate Social Responsiveness Orientation [J]. Journal of Applied Business Research, 1994, 10 (1): 35.

[207] ROMERO S, RUIZ S. Does Board Gender Composition Affect Corporate Social Responsibility Reporting? [J]. International Journal of Business and Social Science, 2012, 3 (1): 31-38.

[208] 马连福, 赵颖. 上市公司社会责任信息披露影响因素研究 [J]. 证券市场导报, 2007 (7): 4-9.

[209] 沈洪涛, 杨熠, 吴奕彬. 合规性、公司治理与社会责任信息披露 [J]. 中国会计评论, 2010 (3): 363-374.

[210] 于晓谦, 程浩. 公司治理对公司社会责任信息披露的影响——基于中国石化塑胶行业的实证研究 [J]. 会计之友, 2010 (2): 85-89.

[211] STURDIVANT F D, GRINTER J L. Corporate Social Responsiveness: ManagementAttitudes and Economic Performance [J]. California Management Review, 1977, 19 (3): 30-29.

[212] SWANSON D L. Addressing a Theoretical Problem by Reorienting the Corporate Social Performance Model [J]. Academy of Management Review, 1995, 20 (1): 43-64.

[213] WEAVER G R, TREVINO L K, COCHRAN P L. Integrated and Decoupled Corporate Social Performance: Management Commitments, External Pressures, and Corporate Ethics Practices [J]. Academy of Management Journal, 1999, 42 (5): 539-552.

[214] HEMINGWAY C A, MACLAGAN R W. Manager's Personal Values as Drivers of Corporate Social Responsibility [J]. Journal of Business Ethics, 2004, 50 (1): 33-44.

[215] AGLE B R, MITCHELL R K, SONNENFELD J A. Who Matters to CEOs? An Investigation of Stakeholder Attributes and Salience, Corporate Performance and CEO Values [J]. Academy of Management Journal, 1999, 42 (5): 507-525.

[216] ABDUL M Z, IBRAHIM S. Executive and Management Attitudes towards Corporate Social Responsibility in Malaysia [J]. Corporate Governance, 2002, 2 (4): 10-16.

[217] BRAMMER S, WILLIAMS G, ZINKIN J. Religion and Attitudes to Corporate Social Responsibility in a Large Cross-country Sample [J]. Journal of Business Ethics, 2007, 71 (3): 229-243.

[218] MUDRACK P. Individual Personality Factors that Affect Normative Beliefs about the Rightness of Corporate Social Responsibility [J]. Business and Society, 2007, 46 (1): 33-62.

[219] 邓丽明, 郭晓虹. 高管价值观影响企业社会责任行为的理论与实证研究 [J]. 江西社会科学, 2012 (8): 236-240.

[220] 曾建光, 张英, 杨勋. 宗教信仰与高管层的个人社会责任基调——基于中国民营企业高管层个人捐赠行为的视角 [J]. 管理世界, 2016 (4): 97-110.

[221] GUIRAL A, SAORIN E G, BLANCO B. Are Auditor Opinions on Internal Control Effectiveness Influence by Corporate Social Responsibility? [J]. Yonsei Unibersity Working Paper, 2014 (2): 105-122.

[222] RODGERS W, SODERBOM A, GUIRAL A. Corporate Social Responsibility Enhanced Control Systems Reducing the Likehihood of Fraud [J]. Journal of Business Ethics, 2015, 131 (4): 871-882.

[223] 彭钰, 陈红强. 内部控制、市场化进程与企业社会责任 [J]. 现代财经, 2015 (6): 43-54.

[224] TROTMAN K T, BRADLY Q W. Associations between Social Responsibility Disclosure and Characteristics of Companies [J]. Accounting, Organization and Society, 1981, 6 (4): 355-362.

[225] JENKINS H, YAKOVLEVA N. Corporate Social Responsibility in the Mining Industry: Exploring Trends in Social and Environmental Disclosure [J]. Journal of Cleaner

Production, 2006, 14 (1): 271-284.

[226] REVERTE C. Determinants of Corporate Social Responsibility Disclosure Rating by Spanish Listed Firms [J]. Journal of Business Ethics, 2009, 88 (2): 351-366.

[227] 徐珊, 黄健柏. 媒体治理与企业社会责任 [J]. 管理学报, 2015 (7): 1072-1081.

[228] 姚海琳, 王昶, 周登. 政府控制和市场化进程对企业社会责任的影响——来自中国沪市上市公司的经验证据 [J]. 现代财经, 2012 (8): 58-69.

[229] 辛宇, 左乃健. 企业社会责任履行的影响因素——基于股权性质的视角 [J]. 现代财经, 2013, 5 (2): 102-121.

[230] HUSTED B W, ALLEN D B. Corporate SocialResponsibility in the Multinational Enterprise: Strategic and Institutional Approach [J]. Journal of International Business Studies, 2006, 37 (6): 838-849.

[231] CAMPELL J L. Why would Corporations behave in Socially Responsible Ways? An Institutional Theory of Corporate Social Responsibility [J]. Academy of Management Review, 2007, 32 (3): 946-967.

[232] SIMNETT R, VANSTRAELEN A, CHUA W F. Assurance on Sustainability Reports: An International Comparison [J]. The Accounting Review, 2009, 84 (3): 937-967.

[233] ZIZZO D J, FLEMING P. Can Experimental Measures of Sensitivity to Social Pressure Predict Public Good Contribution? [J]. Economics Letters, 2011, 111 (3): 239-242.

[234] GOLOBA U, BARTLETTB J L. Communicating about Corporate Social Responsibility: A Comparative Study of CSR Reporting in Australia and Slovenia [J]. Public Relations Review, 2007, 33 (1): 1-9.

[235] AGUINIS H, GLAVAS A. What We Know and Don't Know About Corporate Social Responsibility: A Review and Research Agenda [J]. Journal of Management, 2012, 38 (4): 932-968.

[236] SHAMSIE J. The Context of Dominance: An Industry-Driven Framework for Exploiting Reputation [J]. Strategic Management Journal, 2003, 24 (3): 199-215.

[237] SEN S, BHATTACHARYA C B, KORSCHUN D. The Role of Corporate Social Responsibility in Strengthening Multiple Stakeholder Relationships: A Field Experiment [J]. Journal of the Academy of Marketing Science, 2006, 34 (2): 158-166.

[238] PEREGO P. Causes and Consequences of Choosing Differnet Assurance Providers: An International Study of Sustainability Reporting [J]. International Journal of Management, 2009, 26 (3): 412-425.

[239] KOLK A, PINKSE J. The Integration of Corporate Governance in Corporate Social Responsibility Disclosures [J]. Corporate Social Responsibility and Evvironment Management, 2010, 17 (1): 15-26.

[240] 郝云宏, 唐茂林, 王淑贤. 企业社会责任的制度理性及行为逻辑: 合法性视角 [J]. 商业经济与管理, 2012 (7): 74-81.

[241] 万寿义, 刘正阳. 制度背景、公司价值与社会责任成本——来自沪深300 指数上市公司的经验证据 [J]. 南开管理评论, 2013 (1): 83-91.

[242] 李正, 官峰, 李增泉. 企业社会责任报告鉴证活动影响因素研究——来自我国上市公司的经验证据 [J]. 审计研究, 2013 (3): 102-112.

[243] BESLEY T, PRAT A. Handcuffs for the Grabbing Hand? Media Capture and Governance Accountability [J]. American Economic Review, 2006, 96 (3): 720-736.

[244] WEINER J L, LAFORGE R W. Personal Communication in Marketing: An Examination of Self-Interest Contingency Relationships [J]. Journal of Marketing Research, 1990, 27 (2): 227-231.

[245] YEOSUN Y, ZEYNEP G, NORBERT S. The Effects of Corporate Social Responsibility (CSR) Activities on Companies with Bad Reputations [J]. Journal of Consumer Psychology, 2006, 16 (4): 377-390.

[246] GROZA M D, PRONSCHINSKE M R, WALKER M. Perceived Organizational Motives and Consumer Responses to Proactive and Reactive CSR [J]. Journal of Business Ethics, 2011, 102 (4): 639-652.

[247] STELIOS C Z, ANDREAS P G, CRAIG E C, DONALD S S. Does Media Attention Drive Corporate Social Responsibility? [J]. Journal of Business Research, 2012, 65 (11): 1622-1627.

[248] DU X Q, CHANG Y Y. ZENG Q, DU Y J, PEI H M. Corporate Environmental Responsibility (CER) Weakness, Media Coverage, and Corporate Philanthropy: Evidence from China [J]. Asia Pacific Journal of Management, 2015, 33 (2): 1-33.

[249] DU X Q, PEI H M, DU Y J, ZENG Q. Media Coverage, Family Ownership and Corporate Philanthroph Giving: Evidence from China [J]. Journal of Management and Organization, 2016, 22 (2): 224-253.

[250] 徐丽萍, 辛宇, 祝继高. 媒体关注与上市公司社会责任之履行——基于汶川地震捐款的实证研究 [J]. 管理世界, 2011 (3): 135-143.

[251] 孔东民, 刘莎莎, 应千伟. 公司行为中的媒体角色: 激浊扬清还是推波助澜? [J]. 管理世界, 2013 (7): 145-162.

[252] 高洁, 孔东民, 王瑞敏. 社会幸福度、媒体关注与企业社会责任 [J]. 浙江社会科学, 2016 (4): 79-89.

[253] 陶莹, 董大勇. 媒体关注与企业社会责任信息披露关系研究 [J]. 证券市场导报, 2013 (11): 20-26.

[254] 韦英洪. 论公司社会责任的实现机制 [D]. 北京: 对外经济贸易大学, 2007.

[255] 杨和荣, 丁丹. 从复杂性思维看和谐社会及其评价尺度 [J]. 系统科学学报, 2006 (3): 40-43.

[256] 张广宣, 莫小勇. 基于消费者需求的企业社会责任实现机理 [J]. 商业时代, 2007 (23): 106-107.

[257] 蔡宁, 李建升, 李巍. 实现企业社会责任: 机制构建及其作用分析 [J]. 浙江大学学报 (人文社会科学版), 2008 (4): 128-135.

[258] 易开刚. 企业社会责任的系统化实现: 模型与机制 [J]. 学术月刊, 2009 (4): 80-85.

[259] 闫敬. 国有企业社会责任实现机制研究 [D]. 天津: 天津商业大学, 2007.

[260] 陈德萍, 安凡所. 企业社会责任实现的成本收益分析 [J]. 广东财经职业学院学报, 2007 (1): 61-63.

[261] 张亚楠. 国有企业社会责任形成机制与实现路径研究 [D]. 武汉: 武汉

理工大学，2011.

［262］黎文靖. 所有权类型、政治寻租与公司社会责任报告：一个分析性框架［J］. 会计研究，2012（1）：81-88.

［263］贺立龙，朱方明. 企业社会责任之存在缘由及实现路径［J］. 求索，2012（9）：9-11.

［264］胡焱. 科学发展观视阈下企业社会责任实现路径研究［J］. 理论月刊，2013（9）：149-151.

［265］王一. 法治视野下强化企业社会责任的路径探索［D］. 信阳：信阳师范学院，2014.

［266］黄晓鹏. 演化经济学视角下的企业社会责任政策——兼谈企业社会责任的演化［J］. 经济评论，2007（4）：129-137.

［267］黄凯南. 演化经济学的数学模型评析［J］. 中国地质大学学报（社会科学版），2013，13（3）：80-90.

［268］黄凯南. 演化经济学理论发展梳理：方法论、微观、中观和宏观［J］. 南方经济，2014（10）：100-106.

［269］王仕军，李梅. 企业治理结构的共时多样性与历时多样性——从哈耶克社会秩序二元关角度的分析［J］. 湖北经济学院学报，2004，2（6）：79-83.

［270］刘晶. 规则与行为——解析哈耶克的"社会秩序规则二元观"［J］. 法治与社会，2008（1）：279-280.

［271］陆铭，李爽. 社会资本、非正式制度与经济发展［J］. 管理世界，2008（9）：161-165.

［272］罗纳德·H. 科斯，等. 财产权利与制度变迁——产权学派与新制度学派译文集［M］. 刘守英，等，译. 上海：格致出版社，2014.

［273］FREDERICK W, POST J, DAVIS S K. Business and Society：Corporate Strategy, Public Policy, Ethics［M］. New York：McGraw-Hill, 1992.

［274］CHARKHAM J. Corporate Governance：Lessons from Abroad［J］. European Business Journal, 1992, 4（2）：8-16.

［275］WHEELER S. Inclsuive Communities and Dialogical Stakeholders：A Methodogy for an Authentic Corporate Citizenship［J］. Australian Journal of Corporate Law,

1998, 9: 1-20.

[276] 徐大伟, 涂少云, 常亮. 基于演化博弈的流域生态补偿利益冲突分析 [J]. 中国人口·资源与环境, 2012, 22 (2): 8-14.

[277] 黄凯南. 演化博弈与演化经济学 [J]. 经济研究, 2009 (2): 132-145.

[278] 张光辉. 从动态博弈建立水利建设项目的管理激励与约束机制 [J]. 黑龙江水利科技, 2008, 36 (2): 100-101.

[279] 常路彪, 张云波, 章凌云. 工程招投标中业主与承包商的动态博弈分析 [J]. 建筑经济, 2008 (6): 104-106.

[280] 姜晖, 王浣尘. 基于不完全信息动态博弈模型的报价策略研究 [J]. 上海管理科学, 2008 (1): 27-30.

[281] 陈青兰, 丁荣贵, 莫长炜. 基于动态博弈模型的企业与供应商项目关系管理 [J]. 软科学, 2008, 22 (2): 74-78.

[282] WILLIAMSON O E. The New Institutional Economics: Taking Stock, Looking Ahead [J]. Journal of Economic Literature, 2000, 38 (3): 595-613.

[283] PORTA R L, SHLEIFER A, VISHIVY R W. Legal Determinants of External Finance [J]. Journal of Finance, 1997, 52 (3): 1131-1150.

[284] PORTA R L, SHLEIFER A, VISHIVY R W. Investor Protection and Corporate Governance [J]. Journal of Financial Economics, 2000, 58 (2): 3-27.

[285] DYCK A, ZINGALES L. The Corporate Governance Role of the Media [J]. NBER Working Paper, 2002.

[286] DYCK A, ZINGALES L. Private Benefits of Control: An International Comparison [J]. Journal of Finance, 2004, 59 (2): 537-600.

[287] DYCK A, VOLCHKOVA N, ZINGALES L. The Corporate Governance Role of the Media: Evidence from Russia [J]. Journal of Finance, 2008, 63 (3): 1093-1135.

[288] CHOI C J, LEE S H, KIM J B. A Note on Counter Trade: Contractual Uncertainty and Transaction Governance in Transaction Economies [J]. Journal of International Business Studies, 1999, 30 (1): 189-201.

[289] PISTOR K, RAISER M, GELFER S. Law and Finance in Transaction Eco-

nomics [J]. Economics of Transaction, 2000, 8 (2): 325-368.

[290] ALLEN F, QIAN J, QIAN M J. Law, Finance, and Economic Growth in China [J]. Journal of Financial Economics, 2005, 77 (1): 57-116.

[291] 张维迎, 柯荣住. 信任及其解释: 来自中国的跨省调查分析 [J]. 经济研究, 2002 (10): 59-70.

[292] 世界银行. 政府治理、投资环境与和谐社会——中国 120 个城市竞争力的提高 [M]. 北京: 中国财政经济出版社, 2006.

[293] KNACK S, KEEFE P. Does Social Capital Have an Economic Pay off? —A Cross-Country Investagion [J]. Quarterly Journal of Economics, 1997, 112 (4): 1251-1288.

[294] BARNEY J B, HANSEN M H. Trustworthiness as a Source of Sustained Competitive Advantage [J]. Strategic Management Journal, 1994, 15 (Supplyment): 175-190.

[295] 刘凤委, 李琳, 薛云奎. 信任、交易成本与商业信用模式 [J]. 经济研究, 2009 (8): 60-71.

[296] KONG X. Why are Social Network Transactions Important? Evidence Based on the Concentration of Key Suppliers and Customers in China [J]. China Journal of Accounting Research, 2011, 4: 121-133.

[297] 潘越, 吴超鹏, 史晓康. 社会资本、法律保护与 IPO 盈余管理 [J]. 会计研究, 2010 (5): 62-67.

[298] 黄荷暑, 周泽将. 女性高管、信任环境与企业社会责任信息披露——基于自愿披露社会责任报告 A 股上市公司的经验证据 [J]. 审计与经济研究, 2015 (4): 30-39.

[299] GRAFSTROM M, WINDELL K. The Role of Infomediaries: CSR in the Business Press During 2000-2009 [J]. Journal of Business Ethics, 2011, 103 (2): 221-237.

[300] 陶文杰, 金占明. 媒体关注下的 CSR 信息披露与企业财务绩效关系研究及启示——基于我国 A 股上市公司 CSR 报告的实证研究 [J]. 中国管理科学, 2013, 21 (4): 162-170.

［301］李培公，沈艺峰. 媒体的公司治理作用：中国的经验证据［J］. 经济研究，2010（4）：14-27.

［302］杨继东. 媒体影响了投资者行为吗？——基于文献的一个思考［J］. 金融研究，2007（11）：93-102.

［303］FANG L, PERESS J. Media Coverage and the Cross-Section of Stock Returns ［J］. Journal of Finance, 2009, 59（5）：2023-2052.

［304］BECKER G S, MURPHY K M. A Simple Theory of Advertising as a Good or Bad ［J］. Quarterly Journal of Economics, 1993, 108（4）：941-964.

［305］MILLER G S. The Press as a Watchdog for Accounting Fraud ［J］. Journal of Accounting Research, 2006, 44（5）：1001-1033.

［306］JOE J R, LOUIS H, ROBINSON D. Managers' and Investors' Responses to Media Exposure ［J］. Journal of Financial and Quantiative Analysis, 2009, 44（3）：579-605.

［307］戴亦一，潘越，刘思超. 媒体监督、政府干预与公司治理：来自中国上市公司财务重述视角的证据［J］. 世界经济，2011（11）：121-144.

［308］杨德明，赵璨. 媒体监督、媒体治理与高管薪酬［J］. 经济研究，2012（6）：116-126.

［309］罗进辉. 媒体报道的公司治理作用——双重代理成本视角［J］. 金融研究，2012（10）：153-166.

［310］SUTTINEE P, PHAPRUKE U. Corporate Social Responsibility（CSR）Information Disclosure and Firm Sustainability：An Empirical Research of Thai-Listed Firms ［J］. Journal of International Business and Economics, 2009, 9（4）：40-59.

［311］GRAY S J, VINT H M. The Impact of Culture on Accounting Disclosure：Some International Evidence ［J］. Asia-Pacific Journal of Accounting, 2012, 2（1）：33-43.

［312］樊纲，王小鲁，朱恒鹏. 中国市场化指数——各地区市场化相对进程报告2009年报告［M］. 北京：经济科学出版社，2011.

［313］刘启亮，李祎，张建平. 媒体负面报道、诉讼风险与审计契约稳定性——基于外部治理视角的研究［J］. 管理世界，2013（11）：144-154.

[314] SEN S, BHATTACHARYA C B. Does Doing Good always Lead to Doing Better? Customer Reactions to Corporate Social Responsibility [J]. Journal of Marketing Research, 2011, 38 (2): 225-243.

[315] MOHR L A, WEBB D J. The Effects of Corporate Social Responsibility and Price on Consumer Responses [J]. Journal of Customer Affairs, 2005, 39 (1): 121-147.

[316] 周延风, 罗文恩, 肖文建. 企业社会责任行为与消费者响应——消费者个人特征和价格信号的调节 [J]. 中国工业经济, 2007 (3): 62-69.

[317] 谢佩洪, 周祖城. 中国背景下 CSR 与消费者购买意向关系的实证研究 [J]. 南开管理评论, 2009, 12 (1): 64-70.

[318] BROWN T J, DACIN P A. The Company and the Product: Corporate associations and Consumer Product Responses [J]. Journal of Marketing, 1997, 61 (1): 68-84.

[319] 权小锋, 吴世农. 媒体关注的治理效应及其治理机制研究 [J]. 财贸经济, 2012 (5): 59-67.

[320] 高汉祥. 公司治理与社会责任: 被动回应还是主动嵌入 [J]. 会计研究, 2012 (4): 58-64.

[321] 杨雄胜. 内部控制理论研究新视野 [J]. 会计研究, 2005 (7): 49-55.

[322] DOYLE J, GE W, MCVAY S. Accruals Quality and Internal Control over Financial Reporting [J]. The Accounting Review, 2007, 82 (5): 1141-1170.

[323] CHAN K, FARRELL B, LEE P. Earning Management of Firms Reporting Material Internal Control Weaknesses under Section 404 of the Sarbanes Oxley Act [J]. Auditing: A Journal of Practice and Theory, 2008, 27 (2): 161-179.

[324] 方红星, 金玉娜. 高质量内部控制能抑制盈余管理吗? ——基于自愿性内部控制鉴证报告的经验研究 [J]. 会计研究, 2011, (8): 53-60.

[325] 杨德明, 林斌, 王彦超. 内部控制、审计质量与大股东资金占用 [J]. 审计研究, 2009, (5): 74-81.

[326] 周继军, 张旺峰. 内部控制、公司治理与管理层舞弊研究——来自中国上市公司的经验证据 [J]. 中国软科学, 2011, (8): 141-154.

[327] 李万福，林斌，王璐. 内部控制在公司投资中的角色：效率促进还是抑制？[J]. 管理世界，2011，(2)：81-99.

[328] 储成兵. 金字塔股权结构对内部控制有效性的影响——基于上市公司的经验证据 [J]. 中央财经大学学报，2013，(3)：78-83.

[329] 吴益兵，廖义刚，林波. 股权结构对企业内部控制质量的影响分析——基于2007年上市公司内部控制信息数据的检验 [J]. 当代财经，2009，(9)：110-114.

[330] 张先治，戴文涛. 公司治理结构对内部控制影响程度的实证分析 [J]. 财经问题研究，2010，(7)：89-95.

[331] 李志斌，卢闯. 金融市场化、股权集中度与内部控制有效性——来自中国2009—2011年上市公司的经验证据 [J]. 中央财经大学学报，2013，(9)：85-90.

[332] 于建霞. 股权集中度、治理环境与公司治理模式的依赖 [J]. 改革，2007，(6)：102-107.

[333] BEASLEY M S. An Empirical Analysis of the Relation between the Borad of Director Composition and Financial Statement Fraud [J]. The Accounting Review, 1996, 71 (4)：443-465.

[334] JENSEN M C. The Modern Industrial Revolution, Exit and the Failure of Internal Control System [J]. Journal of Finance, 1993, 48 (3)：831-880

[335] YERMACK D. Higher Market Valuation for Firms with a Small Board of Directors [J]. Journal of Financial Economics, 1996, 40 (2)：185-211.

[336] EISENBERG T, SUNDGREN S, WELLS M T. Large Board Size and Decreasing Firm Value in Small Firms [J]. Journal of Financial Economics, 1998, 48 (1)：35-54.

[337] 郑志刚，吕秀华. 董事会独立性的交互效应和中国资本市场独立董事制度政策效果的评估 [J]. 管理世界，2009，(7)：133-144.

[338] KRISHNAN J, VISVANATHAN G. Reporting Internal Control Deficiencies in the Post-Sarbanes-Oxley Era：The Role of Auditors and Corporate Governance [J]. International Journal of Auditing, 2005, 11 (2)：73-90.

［339］FAMA E F, JENSEN M C. Separation of Ownership and Control ［J］. Journal of Law and Economics, 1983, 26（2）: 301-325.

［340］郑军, 林钟高, 彭琳. 高质量的内部控制能增加商业信用融资吗? ——基于货币政策变更视角的检验 ［J］. 会计研究, 2013, （6）: 62-68.

［341］ITURRIAGA L F J, FORONDA L O. Corporate Social Responsibility and Reference Shareholders: An Analysis of European Multinational Firms ［J］. Journal of Transactional Corporations Review, 2011, 3（3）: 17-33.

［342］高敬忠, 周晓苏. 经营业绩、终极控制人性质与企业社会责任履行度——基于我国上市公司 1999-2006 年面板数据的检验 ［J］. 财经论丛, 2008, （11）: 63-69.

［343］王永钦. 市场互联性、关系型合约与经济转型 ［J］. 经济研究, 2006, （6）: 79-91.

［344］JOHNSON S, MCMILLAN J, WOODRUFF C. Courts and Relaitonal Contract ［J］. Journal of Law, Economics and Organization, 2002, 18（1）: 221-277.

［345］MCMILLAN J, WOODRUFF C. Interfirm Relaitonships and Informal Credit in Vietnam ［J］. Quarterly Journal of Economics, 1999, 114（4）: 1285-1320.

［346］GRIEF A, MILGROM P, WEINGAST B R. Coordination, Commitment and Enforcement: The Case of the Merchant Guild ［J］. Journal of Political Economy, 1994, 102（4）: 745-776.

［347］李培公, 徐淑美. 媒体的公司治理作用——共识与分歧 ［J］. 金融研究, 2013（4）: 196-206.

［348］方红星, 池国华. 内部控制 ［M］. 大连: 东北财经大学出版社, 2014.

［349］刘浩, 唐松, 楼俊. 独立董事: 监督还是咨询? ——银行北京独立董事对企业信贷融资影响研究 ［J］. 管理世界, 2012（1）: 141-156.